新时代
文化精神和文化使命

颜晓峰 ◎ 著

学习出版社

图书在版编目（CIP）数据

新时代文化精神和文化使命 / 颜晓峰著. -- 北京：学习出版社, 2025. 6. -- ISBN 978-7-5147-1346-6

Ⅰ．G12-53

中国国家版本馆CIP数据核字第2025JY1675号

新时代文化精神和文化使命
XINSHIDAI WENHUA JINGSHEN HE WENHUA SHIMING

颜晓峰　著

责任编辑：路小普
技术编辑：朱宝娟
装帧设计：和物文化

出版发行：	学习出版社
	北京市崇外大街11号新成文化大厦B座11层（100062）
	010-66063020　010-66061634　010-66061646
网　　址：	http://www.xuexiph.cn
经　　销：	新华书店
印　　刷：	北京新华印刷有限公司
开　　本：	710毫米×1000毫米　1/16
印　　张：	28.75
字　　数：	332千字
版次印次：	2025年6月第1版　2025年6月第1次印刷
书　　号：	ISBN 978-7-5147-1346-6
定　　价：	96.00元

如有印装错误请与本社联系调换，电话：010-66064915

代序

新时代的文化精神 *

  一个民族有属于自己的文化,一个时代有与时俱进的文化。文化精神是内在于每种文化之中的气质、品格和风貌,具有鲜明的民族禀赋、时代内涵、价值取向。党的十八大以来,以习近平同志为核心的党中央,担负起新时代的文化使命,不断培育和创造新时代中国特色社会主义文化,彰显出以坚定文化自信、秉持开放包容、坚持守正创新为显著特征的新时代文化精神。习近平文化思想,是新时代党领导文化建设实践经验的理论总结,表明我们党的历史自信、文化自信达到了新高度,集中凝练着新时代新文化的精神品质。在新的起点上建设文化强国,必须自觉坚持和弘扬新时代的文化精神,深入推进中国特色社会主义文化建设,使中国特色社会主义文化始终反映时代精神、引领时代潮流。

---

* 本文写于2023年。

一、新时代文化精神是新时代伟大变革的文化反映

（一）中华民族伟大复兴战略全局和世界百年未有之大变局汇聚而成的文化精神

文化精神是时代精神在文化领域的反映和体现，从文化品质上凝结着时代精神。中国特色社会主义新时代，面对的最为宏观、最为根本的时代背景，就是中华民族伟大复兴战略全局和世界百年未有之大变局的历史交汇。"两个大局"相互交织、相互激荡，构成了前所未有的历史景观，也深深影响着新时代的文化精神。中华民族伟大复兴战略全局，表明1840年鸦片战争以来中华民族伟大复兴的历史进程，已经进入可以在战略全局的层面上筹划和推进的阶段，民族复兴不仅是愿景而且是战略，新时代最为接近、最有信心和能力实现这个目标。这样一种新的历史方位和新的战略格局，激发着全民族踔厉奋发、斗志昂扬，增强了中国梦的感召力和民族复兴的凝聚力，将中国特色社会主义文化自信建立在中华民族伟大复兴全面推进的基础上。世界正经历百年未有之大变局，表明了中华民族伟大复兴所面对的世界大局，是近代以来未曾遇到的，无论是国际关系调整还是全球治理体系变革，都包含着"东升西降"这样一个最显著的特征，都是中华民族伟大复兴进入不可逆转的历史进程造成的对世界格局的深刻影响。这样一种新的世界大势和新的世界变局，要求党要在为人类谋进步、为世界谋大同上作出新作为，增强了新时代文化精神的天下胸怀和世界眼光。

（二）马克思主义基本原理同中国具体实际、同中华优秀传统文化相结合而成的文化精神

文化精神有其生成机制，是在一种文化自觉中形成的。中国特色社会主义文化，坚持马克思主义在意识形态领域的指导地位，马克思主义是中国特色社会主义文化的魂脉。我们党坚持和发展马克思主义，是在"两个结合"中实现的。"两个结合"是推进马克思主义中国化时代化的根本途径，是开辟和发展中国特色社会主义的必由之路，也是塑造新时代文化精神的根本途径和必由之路。在新时代文化建设中坚持马克思主义基本原理同中国具体实际相结合，新时代中国广泛而深刻的社会变革、宏大而独特的实践创新，深深印刻在新时代中国特色社会主义文化之中。这就进一步增强了文化的新时代气息，深刻反映了新时代中国的伟大变革，彰显出新时代自信自立、守正创新的文化精神。在文化建设中坚持马克思主义基本原理同中华优秀传统文化相结合，马克思主义以真理之光激活了中华文明的基因，中华优秀传统文化充实了马克思主义的文化生命，造就了一个有机统一的新的文化生命体。这一新的文化生命体洋溢着一种新的文化精神，既是马克思主义的，又是中华优秀传统文化的，马克思主义的时代精神品格与中华文明的突出特性融为一体。

（三）全面建成小康社会、全面建设社会主义现代化国家塑造的文化精神

民族的文化精神是民族的历史方位、历史任务的映射。中国特色社会主义进入新时代，这是我国发展新的历史方位。新时代是承前启

后、继往开来、在新的历史条件下继续夺取中国特色社会主义伟大胜利的时代，新时代文化必然秉持着守正创新的精神，既尊重传统、一脉相承，又开拓未来、与时俱进。新时代是决胜全面建成小康社会、进而全面建设社会主义现代化强国的时代，新时代文化必然秉持不懈奋斗、不断攀登的精神，一鼓作气、乘势而上，不停歇、不徘徊、不自足。新时代是全国各族人民团结奋斗、不断创造美好生活、逐步实现全体人民共同富裕的时代，新时代文化必然秉持追求美好、向往幸福、体验富裕的精神，是在从贫困到小康、从小康到共富的跨越时期生长出来的昂扬精神。新时代是全体中华儿女勠力同心、奋力实现中华民族伟大复兴中国梦的时代，新时代文化必然秉持万众一心、团结奋斗的精神，全面推进中华民族伟大复兴最能够强化文化的凝聚力。新时代是我国不断为人类作出更大贡献的时代，新时代文化必然秉持胸怀天下、美美与共的精神，既包含着对中国人民、中华民族的深厚感情，也包含着对人类社会、世界人民的责任担当。

（四）推进伟大社会革命、进行党的自我革命蕴含的文化精神

党的100多年奋斗历程，是不断进行伟大社会革命的历程，也是不断进行党的自我革命的历程。新时代是党领导的伟大社会革命的继续，这个伟大社会革命就是要在新时代坚持和发展中国特色社会主义，以中国式现代化全面推进中华民族伟大复兴。新时代伟大社会革命具有新的时代内涵，这就在新时代的文化精神中充分彰显了中国式现代化蕴含的文化观念。比如，新时代是依靠党的自我革命跳出历史周期率的新时代。党勇于自我革命，把反腐败作为最彻底的自我革

命，充分彰显了党代表最广大人民根本利益，不惜壮士断腕、刮骨疗毒的革命精神。党作为先进文化的代表者，党的革命精神自然而然地影响和辐射到新时代的文化精神之中，使得这种文化朝气蓬勃、昂扬向上。无论是进行伟大社会革命，还是进行伟大自我革命，都不是轻轻松松、顺顺当当就能成功的，必须进行具有许多新的历史特点的伟大斗争。敢于斗争、善于斗争，是党的伟大精神，在新时代体现得更为鲜明、更为突出。新时代的文化精神同样具有这种敢于亮剑、不惧挑战，迎难而上、不屈不挠的斗争精神。

二、坚定文化自信是新时代文化精神的精髓和基石

（一）文化自信是新时代坚持和发展中国特色社会主义的精神支撑

文化自信，是在道路自信、理论自信、制度自信之后，习近平总书记明确提出的第四个自信。发展新时代中国特色社会主义文化，首先就要坚定对中国特色社会主义文化的高度自信。文化是国家和民族发展中更基本、更深沉、更持久的力量，文化自信是更基础、更广泛、更深厚的自信，文化自信在新时代文化精神中同样属于更基本、更深厚的精神。新时代明确提出包括文化自信在内的"四个自信"，表明了建设中国特色社会主义文化的理论自觉、认识自觉，为繁荣发展新时代文化提供了理论支持。以文化自信为根基的中国特色社会主义文化自信，本身就构成了新时代鲜明的文化精神，是新时代坚持和发展中国特色社会主义的精神支撑。

（二）文化自信是对中国特色社会主义精神力量的自信

文化自信，是对包括社会主义先进文化、革命文化、中华优秀传统文化在内的中国特色社会主义文化的自信。社会主义先进文化，以马克思主义这一人类历史迄今为止最为科学的思想理论为魂脉，吸收融合了人类文化的优秀成果，反映了先进生产力的文化要求，代表着先进阶级的文化思想。革命文化，充溢着以伟大建党精神为源头的中国共产党人精神谱系，是一代代共产党人和广大人民用崇高理想、坚定信念、牺牲精神、斗争勇气书写而成的。中华优秀传统文化，源自历史悠久、博大精深的中华文明，凝结着中华民族伟大精神，在民族历史中显示出强大的生命力。中国特色社会主义文化能够使得这三者有机融合、融为一体。文化自信，是对中国特色社会主义文化蕴含的强大精神力量的自信，这种文化集先进性、革命性、民族性于一体，与广大人民的价值认同高度一致，激励着中华民族在前进道路上团结奋斗。文化自信，是对中国特色社会主义文化在世界两种意识形态的较量、两种价值体系的比较中，具有自身凝聚力、感召力和能够占据真理、道义制高点的自信。

（三）坚定文化自信是由于文化在中华民族发展史、党的历史、改革开放史上发挥了重大作用

坚定文化自信，是由于中华优秀传统文化在中华民族发展史上显示出强大的生命力，在实现中华民族伟大复兴新征程上仍然是蕴藏深厚的文化宝库。一代代中国人民，从中华优秀传统文化中汲取精神营养，勤劳勇敢、自强不息、热爱家国、反抗侵略、修身齐家、宽厚友

爱，创造和延续着中华文明。在全面建设社会主义现代化国家新征程上，中华优秀传统文化包含着哲理智慧、理念准则，与中国式现代化仍然具有内在的契合性，是建设中国式现代化的文化形态的宝贵资源。坚定文化自信，是由于革命文化在革命和战争年代展现出强大的战斗力，在建设和改革时期仍然是党和人民的不竭力量源泉。伟大建党精神、井冈山精神、长征精神、抗战精神、西柏坡精神、抗美援朝精神等，作为革命文化的重大精神成果，激励着共产党员和人民军队不怕牺牲、英勇作战、百折不挠、越战越强。"两弹一星"精神、雷锋精神、焦裕禄精神、红旗渠精神、改革开放精神、抗洪精神、抗震救灾精神、脱贫攻坚精神、抗疫精神、载人航天精神等，都传承着革命文化的基因，在和平年代绽放光彩。坚定文化自信，是由于社会主义先进文化在新中国成立后始终发挥着文化引领作用，是决定中国特色社会主义文化性质的根本因素。

（四）文化自信在新时代文化精神中展现为文化的历史自信、自立自强、先进科学

文化自信的来源是对形成中国特色社会主义文化的历史根基的自信，展现的是文化的历史自信精神。习近平总书记指出："有文化自信的民族，才能立得住、站得稳、行得远。"[①] 文化源于历史、根于历史，是历史的产物。中国特色社会主义文化，根源于5000多年的中华文明，成长于中国共产党的奋斗历程，发展于开创中国特色社会主义的历史进程，根深叶茂。文化自信的底蕴是建设中国特色社会主义文化

---

① 习近平：《在文化传承发展座谈会上的讲话》，《求是》2023年第17期。

的自觉和信心，自信才能自强，展现的是文化的自立自强精神。建设什么文化、怎样建设文化，是建设文化强国的首要问题。坚持中国特色社会主义文化发展道路，建设中国特色社会主义文化，基于对这一文化的高度自信，实现精神上的独立自主，从而自觉建设、大力发展这一文化，充分发挥中国特色社会主义文化在实现中华民族伟大复兴进程中的精神引领作用。文化自信的内涵是对中国特色社会主义文化先进性质的自信，展现的是先进科学的文化精神。我们的文化自信是清醒的、理性的自信，因为中国特色社会主义文化以马克思主义为指导，理论基础具有科学性；代表文化发展的前进方向，历史方位具有先进性；满足人民群众的文化生活需要，文化对象具有人民性。

三、秉持开放包容是新时代文化精神的鲜明品格

（一）中华文明的博大气象得益于开放包容

开放包容始终是文明发展的活力来源，也是文化自信的显著标志，正因自信才能敢开放、善包容。中华优秀传统文化塑造出中华文明的突出特性，其中包括突出的包容性。包容的前提是开放，开放需要包容，包容才有开放。中华文化的开放包容，既是各民族之间文化的开放包容、多元一体，也是对外国文化的开放包容、兼收并蓄。中华文明的博大气象，就得益于中华文化自古以来开放的姿态、包容的胸怀。开放包容的民族精神，在中国特色社会主义事业中得到了前所未有的传承、发扬和增强，面向现代化、面向世界、面向未来，正是生动反映。新时代坚持和发展中国特色社会主义，更加需要开放发展，扩大高水平开放，也就更加需要开放包容的文化精神。新时代

构建人类命运共同体，提出全球文明倡议，特别需要不同文明包容共存、交流互鉴，超越文明隔阂、文明冲突。中国共产党不仅为中国人民谋幸福、为中华民族谋复兴，而且为人类谋进步、为世界谋大同，就更加需要具有对待人类文明成果的开放包容精神。

（二）中华文化对世界文明兼收并蓄

秉持开放包容，就是坚持文化的多元性。在中华文明的各民族文化之间，不是用单一文化代替多元文化，而是形成超越地域乡土、血缘世系、宗教信仰等的中华文化认同，由多元文化汇聚成共同文化，求同存异、共存共处，在中华文化认同基础上整合成多元一体的中华民族。中华文化越具有包容性，就越是得到认同和维护，就越会绵延不断。在中华文化和各国文化之间，不是排外主义、打击异端，而是海纳百川、择善用之，在人类文明的百花园中更加积极主动地学习借鉴人类创造的一切优秀文明成果。习近平总书记指出："中华文明的包容性，从根本上决定了中华民族交往交流交融的历史取向，决定了中国各宗教信仰多元并存的和谐格局，决定了中华文化对世界文明兼收并蓄的开放胸怀。"[①] 秉持开放包容，并不等于在意识形态领域不许批判、不要斗争，对待危害国家利益、人民利益和中国特色社会主义制度的错误思想文化，无论来自国内还是国外，都要旗帜鲜明地开展批判、进行斗争，决不姑息纵容，这也是开放包容的题中应有之义。

---

① 习近平：《在文化传承发展座谈会上的讲话》，《求是》2023年第17期。

（三）开放包容是文化主体性的鲜明体现

文化是主体创造的产物，体现了文化主体的自主性和能动性，主体的性质和品质深深地融入了文化之中，形成了文化主体性。习近平总书记指出："有了文化主体性，就有了文化意义上坚定的自我，文化自信就有了根本依托，中国共产党就有了引领时代的强大文化力量，中华民族和中国人民就有了国家认同的坚实文化基础，中华文明就有了和世界其他文明交流互鉴的鲜明文化特性。"[①]文化的开放包容，其实质是文化主体性的鲜明体现。开放包容体现了文化自信的主体性，唯有对中华文化多元一体的自信，才能主动塑造民族文化、民族精神的共同体；唯有确立中华文化自立的主体性，才有对外来文化开放包容的胸襟和气度。开放包容体现了文化自觉的主体性，这就是充分认识到文化在国家和民族发展中的重要作用，下大气力建设凝聚人心、向上向善的民族文化，在文化交流互鉴中丰富本民族文化的营养，促进本民族文化的发展。开放包容体现了文化自强的主体性，建设现代化强国也必然要求建设文化强国，文化强则国家强，开放包容不会削弱本国文化，而是有利于建设文化强国。

（四）开放包容实现中华文化与人类文化的交流交融

开放包容的文化精神，是新时代推进高水平对外开放的精神体现，同时又以这种精神发展新时代中国特色社会主义文化。以开放包容的精神发展文化，是要在吸收各国文化的有益成果中丰富发展中华

---

① 习近平：《在文化传承发展座谈会上的讲话》，《求是》2023年第17期。

文化，在发展中华文化的过程中丰富人类文化，实现中华文化与人类文化的交流交融。对各国文化的开放包容，展现了新时代中国共产党人的天下胸怀，为人类谋进步体现为为人类文化谋进步，为世界谋大同体现为为世界文明谋大同；展现了新时代社会主义中国的大国气度，各国文明无高低之分、优劣之别，只要是有益于强国建设、民族复兴的各国文明成果，无论国家大小、民族强弱，都可以拿来为我所用。开放包容的文化精神，建立了与他国文化的新型关系，既不是在闭关锁国状态下对外国文化的轻蔑排斥，也不是在落后挨打、文明蒙尘的情境下对本国文化的自卑自弃、对西方文化的盲目崇拜，既不俯视、也不仰视，而是以平视的站位和视角对待西方文化以及其他外国文化，平等交流、保持自立、求同存异。

四、坚持守正创新是新时代文化精神的本质要求

（一）守正创新是中华文化的强大基因

文化在守正创新中发展壮大。习近平总书记指出："对文化建设来说，守正才能不迷失自我、不迷失方向，创新才能把握时代、引领时代。"[①] 守正创新是中华民族的命脉所在，是中华文化的强大基因。守正，守住了中华民族的根脉，坚持了中华文化的基本性质；创新，创出了中华文化的新机，拓展了中华文化的源流。中华文明 5000 多年的历程，是在守正创新的综合作用下愈益悠久和深厚的。一代代中国人民、志士仁人，坚定而执着地传承和维护中华优秀传统文化的根基，

---

① 习近平：《在文化传承发展座谈会上的讲话》，《求是》2023 年第 17 期。

为中华文化注入新的成分和生机。中国共产党在100多年的奋斗历程中，既是中国先进文化的积极引领者和践行者，又是中华优秀传统文化的忠实传承者和弘扬者，这就是守正创新的文化精神。新时代明确提出坚持守正创新是习近平新时代中国特色社会主义思想的世界观、方法论和贯穿其中的立场观点方法的重要体现，守正创新作为一种哲学精神就成为新时代文化精神的精髓。

（二）新时代文化建设坚持守正创新

实现新时代的文化使命，必须坚持守正创新。习近平总书记指出："守正，守的是马克思主义在意识形态领域指导地位的根本制度，守的是'两个结合'的根本要求，守的是中国共产党的文化领导权和中华民族的文化主体性。创新，创的是新思路、新话语、新机制、新形式，要在马克思主义指导下真正做到古为今用、洋为中用、辩证取舍、推陈出新，实现传统与现代的有机衔接。"[①] 这就明确指出了在新时代文化建设中坚持守正创新的深刻内涵。守正，要守住新时代文化的魂脉和根脉，守的是经过"两个结合"形成的新的文化生命体。创新，要创造属于新时代的新文化，探索与强国建设、民族复兴伟业相适应的新的文化发展思路，讲出与建设新时代中国特色社会主义文化相一致的文化表达话语，形成与建成社会主义现代化强国相协调的文化创新机制，展现与新时代中国人民精神风貌相统一的文化实现形式。守正与创新是统一的，二者缺一不可，文化守正以文化创新为目的，文化创新以文化守正为条件。

---

① 习近平：《在文化传承发展座谈会上的讲话》，《求是》2023年第17期。

（三）守正创新是新时代所需要的精神品格

守正创新作为新时代文化精神，体现了新时代所需要和呼唤的精神品格。守正创新是一种科学精神。无论是守正还是创新，在什么问题上守正和创新，怎样去守正和创新，都要尊重科学、遵循规律，以科学的态度坚持守正，以真理的精神追求创新，而不是从主观愿望出发，按意志偏好行事。守好中国式现代化的本和源、根和魂是科学精神，不断开辟发展新领域新赛道、塑造发展新动能新优势同样也是科学精神。守正创新是一种实践精神。要求全党顺应时代发展大势，顺应实践发展要求，着眼于解决新时代新征程的重大理论和实践问题，敢于干前人没有干过的事情。全面深化改革既要保持正确方向，又要解决深层次矛盾和问题。中国式现代化的探索就是一个在继承中发展、在守正中创新的历史过程和实践过程。守正创新是一种变革精神。在新的战略机遇和风险挑战面前，各级领导干部要积极识变应变求变，加快转变不适应创新发展要求的思想观念、思维方式、行为方式和工作方法，大力推进各领域各方面创新，积极营造崇尚创新、鼓励创新、勇于创新的浓厚氛围，让创新在全社会蔚然成风，真正成为创新的引领者、推动者。

（四）弘扬新时代文化精神与实现新时代的文化使命

新时代文化精神是实现新时代的文化使命的应有精神，新时代的文化使命呼唤塑造新时代文化精神。习近平总书记在文化传承发展座谈会上明确指出新时代的文化使命。新时代的文化使命要求弘扬新时代文化精神。新时代文化精神是新时代的文化使命的精神定位，以塑造什么样的文化精神反映新时代的文化使命的内核；新时代文化精神是新时代的文化使命的题中应有之义，只有弘扬新时代文化精神才能更好担负起新时代的文化使命；新时代文化精神是新时代的文化使命的精神引领，实现新时代的文化使命就必须坚定文化自信、秉持开放包容、坚持守正创新。习近平文化思想明体达用、体用贯通，对新时代文化精神作出理论阐述和论证，是新时代文化精神的理论形态。深入学习习近平文化思想能够深化理解新时代文化精神，要以习近平文化思想为指导，弘扬新时代文化精神，承担新时代文化使命，自觉将新时代文化精神贯通于新时代文化建设之中，不断培育和创造新时代中国特色社会主义文化，建设中国式现代化的文化形态。

目 录

第一篇　新时代的理论创新

新时代的思想坐标　/ 2

中国化时代化的马克思主义行　/ 23

推进马克思主义中国化时代化蕴含的真理规律　/ 51

攀登中华思想理论的时代高峰　/ 74

正确认识把握当代中国马克思主义、
　21世纪马克思主义的精神实质　/ 84

坚持问题导向是新时代丰富发展马克思主义
　世界观和方法论的宝贵成果　/ 106

在新时代伟大实践中坚持和运用科学思维方法　/ 132

中国特色社会主义文化建设规律认识的新高度　/ 143

着力加强党对宣传思想文化工作的领导　/ 150

"两个结合"是中国特色社会主义取得成功的
　最大法宝　/ 160

"第二个结合"体现党对马克思主义的重大贡献　/ 168

第二篇　新时代的文化使命

从"四个自信"看中国特色社会主义文化　/ 178

培育和创造新时代中国特色社会主义文化　/ 189

社会主义现代化的文化之维　/ 195

高质量发展的文化基础　/ 210

新时代防范化解意识形态领域重大风险　/ 215

中华优秀传统文化是实现中国梦的深厚软实力　/ 233

把红色场馆纳入国家文化软实力体系之中　/ 243

创造人类文明新形态对马克思主义的创新发展　/ 249

人类文明新形态视域下人的全面发展　/ 277

第三篇　丰富人民精神世界

坚持人民中心的价值观　/ 304

满足人民美好精神生活需要的高质量发展　/ 315

人民日益增长的美好精神生活需要对思想政治
　教育提出的新课题　/ 325

始终发扬创造奋斗团结梦想的伟大民族精神　/ 335

实现中国梦的价值引领　/ 342

文明与价值　/ 350

建设社会主义法治文化　/ 364

崇尚劳动：中国梦的价值支撑 / 387

敬重历史　崇敬英雄 / 394

抗战精神筑牢民族新的长城 / 401

雷锋精神是忠实传承党的初心使命的精神高地 / 411

农业农村现代化进程中的乡风文明建设 / 420

结束语 以习近平文化思想为指导聚焦建设社会主义文化强国

后　记 / 436

第一篇

新时代的理论创新

新时代的思想坐标 *

党的十八大以来，中国特色社会主义进入新时代，新时代是我国发展新的历史方位。新时代面临着新的主要任务，要解决新的社会主要矛盾，包含着新的时代内涵，具有重大历史意义等，都成为新时代的基本标识、成为新的历史方位的显著坐标。习近平新时代中国特色社会主义思想，是新时代党的创新理论，实现了马克思主义中国化新的飞跃，引领新时代的伟大事业，是中国特色社会主义新时代的思想坐标。

一、历史和时代的思想标识

历史唯物主义认为，人类历史是在社会基本矛盾推动下发展前进的历史，作为意识形态的思想属于上层建筑，必然会对一定社会形态及历史时期产生重大影响，塑造历史、改变社会，从而成为历史和时代的思想标识。中国共产党的百年奋斗，书写了中华民族几千年历史上最恢宏的史诗，在这部史诗中包含着中华民族伟大复兴的伟大成就，也镌刻着马克思主义中国化的历史性飞跃和新的飞跃，成为党在各个历史时期的思想坐标。

---

* 本文写于2022年。

（一）思想源于历史和时代，又成为历史和时代的标识

理论来自实践，思想源于历史，一定的思想理论是一定社会实践的产物，是一定历史和时代的反映。经济基础决定上层建筑，经济关系、政治关系决定意识形态的性质和内容。马克思、恩格斯在《德意志意识形态》中指出，"占统治地位的思想不过是占统治地位的物质关系在观念上的表现，不过是以思想的形式表现出来的占统治地位的物质关系"[1]。同时，思想理论一旦形成，就具有相对独立性和精神能动性。先进的思想理论不仅从实践中来，而且要回到实践中去，成为指导实践、改变世界的精神力量；不仅是历史和时代的思想表现，而且要引领历史潮流、推动时代变迁。因此，成为历史和时代坐标的根据的事物，有社会形态、发展阶段、主要矛盾等决定的历史方位，有社会革命、科技创新、历史转折等标记的历史方位，还有走在时代前列、深刻改变世界的思想所标定的历史方位。

思想成为历史和时代的标识，是由于凝结时代精神的思想，不是高悬于社会历史之上玄奥的理念，而是深深融入历史进程之中，成为影响历史走向的思想力量。马克思主义是时代精神的精华和整个人类精神的精华，习近平总书记指出："在人类思想史上，没有一种思想理论像马克思主义那样对人类产生了如此广泛而深刻的影响。""马克思主义不仅深刻改变了世界，也深刻改变了中国。"[2]是由于揭示社会发展规律的思想，不停留在用不同的方式解释世界，而是旨在改变世界，

---

[1] 《马克思恩格斯文集》第一卷，人民出版社2009年版，第550—551页。
[2] 习近平：《在纪念马克思诞辰200周年大会上的讲话》，《人民日报》2018年5月5日。

指明国家和民族发展的正确道路，从而扭转了民族的命运和国家的前途。1840年鸦片战争以后，中国迫切需要新的思想引领救亡运动。马克思列宁主义传入中国，给苦苦探寻救亡图存出路的中国人民指明了前进方向、提供了全新选择。只有社会主义才能救中国，中华民族伟大复兴由此开辟了崭新道路。百余年来中华民族伟大复兴的历史，是马克思主义、科学社会主义思想引导的历史，是马克思主义中国化理论指导的历史。

（二）人类历史和思想结晶相互印照

习近平总书记指出："人类社会每一次重大跃进，人类文明每一次重大发展，都离不开哲学社会科学的知识变革和思想先导。"[①] 中华民族创造了5000多年的灿烂文明，其中包括源远流长、博大精深的中国思想。中国古代思想经历了数个学术思想繁荣时期，涌现了一大批思想大家，产生了儒、释、道、墨、名、法、阴阳、农、杂、兵等各家学说。这些思想财富包含着丰富的哲学社会科学内容、治国理政智慧，为古人认识世界、改造世界提供了重要依据，是创造中华文明的思想导引，是中华文明历经数千年而不衰的思想支撑，是中华文明在世界文明史上具有重要地位的思想因素，也是中华文明的思想标识。正如习近平总书记指出："儒家思想同中华民族形成和发展过程中所产生的其他思想文化一道，记载了中华民族自古以来在建设家园的奋斗中开展的精神活动、进行的理性思维、创造的文化成果，反映了中华民族

---

① 习近平：《在哲学社会科学工作座谈会上的讲话》，《人民日报》2016年5月19日。

的精神追求，是中华民族生生不息、发展壮大的重要滋养。"①

从西方历史看，古代希腊、古代罗马是西方文明的源头，产生了苏格拉底、柏拉图、亚里士多德、西塞罗等人的思想学说，是西方思想的早期成果，也是古希腊罗马时期的思想印迹。文艺复兴时期，"这是人类以往从来没有经历过的一次最伟大的、进步的变革，是一个需要巨人并且产生了巨人的时代"②，产生了一批文化和思想大家，他们的作品深刻反映了他们对社会变革的思想认识，为资本主义的出世冲破了思想藩篱。英国资产阶级革命、法国资产阶级革命、美国独立战争前后，产生了一大批资产阶级思想家，形成了反映新兴资产阶级政治诉求的思想和观点，从哲学基础、经济理论到政治学说等方面，构建了资本主义意识形态的基调，成为资本主义上升时期的思想界碑。20世纪以来，资本主义社会矛盾不断激化，为缓和社会矛盾、修补制度弊端，西方各种各样的学说都在开药方，这些既是西方社会发展到一定阶段的产物，也深刻影响着西方社会。

马克思主义实现了人类思想史上的伟大革命。习近平总书记在纪念马克思诞辰200周年大会上的重要讲话中指出："这一理论犹如壮丽的日出，照亮了人类探索历史规律和寻求自身解放的道路。"③马克思主义为人类社会发展进步指明了方向，反映了人类对理想社会的美好憧憬，为人民认识世界、改造世界提供了强大精神力量。因此，"马克思主义极大推进了人类文明进程，至今依然是具有重大国际影响的思想

---

① 习近平：《在纪念孔子诞辰2565周年国际学术研讨会暨国际儒学联合会第五届会员大会开幕会上的讲话》，《人民日报》2014年9月25日。
② 《马克思恩格斯选集》第三卷，人民出版社2012年版，第847页。
③ 习近平：《在纪念马克思诞辰200周年大会上的讲话》，《人民日报》2018年5月5日。

体系和话语体系,马克思至今依然被公认为'千年第一思想家'。"① 马克思主义自诞生以来始终是世界社会主义的思想旗帜,是社会主义意识形态的根本指导,是社会主义制度的理论根基。马克思、恩格斯之后,列宁主义成为帝国主义和无产阶级革命时代的马克思主义,继承和发展了马克思主义。中国共产党从成立时起,就把马克思列宁主义作为自己的指导思想,始终写在党的旗帜上。

(三)党的百年历程不断推进马克思主义中国化的重大理论成果

实现中华民族伟大复兴,迫切需要科学理论的指引。在中国进行革命、建设、改革,必然要求坚持把马克思主义基本原理同中国具体实际相结合、同中华优秀传统文化相结合,不断推进马克思主义中国化时代化,推进理论创新、进行理论创造,从而实现马克思主义中国化的飞跃,引领民族复兴的伟大飞跃。党的百年奋斗的各个历史时期,马克思主义中国化一脉相承、与时俱进,创立和形成了重大理论成果,党的创新理论指导党的伟大事业。

新民主主义革命时期,以毛泽东同志为主要代表的中国共产党人,对经过艰苦探索、付出巨大牺牲积累的一系列独创性经验作了理论概括,创立了毛泽东思想,为夺取新民主主义革命胜利指明了正确方向。社会主义革命和建设时期,结合新的实际丰富和发展了毛泽东思想,提出关于社会主义建设的一系列重要思想。党的第三个历史决议指出:"毛泽东思想是马克思列宁主义在中国的创造性运用和发展,

---

① 习近平:《在纪念马克思诞辰 200 周年大会上的讲话》,《人民日报》2018 年 5 月 5 日。

是被实践证明了的关于中国革命和建设的正确的理论原则和经验总结,是马克思主义中国化的第一次历史性飞跃。"① 新民主主义革命、社会主义革命和建设的伟大成就,是和毛泽东思想紧密联系在一起的。

改革开放和社会主义现代化建设新时期,以邓小平同志为主要代表的中国共产党人,围绕什么是社会主义、怎样建设社会主义这一根本问题,创立了邓小平理论;以江泽民同志为主要代表的中国共产党人,加深了对什么是社会主义、怎样建设社会主义和建设什么样的党、怎样建设党的认识,形成了"三个代表"重要思想;以胡锦涛同志为主要代表的中国共产党人,深刻认识和回答了新形势下实现什么样的发展、怎样发展等重大问题,形成了科学发展观。包括邓小平理论、"三个代表"重要思想、科学发展观在内的中国特色社会主义理论体系,实现了马克思主义中国化新的飞跃。改革开放和社会主义现代化建设新时期的伟大成就,是和中国特色社会主义理论体系紧密联系在一起的。

中国特色社会主义新时代,以习近平同志为主要代表的中国共产党人,坚持毛泽东思想、邓小平理论、"三个代表"重要思想、科学发展观,从新的实际出发,创立了习近平新时代中国特色社会主义思想,实现了马克思主义中国化新的飞跃。党确立习近平新时代中国特色社会主义思想的指导地位,举起了新时代中国共产党的思想旗帜。习近平同志对关系新时代党和国家事业发展的一系列重大理论和实践问题进行了深邃思考和科学判断,围绕新时代重大时代课题,提出一

---

① 《中共中央关于党的百年奋斗重大成就和历史经验的决议》,人民出版社 2021 年版,第 13 页。

系列原创性的治国理政新理念新思想新战略，是习近平新时代中国特色社会主义思想的主要创立者。中国特色社会主义新时代的伟大成就，是和习近平新时代中国特色社会主义思想紧密联系在一起的。

二、习近平新时代中国特色社会主义思想是新时代的思想坐标

思想是在时代中产生的思想，也是时代的特有坐标。党的第三个历史决议明确指出："习近平新时代中国特色社会主义思想是当代中国马克思主义、二十一世纪马克思主义，是中华文化和中国精神的时代精华，实现了马克思主义中国化新的飞跃。"[①] 这个重大判断是深刻理解、准确把握习近平新时代中国特色社会主义思想的历史地位和重大意义的基本依据。

（一）这一思想是当代中国马克思主义、21世纪马克思主义，成为中国特色社会主义新时代的理论结晶

马克思主义诞生之后，就开始了马克思主义在世界的发展历史。一代代中国共产党人，坚持把马克思主义基本原理同中国具体实际和时代特征结合起来，不断推进马克思主义中国化时代化，在马克思主义发展史上写下了新的篇章。进入新时代，推动马克思主义中国化新的飞跃，增强马克思主义的生命力、说服力，是新时代中国共产党人

---

① 《中共中央关于党的百年奋斗重大成就和历史经验的决议》，人民出版社2021年版，第26页。

的庄重职责。面对快速变化的世界和中国，习近平总书记统筹把握中华民族伟大复兴战略全局和世界百年未有之大变局，及时回答时代之问、人民之问，勇于推进新时代理论创新。当代中国马克思主义、21世纪马克思主义，是马克思主义中国化的最新成果，是新时代中国共产党人为坚持和发展马克思主义作出的重大贡献，从而让马克思主义在中国大地上展现出更强大、更有说服力的真理力量。

思想映照时代、凝练时代。当代中国马克思主义、21世纪马克思主义，是中国特色社会主义新时代的理论结晶，深刻反映了新时代中国发展的实践要求、本质特征和内在规律。习近平新时代中国特色社会主义思想，系统回答新时代坚持和发展什么样的中国特色社会主义、怎样坚持和发展中国特色社会主义，建设什么样的社会主义现代化强国、怎样建设社会主义现代化强国，建设什么样的长期执政的马克思主义政党、怎样建设长期执政的马克思主义政党等重大时代课题，推进了马克思主义中国化在新时代的重大发展。这些重大时代课题，是中国特色社会主义进入新时代的重大问题，是完成新时代面临的主要任务的重大问题，是关系新时代坚持和发展中国特色社会主义、建设社会主义现代化强国根本政治保证的重大问题。对这些重大时代课题的回答，集中体现在"十个明确"之中，是当代中国马克思主义、21世纪马克思主义的核心内容。

（二）这一思想是中华文化和中国精神的时代精华，成为马克思主义基本原理同中华优秀传统文化相结合在新时代的思想硕果

中华文明孕育出内涵深厚的中华文化和生生不息的中国精神，是

实现中华民族伟大复兴的宝贵文化财富和强大精神动力。中华文化和中国精神随着历史的进步，汲取时代的新鲜内涵，保持蓬勃的生机活力。进入新时代，党推动中华优秀传统文化创造性转化、创新性发展，将社会主义先进文化、革命文化、中华优秀传统文化融合为中国特色社会主义文化，将传承中华文化与新时代中国特色社会主义文化建设统一起来，将传承中国精神与弘扬以伟大建党精神为源头的中国共产党人精神谱系统一起来，呈现出中华文化和中国精神在新时代中国的新风貌新品格。习近平新时代中国特色社会主义思想，将这些文化成果和精神升华融入自身的理论品质和思想观点之中，充分展现了中华文化和中国精神时代精华的理论形态和思想体系，成为新时代思想坐标的鲜明特色。

党的十八大以来，习近平总书记高度重视中华优秀传统文化在推进新时代中国特色社会主义事业、实现中华民族伟大复兴进程中的重大价值，深入思考中华优秀传统文化对于推进马克思主义中国化新飞跃的重大作用。党的十九大报告明确指出："中国共产党从成立之日起，既是中国先进文化的积极引领者和践行者，又是中华优秀传统文化的忠实传承者和弘扬者。"[①] 民族复兴的实践是在中华文化的土壤上进行的，只有充分发掘中华优秀传统文化的重大价值，使之与马克思主义基本原理融会贯通，与民族复兴实践相互作用，才能推动民族复兴取得新的伟大成就。文化是一个国家、一个民族的灵魂，坚持把马克思主义基本原理同中国具体实际相结合，必然要求更加重视同中华优秀传统文化相结合，在"两个结合"的基础上推进马克思主义中

---

① 《中国共产党第十九次全国代表大会文件汇编》，人民出版社2017年版，第36页。

国化。习近平总书记既是"两个结合"的提出者,又是"两个结合"的践行者,在他的理论著述中,无论是对中国历史上的成语典故、名言名句的熟练引用,还是中华民族精神品格、价值观念、达观智慧的贯穿其中,都达到了一个新高度,成为习近平新时代中国特色社会主义思想的显著特征。

(三)这一思想实现了马克思主义中国化新的飞跃,从思想理论上彰显了我国发展新的历史方位

党在不同历史时期所处的时代条件、面临的主要任务、解决的主要矛盾不同,这就要求马克思主义中国化及其飞跃不能停止。中国特色社会主义进入新时代,要回答好承前启后、继往开来,在新时代坚持和发展中国特色社会主义的重大问题,实现"两个一百年"奋斗目标的重大问题,满足人民日益增长的美好生活需要、逐步实现全体人民共同富裕的重大问题,在中华民族伟大复兴关键时期奋力实现中国梦的重大问题,构建人类命运共同体、不断为人类作出更大贡献的重大问题,探索依靠党的自我革命跳出历史周期率成功路径的重大问题等。这些都是前人未曾给出完全答案的问题,迫切需要新时代中国共产党人坚持解放思想和实事求是相统一、培元固本和守正创新相统一,实现马克思主义中国化新的飞跃。习近平新时代中国特色社会主义思想,明确提出一系列战略思想和创新理念,形成了马克思主义中国化的原创性思想,作出了原创性贡献,成为马克思主义中国化新的里程碑。

中国特色社会主义新时代是我国发展新的历史方位,历史方位表明了我国发展所处的历史时期和发展阶段。我国发展的历史方位可以

从多个维度来标定，比如社会主要矛盾、党的中心任务、民族复兴阶段等。习近平总书记指出："一个民族要走在时代前列，就一刻不能没有理论思维，一刻不能没有正确思想指引。"① 这就表明，引领民族走在时代前列的思想理论，同样是标定历史方位的重要维度。习近平新时代中国特色社会主义思想，是在新时代中国特色社会主义的伟大实践中创立、引领新时代中国发展进步的思想理论，是与中华民族迎来了从站起来、富起来到强起来的伟大飞跃相适应的马克思主义中国化新的飞跃，是我国发展新的历史方位的思想标志。我国发展新的历史方位，要从实现第一个百年奋斗目标，开启实现第二个百年奋斗目标新征程，朝着实现中华民族伟大复兴的宏伟目标继续前进的主要任务来把握，要从人民日益增长的美好生活需要和不平衡不充分的发展之间的矛盾来把握，要从世界正在经历百年未有之大变局、中华民族伟大复兴处于关键时期的大局来把握，还要从党确立习近平同志党中央的核心、全党的核心地位，确立习近平新时代中国特色社会主义思想的指导地位来把握。

三、马克思主义中国化新的飞跃引领中华民族新的伟大飞跃

实践是检验真理的唯一标准，也是判断思想理论价值的根本标准。习近平新时代中国特色社会主义思想成为新时代的思想坐标，既

---

① 《习近平在省部级主要领导干部学习贯彻党的十九届六中全会精神专题研讨班开班式上发表重要讲话强调 继续把党史总结学习教育宣传引向深入 更好把握和运用党的百年奋斗历史经验》，《人民日报》2022年1月12日。

要从这一思想为推进马克思主义中国化时代化作出的原创性贡献来认识，也要从这一思想引领中国特色社会主义进入新时代，取得历史性成就、发生历史性变革的实践成效来理解，从马克思主义中国化新的飞跃引领中华民族新的伟大飞跃来判定。党的十九大报告指出："中国特色社会主义进入新时代，在中华人民共和国发展史上、中华民族发展史上具有重大意义，在世界社会主义发展史上、人类社会发展史上也具有重大意义。"① 从"四个发展史"看新时代的重大意义，必须深刻认识新时代党的创新理论的指导作用和实践威力。

（一）引领中华民族迎来了从站起来、富起来到强起来的伟大飞跃

新中国成立，中国人民从此站起来了，实现了中国从几千年封建专制政治向人民民主的伟大飞跃。新中国成立后，进行社会主义革命，推进社会主义建设，实现了一穷二白、人口众多的东方大国大步迈进社会主义社会的伟大飞跃。改革开放以后，解放和发展社会生产力，推进了中华民族从站起来到富起来的伟大飞跃。进入新时代，决胜全面建成小康社会、进而全面建设社会主义现代化强国，物质文明、政治文明、精神文明、社会文明、生态文明协调发展，推动人的全面发展、全体人民共同富裕取得更为明显的实质性进展，统筹发展和安全、效率和公平、活力和秩序、国内和国际，中华民族迎来了从站起来、富起来到强起来的伟大飞跃。国家经济实力、科技实力、综合国力跃上新台阶，中国特色社会主义制度更加成熟更加定型，全社

---

① 《中国共产党第十九次全国代表大会文件汇编》，人民出版社2017年版，第10页。

会凝聚力和向心力极大提升，近1亿农村贫困人口实现脱贫，抗疫斗争取得重大战略成果，建设巩固国防和强大人民军队，国家安全得到全面加强，我国国际影响力、感召力、塑造力显著提升等，都是中华民族迎来强起来伟大飞跃的重要内容。

中华民族迎来了从站起来、富起来到强起来的伟大飞跃，实现中华民族伟大复兴进入了不可逆转的历史进程，是党中央统揽伟大斗争、伟大工程、伟大事业、伟大梦想，坚持以习近平新时代中国特色社会主义思想为指导开创出来的。坚持和加强党的全面领导，统筹推进"五位一体"总体布局、协调推进"四个全面"战略布局，坚持和完善中国特色社会主义制度、推进国家治理体系和治理能力现代化，坚持总体国家安全观，推动构建人类命运共同体，战胜一系列重大风险挑战等，从而开创了中国特色社会主义新时代。

（二）指导党和人民朝着实现中华民族伟大复兴的宏伟目标继续前进

中华民族是世界上古老而伟大的民族。近代以后，由于西方列强入侵和封建统治腐败，中华民族遭受了前所未有的劫难，实现民族复兴成为中华民族近代以来最伟大的梦想。党的百年奋斗归结起来就是实现中华民族伟大复兴这一主题，党在各个历史时期都将民族复兴推向新的发展阶段。新民主主义革命的胜利，为实现中华民族伟大复兴创造了根本社会条件。社会主义革命和建设的成就，为实现中华民族伟大复兴奠定了根本政治前提和制度基础。改革开放和社会主义现代化建设的跨越，为实现中华民族伟大复兴提供了充满新的活力的体制保证和快速发展的物质条件。中国特色社会主义进入新时代，比历史上任何时期都更接近、更有信心和能力实现中华民族伟大复兴的目标。实现中华民族伟大复兴是党和人民的共同奋斗目标，要在一代代中国人民、一代代中国共产党人前赴后继、接续奋斗的基础上，将中华民族伟大复兴推进到前所未有的时代高度。中国特色社会主义新时代，为实现中华民族伟大复兴提供了更为完善的制度保证、更为坚实的物质基础、更为主动的精神力量。

党的十八大后，习近平总书记明确提出实现中华民族伟大复兴的中国梦，凝聚起全体中国人民的共同意志。"明确坚持和发展中国特色社会主义，总任务是实现社会主义现代化和中华民族伟大复兴，在全面建成小康社会的基础上，分两步走在本世纪中叶建成富强民主文明和谐美丽的社会主义现代化强国，以中国式现代化推进中华民族伟大复兴"[1]，将坚持和发展中国特色社会主义、实现社会主义现代化、实现中华民族伟大复兴统一于一体，制定了实现民族复兴的宏伟蓝图。明确提出中华民族伟大复兴战略全局，这就是从战略全局的层面来筹划和推进中华民族伟大复兴，伟大梦想更具有规划性、系统性、前瞻性。明确提出建设文化强国、教育强国、人才强国、体育强国、科技强国、制造强国、质量强国、网络强国、交通强国、贸易强国、世界一流军队等，以实现强国梦来实现中国梦。习近平新时代中国特色社会主义思想，是新时代新征程实现中华民族伟大复兴的科学指导。

---

[1] 《中共中央关于党的百年奋斗重大成就和历史经验的决议》，人民出版社2021年版，第24页。

（三）推动世界范围内社会主义和资本主义两种意识形态、两种社会制度的历史演进及其较量发生了有利于社会主义的重大转变

世界社会主义的发展历史，从空想到科学、从理论到实践、从一国到多国、从兴盛到挫折、从低潮到振兴，跌宕起伏、激荡人心。苏联解体、东欧剧变后，我们党紧紧依靠人民，以坚定意志和历史担当，坚持中国特色社会主义道路不动摇。党的十八大以来，以习近平同志为主要代表的中国共产党人，坚持高举中国特色社会主义伟大旗帜，既不走封闭僵化的老路，也不走改旗易帜的邪路，全力推进新时代坚持和发展中国特色社会主义伟大事业，彰显了中国特色社会主义的强大生机活力。党的第三个历史决议指出，"世界范围内社会主义和资本主义两种意识形态、两种社会制度的历史演进及其较量发生了有利于社会主义的重大转变"[1]，这个重大转变在世界社会主义发展史上极具历史意义。

习近平总书记深入思考、科学回答新时代坚持和发展中国特色社会主义的重大课题，提出一系列重要观点，是坚定"四个自信"的理论基石、指引正确方向的前进指南。比如，明确中国特色社会主义最本质的特征是中国共产党领导，中国特色社会主义制度的最大优势是中国共产党领导，这就确定了中国特色社会主义的根本政治保证。强调中国式现代化道路的重要特征，坚持社会主义现代化道路，摒弃西

---

[1] 《中共中央关于党的百年奋斗重大成就和历史经验的决议》，人民出版社2021年版，第63—64页。

方以资本为中心的现代化、两极分化的现代化、物质主义膨胀的现代化、对外扩张掠夺的现代化老路。要求坚持和完善社会主义基本经济制度,把"两个毫不动摇"写入新时代坚持和发展中国特色社会主义的基本方略,强调在社会主义市场经济条件下规范和引导资本发展,夯实了中国特色社会主义的经济基础。提出全过程人民民主的重大理念,具体地、现实地体现人民当家作主,这是中国特色社会主义政治发展道路的深化。

(四)举起引领时代潮流和人类前进方向的鲜明旗帜

中华民族在历史上曾走在世界前列,却在近代以来的现代化潮流中落在了后面。新中国的成立,为赶上时代创造了根本社会条件。但十年内乱又使我国和世界先进水平的差距进一步拉大。从落后时代到赶上时代,必须改革开放、建设中国特色社会主义。邓小平坚定不移地指出:"我们要赶上时代,这是改革要达到的目的。"① 经过持续推进改革开放,中国大踏步赶上了时代。赶上时代是引领时代的前提,引领时代是赶上时代的继续。从改革开放和社会主义现代化建设新时期到中国特色社会主义新时代,中华民族积累了引领时代的综合国力,形成了引领时代的制度优势,提供了引领时代的中国方案,展现了引领时代的大国担当,"实现了从'赶上时代'到'引领时代'的伟大跨越"②。

党的百年奋斗成功走出了中国式现代化道路,创造了人类文明新

---

① 《邓小平文选》第三卷,人民出版社1993年版,第242页。
② 习近平:《在2018年春节团拜会上的讲话》,《人民日报》2018年2月15日。

形态。这些前无古人的创举，破解了人类社会发展的诸多难题，"拓展了发展中国家走向现代化的途径，为人类对更好社会制度的探索提供了中国方案"①。习近平总书记在领导实现"两个一百年"奋斗目标的实践中，为成功走出中国式现代化道路、创造人类文明新形态作出了新的重大贡献。中国式现代化道路提供了经济文化落后国家走向现代化的新途径新选择，提供了人口规模超大国家走向现代化的新途径新选择，提供了面对西方霸权主义和垄断资本集团压力走向现代化的新途径新选择。新时代弘扬和平、发展、公平、正义、民主、自由的全人类共同价值，推动构建人类命运共同体，为解决人类重大问题，建设持久和平、普遍安全、共同繁荣、开放包容、清洁美丽的世界贡献了中国智慧、中国方案、中国力量，站在了人类社会的道义制高点上，构建人类命运共同体成为引领时代潮流和人类前进方向的鲜明旗帜。

四、勇于站在人类发展前沿，续写马克思主义中国化时代化新篇章

党的十九届六中全会全面总结党的百年奋斗重大成就和历史经验，看清楚过去我们为什么能够成功，弄明白我们怎样才能继续成功。坚持理论创新，用新的理论指导新的实践是重要经验。习近平总书记在省部级主要领导干部学习贯彻党的十九届六中全会精神专题研讨班开班式上的重要讲话中进一步指出，当代中国正在经历人类历史上最为宏大而独特的实践创新，提出了大量亟待回答的理论和实践课

---

① 习近平：《以史为鉴、开创未来　埋头苦干、勇毅前行》，《求是》2022年第1期。

题。要准确把握时代大势，勇于站在人类发展前沿，聆听人民心声，回应现实需要，坚持用马克思主义之"矢"去射新时代中国之"的"，续写马克思主义中国化时代化新篇章。习近平新时代中国特色社会主义思想，正是在党更显风华正茂的新征程中，不断开辟当代中国马克思主义、21世纪马克思主义新境界。

（一）深刻领悟"两个确立"的决定性意义，充分发挥习近平新时代中国特色社会主义思想在新时代新征程的指导作用

从党的百年奋斗得出一个至关重要的结论是，确立党的政治核心和思想旗帜，是关系党的前途命运的决定性问题。党的第三个历史决议明确指出，"两个确立"对新时代党和国家事业发展、对推进中华民族伟大复兴历史进程具有决定性意义。"两个确立"的决定性意义已经由党的十八大以来的变革性实践、突破性进展、标志性成果所证明，也必将由新征程新阶段党和国家事业赢得更加伟大胜利和荣光的实践成就所证明。党确立习近平同志党中央的核心、全党的核心地位，全党和全国人民就有了指引前进方向的领路人、进行伟大斗争的掌舵者、凝聚磅礴力量的总指挥，强化了实现社会主义现代化和中华民族伟大复兴的政治优势、制度优势、组织优势。确立习近平新时代中国特色社会主义思想的指导地位，为实现社会主义现代化和中华民族伟大复兴提供了行动指南，是在新时代新征程继续书写中华民族恢宏史诗的思想优势和根本思想保证。

进入全面建设社会主义现代化国家新征程，党团结带领中国人民又踏上了实现第二个百年奋斗目标新的赶考之路。继续向人民、向历

史交出一份新的优异答卷，必须坚持以习近平新时代中国特色社会主义思想为指导。新的赶考之路要完成建成富强民主文明和谐美丽的社会主义现代化强国、实现中华民族伟大复兴中国梦的历史使命，这是科学社会主义的伟大创举，是党的百年奋斗主题在新起点攀登高峰的伟大进军，面对的是创新的实践，更加需要理论创新和理论指导。新的赶考之路是一次新的长征，会遇到以往未曾经历的情况，会出现新的重大矛盾，会发生"黑天鹅""灰犀牛"式的新的重大风险，更加需要理论思维和科学引领。新的赶考之路要求党和人民想在一起、干在一起，同心协力、团结奋斗，面对各种各样的思想舆论、意见声音，更加需要统一思想和凝聚共识。充分发挥习近平新时代中国特色社会主义思想的指导作用，就能够以理论创新指导实践创新，以科学理论提供实践指导，以先进思想吸引人心所向。

（二）解放思想、实事求是、守正创新，继续发展当代中国马克思主义、21 世纪马克思主义

坚持解放思想、实事求是、守正创新，是习近平总书记提出的新时代推进理论创新、续写马克思主义中国化时代化新篇章的基本要求。解放思想，要求不把马克思主义理论当作教条，必须随着实践的变化而发展，不能墨守成规、思想僵化，必须增强理论创新的勇气。实事求是，要求继续推进"两个结合"，坚持实践是检验真理的唯一标准，坚持一切从实际出发。守正创新，要求坚持把马克思主义作为认识世界、把握规律、追求真理、改造世界的强大思想武器，更好把坚持马克思主义和发展马克思主义统一起来，续写马克思主义中国化时代化的新篇章。解放思想、实事求是、守正创新，体现马克思主义的

精髓，坚持党的思想路线，是习近平新时代中国特色社会主义思想的鲜明理论品格。

马克思主义是不断发展的开放的理论，始终站在时代前沿。习近平新时代中国特色社会主义思想随着实践的发展而发展，与时俱进、不断创新。"继续发展当代中国马克思主义、21世纪马克思主义"[①]，是习近平总书记在庆祝中国共产党成立100周年大会上的重要讲话中提出的推进理论创新的发展要求，也是充分发挥习近平新时代中国特色社会主义思想指导作用的必然要求。新时代中国发展的实践是充满生机活力的，21世纪世界发展的潮流是富于变化挑战的。生活之树常青，理论之果也要常新，这就决定了理论探索的深化不能中止、理论创造的步伐不能停留，在新时代新征程不断开辟当代中国马克思主义、21世纪马克思主义新境界，让中国特色社会主义新时代的思想坐标放射出更大光芒。

（三）科学回答中国之问、世界之问、人民之问、时代之问，赢得实现第二个百年奋斗目标、实现中华民族伟大复兴中国梦新的胜利

新时代坚持和发展中国特色社会主义的理论和实践，提出了大量亟待解决的新问题，要求立足中华民族伟大复兴战略全局和世界百年未有之大变局，研究解决事关党和国家全局性、根本性、关键性的重大问题，科学回答中国之问、世界之问、人民之问、时代之问，彰显中国之路、中国之治、中国之理。习近平新时代中国特色社会主义思

---

① 习近平：《在庆祝中国共产党成立100周年大会上的讲话》，《求是》2021年第14期。

想,及时回应前所未有的改革发展稳定任务、矛盾风险挑战、治国理政考验,不断深入回答新时代重大时代课题;及时回应世界百年未有之大变局加速演进,世界进入新的动荡变革期,"世界怎么了""人类向何处去"的时代之题,推动时代之变向着有利于人类发展进步的方向演变;及时回应人民对党的强烈期盼,牢记江山就是人民、人民就是江山,以伟大自我革命的坚定意志不负人民信任;及时回应党站在人类发展前沿、走在历史变革前列提出的时代之问,给出中国之问、世界之问、人民之问的时代之答,解答时代中的中国、世界、人民之问。

100多年来,马克思主义的科学性和真理性在中国得到充分检验,人民性和实践性在中国得到充分贯彻,开放性和时代性在中国得到充分彰显,这是通过一代代中国共产党人坚持"两个结合",不断推进马克思主义中国化,实现历史性飞跃和新的飞跃得来的,是得到党的百年奋斗重大成就证明的。勇于站立时代潮头,面向新征程的伟大实践,回答好前进道路上新的重大问题,习近平新时代中国特色社会主义思想必将在续写马克思主义中国化时代化的新篇章、引领中国特色社会主义新时代的新实践中,更加充分展现强大的真理光辉和实践伟力。

中国化时代化的马克思主义行*

坚持和发展马克思主义,在"两个结合"中推进马克思主义中国化时代化,是贯穿党的历史的一条主线。推进马克思主义中国化时代化,必然会形成"化"的理论成果,这就是中国化时代化的马克思主义。习近平总书记在党的二十大报告中指出:"实践告诉我们,中国共产党为什么能,中国特色社会主义为什么好,归根到底是马克思主义行,是中国化时代化的马克思主义行。"[①] 讲清楚为什么中国化时代化的马克思主义行,首先就要对中国化时代化的马克思主义这一重大范畴,作出系统准确深入的解读,从而在开辟马克思主义中国化时代化新境界的过程中,充分发挥中国化时代化的马克思主义的实践功能。

一、推进马克思主义中国化时代化贯穿党的奋斗历程

马克思主义是我们立党立国、兴党兴国的根本指导思想。马克思主义要在中国行、要在历史上行,就必须推进马克思主义中国化时代化。中国共产党始终坚持把马克思主义基本原理同中国具体实际相结

---

* 本文写于 2023 年。
① 习近平:《高举中国特色社会主义伟大旗帜 为全面建设社会主义现代化国家而团结奋斗——在中国共产党第二十次全国代表大会上的报告》,人民出版社 2022 年版,第 16 页。

合、同中华优秀传统文化相结合，推进党的理论创新，形成了马克思主义中国化时代化的重大成果和思想飞跃。马克思主义中国化时代化是中国化时代化的马克思主义的前提和基础。

（一）马克思主义行是在推进马克思主义中国化时代化的过程中实现的

"两个行"是一个有机统一体。第一，马克思主义行是中国化时代化的马克思主义行的理论前提。马克思主义是人类探索历史规律和寻求自身解放道路的科学真理，既是创立马克思主义那个时代精神的精华，又是整个人类精神的精华。马克思主义具有科学性、人民性、实践性、开放性，因而能够始终保持强大的生命力。正如习近平总书记指出的："在人类思想史上，还没有一种理论像马克思主义那样对人类文明进步产生了如此广泛而巨大的影响。"[①] 马克思主义是中国化时代化的马克思主义的根本属性，中国化时代化的马克思主义无论如何与时俱进、创新发展，都是不改其宗、不变其旨的马克思主义，都是坚持马克思主义立场观点方法的马克思主义。中国化时代化的马克思主义在党创立以后的历史进程中，创立和形成了一系列重大理论成果，提出了许多具有鲜明中国特色、时代特色、实践特色的理论观点，从理论基础和思想渊源上看，中国化时代化的马克思主义的理论力量来自马克思主义。没有马克思主义行，就没有中国化时代化的马克思主义行。

第二，中国化时代化的马克思主义行是马克思主义行的必然结

[①] 习近平：《在哲学社会科学工作座谈会上的讲话》，《人民日报》2016年5月19日。

果。马克思主义的科学真理具有普遍性，但在运用于中国具体实践过程中，必须再经历一个从一般到特殊的结合过程，也就是马克思主义中国化时代化的过程。如同第三个历史决议指出的，马克思主义理论"必须中国化才能落地生根、本土化才能深入人心"①。习近平总书记还指出："马克思主义是不断发展的开放的理论，本土化才能落地生根，时代化才能充满生机。"②中国是时代中的中国，本土是时代中的本土，中国化本土化内含着时代化。马克思主义的真理力量和实践威力，必须通过中国化时代化的马克思主义得以实现和证明。比如，马克思主义创始人揭示了从资本主义社会向社会主义社会过渡和飞跃的内在规律，但并没有直接指明在中国这样一个半殖民地半封建社会里，怎样才能建立和建设社会主义，从而实现中华民族伟大复兴。这只有依靠中国共产党人在推进"两个结合"的过程中，创造性地回答和解决中国进行什么样的革命、怎样进行革命，建设什么样的社会主义、怎样建设社会主义等重大问题，创立和形成中国化时代化的马克思主义，才能取得中华民族伟大复兴的一个个伟大成就、实现一次次伟大飞跃。

（二）马克思主义中国化时代化的科学内涵

马克思主义中国化时代化的前提是中国化，党在坚持"两个结合"的过程中，推进着马克思主义中国化。马克思主义中国化，一是

---

① 《中共中央关于党的百年奋斗重大成就和历史经验的决议》，人民出版社2021年版，第66页。
② 《习近平向中国共产党与世界马克思主义政党论坛致贺信》，《人民日报》2022年7月29日。

指马克思主义的普遍性与中国实际的特殊性融为一体，实现从抽象真理向具体真理的转化。二是指马克思主义作为"伟大的认识工具"，要"道"以致用、"理"以解问，也就是用马克思主义理论之"矢"去射中华民族伟大复兴实践之"的"，提供科学管用的理论指导，解决实践当中的重大问题，不搞"经院哲学"、不搞教条主义。三是指马克思主义在同中国具体实际相结合的过程中实现双向交融。中国共产党人自觉进行理论创造、不断推进理论创新，丰富发展马克思主义理论宝库。马克思主义深刻改变了中国，中国共产党也极大丰富了马克思主义。

马克思主义中国化时代化的关键是时代化，党在100多年来历史演进、时代变化的进程中，准确把握中国具体实际的时代脉搏，推进马克思主义中国化的与时俱进。没有一成不变的理论，也没有一成不变的实际。理论不能脱离实际，实际不能离开时代。中国实际是时代中的实际，中国实际同时也是时代实际。马克思主义时代化，一是指时代化是马克思主义的本质要求，马克思主义深刻反映了时代精神，将时代精神凝练和彰显于思想体系之中，马克思主义的时代性决定马克思主义必须时代化。二是指马克思主义必须及时回答世界之变、时代之变、历史之变，始终保持科学理论的开放性，在回答时代课题的过程中不断发展完善，展现蓬勃生机、新的境界，马克思主义时代化是一代代马克思主义者的重大职责。三是指马克思主义基本原理同中国具体实际相结合，这一结合既包含马克思主义中国化的要求，也包含马克思主义时代化的要求，要用时代的眼光读懂中国实际，用时代的坐标定准中国实际，中国实际是时空中的实际，是中国国情与时代特征的统一。

习近平总书记在党的二十大上阐释坚持和发展马克思主义，必须同中国具体实际相结合，指出："我们必须坚持解放思想、实事求是、与时俱进、求真务实，一切从实际出发，着眼解决新时代改革开放和社会主义现代化建设的实际问题，不断回答中国之问、世界之问、人民之问、时代之问，作出符合中国实际和时代要求的正确回答，得出符合客观规律的科学认识，形成与时俱进的理论成果，更好指导中国实践。"[①] 这些重要论述都表明马克思主义中国化和时代化的内在一致、相互包含。推进马克思主义中国化，要求推进马克思主义时代化；推进马克思主义时代化，深化马克思主义中国化。

（三）推进马克思主义中国化时代化的历史进程

推进马克思主义中国化时代化，是从党成立后就开始了的理论创新。党的二十大闭幕后，习近平总书记在带领中共中央政治局常委瞻仰延安革命纪念地时指出："延安革命旧址见证了我们党在延安时期领导中国革命、探索马克思主义中国化时代化的光辉历程，是一本永远读不完的书，每次来都温故而知新，受到深刻教育和启示。"[②] 党的历史就是一部不断推进马克思主义中国化时代化、形成中国化时代化马克思主义的历史，是谱写马克思主义发展新篇章的历史。

党在新民主主义革命时期的主要任务，是推翻三座大山，为实现

[①] 习近平：《高举中国特色社会主义伟大旗帜　为全面建设社会主义现代化国家而团结奋斗——在中国共产党第二十次全国代表大会上的报告》，人民出版社2022年版，第17—18页。

[②] 习近平：《继承和发扬党的优良革命传统和作风　弘扬延安精神》，《求是》2022年第24期。

中华民族伟大复兴创造根本社会条件。以毛泽东同志为主要代表的中国共产党人，坚持只有社会主义才能救中国，从半殖民地半封建社会的中国实际出发，制定中国革命的正确路线，开启了马克思主义中国化时代化的历史进程。

党在社会主义革命和建设时期的主要任务，是实现从新民主主义到社会主义的转变，为实现中华民族伟大复兴奠定根本政治前提和制度基础。以毛泽东同志为主要代表的中国共产党人，坚持只有社会主义才能发展中国，从中国国情出发，领导建立和巩固工人阶级领导的、以工农联盟为基础的人民民主专政的国家政权，逐步实现国家的社会主义工业化，并逐步实现国家对农业、手工业和资本主义工商业的社会主义改造，领导人民开展全面的大规模的社会主义建设，把马克思列宁主义基本原理同中国具体实际进行"第二次结合"，结合新的实际丰富和发展毛泽东思想，推进马克思主义中国化时代化。

党在改革开放和社会主义现代化建设新时期的主要任务，是解放和发展社会生产力，为实现中华民族伟大复兴提供充满新的活力的体制保证和快速发展的物质条件。以邓小平同志为主要代表的中国共产党人，科学回答什么是社会主义、怎样建设社会主义这一根本问题，明确提出走自己的路、建设中国特色社会主义。以江泽民同志为主要代表的中国共产党人，加深了对什么是社会主义、怎样建设社会主义和建设什么样的党、怎样建设党的认识，在国内外形势十分复杂、世界社会主义出现严重曲折的严峻考验面前捍卫了中国特色社会主义。以胡锦涛同志为主要代表的中国共产党人，深刻认识和回答了新形势下实现什么样的发展、怎样发展等重大问题，在全面建设小康社会进程中推进实践创新、理论创新、制度创新。党在新时期从新的实践和时代特征出发坚持和发展马克思主义，科学回答了建设中国特色社会主义一系列基本问题，继续推进马克思主义中国化时代化。

党在中国特色社会主义新时代的主要任务，是实现"两个一百年"奋斗目标，朝着实现中华民族伟大复兴的宏伟目标继续前进。以习近平同志为主要代表的中国共产党人，坚持"两个结合"，统筹把握中华民族伟大复兴战略全局和世界百年未有之大变局，从理论和实践的结合上深入回答关系党和国家事业发展、党治国理政的一系列重大时代课题，以全新的视野深化对"三大规律"的认识，实现了马克思主义中国化时代化新的飞跃。

（四）推进马克思主义中国化时代化的根本途径

推进马克思主义中国化时代化，必然要求坚持把马克思主义基本原理同中国具体实际相结合、同中华优秀传统文化相结合。"两个结合"内在地包含着推进马克思主义中国化时代化。习近平总书记在庆祝中国共产党成立100周年大会上的重要讲话中明确提出"两个结合"，党的二十大报告对"两个结合"作出专门阐述。党的二十大后，习近平总书记强调："中华优秀传统文化是我们党创新理论的'根'，我们推进马克思主义中国化时代化的根本途径是'两个结合'。"[①] 这就表明，党的奋斗历程推进马克思主义中国化时代化形成了许多宝贵经验，其中"两个结合"是根本经验；探索了许多有效途径，其中"两个结合"是根本途径。

[①]《习近平在陕西延安和河南安阳考察时强调 全面推进乡村振兴 为实现农业农村现代化而不懈奋斗》，《人民日报》2022年10月29日。

党推进马克思主义中国化时代化，就是同中国具体实际相结合的过程。马克思主义是具有普遍意义的科学真理，但不是可以直接照搬照套的教条，它的真理性只有在和具体时空中的实践结合起来的条件下才能发挥出来，马克思主义必须本土化和时代化。习近平总书记指出："我们坚持以马克思主义为指导，是要运用其科学的世界观和方法论解决中国的问题，而不是要背诵和重复其具体结论和词句，更不能把马克思主义当成一成不变的教条。"[①] 在党的历史上，教条主义者否认马克思主义同中国实际结合的必要性和重要性，给革命事业造成极大损失。毛泽东创立了实事求是的思想路线，实践是发展的，实际是变化的，实事求是本身就意味着与时俱进，与发展了的实际相结合，与变化了的时代相结合。在坚持"第一个结合"的过程中推进马克思主义中国化时代化，党在奋斗历程的各个历史时期，都创立和形成了指导新的实践的科学理论成果。

党推进马克思主义中国化时代化，就是同中华优秀传统文化相结合的过程。中国具体实际包含经济、政治、文化、社会等方面的实际，文化自信是更基本、更深沉、更持久的力量。中华优秀传统文化源远流长、博大精深，形成了中国人的独特价值体系、文化内涵和精神品质，蕴含着许多优秀理念，是中华文明的智慧结晶，同科学社会主义价值观主张具有高度契合性。坚持把马克思主义基本原理同中国具体实际相结合，必然要求同中华优秀传统文化相结合。"第二个结合"是在文化的根基层面深化中国化时代化，使马克思主义真理之树

---

① 习近平：《高举中国特色社会主义伟大旗帜　为全面建设社会主义现代化国家而团结奋斗——在中国共产党第二十次全国代表大会上的报告》，人民出版社2022年版，第17页。

在植根中华民族历史文化沃土中根深叶茂，从而不断夯实马克思主义中国化时代化的历史基础和群众基础。中华优秀传统文化的许多内容，即使放在今天也是充满着智慧，为推进中国式现代化、为解决当代人类面临的难题提供深刻启迪。因此，坚持古为今用、推陈出新，"第二个结合"同样能够推进马克思主义时代化。

二、马克思主义中国化时代化的理论形态

推进马克思主义中国化时代化，就是进行党的理论创新、理论创造，必然创立和形成相应的理论成果，这就是中国化时代化的马克思主义。习近平总书记在党史学习教育动员大会上要求"深化对中国化马克思主义既一脉相承又与时俱进的理论品质的认识"，明确提出了"中国化马克思主义"这一范畴。在此基础上，党的二十大报告进一步表述为"中国化时代化的马克思主义"，与开辟马克思主义中国化时代化新境界的表述相对应。中国化时代化的马克思主义，由此成为马克思主义中国化时代化的理论形态。

（一）马克思主义中国化时代化从过程到成果

推进马克思主义中国化时代化是党一以贯之的自觉追求，是与党的奋斗历程同行共进的发展过程。党的100多年历史，形成了不同的历史时期，推进马克思主义中国化时代化是一个接续不断的过程。在每个历史时期，由于党的主要任务、具体实际、时代条件不同，马克思主义中国化时代化又形成了每个历史时期的具体过程。党的各个历史时期，由于实践发展的阶段性、面对问题的特殊性，马克思主

义中国化时代化在各个历史时期又形成了阶段性的过程。思想发展的过程同时也是思想成果产生的过程，理论创新的过程同时也是创新理论形成的过程，马克思主义中国化时代化的推进过程同中国化时代化马克思主义的产生过程是一体化的。推进马克思主义中国化时代化的历史过程多么富于创造性，中国化时代化的马克思主义的理论成果就多么具有创新性。

推进马克思主义中国化时代化，是为了探索实现中华民族伟大复兴的正确道路，是为了完成党在各个历史时期的主要任务、形成符合中国实际的指导性理论。因此，推进马克思主义中国化时代化，就是要产生相应的理论成果，创立和形成以中国共产党人为主体和主创的党的指导思想，实现从马克思主义基本原理到中国化时代化的马克思主义的理论转化，建立起具有民族特色、植根中国实践、引领党的事业的理论指导。推进中华民族伟大复兴，任务极其艰巨、矛盾极其复杂，要解决的问题极其独特。推进马克思主义中国化时代化，就是坚持问题导向，用马克思主义之"矢"去射中国问题之"的"，为解决革命、建设、改革进程中遇到的重大问题提供正确、管用、有效的理论指导。中国化时代化的马克思主义，就是以理论成果形态呈现的解决党在实践过程中遇到的中国问题的经验总结和智慧结晶。

马克思主义中国化时代化从过程到成果，是从理论观点的接续提出到重大成果的创立形成。每一代中国共产党人，都在一定的历史起点上思考和回答面对的重大课题，研究不同领域的不同问题，解决不同阶段出现的各自问题，逐步提出新的理论观点和思想方法，推进马克思主义中国化时代化从量的进展到质的跃升，从而创立和形成了中国化时代化的马克思主义的重大成果。马克思主义中国化时代化从过程到成果，是从创新观点的形态到创新体系的形态。每一个重大理论成果从提出创新观点开始，在理论创新的起始阶段还没有形成理论体系。随着一系列理论观点的提出，理论创新的体系性越来越清晰、系统性越来越明显，科学理论体系的形成标志着中国化时代化马克思主义重大成果的形成。推进马克思主义中国化时代化没有止境，确立为党的指导思想同样要与时俱进，理论体系仍然需要不断丰富完善，这就使得中国化时代化的马克思主义始终保持着强大的创新动力和生机活力。

（二）中国化时代化的马克思主义的理论成果

党在推进马克思主义中国化时代化的100多年历程中，先后创立和形成了中国化时代化的马克思主义的系列重大成果，构成了中国化时代化的马克思主义的理论支柱。

毛泽东思想是中国化时代化的马克思主义在新民主主义革命时期、社会主义革命和建设时期的重大成果。新中国成立前，毛泽东思想以新民主主义革命思想为主要内容，其中的哲学思想、军事思想、统一战线思想、党的建设思想、斗争艺术等，都是中国化时代化马克思主义的光辉篇章。比如，毛泽东创造性地探索出适合中国国情的革命道路，中国革命没有像俄国十月革命那样通过中心城市武装起义夺取政权，而是走出了农村包围城市、武装夺取政权的崭新道路。新中国成立后，毛泽东思想以社会主义革命和建设思想为主要内容，其中关于社会主义改造、社会主义制度、人民内部矛盾、国内主要矛盾、社会主义建设、独立自主外交、三个世界划分、反对官僚主义的思想等，都是中国化时代化的马克思主义的宝贵财富。

邓小平理论、"三个代表"重要思想、科学发展观，是中国化时代化马克思主义在改革开放和社会主义现代化建设新时期的重大成果，是以坚持和发展中国特色社会主义为主题的思想理论。邓小平理论深刻揭示社会主义本质，确立社会主义初级阶段基本路线，制定基本实现社会主义现代化的发展战略，提出"一个国家，两种制度"科学构想，等等，是成功开创中国特色社会主义的中国化时代化马克思主义。"三个代表"重要思想明确提出党要始终代表中国先进生产力的发展要求，代表中国先进文化的前进方向，代表中国最广大人民的根本利益，确立社会主义市场经济体制的改革目标和基本框架，确立社会主义初级阶段的基本经济制度和分配制度等，是成功把中国特色社会主义推向21世纪的马克思主义。科学发展观强调坚持以人为本、全面协调可持续发展，加强社会建设，促进社会和谐等，是成功在新形势下坚持和发展中国特色社会主义的中国化时代化马克思主义。邓小平理论、"三个代表"重要思想、科学发展观，谱写了中国化时代化马克思主义的新篇章。

习近平新时代中国特色社会主义思想是中国化时代化的马克思主义在中国特色社会主义新时代的最新成果，是以新时代坚持和发展中国特色社会主义等为重大时代课题的创新理论。这一思想明确坚持和发展中国特色社会主义的基本方略，其中包括实现中华民族伟大复兴的中国梦，以中国式现代化全面推进中华民族伟大复兴，统揽伟大斗争、伟大工程、伟大事业、伟大梦想，明确"五位一体"总体布局和"四个全面"战略布局，明确我国社会主要矛盾是人民日益增长的美好生活需要和不平衡不充分的发展之间的矛盾，等等，开辟了中国化时代化马克思主义的新境界。

（三）中国化时代化的马克思主义在马克思主义发展史上的重要地位

马克思、恩格斯在19世纪40年代创立马克思主义，开始了马克思主义的发展历史。马克思、恩格斯在对资本主义发展规律、人类社会发展规律的深入研究中，在工人运动实践中，在和各种错误学说斗争中，不断丰富发展马克思主义。由此，西欧成为那个时期发展马克思主义的主阵地。马克思、恩格斯去世之后，各个国家的共产党人、一代代马克思主义者，继续推进马克思主义的发展。列宁创立了帝国主义和无产阶级革命时代的马克思主义，十月革命后苏联成为传承和发展马克思主义的主阵地。苏联解体、东欧剧变后，社会主义经历低潮，"万花纷谢一时稀"。中国共产党人坚定马克思主义信仰不改变，坚持中国特色社会主义不动摇，是马克思主义、科学社会主义的忠实传承者，中国成为发展马克思主义的主阵地。正如习近平总书记指出："中国特色社会主义正成为21世纪科学社会主义发展的旗帜，成为振兴世界社会主义的中流砥柱，我们党有责任、有信心、有能力为科学社会主义新发展作出更大历史贡献。"[1]

党的100多年奋斗历程，从一个只有50多人的小党发展成为有9800多万名党员的世界最大的马克思主义执政党，将一个半殖民地半封建社会转变成为世界上最大的社会主义国家，从一个学习接受由国外传入的马克思主义的初学者，到创立和形成中国化时代化马克思主义，成为21世纪马克思主义的擎旗人。党在马克思主义发展史上作出

---

[1] 习近平：《坚持和发展中国特色社会主义要一以贯之》，《求是》2022年第18期。

了越来越多的贡献，产生了越来越大的影响，形成了越来越重要的地位。正如习近平总书记指出："科学社会主义在中国的成功，对马克思主义、科学社会主义的意义，对世界社会主义的意义，是十分重大的。"① 中国化时代化的马克思主义的理论贡献和实践成果，使马克思主义的科学性和真理性充分检验、人民性和实践性充分贯彻、开放性和时代性充分彰显，使马克思主义以崭新形象展现在世界上。

中国化时代化的马克思主义，作为马克思主义发展史上的一支源流，为马克思主义保持蓬勃生机注入了源源不断的活水清流，在坚持和发展马克思主义的事业中作出了重大贡献。中国化时代化的马克思主义，发展出了具有中华文明底蕴、凝结中国实践结晶的中国共产党人的世界观和方法论。解放思想、实事求是、与时俱进、求真务实是凝练表述，"六个必须坚持"是习近平新时代中国特色社会主义思想的世界观和方法论的精辟概括。中国化时代化的马克思主义的各个重大成果，分别都在回答重大理论问题、解决重大实践问题中，为坚持和发展马克思主义作出了重大贡献。同时，马克思主义中国化时代化是一个阶段性和连续性相统一的过程，中国化时代化的马克思主义是一个历史性成果和整体性成果相融合的体系，既可以从每个历史时期的重大成果来认识重大贡献，也能够将其作为一个总体性成果来把握重大贡献。中国化时代化的马克思主义的理论创新观点，既要放在马克思主义中国化时代化的历史进程中来定位，也要放在马克思主义发展史的广阔视野中来看待，判断其理论价值和思想贡献。

---

① 习近平：《坚持和发展中国特色社会主义要一以贯之》，《求是》2022年第18期。

三、中国化时代化的马克思主义的鲜明特色

任何一种思想理论，由于产生于不同的历史时期、国家民族，有着各自的政治属性、思想渊源，都有其鲜明特色。中国化时代化马克思主义是坚持"两个结合"的产物，是党 100 多年来为实现中华民族伟大复兴，在中国建立和建设社会主义奋斗实践的结晶，是符合广大党员、干部和群众认知方式的理论，由此形成了鲜明的特色。

（一）基于中国国情、植根文化沃土、走在时代前列、代表人民利益的马克思主义

中国化时代化的马克思主义，努力探索马克思主义关于人类社会发展规律的真理性认识在中国实现的途径和方法，从中国国情出发确立党的革命、建设、改革的具体道路和目标，实现了马克思主义普遍性和中国实际特殊性的有机统一。新民主主义革命理论、社会主义革命和建设理论、中国特色社会主义理论等，都是马克思主义关于人类社会发展规律、社会主义建设规律的中国实现。

中国化时代化的马克思主义，扎根于历史悠久、博大精深的中华文化沃土之中，把握科学社会主义价值观主张与中华优秀传统文化具有高度契合性的因素，将二者有机融合起来，既秉持了马克思主义的精髓，又浸染着中华文化的精华，不仅是语言风格的民族化，而且是思想内涵的民族化。"实事求是"本是《汉书》中的一句评语，毛泽东敏锐地发现其思想价值，将其作为党的思想路线的简洁表述和精辟概括，并运用辩证唯物主义原理深刻阐发了实事求是的丰富内涵。

中国化时代化的马克思主义，在历史发展大势中定位中国发展前途，在时代前进潮流中找准中国变革方向，始终勇立时代潮头。建立社会主义社会、实行改革开放、推进中国式现代化等，都是中国化时代化马克思主义着力回答和解决的重大课题。

中国化时代化的马克思主义，恪守党的性质宗旨、秉持党的初心使命，人民性是其最鲜明的品格，人民至上是其最根本的立场，为人民谋幸福成为理论构建的出发点和落脚点，实现好人民利益成为理论评价的根本标准。共同富裕就是代表最大多数人民群众利益的思想。

（二）回答中国革命、建设、改革重大问题，深化"三大规律"认识的马克思主义

坚持问题导向，是习近平新时代中国特色社会主义思想的世界观和方法论的重要内容，也是推进马克思主义中国化时代化的重要经验。习近平总书记指出："回答并指导解决问题是理论的根本任务。"[①] 中国化时代化的马克思主义，不是书斋里的哲学、考证式的学问，而是实践的理论，有着强烈的实践目的和明确的实践指向，是为了解决党领导的伟大事业面临的紧迫而重大问题进行的理论创造。毛泽东在《中国社会各阶级的分析》中开篇就提出和回答问题："谁是我们的敌人？谁是我们的朋友？这个问题是革命的首要问题。"[②] 分清了敌友，就明确了中国革命的打击对象、依靠对象、团结对象，就为赢得中国

---

① 习近平：《高举中国特色社会主义伟大旗帜　为全面建设社会主义现代化国家而团结奋斗——在中国共产党第二十次全国代表大会上的报告》，人民出版社2022年版，第20页。
② 《毛泽东选集》第一卷，人民出版社1991年版，第3页。

革命胜利确定了基本保证。邓小平在党的十一届三中全会后深入思考"什么叫社会主义，什么叫马克思主义"①的基本问题，承认我们过去对这个问题的认识不是完全清醒的，由此创立了邓小平理论，推动了中国化时代化马克思主义的重大进展。

  提出问题、回答问题就是研究规律的过程，发现真理、揭示规律是理论创新的目的所在、价值所在。对于我们党来说，掌握规律、遵循规律，才有可能取得胜利；不懂规律、违背规律，必然导致失败。因此，对于革命、建设、改革规律的认识和把握，关系到党的前途命运、生死存亡。特别是我们党是在敌强我弱的条件下夺取革命胜利，是在一穷二白的土地上建设社会主义，是在西强东弱的形势中坚持和发展中国特色社会主义，正确认识和运用规律显得更加重要。可以说，中国化时代化的马克思主义，就是在提出和回答问题的过程中认识和发现规律的，理论创新的实质是拓展和深化对中国革命和战争规律，对共产党执政规律、社会主义建设规律、人类社会发展规律的认识，从而用于指导实现中华民族伟大复兴。比如，推进中国式现代化是党的不懈追求，认识中国式现代化的规律是马克思主义中国化时代化的重要任务。毛泽东的《论十大关系》，江泽民的《正确处理社会主义现代化建设中的若干重大关系》，习近平总书记2023年2月在新进中央委员会的委员、候补委员和省部级主要领导干部学习贯彻习近平新时代中国特色社会主义思想和党的二十大精神研讨班开班式上专门论述推进中国式现代化需要正确处理好的六对重大关系等，都是全面辩证地对中国式现代化重大关系集中作出系统论述的规律性成果。

---

① 《邓小平文选》第三卷，人民出版社1993年版，第63页。

（三）蕴含中国共产党思想品格、精神风貌的马克思主义

党是推进马克思主义中国化时代化的主体，在这个过程中必然将党的思想品格、精神风貌深深融入党的创新理论之中。伟大建党精神是党的伟大精神的根和魂，不仅贯通于中国共产党人精神谱系之中，而且贯通于中国化时代化的马克思主义理论成果之中。

为真理而斗争、为理想而献身，是一代代中国共产党人的信仰信念。这种信仰信念，不仅体现在无数共产党员的英雄行为和模范事迹中，也体现在中国共产党人主要代表的理论著述中。中国化时代化马克思主义的理论著述，本身就是在传承着坚持真理、坚守理想的伟大精神，是培育和塑造党的理想信念和伟大精神的理论滋养。

党的初心使命，是贯穿党的思想品格、精神风貌的一条红线。为中国人民谋幸福、为中华民族谋复兴，是中国共产党是什么、要干什么的根本答案，也是推进马克思主义中国化时代化要回答的基本问题。毛泽东的《为人民服务》就是深刻阐述党的初心使命的名篇。为什么要践行初心、担当使命，怎样坚守和践行党的初心使命，在中国化时代化马克思主义的文献中，是始终不变的主题，并且根据不同历史条件作出新的回答。

为革命为人民牺牲奉献，为胜利为事业斗争到底，是每个共产党员必须具备的精神品质。中国共产党人精神谱系中的每种精神成果，都洋溢着不怕牺牲、英勇斗争的精神风貌。精神与理论是相通的，精神蕴于理论之中，理论彰显精神。中国共产党人的思想理论，充分展现着在强大敌人面前昂首挺立、敢于斗争的英勇气概，在巨大压力面前不怕压、不信邪、不屈服的顽强意志。

作为有着坚定信仰的先进政党，作为高度集中统一的担负重大使命的政党，对党忠诚是基本准则；以全心全意为人民服务作为根本宗旨的马克思主义政党，不负人民是至上价值。建设什么样的党、怎样建设党，建设什么样的长期执政的马克思主义政党、怎样建设长期执政的马克思主义政党，是马克思主义中国化时代化的重大课题，其中包含着对党的领导的最高原则、对党的性质宗旨的理论阐释。习近平总书记在出席十四届全国人大一次会议江苏代表团审议时又进一步指出："人民幸福安康是推动高质量发展的最终目的。"①

（四）坚持和发展、守正和创新、连续和飞跃相统一的马克思主义

推进马克思主义中国化时代化，已经走过了100多年的探索历程，经历了快速变化的时代条件，我国社会主要矛盾数次变化，历经不同的党的主要任务。因此，中国化时代化的马克思主义，不是一成不变、一劳永逸的，始终在马克思主义中国化时代化的大前提下，与时俱进、创新发展。

中国化时代化的马克思主义，属于马克思主义，而不是别的什么主义，坚持马克思主义是根本原则。习近平总书记在纪念马克思诞辰200周年大会上提出学习和实践马克思主义的九个方面重要思想，正是中国化时代化马克思主义的基本遵循。中国化时代化的马克思主义，是中国共产党人结合中国具体实际和中华优秀传统文化形成的重大成果，是回

---

① 《习近平在参加江苏代表团审议时强调　牢牢把握高质量发展这个首要任务》，《人民日报》2023年3月6日。

答重大问题的马克思主义，是在坚持的基础上发展马克思主义、在发展的过程中坚持马克思主义，展现了马克思主义的创造活力。

坚持守正创新是习近平新时代中国特色社会主义思想的世界观和方法论的重要内容，也是推进马克思主义中国化时代化的重要方法论。守正和创新相统一，体现了坚持和发展马克思主义相统一在新时代的鲜明特色和发展深化。习近平总书记指出："守正才能不迷失方向、不犯颠覆性错误，创新才能把握时代、引领时代。"[①] 中国化时代化马克思主义的创新，以守正为前提，守住本和源、根和魂，"老祖宗不能丢"；中国化时代化的马克思主义的守正，以创新为目的，追求真理、揭示规律、发展理论，说出新话来。

马克思主义中国化时代化的发展历程，如同长江之水，既连续不断、奔流不息，又急流勇进、卷起波澜，是连续性和飞跃性相统一的过程。一代代中国共产党人，在推进马克思主义中国化时代化的道路上接力传承，并且不断谱写马克思主义中国化时代化新篇章。

（五）面向群众、文风朴实、喜闻乐见、通俗易懂的马克思主义

中国化时代化的马克思主义，是要为广大党员和群众提供认识世界、改造世界的思想武器和理论指导。这就要求中国化时代化的马克思主义，同时也是大众化的马克思主义，能够更好地为广大党员和群众所理解接受，这样才能更加充分发挥科学理论的社会效能，更

[①] 习近平：《高举中国特色社会主义伟大旗帜　为全面建设社会主义现代化国家而团结奋斗——在中国共产党第二十次全国代表大会上的报告》，人民出版社2022年版，第20页。

加夯实中国化时代化的马克思主义的群众基础。

毛泽东在推进马克思主义中国化时代化的同时，也在推进马克思主义大众化，要求"洋八股必须废止，空洞抽象的调头必须少唱，教条主义必须休息，而代之以新鲜活泼的、为中国老百姓所喜闻乐见的中国作风和中国气派"①。延安整风包括反对党八股以整顿文风，毛泽东在《反对党八股》中列举了党八股"空话连篇，言之无物"等八大罪状。毛泽东的讲话和文章，深入浅出、生动活泼，本身就是马克思主义大众化的典范。邓小平强调："我们讲了一辈子马克思主义，其实马克思主义并不玄奥。马克思主义是很朴实的东西，很朴实的道理。"②《邓小平文选》中也都是朴实的话语和道理。习近平总书记经常用成语典故、事例比喻，用接地气的群众语言，解读深刻的道理。

四、中国化时代化的马克思主义的最新成果

党的十八大以来，中国特色社会主义进入新时代，推进马克思主义中国化时代化也进入新阶段。习近平新时代中国特色社会主义思想，成为中国化时代化的马克思主义的最新成果。

（一）习近平新时代中国特色社会主义思想是新时代中国化时代化的马克思主义

习近平新时代中国特色社会主义思想，是当代中国马克思主义、

---

① 《毛泽东选集》第二卷，人民出版社1991年版，第534页。
② 《邓小平文选》第三卷，人民出版社1993年版，第382页。

21世纪马克思主义。这一思想是在对马克思列宁主义、毛泽东思想、邓小平理论、"三个代表"重要思想、科学发展观的继承和发展中创立起来的，承前启后、继往开来，坚持"两个结合"，深刻总结并充分运用党成立以来的历史经验，从新时代实际出发推进马克思主义中国化时代化。这一思想是在我国发展新的历史方位上创立起来的，统筹中华民族伟大复兴战略全局和世界百年未有之大变局，在新的历史条件下坚持和发展中国特色社会主义，谋划决胜全面建成小康社会、进而全面建设社会主义现代化强国，着力满足人民日益增长的美好生活需要，激励全体中国人民团结奋斗，推动我国不断为人类作出更大贡献。这一思想是在新时代的伟大变革中创立起来的，党在革命性锻造中更加坚强有力，党和人民正信心百倍推进中华民族从站起来、富起来到强起来的伟大飞跃，书写了经济快速发展和社会长期稳定两大奇迹新篇章，科学社会主义在21世纪的中国焕发出新的蓬勃生机，实现中华民族伟大复兴进入了不可逆转的历史进程，这些里程碑式的进展都凝结在新时代党的创新理论之中。

习近平新时代中国特色社会主义思想，提出一系列治国理政新理念新思想新战略，取得重大理论创新成果。这一思想的主要内容，在"十个明确""十四个坚持""十三个方面成就"中得到集中概括。"十个明确"反映了这一思想的核心要义，表明了中国化时代化马克思主义最新成果的战略思想和创新理念，是党对中国特色社会主义建设规律认识深化和理论创新的重大成果。"十四个坚持"明确了坚持和发展中国特色社会主义的基本方略，是对改革开放特别是新时代以来党治国理政宝贵经验的科学总结，是"十个明确"的实践要求。"十三个方面成就"既包括新时代的重大实践成就，也包括新时代的重大理论成就；既是中国化时代化的马克思主义最新成果的实践形式，也是新时代历史性成就和历史性变革的理论转化。

（二）习近平新时代中国特色社会主义思想的世界观和方法论是马克思主义世界观和方法论中国化时代化的新时代成果

世界观和方法论是蕴含于理论体系之中的哲学基础，是思想理论的灵魂。马克思主义世界观和方法论是辩证唯物主义和历史唯物主义，体现了马克思主义的立场观点方法。马克思主义中国化时代化包含着马克思主义世界观和方法论中国化时代化。坚持人民至上、自信自立、守正创新、问题导向、系统观念、胸怀天下，就是习近平新时代中国特色社会主义思想的世界观和方法论，就是马克思主义世界观和方法论中国化时代化在新时代的最新成果。习近平总书记在二十届中央政治局第一次集体学习时的重要讲话中指出："要全面把握新时代中国特色社会主义思想的世界观、方法论和贯穿其中的立场观点方法。党的二十大报告是在新时代中国特色社会主义思想指导下起草的。科学的世界观和方法论是我们研究问题、解决问题的'总钥匙'。"①强调要以此继续推进实践基础上的理论创新，始终做到方向明确、头脑清醒、应对有方、行动有力。

必须坚持人民至上，彰显了人民性是马克思主义的本质属性，将历史唯物主义基本原理与党的初心使命、党的群众路线、人民江山思想融为一体。习近平总书记在十四届全国人大一次会议上强调："全面

---

① 习近平：《在二十届中央政治局第一次集体学习时的讲话》，《求是》2023年第2期。

建成社会主义现代化强国，人民是决定性力量。"[1] 必须坚持自信自立，是将普遍性和统一性相统一、规律性和主体性相统一的哲学原理，运用于党的思想指导和精神品格中，体现了党在新时代更加积极的历史担当和创造精神，既不刻舟求剑、封闭僵化，也不照抄照搬、食洋不化。必须坚持守正创新，将坚持和发展、传承和创造、连续和跃升统一起来，以守正保证创新正确方向，以创新彰显守正重大价值，是新时代伟大变革的重要方法论。必须坚持问题导向，实际上就是实践导向、矛盾导向、效果导向，敏锐地发现问题、勇敢地面对问题、正确地解决问题，从而形成了真正解决问题的新理念新思路新办法，发展了马克思主义的实践论。必须坚持系统观念，是我国正在经历广泛而深刻社会变革的内在要求，要不断提高战略思维、历史思维、辩证思维、系统思维、创新思维、法治思维、底线思维能力，强国建设、民族复兴要作出前瞻性思考、全局性谋划、整体性推进。必须坚持胸怀天下，展现了党为人类谋进步、为世界谋大同的宽阔视野和高尚境界，将马克思主义的社会理想落实到推动建设更加美好的世界上。

（三）习近平新时代中国特色社会主义思想从理论和实践的结合上深入回答一系列重大时代课题

中国化时代化的马克思主义，是在提出和回答每个历史时期和发展阶段党面临的重大课题中形成重大理论成果、创新和发展起来的。习近平新时代中国特色社会主义思想，依据国内外形势新变化和实践

---

[1] 习近平：《在第十四届全国人民代表大会第一次会议上的讲话》，《人民日报》2023年3月14日。

新要求，从理论和实践的结合上深入回答党和国家事业发展、党治国理政的一系列重大时代课题，以全新的视野深化对"三大规律"的认识，开辟了马克思主义中国化时代化新境界。

回答新时代坚持和发展什么样的中国特色社会主义、怎样坚持和发展中国特色社会主义，在"两个大局"的历史交汇的背景下深化党的奋斗主题。新时代坚持和发展中国特色社会主义，是一系列重大时代课题的首要课题，也是总课题，其他重大时代课题都是这个重大时代课题的具体化和深化。党的十八大后，面对坚持和发展中国特色社会主义的新形势新任务新课题，面对亟待解决的一系列长期积累及新出现的突出矛盾和问题，习近平总书记准确把握"两个大局"交汇的历史方位，推动中国特色社会主义进入新时代，推动中华民族伟大复兴进入不可逆转的历史进程，推动构建人类命运共同体，由此推动马克思主义中国化时代化实现新的飞跃。

回答建设什么样的社会主义现代化强国、怎样建设社会主义现代化强国，以中国式现代化理论发展科学社会主义。民族复兴的目标就是现代化，在中国只有社会主义才能实现现代化，只有中国式现代化才能实现民族复兴。新时代，党在探索回答建设社会主义现代化强国重大时代课题中，成功推进和拓展了中国式现代化，形成中国式现代化理论。建设社会主义现代化强国，就是要深刻认识中国式现代化的中国特色，作为推进中国式现代化的坚实基础；全面贯彻中国式现代化的本质要求，作为推进中国式现代化的根本支点；牢牢把握中国式现代化的重大原则，作为推进中国式现代化的基本遵循；正确处理推进中国式现代化的重大关系，作为推进中国式现代化的方法准则。

回答建设什么样的长期执政的马克思主义政党、怎样建设长期执政的马克思主义政党，用党的自我革命解决大党独有难题。我们党是世界上最大的马克思主义政党，已执政70多年。在这样的条件下，怎样始终保持马克思主义政党的先进性纯洁性，怎样保证长期执政，是新时代中国共产党人必须回答好的重大课题，是马克思主义党建学说、马克思主义执政党建设的重大问题。苏联解体、苏共垮台、东欧剧变，表明解决好这个问题的极端重要性和艰巨性。习近平总书记时刻保持解决大党独有难题的清醒和坚定，积极探索怎样跳出治乱兴衰的历史周期率，找到了自我革命这第二个答案，为建设长期执政的马克思主义政党提供了科学指导，是马克思主义政党建设理论的重大成果。

（四）习近平新时代中国特色社会主义思想实现了马克思主义中国化时代化新的飞跃

习近平新时代中国特色社会主义思想，之所以成为中国化时代化马克思主义的最新重大成果，根本在于这一思想实现了马克思主义中国化时代化新的飞跃。

这一新的飞跃的理论创新之维，不仅体现在以"十个明确"为核心要义的理论体系中，而且体现在新征程上不断谱写马克思主义中国化时代化新篇章上。理论创新没有止境，思想飞跃仍在继续。党的二十大报告是一篇马克思主义纲领性文献。习近平总书记指出："概括提出并深入阐述中国式现代化理论，是党的二十大的一个重大理论创新，是科学社会主义的最新重大成果。"[①] 党的二十大对"两个结合"的

[①]《习近平在学习贯彻党的二十大精神研讨班开班式上发表重要讲话强调　正确理解和大力推进中国式现代化》，《人民日报》2023年2月8日。

深入阐述，对"六个必须坚持"的系统概括和深入阐释，对全面建设社会主义现代化国家在各领域的展开深化等，都进一步推进了马克思主义中国化时代化。在二十届中央纪委二次全会上，习近平总书记围绕"六个如何始终"着眼着力，深化破解大党独有难题。在学习贯彻党的二十大精神研讨班开班式上，习近平总书记深入论述中国式现代化是一种全新的人类文明形态，是对世界现代化理论和实践的重大创新，系统分析中国式现代化必须正确处理好的重大关系等；在中国共产党与世界政党高层对话会上《携手同行现代化之路》的主旨讲话中，习近平总书记明确提出7个"现代化之问"，就人类社会现代化进程的重大问题，发表了远见卓识、富于智慧的见解等，这些都丰富拓展了中国式现代化的理论体系，创新发展了马克思主义的现代化思想。

这一新的飞跃的实践创新之维，不仅体现在新时代10年完成脱贫攻坚、全面建成小康社会的历史任务，实现第一个百年奋斗目标上，而且体现在继续完成全面建成社会主义现代化强国、全面推进中华民族伟大复兴新的中心任务上。理论的飞跃要以实践的飞跃为证明。在新时代的伟大变革中，党和人民推进的伟大飞跃，就是习近平新时代中国特色社会主义思想实现了马克思主义中国化时代化新的飞跃的实践证明。全面建成小康社会，党带领人民乘势而上，开启实现第二个百年奋斗目标新征程，大力推进强国建设、民族复兴，创造人类文明新形态。全面建成社会主义现代化强国，是人类社会现代化前所未有的伟大创举，是对现代化之问特别是"我们究竟需要什么样的现代化，怎样才能实现现代化"之问的中国之答、实践之答、创新之答。在这一进程中，必将推动实践创新、实践飞跃转化为理论创新、理论飞跃。

新时代中国特色社会主义扬帆远航，中国化时代化的马克思主义要在新的航程中深刻反映新的实践要求，深入回答历史之问、时代之问、实践之问，在全面推进中国式现代化新征程中开辟马克思主义中国化时代化新境界，需充分发挥中国化时代化的马克思主义的实践威力，让中国化时代化的马克思主义在新征程上更加行。

推进马克思主义中国化时代化蕴含的真理规律*

推进马克思主义中国化时代化，为党的事业取得胜利提供科学指导，是贯穿党的奋斗历程的一条主线。中国化时代化的马克思主义之所以行，根本在于坚持实践原则、遵循真理规律，不断推进实践基础上的理论创新，以科学的真理性认识指导发展的创造性实践。习近平总书记在党的二十大报告中指出："推进马克思主义中国化时代化是一个追求真理、揭示真理、笃行真理的过程。"① 探讨推进马克思主义中国化时代化过程蕴含的真理规律，是不断谱写马克思主义中国化时代化新篇章的理论支持。

一、追求真理、揭示真理、笃行真理是马克思主义的本质要求

真理是一个科学范畴，也具有价值属性。哲学社会科学领域的真理，是一个具有意识形态属性的范畴。马克思主义是揭示人类社会发

---

* 本文写于 2024 年。
① 《习近平著作选读》第一卷，人民出版社 2023 年版，第 14 页。

展规律的科学真理，是人类思想史上最具真理性的哲学社会科学理论。马克思主义在追求真理、揭示真理、笃行真理的过程中创立和发展，在这一过程中使自身成为真理。

（一）真理在追求、揭示、笃行的过程中形成发展

真理是符合客观实际、揭示事物规律、经过实践检验的认识。真理不是先验的存在，不是一次性的定论，真理是过程，是在认识与实践的转化过程中，在感性认识与理性认识的梯次上升过程中，在真理性认识永无止境的完善深化过程中，形成和发展起来的。追求真理、揭示真理、笃行真理，描述了真理过程的目的、关键、价值，构成了真理过程的出发点、着力点、落脚点。

追求真理是以科学的方式把握世界的认识要求。人在与世界的关系中具有主体性力量，能够以多种方式把握世界，并且在把握世界的过程中求真、求善、求美，求真就是追求真理。真理与科学密不可分，真理以科学为基石，凡属真理必然具有科学性；科学以真理为标识，凡属科学必然具有真理性。追求真理的过程就是科学发展的过程，科学发展的过程伴随着真理的发现。以科学的方式把握世界，就是要客观地反映世界，准确地揭示事物运动的内在联系及其规律，为人认识世界、改造世界的活动提供正确遵循。

揭示真理是使认识活动及其成果成为科学的深入探索。真理反映事物的本质及其联系，不会自动呈现出来，必须通过科学的认识过程，由此及彼、由表及里，去粗取精、去伪存真，才能得出真理性的认识，揭示真理就是这一认识过程。揭示真理就是透过现象看本质，不为虚假的现象所迷惑，建立现象和本质之间的真实联系；就是在事

物纷繁复杂的多种联系中，不为枝节的因素所误导，把握事物之间的决定性关系；就是在运动变化的对象中，不为暂时的状态所局限，看到合乎规律的趋势和结果。

笃行真理是科学理论运用于实践并检验和发展真理的重要环节。追求和揭示真理是为了指导实践，以科学理论指导实践使得人的活动符合规律、提高效率、少犯错误。真理在实践中彰显其力量、证明其价值。笃行真理就是扎扎实实、始终不渝地践行真理。笃行真理还不是认识的终点、真理的顶点，而是使得真理过程进入了新的循环。笃行真理既是遵循真理，也是检验真理，在实践中证明认识的真与伪，发现认识需要完善深化之处，推动真理进入更高的阶段。实践无止境，认识也无止境，真理永远在路上。

（二）马克思主义的生命力在于真理性

马克思主义创造性地揭示了人类社会发展规律，照亮了人类探索历史规律和寻求自身解放的道路，是时代精神的精华，又是整个人类精神的精华。马克思主义创立170多年来，始终保持着强大的生命力，是透视社会历史发展"伟大的认识工具"，根本在于自身的真理性质。

马克思主义的真理性来自先进阶级的属性。马克思主义产生于资本主义时代，在资本主义社会的社会基本矛盾中，在工人阶级和资产阶级的斗争中，马克思主义是代表生产力发展要求的工人阶级和广大人民的理论表达。在马克思之前，社会上占统治地位的理论都是为统治阶级服务的。统治阶级的自私和狭隘，决定了不可能真正地追求真理、遵循真理。马克思主义基于社会基本矛盾的运动规律，基于工人阶级的先进性质和广大人民的进步要求，坚定地站在代表历史发展方向的先进阶级一边，以无私无畏的精神追求真理，孕育了思想理论的真理性。习近平总书记指出："马克思主义之所以具有跨越国度、跨越时代的影响力，就是因为它植根人民之中，指明了依靠人民推动历史前进的人间正道。"①

马克思主义的真理性来自实现人类解放的历史规律。马克思、恩格斯的一生，是为人类解放的崇高理想而不懈奋斗的一生。习近平总书记指出："马克思主义第一次站在人民的立场探求人类自由解放的道路，以科学的理论为最终建立一个没有压迫、没有剥削、人人平等、人人自由的理想社会指明了方向。"②马克思主义指明的理想社会，成为共产党人和广大人民的社会理想。这一社会理想之所以成为坚定信仰，是由于它是符合历史规律的信仰，是以真理力量为支撑的信仰。马克思主义的真理性就在于它是价值性与规律性的统一。

马克思主义的真理性来自探索求真的科学精神。马克思主义的真理性不是凭空得来的，不是轻而易举获得的，而是马克思主义创始人不畏艰难险阻、为追求真理而勇攀思想高峰得来的，是长年累月辛勤探索，努力从人类创造的一切文明成果中汲取养料获得的。马克思的科学研究，就像列宁所说的那样，"凡是人类社会所创造的一切，他都有批判地重新加以探讨，任何一点也没有忽略过去。凡是人类思想所建树的一切，他都放在工人运动中检验过，重新加以探讨，加以批判，从而得出了那些被资产阶级狭隘性所限制或被资产阶级偏见束缚住的人所不能得出的结论"③。马克思主义的真理性还在于以科学的态度

---

① 习近平：《在纪念马克思诞辰200周年大会上的讲话》，《人民日报》2018年5月5日。
② 习近平：《在纪念马克思诞辰200周年大会上的讲话》，《人民日报》2018年5月5日。
③ 《列宁选集》第四卷，人民出版社2012年版，第284—285页。

对待科学，马克思、恩格斯反对"终极真理论"，不允许把他们的理论当成教条，而必须随着实践的变化而发展。正因如此，马克思主义的创立不是封闭了通向真理的道路，而是打开了马克思主义的后继者们不断根据时代、实践、认识发展而发展真理的大门。

（三）马克思、恩格斯毕生为追求真理、揭示真理、笃行真理而奋斗

真理是人的认识活动的产物，不能脱离人而产生和存在。真理的品格反映了人的品格，是人的品格的理论化。马克思主义的真理性，是马克思、恩格斯真理人生的映照，马克思、恩格斯追求真理、揭示真理、笃行真理的认识和实践活动，使马克思主义成为真理。

马克思、恩格斯为追求真理而奉献一生。马克思、恩格斯从青年时代起，就开始了探索人类社会发展奥秘的追求真理的道路。马克思所选择的"最能为人类而工作的职业"，就是以理论的方式揭示真理而为人类幸福工作。从马克思、恩格斯合作撰写的《德意志意识形态》《共产党宣言》，到马克思最厚重、最丰富的著作《资本论》，恩格斯的《反杜林论》等，他们的一生都献给了为工人阶级和全人类解放提供理论武器的事业。即使在多病的晚年，马克思仍然不断迈向新的科学领域和目标，写下了数量庞大的历史学、人类学、数学等学科笔记。恩格斯的晚年，撰写了《路德维希·费尔巴哈和德国古典哲学的终结》、历史唯物主义书信等，对历史唯物主义作了详细的阐述。

马克思、恩格斯为揭示真理而探索一生。马克思、恩格斯在19世纪40年代完成了从唯心主义到唯物主义、从革命民主主义到共产主义的转变后，创建了唯物史观，揭示了人类社会发展的一般规律；发

现了剩余价值规律，揭示了资本主义运行的特殊规律。唯物史观和剩余价值学说的创建，为科学社会主义奠定了坚实的理论根据，社会主义从空想到科学。马克思用40多年的时间写作《资本论》，通过系统研究政治经济学，揭示资本主义的本质和规律，留下了一部"工人阶级的圣经"。恩格斯为了阐述唯物主义的自然观，在19世纪70年代后，用了8年时间在数学和自然科学方面来一个彻底的"脱毛"，写出了《自然辩证法》，将马克思主义哲学建立在近代以来科学进步的基础上。马克思、恩格斯创立的科学理论体系，为人类指明了从必然王国向自由王国飞跃的途径，为人民指明了实现自由和解放的道路。

马克思、恩格斯为笃行真理而奋斗一生。马克思、恩格斯既是伟大的思想家，又是伟大的革命家，是革命实践和理论探索的完美结合。他们的一生，是为推翻旧世界、建立新世界而不息战斗的一生，他们毕生的使命就是为人民解放而奋斗，坚韧不拔、卓有成效地进行革命斗争。为了改变人民受剥削、受压迫的命运，马克思、恩格斯义无反顾投身轰轰烈烈的工人运动，始终站在革命斗争最前沿。他们领导创建了共产主义者同盟，这是世界上第一个无产阶级政党；领导了国际工人协会，这是世界上第一个国际工人组织；热情支持巴黎公社革命，这是世界上第一次工人阶级夺取政权的革命。马克思、恩格斯既在理论上为工人阶级指明方向，又在实践中满腔热情、百折不挠推动各国工人运动发展。

二、推进马克思主义中国化时代化是一个追求真理、揭示真理、笃行真理的过程

马克思主义发展史是一代代马克思主义者坚持和发展马克思主

义真理的历史。中国共产党成立100多年来，始终不渝坚持和发展马克思主义，集中体现在不断推进马克思主义中国化时代化，在这一进程中继续追求真理、揭示真理、笃行真理，从而创立和形成了中国化时代化的马克思主义，为实现中华民族伟大复兴提供了科学指导。

（一）马克思主义中国化时代化是在普遍性和特殊性的统一中追求真理、揭示真理、笃行真理

中国的先进分子接受马克思主义，以马克思主义为指导思想，成立中国共产党，有着鲜明和强烈的实践目的，这就是在中国建立社会主义社会，走社会主义道路建设现代化国家，实现中华民族伟大复兴。普遍性来自特殊性，从具体到一般，又要回到特殊性中，从一般到特殊。马克思主义是具有普遍性的真理，但必须同各国具体实际相结合，得出普遍性同特殊性相统一的理论认识，才能真正发挥和显示真理的力量。在党成立后的一段时间里，党内一些人不懂得普遍性和特殊性关系的道理，把马克思主义当成包治百病的灵丹妙药，以为直接拿来照搬照套就万事大吉了，不下功夫了解和研究中国国情，不懂得中国和西欧乃至俄国的不同，导致教条主义盛行，表现出"幼稚者的蒙昧"。以毛泽东同志为主要代表的中国共产党人，坚持把马克思主义基本原理同中国具体实际相结合、同中华优秀传统文化相结合，开始了推进马克思主义中国化时代化的历史进程。

推进马克思主义中国化时代化，实质上就是要实现普遍性和特殊性的统一。理论具有普遍性，实践则是特殊的。马克思主义中国化，就是要把马克思主义的普遍真理，同中国的特殊国情结合起来，探讨符合中国具体实际的革命、建设、改革的道路，在理论和实际相结合

的过程中实现普遍性和特殊性的统一。马克思主义只有中国化,才能扎根本土,从抽象到具体。中国是历史中的中国、时代中的中国,时代是一个历史时段的存在,特殊性不仅包括空间的特殊性,而且包括与空间紧密相连的时间的特殊性,因此马克思主义中国化内含着马克思主义时代化,推进马克思主义中国化必然要求推进马克思主义时代化。推进马克思主义时代化,是普遍性和特殊性相统一的一种表现形式,要求理论和实践的结合注重实践的运动发展,在变化着的实践中运用理论,把握时代脉搏,体现时代特征。

真理是在一定条件下的认识结果,是绝对性和相对性的统一,没有超越一切时空、永恒不变的真理。世界在变化,人们对世界的认识也在发展。因此,只有坚持普遍性和特殊性的统一,推动真理性认识与世俱进、与时俱进,才能保证真理性认识不会变成封闭僵化的认识。坚持普遍性和特殊性的统一,是真理发展的途径和规律。追求真理、揭示真理、笃行真理,贯穿着普遍性和特殊性相统一的基本线索。追求真理,就是要从实际出发,从问题出发,以正在做的事情为中心,形成科学理论,在真理性规律性认识中实现普遍性和特殊性的统一。揭示真理,就是要像马克思在创作《资本论》时那样,在对当时资本主义最发达的英国的解剖当中,揭示资本主义生产方式的一般规律,在从特殊到普遍的上升转化中实现普遍性和特殊性的统一。笃行真理,就是要实现从回答问题的理论认识到解决问题的实践应用的转化,理论的目的在于应用,理论的价值在于实践,在践行真理中实现普遍性和特殊性的统一。

（二）推进马克思主义中国化时代化要求以科学的态度对待科学、以真理的精神追求真理

在推进马克思主义中国化时代化的进程中追求真理、揭示真理、笃行真理，一个基本要求就是以科学的态度对待科学、以真理的精神追求真理，这反映了马克思主义的真谛。马克思主义是科学，这种科学性的重要体现就是对待自身的科学态度，不是把自身当成教条，而是在坚持真理、修正错误中成为科学。马克思主义是真理，这种真理性的重要体现就是对待自身的真理精神，不是封闭发展真理的道路，而是以开放的态度发展自身，从不停留在某个认识水平和阶段上而止步不前。推进马克思主义中国化时代化，之所以要求以科学的态度对待科学、以真理的精神追求真理，是由于党在各个历史时期担负的使命任务反映了中国发展进步的方向，代表了中国人民的根本利益，使命任务的正义性崇高性，决定了党必须坚持科学立场、坚守科学态度，凡是与科学和真理不相符合的思想认识，都在摒弃之列，从而保证马克思主义中国化时代化的理论成果，始终成为科学，不断揭示真理。我们党历史上的几次思想解放，都是为了党的事业顺利发展，坚决破除在思想理论上不科学的态度、违背真理精神的认识，在什么是马克思主义、怎样对待马克思主义，什么是社会主义、怎样建设社会主义的问题上，获得了科学性、真理性的认识。

在推进马克思主义中国化时代化进程中坚持以科学的态度对待科学、以真理的精神追求真理，集中体现在党的思想路线中，概括的表述就是解放思想、实事求是、与时俱进、求真务实。确立党的思想路线，使得我们党在理论和实践的关系上，确立了实践的标准和权威，

由此确立了马克思主义中国化时代化的哲学根据。解放思想，就是树立马克思主义的科学态度和真理精神，从不符合实践标准、落后于实践的思想观念中解放出来。实事求是，就是尊重客观实际，一切从实际出发，把实践作为检验真理的唯一标准。与时俱进，就是紧跟时代潮流，走在时代前列，不断开辟马克思主义中国化时代化新境界，不断谱写中国化时代化的马克思主义新篇章。求真务实，就是不图虚名、不尚空谈，注重效率、讲求实效，反对形式主义，把实践效果作为评价理论创新的重要尺度。新时代以科学的态度对待科学、以真理的精神追求真理，集中体现在习近平新时代中国特色社会主义思想的"六个必须坚持"中。"六个必须坚持"凝结着新时代推进马克思主义中国化时代化的宝贵经验，是习近平新时代中国特色社会主义思想科学性真理性的根本保证。

（三）中国化时代化的马克思主义理论成果的真理品格

毛泽东思想是马克思列宁主义在中国的创造性运用和发展，是在始终坚持用马克思主义基本原理解决中国的实际问题过程中创立和发展的，是被实践证明了的关于中国革命和建设的正确的理论原则和经验总结。毛泽东思想活的灵魂，体现为实事求是、群众路线、独立自主3个基本方面，蕴含着在探求真理中的客观态度、群众立场、自主精神。毛泽东指出："'实事'就是客观存在着的一切事物，'是'就是客观事物的内部联系，即规律性，'求'就是我们去研究。"[①]这句话精辟阐释了毛泽东思想坚持实事求是的真理精神。

[①] 《毛泽东选集》第三卷，人民出版社1991年版，第801页。

邓小平理论坚持解放思想、实事求是，深刻总结新中国成立以来正反两方面经验，借鉴世界社会主义历史经验，围绕什么是社会主义、怎样建设社会主义这一根本问题，深刻揭示社会主义本质，确立社会主义初级阶段基本路线，明确提出走自己的路、建设中国特色社会主义，科学回答了建设中国特色社会主义的一系列基本问题。成功开创中国特色社会主义，是党在新时期勇于坚持真理、修正错误的重大抉择。

"三个代表"重要思想，坚持党的基本理论、基本路线，加深了对什么是社会主义、怎样建设社会主义和建设什么样的党、怎样建设党的认识，在国内外形势十分复杂、世界社会主义出现严重曲折的严峻考验面前捍卫了中国特色社会主义，确立了社会主义市场经济体制的改革目标和基本框架，确立了社会主义初级阶段的基本经济制度和分配制度，成功把中国特色社会主义推向21世纪，是党在世纪之交坚持马克思主义和社会主义理想信念的重大实践。

科学发展观深刻认识和回答了新形势下实现什么样的发展、怎样发展等重大问题，强调坚持以人为本、全面协调可持续发展，着力保障和改善民生，促进社会公平正义，推进党的执政能力建设和先进性建设。成功在新形势下坚持和发展中国特色社会主义，是党在新世纪新阶段以科学发展为主题、加快转变经济发展方式的创新实践。

习近平新时代中国特色社会主义思想，从新的实际出发，坚持把马克思主义基本原理同中国具体实际相结合、同中华优秀传统文化相结合，坚持毛泽东思想、邓小平理论、"三个代表"重要思想、科学发展观，深刻总结并充分运用党成立以来的历史经验，对关系新时代党和国家事业发展的一系列重大理论和实践问题进行了深邃思考和科学判断，是党对中国特色社会主义建设规律认识深化和理论创新的重大成果。开创中国特色社会主义新时代，是实现马克思主义中国化时代化新的飞跃的实践基础和历史证明。

三、"两个结合"是保证中国化时代化的马克思主义真理性的根本途径

在推进马克思主义中国化时代化的进程中，怎样才能追求真理、揭示真理、笃行真理？坚持和发展马克思主义，必须同中国具体实际相结合，必须同中华优秀传统文化相结合，这"两个结合"是推进马克思主义中国化时代化的根本途径，同样也是我们党追求真理、揭示真理、笃行真理的根本途径。"两个结合"打开了推进理论创新、认识和发展真理的广阔空间。

（一）"两个结合"是推进马克思主义中国化时代化的根本途径

党的二十大后，习近平总书记在河南安阳考察时强调："中华优秀传统文化是我们党创新理论的'根'，我们推进马克思主义中国化时代化的根本途径是'两个结合'。"① 推进马克思主义中国化时代化，必然要求马克思主义基本原理同中国具体实际相结合。马克思主义中国化，就是要形成马克思主义基本原理同中国历史、中国国情、中国实际的融合点、转化点，成为具体的、现实的、管用的马克思主义；就是要把握

---

① 《习近平在陕西延安和河南安阳考察时强调　全面推进乡村振兴　为实现农业农村现代化而不懈奋斗》，《人民日报》2022年10月29日。

马克思主义基本原理体现时代特征包括中国所处的时代坐标的关联点、发展点，成为始终充满生机活力、不断丰富创新的马克思主义，使得中国共产党人的创造性实践成为坚持和发展马克思主义的丰厚土壤。推进马克思主义中国化时代化，必然要求马克思主义基本原理同中华优秀传统文化相结合。习近平总书记指出："马克思主义中国化时代化这个重大命题本身就决定，我们决不能抛弃马克思主义这个魂脉，决不能抛弃中华优秀传统文化这个根脉。"要"以马克思主义为指导对中华五千多年文明宝库进行全面挖掘，用马克思主义激活中华优秀传统文化中富有生命力的优秀因子并赋予新的时代内涵，将中华民族的伟大精神和丰富智慧更深层次地注入马克思主义，有效把马克思主义思想精髓同中华优秀传统文化精华贯通起来，聚变为新的理论优势，不断攀登新的思想高峰"。[①] 这就告诉我们，"第二个结合"既是中华优秀传统文化注入马克思主义，使得马克思主义更加广泛地吸收全人类文明成果的过程，也是马克思主义赋予中华优秀传统文化新的时代精神，使得中华优秀传统文化长盛不衰的过程。

推进马克思主义中国化时代化贯穿党的整个历史进程，而坚持"两个结合"则与推进马克思主义中国化时代化同行同程。可以说，坚持"两个结合"是推进马克思主义中国化时代化的内在要求，创立和形成中国化时代化的马克思主义则是坚持"两个结合"的必然结果。习近平总书记明确提出"第二个结合"从而构成了"两个结合"的重大原则，表明了党在坚持"第二个结合"上达到了高度的认识自觉和

---

① 《习近平在中共中央政治局第六次集体学习时强调　不断深化对党的理论创新的规律性认识　在新时代新征程上取得更为丰硕的理论创新成果》，《人民日报》2023年7月2日。

理论自觉，必将促使新时代坚持"两个结合"、推进马克思主义中国化时代化达到新的时代高度和历史深度。明确提出"两个结合"，是对我们党不断推进马克思主义中国化时代化历史经验的科学总结，是党在历史上正确认识和对待中华优秀传统文化的立场、观点和方法的思想深化，建立在充分认识文化自信作为国家和民族发展最基本、最深沉、最持久力量的基础上，是对包括社会主义先进文化、革命文化、中华优秀传统文化的中国特色社会主义文化自信的理论要求，为马克思主义在21世纪中国的创新发展厚植了牢固和深层的根脉，提供了博大精深、生生不息的源泉。

（二）马克思主义中国化时代化在"两个结合"中追求真理、揭示真理、笃行真理

坚持把马克思主义基本原理同中国具体实际相结合，开辟了中国共产党人在革命、建设、改革事业中认识和践行真理的道路。"第一个结合"不仅是为了探索适合本国国情的中国道路，实现从普遍性向特殊性的转化，推进马克思主义本土化，而且是为了在这一探索过程中，把中国共产党的理论创新融入马克思主义基本理论之中，实现从特殊性向普遍性的转化，继续丰富发展马克思主义真理，作出中国共产党的独特贡献，谱写马克思主义发展的新篇章。新民主主义革命时期，我们党正确认识到中国革命道路不同于十月革命道路，开辟了农村包围城市、武装夺取政权的正确革命道路，创新发展了马克思主义关于无产阶级革命道路的理论。社会主义革命和建设时期，我们党把马克思列宁主义基本原理同中国具体实际进行"第二次结合"，提出社会主义社会是一个很长的历史阶段，严格区分和正确处理敌我矛盾

和人民内部矛盾，正确处理我国社会主义建设的十大关系等一系列重要思想，创新发展了马克思主义关于社会主义建设的理论。改革开放和社会主义现代化建设新时期，我们党从新的实践和时代特征出发坚持和发展马克思主义，科学回答了建设中国特色社会主义的发展道路、发展阶段、根本任务、发展动力、发展战略、政治保证、祖国统一、外交和国际战略、领导力量和依靠力量等一系列基本问题，以中国特色社会主义的理论创新和实践创新，创新发展了科学社会主义的理论和实践。中国特色社会主义新时代，国内外形势新变化和实践新要求，迫切需要我们党从理论和实践的结合上深入回答关系党和国家事业发展、党治国理政的一系列重大时代课题，以全新的视野深化对"三大规律"认识，取得重大理论创新成果，习近平新时代中国特色社会主义思想是当代中国马克思主义、21世纪马克思主义。

坚持把马克思主义基本原理同中华优秀传统文化相结合，开辟了中国共产党人在运用本民族文化资源中丰富和发展真理的道路。马克思主义中国化本土化，内在地要求同中华优秀传统文化相结合，用中华文化特有的思想观念、价值理念、哲学智慧、知行方式、语言范畴等，表达马克思主义的真谛。"第二个结合"首先要回答要不要结合的问题。我们党认识到，坚持"第一个结合"必然要求"第二个结合"，只有"第二个结合"才能将"第一个结合"贯彻到底。"第二个结合"其次要回答能不能结合的问题。习近平总书记指出："'结合'的前提是彼此契合。'结合'不是硬凑在一起的。马克思主义和中华优秀传统文化来源不同，但彼此存在高度的契合性。"[①] 具有契合性才可能

---

① 习近平：《在文化传承发展座谈会上的讲话》，《求是》2023年第17期。

实现结合。"第二个结合"最后还要回答结合的结果是什么的问题。结合既以真理之光激活了中华文明的基因，推动了中华文明的生命更新和现代转型，又推动马克思主义不断实现中国化时代化的新飞跃，显示出日益鲜明的中国风格与中国气派。中国共产党在坚持"第二个结合"过程中追求真理、揭示真理、笃行真理，丰富发展马克思主义，既是依据党的创新实践和宝贵经验，又是运用中华文明的独特优秀文化资源，将中国历史的思想财富融入党的理论创新成果之中，注入马克思主义发展新的文化生命体中。

（三）"第二个结合"为追求真理、揭示真理、笃行真理开辟了广阔的理论和实践创新空间

"第二个结合"是又一次的思想解放，开阔了理论创新的文化空间。追求真理需要解放思想，我们党推进马克思主义中国化时代化，就是不断解放思想的过程。新时代理论创新，一个重要目的，就是要从对待中华传统文化的历史虚无主义和文化虚无主义中解放出来，在探索真理的道路上开发中华民族的历史文化资源富矿。习近平总书记指出："'第二个结合'是又一次的思想解放，让我们能够在更广阔的文化空间中，充分运用中华优秀传统文化的宝贵资源，探索面向未来的理论和制度创新。"[①] 中华传统文化，有精华也有糟粕，有的与以往的社会形态密不可分，有的是超越历史、具有永恒价值的。对待中华传统文化，不能像泼洗澡水那样，把婴儿连同脏水一块儿泼出去，而是要区分出优秀传统文化的内容，并在与马克思主义的结合中，在创

---

① 习近平：《在文化传承发展座谈会上的讲话》，《求是》2023 年第 17 期。

造性转化、创新性发展中，历久弥新，保持着强大的生命力，更加广泛和深入地融入新时代党的创新理论之中，融入党追求真理、揭示真理、笃行真理的进程中。

"第二个结合"拓展了中国特色社会主义道路的文化根基，表明党对中国道路、理论、制度的认识达到了新高度。形成中国特色社会主义道路、理论、制度、文化，是改革开放以来党推进理论和实践创新、认识和发展真理最重要的成果。习近平总书记指出："'第二个结合'让中国特色社会主义道路有了更加宏阔深远的历史纵深，拓展了中国特色社会主义道路的文化根基。"[①] 开创中国特色社会主义，不仅是科学社会主义与中国具体实际具有高度契合性的结果，而且也是科学社会主义与中华优秀传统文化具有高度契合性的结果，这就使得科学社会主义在中华大地牢牢扎下根来。中华优秀传统文化赋予中国特色社会主义道路以中华文明的基因，这一道路是从中华大地长出来的，不是照搬照抄其他国家的。中华优秀传统文化赋予中国特色社会主义理论以中华文化的底蕴，这一理论既是马克思主义的传承，也是中国思想文化的赓续。中华优秀传统文化赋予中国特色社会主义制度以中华制度文化的根脉，这一制度顺应向内凝聚、多元一体的中华民族发展大趋势，承继九州共贯、六合同风、四海一家的中国文化大一统传统。中华优秀传统文化赋予中国特色社会主义文化以中华文化久远的源泉，这一文化是革命文化的民族血脉，是社会主义先进文化的深厚根基。

"第二个结合"展现出高度的文化自信，增强了创立习近平新时代

---

① 习近平：《在文化传承发展座谈会上的讲话》，《求是》2023年第17期。

中国特色社会主义思想的文化主体性。主体性是真理的动力，追求真理、揭示真理、笃行真理，是高度发扬认识和实践主体性的活动。坚持"第二个结合"，本身就表明了党在坚持和发展什么样的文化、怎样发展文化上的文化主体性，表明了党在立足中国实际、扎根中华文化中开辟发展真理的道路上的文化主体性。党在追求真理、揭示真理、笃行真理中彰显了文化主体性，创立习近平新时代中国特色社会主义思想就是这一文化主体性的最有力体现。习近平新时代中国特色社会主义思想，坚持"第二个结合"，自觉把中华优秀传统文化运用和贯穿于新时代理论创新过程中，努力探寻回答和解决新时代重大问题的正确答案，将中华优秀传统文化的宝贵资源有机融入科学理论体系之中，体现了传承历史、开创未来的文化主体性。

四、习近平新时代中国特色社会主义思想在追求真理、揭示真理、笃行真理的过程中创立和发展

习近平新时代中国特色社会主义思想，实现了马克思主义中国化时代化新的飞跃。追求真理、揭示真理、笃行真理，贯穿这一思想的创立和发展过程中，是这一思想成为当代中国马克思主义、21世纪马克思主义的根本原因。

（一）新时代理论创新就是继续追求真理、揭示真理、笃行真理

中国特色社会主义新时代，我国发展进入新的历史方位，经历着我国历史上最为广泛而深刻的社会变革，进行着人类历史上最为宏大

而独特的实践创新。这是一个需要新思想并且能够产生新思想的时代，是一个呼唤理论创新并且能够做出理论创新的时代。无论是统筹中华民族伟大复兴战略全局和世界百年未有之大变局，还是从全面建成小康社会到全面建设社会主义现代化国家；无论是回答重大时代课题，还是回答中国之问、世界之问、人民之问、时代之问；无论是解决大党独有难题，还是有效应对可以预料和难以预料的风险挑战等，都需要党作出科学回答，继续推进实践基础上的理论创新，继续开辟探索真理的道路。中国特色社会主义理论体系，是开创中国特色社会主义的真理性认识成果，但并没有穷尽对中国特色社会主义的真理性探索。中国特色社会主义是一个不断发展的事业，仍然需要在追求真理的道路上一路前行。

新时代追求真理、揭示真理、笃行真理，是在推进马克思主义中国化时代化进程中探索真理道路的继续，又具有新时代的特点要求。一是在追求真理中突出守正创新的要求，既要纠治过去一段时间党内政治生活和社会生活存在的一些严重问题，解决意识形态领域一度存在的混乱局面，又要坚定"四个自信"，守住中国特色社会主义道路、理论、制度、文化的基和本；既要守好前人在坚持和发展中国特色社会主义这篇大文章上写下的重要篇章，又要写出新的篇章。二是在揭示真理中集中回答重大时代课题，理论创新是对时代声音的回应，新时代理论创新集中体现在回答新时代坚持和发展中国特色社会主义、建设社会主义现代化强国、建设长期执政的马克思主义政党等重大时代课题上，围绕回答重大时代课题构成科学体系。三是在笃行真理中抓住牢记初心使命这个根本，新时代中国共产党之所以要笃行真理，是由于这是坚守初心使命的必然要求，坚守初心使命就必须"为真理而斗争"。

习近平新时代中国特色社会主义思想在追求真理、揭示真理、笃行真理中创立和发展。这一思想是在实现中华民族伟大复兴进入关键时期创立的，理论创新的真理追求，紧紧围绕全面推进强国建设、民族复兴伟业的总目标，为实现中华民族伟大复兴的中国梦提供科学理论支持。这一思想是在实现第二个百年奋斗目标、全面建设社会主义现代化国家新征程中发展的，在最大发展中国家建成社会主义现代化强国，是世界现代化历史的伟大创举，前所未有，深入探索、准确揭示中国式现代化建设规律，为科学社会主义的理论和实践提供了创新性成果。这一思想是在"两个结合"特别是"第二个结合"的过程中展开的，"两个结合"成为创立和发展新时代党的创新理论的认识自觉。由于"第二个结合"是又一次思想解放，因此这一思想也成为又一次思想解放的产物。

（二）习近平新时代中国特色社会主义思想蕴含的真理品格和真理力量

习近平新时代中国特色社会主义思想蕴含着丰富的真理品格，集中体现在"六个必须坚持"中。这一思想把坚持人民至上作为追求真理的价值立场，人民中心作为一条红线贯穿于理论创新的全过程，为中国人民谋幸福成为追求真理的不竭动力，人民认同是真理的实践标准的主体尺度。这一思想把坚持自信自立作为发展真理的内在品格，"四个自信"根源于对真理的自信，正因为符合真理才有"四个自信"，独立自主、走自己的路，是政治上的自立，也是思想上理论上的自立，是真理独立性品格的反映。这一思想把坚持守正创新作为推进真理的基本遵循，真理不是从天上掉下来的，而是在一代代人的持续探索中得来的，在守正中创新、在创新中守正，新时代党的创新理论是坚持和发展中国特色社会主义理论体系的产物，是在守正创新中实现新的飞跃。这一思想把坚持问题导向作为发现真理的主要路径，真理不是从概念出发推导出来的，而是存在于提出问题、解决问题的过程中，抓住真问题，破解难问题，解决大问题，这就开辟了通向真理的道路。这一思想把坚持系统观念作为探索真理的思维方法，真理是系统的，是把握各方面关系、得出全面性认识的体系成果，因此认识真理的思维过程也是系统思维的过程，只有系统思维才能认识真理系统。这一思想把坚持胸怀天下作为感悟真理的世界之维，为人类谋进步、为世界谋大同，才能有谋人类进步之大道的孜孜追求，有谋世界大同之构想的宽阔胸怀，狭隘的眼界、利己的盘算，是很难接近真理的，胸怀天下是认识真理的必要条件。

习近平新时代中国特色社会主义思想蕴含着厚重的真理力量，主要体现为这一思想彰显的信仰的力量、担当的力量、创造的力量、实践的力量。习近平新时代中国特色社会主义思想，坚定中国特色社会主义自信，坚持人民至上，推进全面建成社会主义现代化强国，蕴含其中的是对马克思主义的坚定信仰，对共产主义理想的执着信念，由此在21世纪中国高举起科学社会主义的旗帜。这一思想坚定不移地推进实现"两个一百年"奋斗目标，大力推进全面深化改革，勇于进行党的自我革命，突出反映了习近平总书记对中华民族和中国人民的使命担当，凝结着他对历史和未来的高度负责，"我将无我，不负人民"，正是这一担当精神的凝练表达。这一思想勇于进行理论创造，开辟马克思主义中国化时代化新境界，把创新作为第一动力，强调敢于说前人没有说过的新话，敢于干前人没有干过的事情，倡导培育和创造新时代中国特色社会主义文化，在理论创新和实践创新的相互促进中开创中国特色社会主义新时代。这一思想坚持知行合一，志在建成社会主义现代化强国，推进伟大变革，引领新时代中国迎来从站起来、富起来到强起来的伟大飞跃，中华民族伟大复兴进入不可逆转的历史进程。

（三）新征程上在追求真理、揭示真理、笃行真理中开辟马克思主义中国化时代化新境界

党的二十大开启全面建设社会主义现代化国家新征程，这也是开辟马克思主义中国化时代化新境界的新征程，是追求真理、揭示真理、笃行真理的新征程。从世界百年未有之大变局加速演进的趋势看，当前，世界之变、时代之变、历史之变正以前所未有的方式展开，2022年6月22日，习近平总书记在金砖国家工商论坛开幕式上的主旨演讲中指出："世界向何处去？和平还是战争？发展还是衰退？开放还是封闭？合作还是对抗？是摆在我们面前的时代之问。"[①] 世界向何处去是"三个之变"汇聚而成的世界性、历史性、时代性重大课题，关系到人类社会的前途命运。在这个总的时代之问下，四个具体的直接的时代之问，尖锐地提出了关系到世界向何处去的深刻矛盾和冲突。在这些重大时代之问面前，必须厘清这些矛盾冲突的深层原因及其内在联系，深入思考如何破解这些矛盾冲突，找到人类实现美好未来的正确道路，提供构建人类命运共同体的可行路径和现实方案。

2023年12月29日，习近平总书记在全国政协新年茶话会上的讲

---

① 习近平：《把握时代潮流　缔造光明未来——在金砖国家工商论坛开幕式上的主旨演讲》，《人民日报》2022年6月23日。

话中指出："以中国式现代化全面推进强国建设、民族复兴伟业，是新时代新征程党和国家的中心任务，是新时代最大的政治。"[①]2024年4月30日召开的中共中央政治局会议指出，当前和今后一个时期是以中国式现代化全面推进强国建设、民族复兴伟业的关键时期。在这一关键时期紧紧围绕"最大的政治"，推进实现党的中心任务，要推进国家治理体系和治理能力现代化，更好适应我国社会主要矛盾变化，让现代化建设成果更多更公平惠及全体人民，推动党和国家事业行稳致远，在日趋激烈的国际竞争中赢得战略主动，建设更加坚强有力的马克思主义政党，等等，都需要深化理论思考，在回答这些关键时期的关键问题中得出真理性认识，为马克思主义中国化时代化提供新的认识成果。

我们党已经走过100多年的奋斗历程，是世界上最大的马克思主义执政党，领导着有14亿多人口的大国，已经执政70多年，面对着大党独有难题。这个独有难题就是以"六个如何始终"为主要内容，建设什么样的长期执政的马克思主义政党、怎样建设长期执政的马克思主义政党的重大时代课题。马克思主义执政党能不能跳出治乱兴衰的历史周期率，毛泽东在延安时期、西柏坡时期、新中国成立后，都在思考这一课题，得出了人民监督的答案。进入新时代，党长期执政面对重大考验和危险，习近平总书记深入思考党的自身建设重大课题，时刻保持解决大党独有难题的清醒和坚定，明确提出党的自我革命这个跳出历史周期率的第二个答案，是中国化时代化马克思主义党建思想的重大成果，是对马克思主义建党学说的重大发展，是马克思主义执政党建设在新时代的科学性真理性认识结晶。

[①] 习近平：《在全国政协新年茶话会上的讲话》，《人民日报》2023年12月30日。

攀登中华思想理论的时代高峰*

一个没有繁荣的哲学社会科学的国家不可能走在世界前列。2016年5月17日,习近平总书记主持召开哲学社会科学工作座谈会并发表重要讲话,深刻阐述哲学社会科学的重要地位,突出强调马克思主义在我国哲学社会科学领域的指导地位,系统擘画构建中国特色哲学社会科学的发展战略。

党的十八大以来,中央先后召开了全国宣传思想工作会议、文艺工作座谈会、新闻舆论工作座谈会、网络安全和信息化工作座谈会,又接着召开了哲学社会科学工作座谈会。习近平总书记在这些会议上都发表了重要讲话,可以说是非同寻常的。

高度重视宣传思想工作和意识形态建设,是我们党治国理政的基本方略。党的十八大以来,党和国家进入新的发展阶段,宣传思想工作和意识形态建设达到新的历史高度。2013年8月,全国宣传思想工作会议召开后,从2014年10月到2016年5月,习近平总书记接续主持召开文艺、新闻舆论、网络安全和信息化、哲学社会科学工作座谈会并发表重要讲话,覆盖宣传思想工作的主要领域,扭住意识形态建设的关键部位,深入思想文化传播的最新阵地。布局之完整、衔接之紧密、立意之高新、讲话之精湛、影响之深远,在党的宣传思想工作

---

* 本文写于2016年。

史上是具有开创性的。由此从一个侧面反映了以习近平同志为核心的党中央治国理政新理念新思想新战略的鲜明特色和时代底蕴，反映了新形势下坚持和发展中国特色社会主义的创新精神和纵深推进。

在党的宣传思想工作和意识形态建设领域，哲学社会科学具有基础性、统领性、贯通性的作用，它为宣传思想工作和意识形态建设提供理论论证、决策支撑、方法工具。哲学社会科学各个学科领域，或是关于人类社会发展规律的总体说明，或是划分为不同层次、不同对象的具体社会领域的规律研究，文艺学、新闻学、传播学等学科分别是文艺工作、新闻舆论工作、网络安全和信息化工作的理论基础。所以，重视和加强哲学社会科学工作，夯实了宣传思想工作和意识形态建设的根基，是固本之举。

更为重要和根本的是，进入21世纪的人类世界，当代中国社会发展，建设中国特色社会主义，实现"两个一百年"奋斗目标和中华民族伟大复兴，新的历史条件下党领导的治国理政，等等，这些具有无比丰富多样性、深刻复杂性、变革创新性的历史进程和社会实践，都更加迫切需要思想导航、理论支持、精神激励、决策论证、方法革新，也就是更加迫切需要与民族复兴由大向强相协调的哲学社会科学"复兴"。因此，把繁荣哲学社会科学作为国家走在世界前列的必要科学条件，强调哲学社会科学对于坚持和发展中国特色社会主义具有不可替代的重要作用，是习近平总书记治国理政新思想新实践的一个基本支撑点。攀登中华思想理论的时代高峰，创造中国特色哲学社会科学的灿烂辉煌，是中华民族伟大复兴的题中应有之义，是党领导哲学社会科学工作的历史使命。

总的来说，习近平总书记在哲学社会科学工作座谈会上的讲话，以宽广的历史视野、高度的战略思维、深邃的人文底蕴、强烈的创新意识，总结论述哲学社会科学的重要历史作用，突出强调坚守当代中国哲学社会科学的灵魂和方向，科学构建中国特色哲学社会科学的发展蓝图，是新的历史条件下理论创新、思想解放、学术繁荣的战略部署和动员，是我国哲学社会科学建设发展的历史性纲领性文献。以讲话为指导和动力，全党全民族和哲学社会科学界共同奋斗，将迎来中华民族理论思维、人文精神、学术内涵、思想品格大发展大提升的昌盛时期。

哲学社会科学是理解把握习近平总书记重要讲话精神的主题词，习近平总书记对哲学社会科学的内涵和功能作出了科学、透彻、新颖的阐发。

物质生产和精神生产是人类生产活动的两大领域，哲学社会科学是人类精神生产达到一定发展阶段的产物。语言文字特别是概念范畴的产生，脑力劳动者的出现，人从"仰望星空"到"认识自己"的觉醒，社会的联系交往形成并逐步成长成型，统治阶级对治国之道、理政之术的探求等，使得人类在创造科学技术的同时，也在创造着哲学社会科学。柏拉图的《理想国》、亚里士多德的《政治学》、西塞罗《国家篇　法律篇》等，是古希腊罗马留下来的西方早期哲学社会科学成果；我国先秦时期的老子、孔子、庄子、孟子、荀子、韩非子等，是中华民族早期的大思想家。随着生产方式的变革、社会形态的演变、社会领域的拓展、研究队伍的扩大、传播手段的创新，哲学社会科学的发展愈益丰富完善，对人的精神生活的影响越来越大，对经济运行、政治构建、社会调控的引领越来越强。马克思主义是人类思想史上的一座丰碑和高峰，尽管诞生在一个半多世纪之前，但迄今依然有强大的生命力，即使在当今西方社会仍然具有重要影响力。正如习近平总书记在讲话中指出的："无论时代如何变迁、科学如何进步，马克思主义依然显示出科学思想的伟力，依然占据着真理和道义的制高点。"

自然科学与哲学社会科学都是人类精神生产的财富，有着相通之处，但哲学社会科学具有自身的鲜明特征。从社会属性看，哲学社会科学具有阶级性和政治性。1883年3月14日，马克思逝世。在整个欧洲和美洲，从西伯利亚矿井到加利福尼亚，千百万共产党人和无产阶级无不对他表示尊敬、爱戴和悼念。这生动证明了马克思主义的鲜明政治立场和阶级属性，表明了马克思主义是为了谁、依靠谁、服务谁的思想理论。从研究对象看，哲学社会科学是研究人类精神和人类社会及其各领域规律的科学。中国古代的儒、释、道、墨、名、法、阴阳、农、杂、兵等各家学说，既是百家争鸣的不同学派，也是哲学社会科学研究对象的细化具体化，包含着不同门类学科的萌芽。当代哲学社会科学，具有支撑作用的学科包括哲学、历史学、经济学、政治学、法学、社会学、民族学、新闻学、人口学、宗教学、心理学等，这些学科实质上都是对人类社会不同领域、不同机制、不同维度的科学研究。从方法标准看，哲学社会科学借鉴和运用科学技术的思想、方法、手段，但有着特殊属性要求。哲学社会科学研究方法需要定性研究和定量研究相结合，但精神活动、人类行为、复杂社会，还不能达到数学化、精确化、确定化的程度，不能把数学模型的使用与否、使用多少、使用难易作为评价哲学社会科学水平的主要标志。哲学社会科学成果检验最终依赖社会实践，但不同于科学假说、技术发明、产品研发的实验手段，思想精神、社会运动、多方博弈等活动，参数很多、变量很大、周期很长，非线性效应明显，许多活动例如战争不可重复。哲学社会科学的实践检验要经过较长时期，考察总体效果，特别是要看广大人民群众的认同度、获得感、支持率，不能照搬套用科学技术的实验手段和标准。

哲学社会科学是人们认识世界、改造世界的重要工具，是推动历史发展和社会进步的重要力量。习近平总书记深刻指出："人类社会每一次重大跃进，人类文明每一次重大发展，都离不开哲学社会科学的知识变革和思想先导。"对哲学社会科学的重要作用，也存在着一些模糊认识。例如，19世纪末的欧美，产生了一股"哲学无用"的思潮，出现了"哲学烤不出面包"的责难。同时也有人针锋相对地为哲学的存在和价值公开辩护，认为哲学在人类事业中是最崇高而又最平凡的，它在最细微的地方下功夫，而展开了最宽广的远景，人们说哲学"烤不出面包"，但它却能鼓舞我们的灵魂，使我们勇敢起来。如果没有哲学远射的光辉照耀着世界的前景，我们是无法前进的。当下，重理轻文、重器轻道、重技轻德等社会现象，以及哲学社会科学现状的一些问题，使得一些人把哲学社会科学的作用看轻了、看小了、看低了，需要着力转变观念、重新认识。就拿与当代中国发展进步联系最为紧密的中国特色社会主义理论体系来说，它作为当代中国哲学社会科学的最集中体现、最重要成果、最精华成分，是当代中国的马克思主义，积极吸收中华优秀传统思想和人类优秀思想文化，科学总结党领导人民革命、建设特别是改革开放实践的宝贵经验，善于集中全党和全体人民智慧，努力开创中华思想文化新的历史高度。改革开放30多年来中华民族面貌的巨大变化，是我们党思想解放、理论创新，创立中国特色社会主义理论体系并不断与时俱进的实践结果，是科学理论巨大实践力量的最有力证明。

社会大变革推动哲学社会科学大发展，一个思想迸发、学术兴盛、理论涌现的时代已经到来。

问题是时代的声音，思想是历史的凝练，理论是实践的产物。在约960万平方公里的国土上，13亿多中国人民在中国共产党领导下建设中国特色社会主义，朝着中华民族伟大复兴的宏伟目标奋进，从最大的发展中国家向富强民主文明和谐的社会主义现代化国家跃升，攻克极具艰巨性复杂性的难题。这种前无古人的伟大实践，必将给理论创造、学术繁荣提供强大动力和广阔空间。习近平总书记指出："这是一个需要理论而且一定能够产生理论的时代，这是一个需要思想而且一定能够产生思想的时代。"社会历史实践的丰厚沃土，必将滋养蕴育出繁荣茁壮的当代中国哲学社会科学。

当代中国正经历着我国历史上最为广泛而深刻的社会变革，也正在进行着人类历史上最为宏大而独特的实践创新。这种最为广泛而深刻的社会变革，是全方位多层次的，由此推动哲学社会科学的深入研究、创新发展也是全面立体的。这种最为宏大而独特的实践创新，就是坚持和发展中国特色社会主义。这一实践创新的内容、方式、途径、效果等，都是发展当代中国马克思主义、21世纪马克思主义的基本材料，都是新的历史条件下对马克思主义、科学社会主义的最重要贡献。

在逐步形成的"五位一体"总体布局中，坚持创新、协调、绿色、开放、共享的新发展理念是党对经济社会发展规律认识的深化，发展社会主义市场经济是中国特色社会主义政治经济学的最重要创新，推进国家治理体系和治理能力现代化提出社会主义政治建设的时代课题，培育和践行社会主义核心价值观深入回答了我们要建设什么样的国家、建设什么样的社会、培育什么样的公民的重大问题，建设社会主义和谐社会是对社会主义的社会关系、社会状态正确认识的理论升华，建设生态文明反映了马克思主义人与自然关系思想的系统化实践化，等等。

在治国理政总方略"四个全面"战略布局中，全面建成小康社会丰富发展社会发展阶段理论，全面深化改革丰富发展社会发展动力理论，全面依法治国丰富发展国家治理理论，全面从严治党丰富发展马克思主义执政党建设理论，"四个全面"战略布局创新发展中国特色治国理政思想和实践。

在构建民族复兴的安全保证中，实施总体国家安全观提供了赢得新的伟大斗争的时代安全观、科学安全观、系统安全观，坚持走中国特色强军之路、实现党在新形势下的强军目标，开拓马克思主义军事理论新境界，建设人类命运共同体，塑造当代世界各国和而不同、共建共享的新观念，等等。

习近平总书记的重要讲话是新形势下繁荣发展中国特色哲学社会科学的纲领性文献，立起了根本、指明了方向、抓住了关键、明确了保证。

旗帜鲜明地坚持马克思主义的指导地位，是繁荣发展我国哲学社会科学的根本原则。马克思主义是几千年人类文明特别是思想文化这条长河的优秀成果集成、理论精华结晶，众流汇聚、波澜壮阔、奔涌向前。马克思主义由于其对人类社会发展规律的深刻揭示，对建立高于资本主义的社会制度、实现无产阶级和全人类解放的崇高理想，继续发挥着强大的说服力、影响力、感召力，由各国共产党人、马克思主义者和先进分子传承下来，为广大人民群众所接受、信服、奉行。真理的价值不因岁月的流逝而过时，科学的力量不因时代的变化而销蚀，愈益醇厚、常学常新。马克思主义提供了一种科学的、革命的、实践的世界观和方法论，在马克思、恩格斯那里，表现为探索社会发展规律、代言工人阶级利益的理论境界，坚持长年诚实研究、经受实践和历史检验的科学态度，批判改造现存世界、抓住根本力求彻底的思维品格，不计得失顶住压力、矢志不渝追求理想的人格力量。无论是从马克思主义的学术根基、思想内涵来看，还是从马克思主义的科学精神、理论品格来看，当代中国哲学社会科学都要自觉以马克思主义为指导、为范本。

把握"三个体现"原则，是中国特色哲学社会科学的发展方向。一是体现继承性、民族性，善于融通古今中外各种资源。就拿传承中华优秀传统文化来说，中华民族5000多年的悠久文明，孕育发展出根深叶茂、源远流长、丰富多样的优秀传统文化。优秀传统文化广泛存在于民族的、历史的、社会的文明成果中，存在于博大精深的思想文化中，存在于民众的价值观念、行为准则中。优秀传统文化塑造了民族品格，滋养了中国精神，陶冶了中华儿女，是中华民族自立世界、生生不息的文化基因，是繁荣发展中华思想理论的深井和富矿。二是体现原创性、时代性，构建具有自身特质的学科体系、学术体系、话语体系。创新是哲学社会科学发展的永恒主题，理论思维是哲学社会科学创新的主要途径。要激发思维活力，发现问题、筛选问题、研究问题、解决问题；拓展思维空间，超越思维局限、丰富思维维度；磨炼思维力度，增强思维的分析力，抓住事物的根本，增强思维的抽象力，以简驭繁、以一统多。三是体现系统性、专业性，构建全方位、全领域、全要素的哲学社会科学体系。努力使基础学科健全扎实、重点学科优势突出、新兴学科和交叉学科创新发展、冷门学科代有传承、基础研究和应用研究相辅相成、学术研究和成果应用相互促进。

实施哲学社会科学人才工程，是繁荣中国特色哲学社会科学的关键所在。春秋战国时期，是一个需要思想、需要人才、需要创新的时代，并且是产生了百家争鸣、群星灿烂的时代。五四运动以来，许多进步学者运用马克思主义进行哲学社会科学研究，产生了郭沫若、李达、艾思奇、翦伯赞、范文澜、吕振羽、马寅初、费孝通、钱锺书等一大批名家大师，为我国当代哲学社会科学发展进行了开拓性努力，他们的名字镌刻在百年中国学术的"星光大道"上。新的历史时期，着力发现、培养、集聚一批有深厚马克思主义理论素养、学贯中西的思想家和理论家，一批理论功底扎实、勇于开拓创新的学科带头人，一批年富力强、锐意进取的中青年学术骨干，构建种类齐全、梯队衔接的哲学社会科学人才体系，是繁荣中国特色哲学社会科学的人才工程和基础建设。攀登中华思想理论的时代高峰，"我劝天公重抖擞，不拘一格降人才"，必然是领军人物辈出、学术人才竞先、名师大家不绝的人才兴旺局面。

加强和改善党对哲学社会科学工作的领导，是繁荣发展我国哲学社会科学事业的根本保证。党的领导引领哲学社会科学工作的正确方向，保证坚持马克思主义指导地位，坚持以人民为中心的研究导向。党的领导统筹哲学社会科学工作全局，保证哲学社会科学事业与国家发展大局和社会实践要求相适应相协调，并且得到组织、制度、政策、资源、环境等大力支持。党的领导提供发展哲学社会科学的强劲激励，充分调动哲学社会科学工作者的积极性主动性创造性，让聪明才智尽情迸发、创新成果不断产生。

军队哲学社会科学队伍是五路大军中的一支生力军，要不负时代、不负使命，为加快构建中国特色哲学社会科学、创新发展中国特色军事科学作出更大贡献。

"好雨知时节，当春乃发生。"习近平总书记要求哲学社会科学工作者成为先进思想的倡导者、学术研究的开拓者、社会风尚的引领者、党执政的坚定支持者，饱含着党和国家对这支队伍的责任重托、使命交付、德才标准、精神激励。军队哲学社会科学工作者在坚持马克思主义指导地位、研究宣传中国特色社会主义理论体系、创新发展中国特色军事科学等方面，忠诚职守、勇于担当，辛勤耕耘、创作精品，发挥着不可或缺的重要作用。在新的发展阶段，要按照习近平总书记重要讲话精神要求，以奋进的精神状态、严谨的治学态度、高度的质量标准、丰硕的理论成果，服务民族复兴伟大事业，服务强军兴军伟大实践，服务部队官兵理论需求，让科学思想转化为军队素质、军事能力。

从现状来看，讲话指出的学术原创能力还不强、人才队伍总体素质亟待提高、学风方面的问题比较突出等问题，有数量缺质量、有专家缺大师的状况，在军队哲学社会科学队伍中同样存在。我们要以迫切的责任感使命感，补短板、强弱项，用"四有"新一代革命军人的准则从事理论事业。有灵魂，政治坚定；有本事，学养深厚；有血性，冲锋在前；有品德，立言立行。

正确认识把握当代中国马克思主义、21世纪马克思主义的精神实质*

马克思主义的科学性基于世界观和方法论的科学性，马克思主义的科学理论指导功能，从根本上说是科学世界观和方法论的指导功能。党的二十大明确要求把握好习近平新时代中国特色社会主义思想的世界观和方法论，作为继续推进实践基础上理论创新的哲学指引。习近平总书记在主持二十届中共中央政治局第一次集体学习时指出，要全面把握新时代中国特色社会主义思想的世界观、方法论和贯穿其中的立场观点方法，深刻领会"两个结合""六个必须坚持"，正确认识把握新时代中国特色社会主义思想的精神实质。[①]这就为深入理解当代中国马克思主义、21世纪马克思主义的精神实质，提供了基本遵循。

---

* 本文写于2023年。
① 《习近平在中共中央政治局第一次集体学习时强调　全面学习把握落实党的二十大精神　奋力夺取全面建设社会主义现代化国家新胜利》，《人民日报》2022年10月27日。

一、坚持运用辩证唯物主义和历史唯物主义的世界观和方法论

习近平新时代中国特色社会主义思想的世界观和方法论,属于马克思主义世界观和方法论,并内在其中。马克思主义世界观和方法论,就是辩证唯物主义和历史唯物主义的世界观和方法论;马克思主义的立场观点方法,在辩证唯物主义和历史唯物主义的基本原理和方法论中得到集中体现。正如习近平总书记指出,"我们要坚持和运用辩证唯物主义和历史唯物主义的世界观和方法论,坚持和运用马克思主义立场、观点、方法"①。

(一)辩证唯物主义和历史唯物主义是马克思主义世界观和方法论

马克思主义是深刻把握人类社会发展规律的科学理论,马克思主义的深层基础是它的世界观和方法论,也就是关于世界的总体观念和把握世界的基本途径。世界观和方法论属于哲学,马克思主义哲学就是辩证唯物主义和历史唯物主义的哲学。辩证唯物主义和历史唯物主义也是中国共产党人的世界观和方法论。

辩证唯物主义作为马克思主义的世界观和方法论,主要包括世界统一于物质、物质决定意识,同时并不否认意识对物质的反作用的原理;承认矛盾的普遍性、客观性,在解决矛盾的过程中推动事物发

---

① 习近平:《在纪念马克思诞辰200周年大会上的讲话》,《人民日报》2018年5月5日。

展，解决主要矛盾和矛盾的主要方面的基本原理；坚持发展地、全面地、系统地观察事物的唯物辩证法根本方法；坚持实践第一，把握认识和实践辩证关系的原理等。历史唯物主义的世界观和方法论，主要包括社会存在决定社会意识，社会意识具有反作用的原理；生产力决定生产关系、经济基础决定上层建筑，同时生产关系、上层建筑具有反作用的社会基本矛盾运动原理；物质生产是社会历史发展的决定性因素，生产力是推动社会进步最活跃、最革命的要素的观点；人民群众是历史创造者的观点等。党的十八大后，中共中央政治局先后就历史唯物主义基本原理和方法论、辩证唯物主义基本原理和方法论进行两次集体学习，习近平总书记在主持学习时分别发表重要讲话，结合新时代党和国家工作深入阐发辩证唯物主义和历史唯物主义基本原理和方法论，表明了以习近平同志为核心的党中央坚持运用马克思主义哲学的思想武器，深刻认识发展规律、有效提高领导本领、更好指导新时代实践的哲学立场和理论思维。

哲学是世界观和方法论，哲学思想观点具有世界观和方法论的功能。但世界观和方法论的表述，并不意味着哲学原理可以截然分为两块，一块是世界观，一块是方法论；也不意味着每一个哲学观点都可以非此即彼，明确区分为是属于世界观还是属于方法论。要从世界观和方法论的区别和统一中准确把握二者之间的关系。马克思主义哲学不仅要解释世界，而且更重要的是改变世界，从总体上说，马克思主义哲学既是世界观又是方法论。在具体的哲学原理和观点中，很多既具有世界观属性，也具有方法论功能，亦此亦彼，既具有世界观属性也具有方法论功能。例如，矛盾的普遍性原理，既揭示了世界的本质属性，也是认识和改造世界的根本方法。

世界观和方法论是统一的，世界观方法论和立场观点方法同样也是统一的。立场观点方法不能脱离世界观方法论而独自存在，也没有在世界观方法论体系之外、与其并列的立场观点方法体系。使用立场观点方法范畴，是要强调马克思主义世界观方法论表明了一种哲学立场，如是唯物史观的立场还是唯心史观的立场；是要强调马克思主义世界观方法论指出了一系列看待世界的基本观点，如事物是质与量的统一体，量变引发质变；是要强调马克思主义世界观方法论提供了以理论的、实践的方式把握世界的科学方法，如既要尊重客观规律又要发挥主动精神。马克思主义在世界观、方法论层面的立场观点方法，是从辩证唯物主义和历史唯物主义基本原理和方法论出发的立场观点方法。

一种思想理论，有着贯通整个思想理论体系的精神实质，是这一思想理论的精髓和灵魂。这种精神实质，是众多的理论观点的核心支持，是具体的理论观点的生长基因。这种精神实质，神于内而形于外，既可以对其作出简要概括，又可以在一系列理论观点中切实感受出来。世界观方法论、立场观点方法，作为思想理论体系的哲学底蕴，最为直接和鲜明地表明了一种思想理论的精神实质。马克思主义以唯物史观和剩余价值学说为理论基石，主要由哲学、政治经济学、科学社会主义三大组成部分构成，包含着关于人类社会发展规律、坚守人民立场、生产力和生产关系、人民民主、文化建设、社会建设、人与自然关系、世界历史、马克思主义政党建设等方面的重要思想。习近平总书记指出："马克思主义博大精深，归根到底就是一句话，为人类求解放。"[①] 可以说，马克思主义的精神实质，归根到底就是为人类求解放。

---

① 习近平：《在纪念马克思诞辰200周年大会上的讲话》，《人民日报》2018年5月5日。

（二）推进马克思主义中国化时代化内含着马克思主义世界观和方法论的中国化时代化

党的奋斗历程，始终不渝地把马克思主义作为立党立国、兴党兴国的根本指导思想。马克思主义对于中国共产党人来说，是实现民族独立、人民解放和国家富强、人民幸福的科学指引，是马克思主义为人类求解放的社会理想与中国先进分子救国济民、强国裕民的志向情怀的高度融合。党坚信和坚守马克思主义，是为中国人民谋幸福、为中华民族谋复兴的实践要求。因此，马克思主义要在中国革命、建设、改革的具体实践中成为行动指南，就要经历一个从普遍性理论到特殊性实践的转化过程，也就是本土化中国化的过程。马克思主义是站在人类发展前沿、走在时代潮流前列的科学理论，时代化是马克思主义的题中应有之义。马克思主义创立之后，仍然要在不断发展变化、呈现丰富多样性的世界历史中与时俱进，始终成为时代精神的精华。坚持和发展马克思主义，必须体现马克思主义的时代性，在相应的时代坐标中续写马克思主义新篇章。

在推进马克思主义中国化时代化的过程中，形成了传承马克思主义真谛，具有鲜明中国特色、时代特色、实践特色，反映人民心声的中国化时代化的马克思主义。习近平总书记在党的二十大报告中强调："实践告诉我们，中国共产党为什么能，中国特色社会主义为什么好，归根到底是马克思主义行，是中国化时代化的马克思主义行。"[1] 推进

---

[1] 习近平：《高举中国特色社会主义伟大旗帜　为全面建设社会主义现代化国家而团结奋斗——在中国共产党第二十次全国代表大会上的报告》，人民出版社2022年版，第16页。

马克思主义中国化时代化，首要的、根本的要求是坚持马克思主义立场观点方法，在马克思主义世界观和方法论指导下，创立和形成中国化时代化的马克思主义。同时，马克思主义世界观和方法论，在同各国实际和时代特征相结合过程中，也在不断丰富发展，从而形成了具有本土化时代化内涵和风格的马克思主义立场观点方法。中国化时代化的马克思主义哲学，既是中国化时代化的马克思主义的重大成果，也是重要条件。在推进马克思主义中国化时代化过程中创立和形成的重大成果中，理论成果及蕴含在内的哲学成果融为一体。

党的奋斗历程推进马克思主义中国化时代化，包含着推进马克思主义哲学中国化时代化，形成具有中国特色和时代特征的中国共产党人的世界观和方法论，成为中国化时代化的马克思主义的灵魂。一切从实际出发，理论联系实际，实事求是，在实践中检验真理和发展真理，是党在长期探索中形成的思想路线，是马克思主义中国化时代化在世界观和方法论方面的宝贵结晶。坚持解放思想、实事求是、与时俱进、求真务实，正是这条思想路线的精髓。毛泽东思想活的灵魂，是实事求是、群众路线、独立自主。邓小平理论的精髓，是坚持解放思想、实事求是。贯彻"三个代表"重要思想，关键在坚持与时俱进，核心在坚持党的先进性，本质在坚持执政为民。科学发展观，第一要义是发展，核心是以人为本，基本要求是全面协调可持续，根本方法是统筹兼顾。习近平新时代中国特色社会主义思想的世界观和方法论及贯穿其中的立场观点方法，党的二十大报告作出了"六个必须坚持"的精辟概括。这些都是中国化时代化的马克思主义的世界观和方法论的思想结晶，是党的宝贵哲学财富。

二、新时代伟大变革推动马克思主义世界观和方法论发展深化

马克思主义世界观和方法论的形成，是在对以往哲学思想的变革中实现的，根本的是在历史发展和时代演进中蕴育出来的。马克思主义世界观和方法论的丰富、发展和深化，也是随着历史的变化而被赋予新的时代内涵，始终成为时代精神的精华。习近平新时代中国特色社会主义思想的世界观和方法论，是新时代伟大实践的哲学结晶。

（一）实践和历史是马克思主义哲学的深层逻辑

社会存在决定社会意识。哲学既是以普遍概括、深层提炼的形式表现出来的社会意识，也是社会存在的反映，仍然内含着特定历史时代的社会存在状况。在人类认识史上出现的唯心主义和形而上学、机械唯物主义和唯心辩证法，包含着世界的某些现象和要素，但却是以表面的片面的方式反映社会存在，哲学思想的缺陷归根到底还是社会历史发展的局限性和不成熟。辩证唯物主义和历史唯物主义，是对世界的本质联系和真实状况的正确反映，是生产方式的发展、世界历史的进程、科学技术的变革达到一定阶段和水平的思想成果，是先进阶级成长成熟的思想标识。哲学是历史之镜、时代之窗、实践之华。西方历史上，古希腊、古罗马时期产生的思想学说，反映了那时的思想者对自然界和社会的深邃认识。西方资产阶级革命时期，产生了一大批资产阶级思想家，形成了反映新兴资本主义需要的思想观点。中华民族历史上，从先秦子学、两汉经学、魏晋玄学，到隋唐佛学、儒释

道合流、宋明理学、明清实学，都包含着丰富的哲学社会科学内容、治国理政智慧，是历史悠久的中华文明的思想见证。

马克思主义哲学是在对德国古典哲学以及以往哲学的吸收和批判的基础上实现的哲学变革。这种哲学变革发生于思想领域，但从根本上说，是马克思、恩格斯对他们所处的资本主义时代和世界历史阶段深入考察的哲学结晶。马克思主义哲学是对当时社会实践的本质属性、历史运动的真实关系、时代发展的前进方向的深刻表述，"既是那个时代精神的精华又是整个人类精神的精华"[①]。马克思主义哲学的科学性的历史基础，是近代以来的社会发展和科技进步，这使得全面深入揭示人类社会发展的一般规律成为可能。马克思主义哲学的人民性的社会基础，是工人阶级作为最先进的阶级登上历史舞台，充分展现了人民实现自身解放的强大力量，由此形成了人民是历史创造者的历史唯物主义基本观点。马克思主义哲学的实践性的生产基础，是生产力的飞跃性发展及其导致的社会巨变，有力证明了物质生产活动对于改变世界、塑造时代的根本性作用，由此确立了实践的观点、生活的观点作为马克思主义认识论首要的、基本的观点。马克思主义哲学的开放性的时代基础，是时代不停顿地迅速发展变化，世界越来越向全球化、一体化趋近，这就使得哲学变革不能一劳永逸，必须不断探索时代发展提出的新课题。

马克思、恩格斯之后的历史和时代，经历了快速的发展、巨大的变化、深刻的转折。100多年来的世界历史和社会实践，给马克思主义提出了许多新的课题，迫切需要马克思主义的后继者们给予新的回答，其中包括回答内含其中的哲学问题，并且在哲学上作出新概括、

---

① 习近平：《在纪念马克思诞辰200周年大会上的讲话》，《人民日报》2018年5月5日。

形成新认识。列宁在领导俄国革命和苏联社会主义建设的实践中，在坚持和发展马克思主义及其哲学的过程中，深入分析了资本主义的最新发展及呈现的新的特点规律，创造性地探索了建立和建设人类历史上前所未有的社会主义社会的规律，在与物理学唯心主义进行论战中推进了辩证唯物主义认识论，在研读前人哲学思想中发展了唯物辩证法特别是对立统一规律等，列宁哲学思想是马克思主义哲学发展史上的重大成果。中国共产党人在创立和形成中国化时代化的马克思主义重大理论成果的过程中，形成了具有鲜明民族风格、深厚实践内涵、显著时代特征的中国共产党的哲学思想，丰富发展了马克思主义哲学，续写了马克思主义哲学发展史的新篇章。毛泽东哲学思想的代表作，如《反对本本主义》《中国革命战争的战略问题》《实践论》《矛盾论》《论持久战》《新民主主义论》《论十大关系》《关于正确处理人民内部矛盾的问题》，成为马克思主义哲学发展史"中国篇"的杰作。

（二）"最为广泛而深刻的社会变革""最为宏大而独特的实践创新"蕴育出习近平新时代中国特色社会主义思想的世界观和方法论

习近平总书记在党的二十大报告中指出："不断谱写马克思主义中国化时代化新篇章，是当代中国共产党人的庄严历史责任。"[①] 中国特色社会主义进入新时代，以习近平同志为核心的党中央锐意进取、攻坚克难，

[①] 习近平：《高举中国特色社会主义伟大旗帜　为全面建设社会主义现代化国家而团结奋斗——在中国共产党第二十次全国代表大会上的报告》，人民出版社2022年版，第18页。

进行具有许多新的历史特点的伟大斗争,党和国家事业取得历史性成就、发生历史性变革。"当代中国正经历着我国历史上最为广泛而深刻的社会变革,也正在进行着人类历史上最为宏大而独特的实践创新。"① 新时代的伟大实践、伟大变革具有里程碑意义。统筹中华民族伟大复兴战略全局和世界百年未有之大变局,党和人民正信心百倍推进中华民族从站起来、富起来到强起来的伟大飞跃,科学社会主义在 21 世纪的中国焕发出新的蓬勃生机,我国迈上全面建设社会主义现代化国家新征程。这是一个开辟马克思主义中国化时代化新境界的新时代,也是一个提炼时代精神的精华、丰富发展马克思主义世界观和方法论的新时代。

新时代是在改革开放以来取得巨大成就、显著成效的坚实基础上开始的,以往的历史和经验是前进的起点,这就要求把握好新时代与新时期之间传承和发展、守正和创新的关系,在传承的前提下发展、在守正的基础上创新。新时代面对着一系列亟待解决的长期积累及新出现的突出矛盾和问题,如不少落实党的领导弱化、虚化、淡化问题,一些触目惊心的贪腐问题,一些日益显现的深层次体制机制问题等,这就要求聚焦重大矛盾和问题,发扬勇于斗争的精神,在解决问题、攻克险阻中打开发展新天地。新时代党担负着新的使命任务,要从全面建成小康社会向全面建设社会主义现代化国家转变,从解决落后的社会生产的社会主要矛盾向解决发展不平衡不充分的社会主要矛盾转变,制定出科学完整的战略部署,这就要求统筹推进"五位一体"总体布局、协调推进"四个全面"战略布局,以系统思维把握整体全局。新时代面对着严峻复杂的国际形势和接踵而至的巨大风

---

① 习近平:《在哲学社会科学工作座谈会上的讲话》,《人民日报》2016 年 5 月 19 日。

险挑战，我国发展进入战略机遇和风险挑战并存、不确定难预料因素增多的时期，这就要求增强忧患意识、坚持底线思维，未雨绸缪、防患未然，提高应对风险挑战能力。新时代进行的广泛而深刻的社会变革、展开的宏大而独特的实践创新，不仅是对党的治国理政能力的极大锻炼和提高，而且也是对党的理论思维、哲学思维的极大锤炼和提升。

新时代这场社会变革和实践创新，必定会转化和生成为时代新哲学和新时代哲学。比如，新时代蕴育出的开创精神是高度的历史主动精神，正如习近平总书记指出的："历史发展有其规律，但人在其中不是完全消极被动的。只要把握住历史发展规律和大势，抓住历史变革时机，顺势而为，奋发有为，我们就能够更好前进。"[①] 新时代战略思维最为重要的要求，就是统筹中华民族伟大复兴战略全局和世界百年未有之大变局。"两个大局"的历史交汇，构成了一个更具总体性、全局性、历史性的战略全局，对党的战略思维、战略运筹能力提出新的更高要求，要求在战略全局上准确判断、科学谋划、赢得主动。

三、"两个结合"是形成习近平新时代中国特色社会主义思想的世界观和方法论的根本途径

世界观和方法论的形成，不仅需要一定的历史条件和实践基础，而且需要特定的途径和机制。坚持和发展马克思主义，必须同中国具体实际相结合、同中华优秀传统文化相结合。党的二十大闭幕后，

---

① 习近平：《在党史学习教育动员大会上的讲话》，《求是》2021年第7期。

习近平总书记在河南安阳考察时指出："我们推进马克思主义中国化时代化的根本途径是'两个结合'。"① 由此可知，形成中国化时代化马克思主义世界观和方法论的根本途径，同样也是"两个结合"。

（一）"两个结合"是推进马克思主义中国化时代化的根本途径

"两个结合"是党在长期实践中得出的宝贵经验。坚持"两个结合"，创立和形成中国化时代化的马克思主义的重大理论成果，党的事业就能顺利发展；不坚持"两个结合"，搞教条主义，无视中国历史和文化，党的事业就会遭遇挫折。马克思主义中国化时代化，是在"两个结合"的过程中实现了融合，也就是马克思主义基本原理同中国具体实际、中华优秀传统文化、时代特征、人民利益融为一体，创立和形成了中国化时代化的马克思主义。马克思主义的实践功能是在"两个结合"的过程中发挥和实现的，坚持"两个结合"，党就能够制定出符合国情、扎根本土、深得人心的路线方针政策。

"两个结合"既是马克思主义中国化的根本途径，也是马克思主义时代化的根本途径。马克思主义基本原理同中国具体实际相结合，要求不断回答中国之问、世界之问、人民之问、时代之问。这是因为中国是世界中的中国，是时代中的中国，回答中国之问不能离开回答世界之问、时代之问，中国具体实际必然是带有具体时代特征的中国实际，马克思主义中国化同时也是马克思主义时代化。中国共产党从成

---

① 《习近平在陕西延安和河南安阳考察时强调　全面推进乡村振兴　为实现农业农村现代化而不懈奋斗》，《人民日报》2022 年 10 月 29 日。

立时起就是走在时代前列的马克思主义政党，推进马克思主义中国化时代化贯穿党的整个历史过程。习近平总书记在党的二十大闭幕后瞻仰延安革命纪念地时指出，"延安革命旧址见证了我们党在延安时期领导中国革命、探索马克思主义中国化时代化的光辉历程，是一本永远读不完的书"[①]。推进马克思主义中国化时代化的理论成果，就是中国化时代化的马克思主义。

"两个结合"是推进马克思主义中国化时代化的根本途径，同样也是推进马克思主义世界观和方法论中国化时代化的根本途径。推进马克思主义中国化时代化，首要的是坚持马克思主义立场观点方法，在马克思主义世界观和方法论指导下进行"两个结合"，创立和形成中国化时代化马克思主义的理论成果。在"两个结合"的过程中，马克思主义世界观和方法论同时不断得到丰富发展。党的思想路线就是马克思主义哲学基本原理同中国具体实际、同中华优秀传统文化相结合的产物，凝结着党的宝贵经验和理论创新，蕴含着中华传统智慧和务实精神。有了马克思主义世界观和方法论中国化时代化的成果，"两个结合"才能结合得好，才能结出理论创新的硕果。

（二）坚持和发展马克思主义必须同中国具体实际相结合，强化了习近平新时代中国特色社会主义思想的世界观和方法论的实践根基和时代特征

在党的二十大报告中，习近平总书记对"第一个结合"作出专门

---

① 习近平：《继承和发扬党的优良革命传统和作风　弘扬延安精神》，《求是》2022年第24期。

阐述。坚持和发展马克思主义必须同中国具体实际相结合，建立在对待马克思主义的科学态度和真理精神上，不是把马克思主义当成教条，而是要使马克思主义在无比丰富的实践包括中国实践中得到发展完善；不是把马克思主义仅仅当成"文本"，而是要运用马克思主义解决中国的问题、推进中华民族伟大复兴。坚持和发展马克思主义必须同中国具体实际相结合，就是坚持理论联系实际的学风，理论不是先验的原则，不是决策的起点，而是以理论为指导，从实际出发，尊重实践，在回答和解决实际问题中实现理论的价值。新时代中国的具体实际，不同于改革开放之初、21世纪之初的实际，本身又是经历不同阶段、拥有不同矛盾和重点的实际，呈现出新颖性、变化性、复杂性的特征。这就更要求用马克思主义之"矢"去射新时代中国之"的"，回答新问题，提出符合新时代中国实际和发展要求的正确理论，得出全面建设社会主义现代化国家、全面推进中华民族伟大复兴的规律性认识，从而不断推进新时代理论创新，提供新时代新征程的科学指导。

习近平新时代中国特色社会主义思想，是坚持把马克思主义基本原理同中国具体实际相结合的新时代结晶。这一思想从理论和实践的结合上深入回答一系列重大时代课题，新时代坚持和发展中国特色社会主义、建设社会主义现代化强国、建设长期执政的马克思主义政党，都是科学社会主义在21世纪的重大时代课题，是中国特色社会主义事业发展进程中的重大时代课题，是关系新时代党和国家事业发展、党治国理政的重大时代课题。这一思想以全新的视野深化对"三大规律"的认识，"十个明确""十四个坚持""十三个方面成就"是取得的重大理论创新成果。这些理论成果都是从新时代中国的发展实际中生长起来的，都是从世界百年未有之大变局的时代特征中凝练而成的。习近平新时代中国特色社会主义思想的世界观和方法论，坚持运用辩证唯物主义和历史唯物主义的立场观点方法，凝结着新时代的哲学精神，集中体现为"六个必须坚持"，是马克思主义世界观和方法论在新时代中国创新发展的宝贵成果。

（三）坚持和发展马克思主义必须同中华优秀传统文化相结合，夯实了习近平新时代中国特色社会主义思想的世界观和方法论的文化基础和群众基础

在党的二十大报告中，习近平总书记对"第二个结合"也作出专门阐述。马克思主义传入中国，只有本土化才能落地生根，为本民族所接受认同。本土化的基本要求就是融入本民族文化之中，更易于为本民族所理解运用。中国具体实际包含中国文化实际，马克思主义基本原理同中国具体实际相结合，内在地包含着同中华优秀传统文化相结合。提出"第二个结合"，就是突出强调文化在国家和民族发展中更为基础、广泛、深厚的作用，特别是在有着1万多年文化史、5000多年文明史的中华民族，文化具有更为重要的意义。推进"第二个结合"，同时也是推动中华优秀传统文化创造性转化、创新性发展，使之与中国特色社会主义文化有机融合。习近平总书记指出："我们必须坚定历史自信、文化自信，坚持古为今用、推陈出新，把马克思主义思想精髓同中华优秀传统文化精华贯通起来、同人民群众日用而不觉的共同价值观念融通起来，不断赋予科学理论鲜明的中国特色，不断夯实马克思主义中国化时代化的历史基础和群众基础，让马克思主义在

中国牢牢扎根。"① 这就点出了马克思主义基本原理同中华优秀传统文化相结合的要旨。

高度重视把马克思主义基本原理同中华优秀传统文化相结合，充分发挥中华优秀传统文化在新时代党的创新理论中的文化根基作用，是创立习近平新时代中国特色社会主义思想的重要文化因素，也是习近平新时代中国特色社会主义思想的世界观和方法论的鲜明民族特色。中国共产党既是中国先进文化的积极引领者和践行者，又是中华优秀传统文化的忠实传承者和弘扬者，这必然要体现在中国化时代化的马克思主义世界观和方法论的形成过程中，体现在中国共产党哲学思想的精神品格中。习近平总书记在党的二十大报告中指出："中华优秀传统文化源远流长、博大精深，是中华文明的智慧结晶，其中蕴含的天下为公、民为邦本、为政以德、革故鼎新、任人唯贤、天人合一、自强不息、厚德载物、讲信修睦、亲仁善邻等，是中国人民在长期生产生活中积累的宇宙观、天下观、社会观、道德观的重要体现，同科学社会主义价值观主张具有高度契合性。"② 由于中华民族宇宙观、天下观、社会观、道德观的这些重要体现同科学社会主义价值观主张具有高度契合性，其中的思想理念、思维方式也就构成了习近平新时代中国特色社会主义思想的世界观和方法论的重要元素。

---

① 习近平：《高举中国特色社会主义伟大旗帜　为全面建设社会主义现代化国家而团结奋斗——在中国共产党第二十次全国代表大会上的报告》，人民出版社2022年版，第18页。
② 习近平：《高举中国特色社会主义伟大旗帜　为全面建设社会主义现代化国家而团结奋斗——在中国共产党第二十次全国代表大会上的报告》，人民出版社2022年版，第18页。

四、"六个必须坚持"是新时代丰富发展马克思主义世界观和方法论的重大成果

党在推进马克思主义中国化时代化的进程中,形成了丰富发展马克思主义世界观和方法论的重大成果。第二个历史决议对毛泽东思想活的灵魂作出精辟概括。第三个历史决议总结"十个坚持"作为党百年奋斗积累的宝贵经验、创造的精神财富,其中也包括中国化时代化的马克思主义世界观和方法论的重要思想。党的二十大报告要求把握好习近平新时代中国特色社会主义思想的世界观和方法论,运用好贯穿其中的立场观点方法,作出"六个必须坚持"的系统概括。"六个必须坚持"凝结着这一思想的世界观和方法论及立场观点方法的精髓,是中国特色社会主义新时代的"时代精神的精华"。

(一)坚持人民至上的根本立场

人民创造历史是历史唯物主义的基本观点,人民立场是马克思主义的根本立场。习近平新时代中国特色社会主义思想把人民放在发展的中心地位、置于价值的最高层次,要求始终牢记江山就是人民、人民就是江山,彰显了马克思主义的本质属性。坚持人民至上,在习近平新时代中国特色社会主义思想的世界观和方法论中处于首要位置,表明了这是根本出发点、至上价值观、核心历史观。坚持人民至上,体现在以习近平同志为核心的党中央提出的一系列治国理政新理念新思想新战略之中,如打赢人类历史上规模最大的脱贫攻坚战,全面发展全过程人民民主,最大限度保护人民生命安全和身体健康,也

体现在推进新时代党的理论创新中。党的理论的性质和生命力都在于来自人民、为了人民、造福人民，理论创新的源泉是人民的创造性实践，理论的评价标准是为人民所喜爱、认同、拥有，理论的价值在于为人民提供强大思想武器。坚持人民至上，将历史唯物主义原理、党的初心使命和新时代人民美好生活需要融为一体，包含着丰富而深刻的新时代实践内涵。

（二）坚持自信自立的主体地位

自信自立源自矛盾普遍性和特殊性相统一的规律。普遍性存在于特殊性之中，特殊性中包含着普遍性。党和人民推进民族复兴，不依赖教科书、不盲从别人的答案，而是从中国基本国情出发，独立自主探索自己的道路。自己的道路走得越正、走得越稳、走得越远，这条道路就越具有普遍意义，这就确立了自信自立的根据。自信自立还源自客观规律性和主体能动性相统一的观点。党的各项工作都要遵循客观规律，但发挥主体能动性是遵循客观规律的题中应有之义。在遵循客观规律基础上发挥历史主动精神，力争掌握历史主动，就能够战胜困难障碍、变不利为有利，这就增强了自信自立的底气。自信是对马克思主义信仰的坚定自信，是对中国特色社会主义道路、理论、制度、文化的坚定自信。自立是开创自己道路的自立，是担当历史使命的自立，是坚持自力更生的自立，是勇于开拓创新的自立。自信与自立相互支持。自信自立既坚持理论指导，又不迷信本本；既吸收国外经验，又不照抄照搬外国。坚持独立自主、走自己的路是党的百年奋斗的历史经验，坚持自信自立则是将党的历史经验凝练为立场观点方法，概括为哲学观点。

(三)坚持守正创新的科学精神

坚持守正创新的科学精神,就是实事求是,从客观实际出发坚持守正创新。守正和创新的统一,构成了一个新的范畴。守正创新,就是要在继承和发展、传统和创造、历史和未来、延续和跃升之间,保持着有机的联系。守正和创新密切连接、相互支持、相得益彰。创新以守正为前提,漠视经验、抛弃传统、虚无历史,创新就会迷失方向,就会犯颠覆性错误;守正以创新为目的,守正不是保守僵化,守正是为创新奠定坚实基础,是为了促进创新、更好创新。开创中国特色社会主义新时代,就是坚持守正创新的重大实践。守正创新成为党的二十大主题的内涵,表明了坚持守正创新在新时代哲学思想中的重要地位。坚持守正创新,就是要坚持党的基本理论、基本路线、基本方略不动摇,以"三个基本"为理论基础、政治前提、方针依据,在历史大势中勇立潮头,在发展机遇中占据先机,研究新情况、提出新观点、创造新事业。坚持守正创新,深入揭示了发展的规律、实践的规律、理论的规律。

(四)坚持问题导向的实践原则

问题是时代的声音、实践的呼唤、人民的需要,问题就是矛盾所在、关键所在、焦点所在,问题导向就是实践导向、矛盾导向、前进导向。坚持问题导向是新时代实现伟大变革的重要方法论。坚持问题导向,要求准确把握问题,勇于正视问题,有效解决问题,而不是从概念推导出发,对问题判断不准或视而不见,缺乏解决问题的勇气或能力。新时代能够攻克许多长期没有解决的难题,办成许多过去想办而没有办成的大事，如解决一些地方和部门形式主义、官僚主义、享乐主义和奢靡之风屡禁不止的问题，遏制拜金主义、享乐主义、极端个人主义和历史虚无主义等错误思潮问题，坚持问题导向发挥了重大作用。实践创新需要坚持问题导向，理论创新同样需要坚持问题导向。理论的根本任务就是要回答并指导解决问题，新的问题对理论创新提出新的要求，问题导向要有新的方法和思路。2022年12月召开的中央经济工作会议指出，2023年经济发展面临的困难挑战很多，要更好统筹疫情防控和经济社会发展、经济质的有效提升和量的合理增长、经济政策和其他政策、国内循环和国际循环、当前和长远，这是全面建设社会主义现代化国家开好局起好步的基本方针。坚持问题导向是新时代丰富发展马克思主义世界观和方法论的宝贵成果。

（五）坚持系统观念的思想方法

习近平总书记在党的十九届五中全会上指出："系统观念是具有基础性的思想和工作方法。"[①] 坚持系统观念，是唯物辩证法普遍联系、全面系统、发展变化的观点在新时代的深化。新时代承前启后、继往开来，这就要求把握连续性和阶段性、渐进性和跃升性的统一。实现"两个一百年"奋斗目标的基本要求都是全面性，这就要求把握新时代奋斗目标的系统性。新时代人民美好生活需要是全方位、多层次的，这就要求将其作为一个需要系统来对待。新时代全体人民勠力同心、团结奋斗，这就要求从形成历史合力、增强人民共力来推进社会

---

① 《中国共产党第十九届中央委员会第五次全体会议文件汇编》，人民出版社2020年版，第86页。

发展。中国的发展离不开世界，世界的发展也离不开中国，这就要求把中国和世界的关系放在一个更大的系统内来谋划。坚持系统观念，要求不断提高战略思维能力，从全局、长远、大势上作出判断和决策；提高历史思维能力，总结历史经验、掌握历史规律；提高辩证思维能力，在各种事物的矛盾对立中把握矛盾的连接和统一、依存和转化；提高创新思维能力，敢于超越常规、开辟新径；提高法治思维能力，尊崇法治、敬畏法律、依法办事；提高底线思维能力，居安思危、有备无患。坚持系统观念，是前瞻性思考、全局性谋划、整体性推进的科学思想方法。

（六）坚持胸怀天下的世界眼光

坚持胸怀天下，反映了马克思主义的宽阔胸襟和高远境界。中国共产党始终坚持共产主义理想和社会主义信念，必然要求以世界眼光关注人类前途命运，以人类解放为己任。新时代将党的初心使命和理想信念统一于推动构建人类命运共同体中，中国式现代化的本质要求包含推动构建人类命运共同体，是马克思主义人类观、全球观的深化。习近平总书记提出"以中国式现代化推动人类整体进步"[1]，中国式现代化为人类实现现代化提供了新的选择，正是胸怀天下在新时代的鲜明体现。坚持胸怀天下，要求深刻洞察人类发展进步潮流，懂得人类社会正日益形成利益交融、安危与共的利益共同体和命运共同体，相互联系、相互依存才是大潮流，共同发展、共享繁荣才是大趋势。要求为解决人类面临的共同问题作出贡献，如积极稳妥推进碳达峰碳

---

[1] 《习近平会见联合国秘书长古特雷斯》，《人民日报》2022年11月17日。

中和，完善参与全球安全治理机制，共同应对各种全球性挑战。要求借鉴吸收人类一切优秀文明成果，包括各国现代化的共同特征及有益成果。

党的二十大明确新时代新征程党的使命任务，要求用新的伟大奋斗创造新的伟业。新征程上面对新的战略机遇、新的战略任务、新的战略阶段、新的战略要求、新的战略环境，更加需要科学理论指导，充分发挥科学的世界观和方法论在新时代新征程的实践功能。"六个必须坚持"是全面建设社会主义现代化国家、全面推进中华民族伟大复兴的哲学指引、思想武器，是建设长期执政的马克思主义政党的思维之钥、能力之本。习近平新时代中国特色社会主义思想的世界观和方法论及贯穿其中的立场观点方法，将在新实践与新认识的互动转化、促进发展中，继续开辟马克思主义哲学中国化时代化新境界。

坚持问题导向是新时代丰富发展马克思主义世界观和方法论的宝贵成果 *

习近平新时代中国特色社会主义思想的世界观和方法论，是马克思主义哲学中国化时代化的最新成果，是新时代中国共产党人对马克思主义世界观和方法论的丰富发展。"六个必须坚持"是习近平新时代中国特色社会主义思想的世界观和方法论的鲜明特征和集中体现，是新时代伟大实践的哲学结晶。坚持问题导向，在"六个必须坚持"中具有重要地位，是马克思主义哲学充满新时代哲学精神的一个标识性表述，是新时代取得历史性成就、发生历史性变革的哲学方法论。深入领会坚持问题导向的时代背景、思想内涵、实践运用、哲学贡献等，是深化理解习近平新时代中国特色社会主义思想的立场、观点、方法的重要要求。

一、坚持问题导向是马克思主义哲学中国化时代化的重要成果

哲学是思想的精华、理论的精髓，哲学的发展和变革对于思想的

---

* 本文写于2024年。

解放、理论的创新具有关键性作用。中国共产党在100多年奋斗历程中不断推进马克思主义中国化时代化，内在地包含着推进马克思主义哲学中国化时代化，用具有中国底蕴、创新精神的中国共产党哲学思想作为党的创新理论的哲学支撑。坚持问题导向，既和"六个必须坚持"一道，共同成为新时代中国共产党发展中国化时代化的马克思主义哲学的重大成果，又有其独特内涵和意义，需要深入研究和阐述。

（一）马克思主义中国化时代化内含着马克思主义哲学中国化时代化

我们党在领导革命、建设、改革的实践中，始终坚持马克思主义的指导地位，把马克思主义哲学作为科学的世界观和方法论。同时，党始终坚持把马克思主义基本原理同中国具体实际相结合、同中华优秀传统文化相结合，以"两个结合"为根本途径推进马克思主义中国化时代化。在这一过程中，形成了中国化时代化的马克思主义，其中包含着发展出中国化时代化的马克思主义哲学。

推进马克思主义中国化时代化要求确立"化"的哲学根据，反映党的特定使命任务。中国共产党接受马克思主义并作为党的指导思想，不是因为它"好看"或者"神秘"，而是因为有着强烈的实践需求，是要把马克思主义作为实现中华民族伟大复兴的科学指导。理论是抽象的，实践是具体的。马克思主义作为科学理论应用于具体实践，就要实现理论与实践的结合和统一。不实现这样的结合和统一，再好的理论也是不管用的。理论具有普遍性，实践具有特殊性。马克思主义基本原理是普遍真理，中国有着自己的特殊国情，在中国建立和建设社会主义，就要把普遍性和特殊性结合起来。不从中国革命实践的特点规律出发，不讲中国具体实际，就会犯教条主义的错误。党在艰辛探索中形成了正确的思想路线，坚持理论联系实际，坚持普遍性和特殊性的统一，确立了推进马克思主义中国化时代化的哲学根据。

推进马克思主义中国化时代化要求明确"化"的哲学要义，反映党的重大实践课题。在推进马克思主义中国化时代化进程中推进马克思主义哲学中国化时代化，为中国化时代化的马克思主义提供哲学支持，是党的理论创新的一条重要规律。在理论创新进程中，不仅理论成果是中国化时代化的，而且理论成果中的哲学成果也是中国化时代化的。在每个历史时期，党面临着不同的重大实践课题，要解决不同的主要矛盾，理论创新的新任务凸显了哲学思想的着重点。从中国共产党哲学思想的发展历程看，坚持马克思主义世界观和方法论是一脉相承的，坚持在一代代中国共产党人哲学创新的基础上继续推进马克思主义哲学中国化时代化，提供新的哲学成果是探索不止的。

推进马克思主义中国化时代化要求提供"化"的哲学方法，反映党的艰辛探索经验。推进马克思主义中国化时代化，首先要解决要不要"化"的问题，还要解决怎样"化"的问题，在这个探索过程中发展出中国共产党哲学思想。党的思想路线凝练概括了推进马克思主义中国化时代化的哲学结论，党章明确指出："党的思想路线是一切从实际出发，理论联系实际，实事求是，在实践中检验真理和发展真理。"[①] 实质上就是解放思想、实事求是、与时俱进、求真务实。坚持"两个结合"是推进马克思主义中国化时代化的根本经验、根本方法。

---

① 《中国共产党第二十次全国代表大会文件汇编》，人民出版社2022年版，第82页。

习近平总书记在文化传承发展座谈会上指出:"历史正反两方面的经验表明,'两个结合'是我们取得成功的最大法宝。"① 由此可知,"两个结合"是马克思主义哲学中国化时代化十分重要的成果。"六个必须坚持"既是习近平新时代中国特色社会主义思想立场观点方法的重要体现,也包含着党长期探索的宝贵结晶。

(二)习近平新时代中国特色社会主义思想的世界观和方法论是马克思主义哲学中国化时代化的最新成果

在马克思主义中国化时代化的发展历程中,先后创立和形成了毛泽东思想、邓小平理论、"三个代表"重要思想、科学发展观、习近平新时代中国特色社会主义思想的重大理论成果。在这些重大成果中,包含着对马克思主义哲学中国化时代化的理论贡献。

毛泽东思想是马克思列宁主义在中国的创造性运用和发展。毛泽东思想的活的灵魂体现为实事求是、群众路线、独立自主3个基本方面,是贯穿于整个理论体系之中的立场、观点、方法。毛泽东领导党开辟农村包围城市、武装夺取政权的正确革命道路,创立坚持理论联系实际、密切联系群众、批评和自我批评的三大优良作风,提出严格区分和正确处理敌我矛盾和人民内部矛盾,正确处理我国社会主义建设的十大关系等独创性理论成果,都包含着丰富深刻的哲学思想。

邓小平理论围绕什么是社会主义、怎样建设社会主义这一根本问题,深刻揭示社会主义本质,确立社会主义初级阶段基本路线,明确提出走自己的路、建设中国特色社会主义。邓小平理论的精髓是解放

---

① 习近平:《在文化传承发展座谈会上的讲话》,《求是》2023年第17期。

思想、实事求是，体现在这一理论科学回答建设中国特色社会主义一系列基本问题上。"三个代表"重要思想，加深了对什么是社会主义、怎样建设社会主义和建设什么样的党、怎样建设党的认识，要求党始终代表中国先进生产力的发展要求，代表中国先进文化的前进方向，代表中国最广大人民的根本利益，是当代中国共产党人坚持和发展历史唯物主义的鲜明体现。科学发展观深刻认识和回答了新形势下实现什么样的发展、怎样发展等重大问题，强调坚持以人为本、全面协调可持续发展，着力保障和改善民生，促进社会公平正义，丰富深化了马克思主义发展观。

习近平新时代中国特色社会主义思想，从理论和实践的结合上深入回答关系党和国家事业发展、党治国理政的一系列重大时代课题，提出一系列治国理政新理念新思想新战略，实现了马克思主义中国化时代化新的飞跃。这一思想坚持"两个结合"，坚持运用辩证唯物主义和历史唯物主义，不断回答中国之问、世界之问、人民之问、时代之问，以全新的视野深化对共产党执政规律、社会主义建设规律、人类社会发展规律的认识，形成了符合中国实际和时代要求、符合客观规律、与时俱进的理论成果及哲学思想。必须坚持人民至上，必须坚持自信自立，必须坚持守正创新，必须坚持问题导向，必须坚持系统观念，必须坚持胸怀天下，是中国化时代化的马克思主义哲学在新时代的重大成果。

（三）坚持问题导向是"六个必须坚持"的有机组成

"六个必须坚持"凝结着新时代的哲学精神，蕴含着马克思主义世界观方法论和立场观点方法，构成了一个逻辑体系。坚持人民至上，体现了习近平新时代中国特色社会主义思想的世界观和方法论的根本立场和根本价值，回答了新时代中国特色社会主义为了谁、依靠谁、服务谁的宗旨问题，是这一思想的立场观点方法的魂脉。坚持自信自立，体现了这一思想的世界观和方法论的鲜明风格，反映了中国共产党独立自主开创中国道路、坚定"四个自信"的精神品格，彰显了这一思想的立场观点方法的志气骨气底气。坚持守正创新，体现了这一思想的世界观和方法论的发展观念，表明了在理论发展和实践发展中都要把守正和创新统一起来的基本原则，点出了新时代伟大变革的成功之道，表明了这一思想的立场观点方法的历史视野。坚持问题导向，体现了这一思想的世界观和方法论的实践取向，反映了从问题、矛盾、务实、实效出发的思维路径，彰显了这一思想的立场观点方法的使命意识。坚持系统观念，体现了这一思想的世界观和方法论的辩证方法，凝结着新时代治国理政的丰富经验，展现了这一思想的立场观点方法的思维方式。坚持胸怀天下，体现了这一思想的世界观和方法论的崇高境界，展现着"四为四谋"的宽阔胸襟，反映了这一思想的立场观点方法的人类情怀。

坚持问题导向有其独立的内涵和价值，又与其他几个"坚持"紧密联系、相互贯通。坚持人民至上这一价值理念的有力证明，根本是要体现在党的执政实践中，体现在满足人民日益增长的美好生活需要，着力解决人民群众急难愁盼问题上。坚持自信自立这一信念意志的牢固确立，关键是要回答好中国共产党为什么能，中国特色社会主义为什么好，归根到底是马克思主义行，是中国化时代化的马克思主义行的根本问题。坚持守正创新这一发展遵循的正确贯彻，前提是要明确守正守的是什么、创新创的是什么，守正和创新如何统一起来的问题。坚持系统观念这一唯物辩证的科学思维，需要回答新时代的系统性有什么新特征，新时代坚持系统观念的重要要求是什么，"七种思维能力"的关系是什么等问题。坚持胸怀天下这一共产党人的理想情怀，重要的是要理解新时代构建人类命运共同体的根据、内涵、条件、路径等问题，认清在国际意识形态领域斗争激烈的形势下怎样弘扬全人类共同价值的问题。

二、坚持问题导向是新时代坚持和发展中国特色社会主义的哲学要求

坚持问题导向的哲学思想，存在于辩证唯物主义和历史唯物主义基本原理之中。新时代明确提出坚持问题导向并将其作为习近平新时代中国特色社会主义思想的世界观和方法论的重要成果，反映了新时代伟大变革的哲学要求，是习近平总书记准确把握时代脉搏、深刻领悟实践要求的哲学升华。

（一）时代变革必然要凝结为哲学思想

社会历史是在社会基本矛盾推动下不断前进的历史，由于社会基本矛盾的性质和状况不同，就形成了由不同生产方式和社会方式构成的社会形态，形成了在社会基本矛盾总的框架下根据不同标准划分的时代。历史的长河奔流不息，时代的波涛卷起巨澜。在时代的前行和变迁中，创新是越来越重要的动力，当今时代创新已成为第一动力。创新内含着变革，变革标志着时代。社会基本矛盾运动不会停止，历史不会"终结"，时代始终在不断变革中开创新的时代。

哲学是时代的映照，时代受哲学的引导，时代变革与哲学变革是一个相互影响、相互促进的过程。时代变革是生产力和生产关系、经济基础和上层建筑全方位的变革，哲学作为精神上层建筑的重要构成，是在思维中把握的时代，必然要以哲学思维的方式反映和把握所处的时代及其变革。哲学变革是哲学观念、哲学方法、哲学功能等的变革，是思想解放的哲学启蒙，哲学变革重塑人的世界观、人生观、价值观，给出新的思维方法和实践指向，从而影响和改变人的行为准则和行为方式，造就新的社会风尚，成为时代变革的先导。

19世纪40年代，随着资本主义的发展，生产力的革命，阶级斗争的尖锐，自然科学的重大发现，马克思主义哲学应运而生，形成了唯物的、辩证的、实践的、历史的新哲学，实现了哲学思想史上的一场革命。马克思主义哲学的创立，为人类提供了一种崭新的世界观和方法论，提供了认识世界和改造世界的科学工具，为工人阶级提供了争取自身解放、建立新的社会的理想图景。在马克思主义指引下，社会主义从空想到科学、从理论到实践、从一国到多国，世界历史进入了新的时代。中国共产党的成立，为实现中华民族伟大复兴翻开了新的篇章，党领导的伟大社会革命书写着中华民族历史的新纪元。进行中国革命，首先要回答好马克思主义要不要和中国实际相结合、怎样和中国实际相结合的问题，由此必须破除教条主义的束缚。毛泽东反对本本主义，在全党确立了实事求是的思想路线，树立了马克思主义的理论和实际相结合的学风，由此为形成中国革命的正确道路奠定了哲学基础，为赢得新民主主义革命的胜利创造了思想条件。"文化大革命"结束以后，在党和国家面临何去何从的重大历史关头，邓小平坚定支持真理标准问题大讨论，带领全党重新确立了解放思想、实事求是的思想路线,作出彻底否定"文化大革命"的重大决策,开启了改革开放和社会主义现代化建设新时期。

(二)新时代伟大实践蕴育新时代哲学精神

党的十八大以来,中国特色社会主义进入新时代。习近平总书记指出:"当代中国正经历着我国历史上最为广泛而深刻的社会变革,也正在进行着人类历史上最为宏大而独特的实践创新。"① 新时代统筹中华民族伟大复兴战略全局和世界百年未有之大变局,实现"两个一百年"奋斗目标,进行具有许多新的历史特点的伟大斗争,建设长期执政的马克思主义政党,把握战略机遇、应对风险挑战,是进行伟大社会变革、开展伟大实践创新的时代,也是蕴育新的哲学精神的时代。习近平新时代中国特色社会主义思想的世界观和方法论,正是在这样的时代背景下形成的。

新时代强调江山就是人民、人民就是江山,彰显了人民至上的哲学精神。我国是人民当家作主的社会主义国家,党执政必须为了人民、依靠人民。把江山与人民融为一体,体现了历史唯物主义的根本观点和马克思主义执政党的国家观。人民是主体、人民是中心、人民是英雄,体现在新时代治国理政一系列理论和实践之中。坚持人民至上,就是要求在多种价值选择、各种重大抉择中,都要把人民利益作为最高准则、根本标准。

新时代推进中国式现代化,彰显了自信自立的哲学精神。中国式现代化是党带领人民走出来的实现中华民族伟大复兴的康庄大道,道

---

① 习近平:《在哲学社会科学工作座谈会上的讲话》,《人民日报》2016年5月19日。

路自信的重要内容就是中国式现代化自信。中国式现代化在与西方式现代化的比较中得以自信，是建立在中华文明基础上的社会主义现代化，深厚的文明底蕴和中国特色社会主义制度优势托起中国式现代化。中国式现代化的自信自立，是把各国现代化的共同特征和中国式现代化的中国特色结合起来的自信自立，是把自信自立和开放包容统一起来的自信自立。

新时代承前启后、继往开来，彰显了守正创新的哲学精神。新时代中国特色社会主义是改革开放以来开创中国特色社会主义的继续，又具有新时代的性质和内涵，必须把守正和创新统一起来，守住中国特色社会主义道路、制度、理论、文化之正，开创中国特色社会主义新时代之新，在守正的前提下创新，在创新的过程中守正。守正不是保守僵化，是为了正确地创新；创新不是抛弃传统，是为了更好地守正。

新时代开创伟大事业，彰显了问题导向的哲学精神。新时代是在进行伟大斗争、建设伟大工程、推进伟大事业、实现伟大梦想中开创出来的，是在着力解决影响党长期执政、国家长治久安、人民幸福安康的突出矛盾和问题中攻坚克难闯出来的。必须从问题出发，而不是从概念出发；必须直面问题，而不是回避问题；必须抓准问题，而不是误判问题；必须有解决问题的魄力和能力，而不是缺乏解决问题的信心和力量。

新时代统筹推进"五位一体"总体布局、协调推进"四个全面"战略布局，彰显了系统观念的哲学精神。统筹推进经济、政治、文化、社会、生态文明建设"五位一体"总体布局，构成新时代中国特色社会主义主要领域的系统工程；协调推进全面建设社会主义现代化国家、全面深化改革、全面依法治国、全面从严治党"四个全面"战略布局，构成新时代坚持和发展中国特色社会主义战略目标和战略举措的系统方略。总体布局和战略布局相互作用、相互支持，要求必须坚持系统观念，增强辩证思维能力，以系统思维统筹系统布局。

新时代推动构建人类命运共同体，彰显了胸怀天下的哲学精神。人类是命运与共的共同体，有着共同利益，面对共同挑战，只有和衷共济、和合共生一条出路。构建人类命运共同体，建设持久和平、普遍安全、共同繁荣、开放包容、清洁美丽的世界，是人类社会共同的价值追求。胸怀天下就是始终以世界眼光关注人类前途命运，顺应人类发展大潮流，把握世界变化大格局，以全面推进中华民族伟大复兴推动构建人类命运共同体。

（三）推进新时代伟大变革必然要求坚持问题导向

新时代伟大变革具有里程碑意义，包含着全面的理论创新、实践创新、制度创新、文化创新。问题是时代的声音，也是创新的起点和动力源。新时代伟大变革内在地要求问题导向，只有坚持问题导向才能推进新时代伟大变革。

推进新时代伟大变革，动力来自问题导向。习近平总书记指出："我们中国共产党人干革命、搞建设、抓改革，从来都是为了解决中国的现实问题。"[①] 作为新时期伟大革命的改革开放，正是由多年积累的问题倒逼而发生，也是由在改革进程中不断解决新的问题而深化。进入新时代，党治国理政面临重大考验，必须依靠伟大斗争解决长期没有

---

① 习近平：《论坚持全面深化改革》，中央文献出版社2018年版，第27页。

解决的深层次矛盾和问题以及新出现的一些矛盾和问题，推进新时代伟大变革势在必行。党带领人民攻克了许多长期没有解决的难题，办成了许多事关长远的大事要事，党和国家事业取得历史性成就、发生历史性变革。

推进新时代伟大变革，目标基于问题导向。"两个一百年"奋斗目标，也是新时代伟大变革的奋斗目标，这一目标的设定不是主观意志的产物，而是建立在回答新时代重大时代课题的基础上，提供新时代建设什么样的中国特色社会主义、怎样建设中国特色社会主义的正确路径。全面建成小康社会，从根本上说就是为了解决农村贫困人口全部脱贫问题，解决已有的总体小康水平还不高、分布还不平衡的问题，突出抓重点、补短板、强弱项。全面建设社会主义现代化国家，从根本上说就是要全面夯实实现中华民族伟大复兴的各方面基础，解决怎样实现中华民族伟大复兴的问题；是要在与资本主义的竞争和较量中，以中国式现代化全面推进强国建设、民族复兴伟业，回答中国特色社会主义为什么好的问题。

推进新时代伟大变革，进程根据问题导向。党的十九大作出了从2020年到本世纪中叶分两个阶段推进全面建设社会主义现代化国家新征程的战略安排，这是综合分析国际国内形势和我国发展条件，着眼于解决新时代我国社会主要矛盾的问题导向。我国社会主要矛盾已经转化为人民日益增长的美好生活需要和不平衡不充分的发展之间的矛盾，解决这个社会主要矛盾必然要求全面建设社会主义现代化国家，只有全面建成社会主义现代化强国才能从根本上解决新时代社会主要矛盾。从不平衡发展到基本平衡发展，从不充分发展到基本充分发展，不能一蹴而就，只能分阶段逐步提升。第一阶段基本实现现代化，第二阶段全面建成现代化，这两个阶段实质上就是根据新时代社会主要矛盾的问题逻辑。

推进新时代伟大变革，评价依据问题导向。问题是实践的导向，也是实践的标准。新时代伟大变革在党史、新中国史、改革开放史、社会主义发展史、中华民族发展史上产生的里程碑意义，要依据新时代伟大变革所解决的紧迫而重大问题的价值来作出判断。新时代管党治党宽松软状况得到根本扭转，走过百年奋斗历程的中国共产党在革命性锻造中更加坚强有力；新时代转变党内和社会上不少人对党和国家前途忧心忡忡的状况，党和人民正信心百倍推进中华民族从站起来、富起来到强起来的伟大飞跃；新时代解决发展不平衡、不协调、不可持续，传统发展模式难以为继的问题，书写了经济快速发展和社会长期稳定两大奇迹新篇章；新时代经受住了来自政治、经济、意识形态、自然界等方面的风险挑战考验，科学社会主义在21世纪的中国焕发出新的蓬勃生机；新时代全体中华儿女勠力同心、奋力实现中华民族伟大复兴中国梦，实现中华民族伟大复兴进入了不可逆转的历史进程。

三、坚持问题导向鲜明体现新时代哲学精神

习近平总书记在党的二十大报告中系统阐释了"六个必须坚持"，在阐释必须坚持问题导向时指出："问题是时代的声音，回答并指导解决问题是理论的根本任务。今天我们所面临问题的复杂程度、解决问题的艰巨程度明显加大，给理论创新提出了全新要求。我们要增强问题意识，聚焦实践遇到的新问题、改革发展稳定存在的深层次问题、

人民群众急难愁盼问题、国际变局中的重大问题、党的建设面临的突出问题，不断提出真正解决问题的新理念新思路新办法。"① 这段论述着眼新时代推进理论创新和实践创新，集中说明了为什么要坚持问题导向、怎样坚持问题导向的重要问题，是理解把握坚持问题导向的基本遵循。

（一）把回答并指导解决问题作为理论的根本任务，鲜明体现了新时代哲学的问题导向

问题是事物矛盾的表现形式，矛盾的普遍性决定了问题的普遍性。习近平总书记指出："我们强调增强问题意识、坚持问题导向，就是承认矛盾的普遍性、客观性，就是要善于把认识和化解矛盾作为打开工作局面的突破口。"② 实践的问题反映为理论的问题，回答和解决理论的问题，实质上也是推进和指导解决实践的问题。把回答并指导解决问题作为理论的根本任务，表明了对理论和实践关系的正确把握。问题归根到底是实践中的问题，是实践中的矛盾，理论源于实践，理论的发展创新离不开实践的土壤。把回答并指导解决问题作为理论的根本任务，表明了对理论功能的正确定位。理论服务于实践，理论的目的全在于应用，实践不仅是检验理论正确与否的唯一标准，也是判断理论价值大小的根本尺度。

理论创新始于问题，发现提出问题、研究回答问题、指导解决问题，构成理论创新的一个过程周期。习近平总书记指出："只有聆听时代的声音，回应时代的呼唤，认真研究解决重大而紧迫的问题，才能

---

① 《中国共产党第二十次全国代表大会文件汇编》，人民出版社 2022 年版，第 17 页。
② 《习近平新时代中国特色社会主义思想的世界观和方法论专题摘编》，党建读物出版社、中央文献出版社 2023 年版，第 100 页。

真正把握住历史脉络、找到发展规律,推动理论创新。"①问题有不同层级、不同性质、不同范围、不同程度之分,新时代的问题从总体上概括包括中国之问、世界之问、人民之问、时代之问,在这些全局性宏观性战略性的问题下包含着一系列重大问题。习近平新时代中国特色社会主义思想,正是在回答这些事关中国特色社会主义前途命运的重大问题中创立的。坚持问题导向不仅需要敏锐发现问题所在的智慧,而且需要敢于直面尖锐问题的勇气。如果在矛盾和问题面前,熟视无睹,得过且过,回避或掩盖矛盾,搞"击鼓传花",在棘手问题面前畏缩不前,生怕引火烧身,那就会导致问题越来越严重、矛盾越来越激化。

明确提出坚持问题导向,将其作为习近平新时代中国特色社会主义思想的立场观点方法的重要体现,鲜明地表明了新时代的哲学品格。新时代是一个需要理论创新并且产生了理论创新的时代,这一理论创新的需要不能仅仅从理论自身的演进逻辑来说明,根本的要从实践的需要、问题的存在、现实的矛盾来寻找,问题导向催生了理论创新的动力;这一理论创新的产生不能仅仅从新观点的提出和表述来说明,根本的要从回答和解决了什么重大问题,并且以理论创新指导实践创新、以思想飞跃引领历史飞跃来证明。坚持问题导向,也是在倡导新时代的哲学导向,这就是无论是思维活动还是实际工作,都要坚持实践导向、矛盾导向、效果导向,面向实践、抓住矛盾、注重效果。新时代之所以能够实现一系列突破性进展,取得一系列标志性成果,坚持问题导向是一个重要的方法论原因。

---

① 习近平:《论党的宣传思想工作》,中央文献出版社2020年版,第225页。

（二）清醒认识新时代面临问题的复杂程度和解决问题的艰巨程度，促进了新时代理论思维的能力提升

新时代面临问题的复杂程度，表现在多种矛盾问题的并存交织，增加了解决问题的艰巨程度。一是战略机遇问题和风险挑战问题并存交织。中华民族伟大复兴战略全局和世界百年未有之大变局的历史交汇，民族复兴关键时期与世界大调整动荡变革期的时空叠合，蕴含着新的战略机遇和新的风险挑战，机遇更具有战略性、可塑性，挑战更具有复杂性、全局性。二是外部环境问题和国内发展问题并存交织。世界百年未有之大变局加速演进，来自外部的打压遏制随时可能升级。我国改革发展稳定面临不少深层次矛盾，随着世界经济发展形势变化，要求加快构建新发展格局。三是存量问题和增量问题并存交织。新时代面临着一系列长期积累的突出矛盾和问题亟待解决，比如落实党的领导弱化、虚化、淡化问题，同时又要及时解决新出现的突出矛盾和问题，比如在反腐败斗争中出现的新型腐败和隐性腐败问题。四是体制性问题和顽固性问题并存交织。全面深化改革，一些深层次体制机制问题和利益固化藩篱日益显现，这些既需要从制度设计入手，革除体制机制的弊端，也要敢于涉险滩、啃硬骨头、破除藩篱。五是确定性问题和不确定性问题并存交织。前进道路上的风险挑战，既有确定的可预料的问题，可以未雨绸缪、防患未然，也有不确定的难预料的问题，各种"黑天鹅""灰犀牛"事件随时可能发生，必须坚持底线思维，做到居安思危。

问题的存在要求解决问题的能力，问题的复杂度越高、艰巨度越大，要求解决问题的能力就越强，这就成为促进理论创新的强大动

力，成为提高理论思维的有效途径。新时代面临问题的复杂程度和解决问题的艰巨程度，对理论创新提出了全新要求，对理论思维提出了更高要求。一是要求理论创新具有更广阔的视野，理论思维具有更丰厚的维度。新时代中国共产党人担负着实现民族复兴、振兴社会主义的历史使命，必须开辟马克思主义中国化时代化新境界，发展当代中国马克思主义、21世纪马克思主义，在以前所未有方式展开的世界之变、时代之变、历史之变中提供科学理论。二是要求理论创新更好运用辩证思维，理论思维全面揭示事物联系。问题越复杂越要坚持辩证思维，习近平总书记指出，要"分清本质和现象、主流和支流，既看存在问题又看其发展趋势，既看局部又看全局"，"在全面客观分析的基础上，努力揭示我国社会发展、人类社会发展的大逻辑大趋势"。[1]三是要求理论创新更具有可行性，理论思维更契合实践逻辑。理论创新并不是仅仅提出新观点新构想就万事大吉了，必须以推动问题的真正解决为目的。越是复杂性强的问题，解决起来就越难，对理论指导的精准性管用性要求就越高，理论思维就越是要着眼于解决问题。四是要求增强理论创新的勇气，理论思维更具有彻底性。理论有锋芒，理论创新不可能左右逢源，对于错综复杂的问题和盘根错节的矛盾，必须敢于亮剑。复杂的问题不容易厘清头绪、抓住本质，这就要求理论思维由表及里、由浅入深，以彻底的理论解决艰难的问题。五是理论创新的迫切性更强，理论思维的连续性更强。习近平总书记在2015年指出："当前，我国已进入发展关键期、改革攻坚期、矛盾凸显期，

---

[1] 《习近平新时代中国特色社会主义思想的世界观和方法论专题摘编》，党建读物出版社、中央文献出版社2023年版，第101页。

我们面临的矛盾更加复杂，既有过去长期积累而成的矛盾，也有在解决旧矛盾过程中新产生的矛盾，大量的还是随着形势环境变化新出现的矛盾。这些矛盾许多是这个发展阶段必然出现的，是躲不开也绕不过去的。"① 问题的累积叠加、新旧并存，加大了解决问题的压力，理论创新更要加快步伐，理论思维一刻不能停歇。

（三）从问题出发不断提出真正解决问题的新理念新思路新办法，彰显了新时代强烈的问题意识

坚持问题导向要求增强问题意识，瞄着问题去、对着问题改。问题是现实的、迫切的、要害的问题，真正解决问题就要紧紧扭住这类问题，把准问题的关节点，精准发力、靶向治疗，直到问题彻底解决为止。

聚焦实践遇到的新问题，回答新时代的重大时代问题。中国特色社会主义进入新时代，实践遇到的最重大的新问题，就是新时代坚持和发展什么样的中国特色社会主义、怎样坚持和发展中国特色社会主义，建设什么样的社会主义现代化强国、怎样建设社会主义现代化强国，建设什么样的长期执政的马克思主义政党、怎样建设长期执政的马克思主义政党等重大时代课题。习近平新时代中国特色社会主义思想，就是坚持问题导向、回答重大时代课题的理论结晶。

聚焦改革发展稳定存在的深层次问题，抓住关系全局的主要矛盾。社会主要矛盾是影响和制约社会发展的深层次问题。进入新时代，我国

---

① 《习近平新时代中国特色社会主义思想的世界观和方法论专题摘编》，党建读物出版社、中央文献出版社2023年版，第100页。

社会主要矛盾已经转化为人民日益增长的美好生活需要和不平衡不充分的发展之间的矛盾。社会主要矛盾的变化是关系全局的历史性变化，要在继续推动发展的基础上，着力解决好发展不平衡不充分问题。明确社会主要矛盾变化正是为了努力解决新的社会主要矛盾，人民日益增长的美好生活需要依靠更加平衡、更加充分的发展来解决。

聚焦人民群众急难愁盼问题，问题意识的底蕴是人民意识。坚持问题导向就要倾听人民呼声、满足人民需要。人民需要多种多样，首先要解决好群众最关心最直接最现实的利益问题，抓住老百姓最急最忧最怨的问题，在解决人民群众最不满意的问题上下功夫。越是人民群众急难愁盼问题，就越要高度重视，放在优先位置，用上主要精力，不能避急就缓、避难就易、避重就轻、避大就小。可以说，人民意识有多强，问题意识就有多强；问题导向不仅是思维导向问题，而且也是价值导向问题。

聚焦国际变局中的重大问题，洞察世界之变、时代之变、历史之变。世界格局正处在加快演变的历史进程之中，世界处于新的动荡变革期，产生了大量深刻复杂的现实问题。习近平总书记指出："世界向何处去？和平还是战争？发展还是衰退？开放还是封闭？合作还是对抗？是摆在我们面前的时代之问。"[1] 推动构建人类命运共同体，弘扬全人类共同价值，并不回避人类社会面临的深刻矛盾和严峻问题，而是以科学回答和推动解决这些矛盾和问题为重要任务和目的的。

聚焦党的建设面临的突出问题，党的自我革命深含着强烈的忧患

---

[1] 习近平：《把握时代潮流 缔造光明未来——在金砖国家工商论坛开幕式上的主旨演讲》，《人民日报》2022年6月23日。

意识。我们党作为长期执政的党、规模最大的党，必须时刻保持解决大党独有难题的清醒和坚定，忧党忧国忧民，解决好"六个如何始终"的问题。党内存在的各种突出问题表现多样，进行"不忘初心、牢记使命"主题教育，说到底是要解决党内存在的违背初心和使命的各种问题。习近平总书记把自我革命作为党跳出历史周期率的第二个答案，自我革命就是对着问题去的，马克思主义政党必须要有正视问题的自觉和刀刃向内的勇气。

四、坚持问题导向丰富发展辩证唯物主义和历史唯物主义

习近平新时代中国特色社会主义思想的世界观和方法论，属于马克思主义世界观和方法论，又是中国化时代化马克思主义哲学的最新成果，是对马克思主义哲学的创新发展。坚持问题导向作为习近平新时代中国特色社会主义思想的世界观和方法论的重要体现，在新时代的哲学创新中丰富发展了辩证唯物主义和历史唯物主义的世界观和方法论。

（一）坚持问题导向，将其作为新时代坚持和发展马克思主义世界观和方法论的重要内容，突出了问题的重要价值和问题导向的哲学意义

"问题"是马克思主义哲学的重要范畴。马克思曾精辟地指出，"真正的批判要分析的不是答案，而是问题"[①]，突出强调面向时代、立

---

① 《马克思恩格斯全集》第一卷，人民出版社1995年版，第203页。

足实践、扎根现实的"问题"的哲学意义，深刻指出："问题却是公开的、无所顾忌的、支配一切个人的时代之声。问题是时代的格言，是表现时代自己内心状态的最实际的呼声。"①问题是时代中普遍的、迫切的、人民的要求，由此成为时代的符号、标识和象征。把握一个时代就要把握该时代的根本问题，改变一个时代就要解决该时代的重大问题。确立了问题作为哲学的重要范畴，就要把坚持问题导向作为重要的哲学方法。一切从实际出发，进一步说，就是一切从实际的问题出发，一切从问题的实际出发。

坚持问题导向，作为习近平新时代中国特色社会主义思想的立场观点方法的鲜明特色，成为新时代坚持和发展马克思主义世界观和方法论的重要内容，对于丰富和发展辩证唯物主义和历史唯物主义有着重要意义。马克思主义哲学发展史，是坚持马克思主义哲学和发展马克思主义哲学相统一的历史。马克思、恩格斯创立的辩证唯物主义和历史唯物主义基本原理，必须始终坚持。同时，世界、历史、时代、实践都是在发展变化的，后人对马克思主义哲学基本原理的认识理解也在不断深化拓展，在探索过程中增添新范畴、提出新观点、作出新解读、赋予新内涵。中国化时代化的马克思主义哲学是中国共产党人对坚持和发展马克思主义哲学的重要贡献。新时代中国共产党人对坚持和发展马克思主义哲学的贡献集中体现在"六个必须坚持"上，必须坚持问题导向是其中的一个重要贡献。坚持问题导向，既遵循和凝结着辩证唯物主义和历史唯物主义基本原理，又体现了习近平总书记对坚持和发展马克思主义哲学的深邃思考和独特创新。

---

① 《马克思恩格斯全集》第一卷，人民出版社 1995 年版，第 203 页。

在世界观和方法论层面上定位坚持问题导向，突出了问题范畴的重要价值，明确了问题范畴在哲学体系中的重要位置。问题作为哲学范畴，需要作出更为系统和深入的阐释。2015年1月，十八届中共中央政治局就辩证唯物主义基本原理和方法论进行第二十次集体学习，习近平总书记在主持学习时发表的重要讲话中，从学习掌握事物矛盾运动的基本原理出发，引申出问题范畴，精辟论述了问题和矛盾的关系，点明问题是事物矛盾的表现形式，既深化了对矛盾范畴的认识，也定位了问题范畴的坐标。将坚持问题导向作为世界观和方法论的重要体现，确定了问题导向的哲学定位，提升了问题导向的普遍意义。问题导向也在工作方法、管理经验中经常使用，但以往还没有明确作为哲学观点和哲学方法，列入哲学体系之中。坚持问题导向被列入"六个必须坚持"，既反映了问题导向的实践价值，也反映了对马克思主义世界观和方法论的认识深化。

（二）坚持问题导向，创造性地在理论创新和实践创新的过程中运用辩证唯物主义和历史唯物主义的世界观和方法论，形成了马克思主义哲学中国化时代化的基本观点

坚持问题导向，植根于辩证唯物主义和历史唯物主义，体现了新时代中国共产党人的创造性发展。习近平总书记在坚持问题导向上作出了许多科学论断，使其成为新时代创新发展中国化时代化马克思主义哲学的重要观点。

坚持问题导向的实质是尊重客观实际。问题导向体现的是唯物论立场，思维和决策不是从抽象的概念出发，不是从先验的理念出发，而是从客观存在的事物出发，特别是从事物的现存问题出发。习近平

总书记指出,"无论什么时候,问题总是客观存在的,怕就怕对问题熟视无睹、视而不见"①。坚持唯物论,就要坚持问题导向。

坚持问题导向的关键是抓住事物矛盾。问题就是事物的矛盾,矛盾集中反映了问题所在。坚持问题导向就是不断认识矛盾、不断解决矛盾,与辩证法的规律是一致的。坚持问题导向就要直面矛盾,在解决矛盾的过程中推动事物发展。辩证法要求用联系的发展的眼光看待问题,这样才能对问题有全面准确的认识和把握,防止片面地静止地看待问题。

坚持问题导向的前提是取得正确认识。从问题出发首先要回答问题是什么,并且准确地把握问题,问题判断错了,问题导向自然就偏了。这是一个对问题的认识过程,必须坚持辩证唯物主义的认识论。习近平总书记倡导在全党大兴调查研究之风,这是敏锐发现问题、抓住真正问题、把握深层问题的基本途径。不仅要调查,而且要研究,从而把对问题的认识从感性认识上升为理性认识。

坚持问题导向的要求是遵循创新规律。理论活动和实践活动内含着创新的驱动,创新的起点和动力来自解决问题的需求。习近平总书记指出:"理论创新只能从问题开始。从某种意义上说,理论创新的过程就是发现问题、筛选问题、研究问题、解决问题的过程。"②创新从始至终都贯穿着问题导向,某项创新告一段落,就意味着下一轮问题导向、推动创新的开始,新的问题将创新推向新的高度。

坚持问题导向的目的是保证实现使命。目标是方向和使命,问题

---

① 习近平:《论坚持全面深化改革》,中央文献出版社2018年版,第328页。
② 习近平:《论党的宣传思想工作》,中央文献出版社2020年版,第231页。

是现实和矛盾。在实践过程中，既要以目标为着眼点，增强方向感，又要以问题为着力点，增强实效性，坚持使命引领和问题导向相统一。实现使命要求破解难题，解决问题的最终目的还是为了实现使命，以实现使命引领问题导向，以问题导向推进实现使命。

（三）坚持问题导向，提升为新时代治国理政的重要方法论，丰富了中国共产党的实践哲学

坚持问题导向，是我们党一以贯之的思想方法和工作方法。党在推进马克思主义中国化时代化的进程中，在和教条主义作斗争的过程中，确立了实事求是的思想路线，从而形成了中国革命的正确道路。延安整风反对主观主义以整顿学风，要求研究中国经济、政治、文化、社会、军事的实际问题，倡导实事求是就是坚持问题导向。毛泽东有段名言："什么叫工作，工作就是斗争。那些地方有困难、有问题，需要我们去解决。我们是为着解决困难去工作、去斗争的。越是困难的地方越是要去，这才是好同志。"[①] 改革开放新时期，我们党坚持真理的实践标准，开创了中国特色社会主义，坚持实践标准就是坚持问题导向。

党的十八大以来，习近平总书记在开创中国特色社会主义新时代的伟大实践中，把坚持问题导向作为治国理政的基本方法，从理论和实践上强化并深化了坚持问题导向的方法论意义。坚持问题导向覆盖新时代治国理政各个领域，习近平总书记指出，"推进党和国家各项工

---

① 《毛泽东选集》第四卷，人民出版社1991年版，第1161页。

作，必须坚持问题导向"①。无论是全面深化改革，推动高质量发展，打赢脱贫攻坚战，还是推进全面从严治党，都要坚持问题导向。坚持问题导向贯通新时代治国理政全过程，从实现第一个百年奋斗目标到实现第二个百年奋斗目标，从基本实现社会主义现代化到全面建成社会主义现代化强国，都不是程序性的进程，不是自动化的结果，而是解决前进道路上各种问题，在开拓进取中实现奋斗目标的过程。坚持问题导向成为对各级领导干部执政能力的基本要求，各级领导干部是否同以习近平同志为核心的党中央保持高度一致，一个重要方面是要看能否在各自的领导岗位上、在自己的主管工作中解决新问题、打开新局面。更为重要的是，坚持问题导向不仅是执政方法、领导方法、工作方法的具体要求，而且上升为新时代中国共产党人世界观和方法论的重要要求，实现了治国理政方法论和哲学方法论的统一。

马克思主义哲学不仅是要解释世界，更重要的是改变世界，强调哲学的实践化，创立实践化的哲学。我们党的初心使命就是为了在中国建立社会主义社会、实现中华民族伟大复兴，具有鲜明的实践目的。毛泽东创作《实践论》，就是为了确立实践的基础性、决定性地位，确立实践的标准和导向，由此创立了中国共产党的实践哲学。邓小平强调发展是硬道理，指明了改革开放最重要的实践要求就是发展。习近平总书记明确提出坚持问题导向，是对我们党的实践哲学的丰富发展。坚持问题导向，内含着实践导向、矛盾导向，把问题作为实践内核、矛盾所在的概括性表述，凸显了问题的实践功能。坚持问题导向，内含着理论创新和实践创新，二者在问题导向中融为一体，

---

① 习近平：《在全国政协新年茶话会上的讲话》，《人民日报》2015年1月1日。

促进了理论和实践的共同发展。坚持问题导向，内含着指向问题、发现问题、解决问题的实践逻辑，环环相扣、层层递进，构成了以问题为中心、为主线的实践展开。

以中国式现代化全面推进强国建设、民族复兴伟业，是新征程党和国家的中心任务。习近平新时代中国特色社会主义思想的世界观和方法论，是指引新征程、实现新使命的科学指导。在新征程创新实践中，必须始终坚持问题导向，推进深化马克思主义世界观和方法论。要把坚持问题导向与"六个必须坚持"融为一体，充分发挥习近平新时代中国特色社会主义思想的世界观和方法论的指导功能。要把坚持问题导向内化于战略思维、历史思维、辩证思维、系统思维、创新思维、法治思维、底线思维能力之中，使其成为新时代中国共产党的重要思维方式和领导方法。要不断提高坚持问题导向的认识水平和实践能力，在全面建设社会主义现代化国家、全面推进中华民族伟大复兴的开创性实践中，不断开辟马克思主义哲学中国化时代化新境界。

在新时代伟大实践中坚持和运用科学思维方法 *

科学思维方法是习近平新时代中国特色社会主义思想的世界观和方法论的重要方面,是马克思主义立场观点方法的鲜明体现。习近平总书记在新时代伟大实践中,坚持科学思维方法,作出一系列深刻阐述,推进全党思维水平的提高和实践能力的增强,为新时代坚持和发展中国特色社会主义提供了世界观和方法论指导。

一、高瞻远瞩、统揽全局的战略思维

习近平总书记指出:"战略是从全局、长远、大势上作出判断和决策。"① 战略思维是一种谋划全局、抓住根本、着眼长远、权衡利弊、精心博弈的思维能力,是一种具有宏观性、系统性、预见性、竞争性的思维活动。战略思维要正确把握和处理全局与局部、主要与次要、当前与未来、目标与手段、愿望与可能、利益与代价等方面的关系。战略思维能力,是从全局的、长远的、宏观的高度来分析问题和解决问

---

* 本文写于2023年。
① 习近平:《更好把握和运用党的百年奋斗历史经验》,《求是》2022年第13期。

题的能力；是善于大处着眼、小处着手，未雨绸缪、运筹帷幄的能力；是善于抓住主要矛盾、驾驭变化局势、解决复杂矛盾的能力。战略问题层次高、区域广、矛盾多、变数大，由此决定了战略思维的视野一定要很宽。只有宽阔才能胸有全局、一览无余；才能洞察大势，"不畏浮云遮望眼"；才能区分远近高低、大小主次。

战略问题是一个政党、一个国家的根本性问题，善于进行战略思维是一项根本性要求。新时代新征程，我国发展面临新的战略机遇、新的战略任务、新的战略阶段、新的战略要求、新的战略环境，这对战略思维能力提出了新的更高要求。新时代坚持和发展中国特色社会主义、建设社会主义现代化强国、建设长期执政的马克思主义政党等重大时代课题，都是极具战略性的重大课题，都是需要高瞻远瞩、统揽全局的战略思维来认识和把握的，都是锤炼和深化战略思维的极好契机。这就要求在战略全局上准确判断，厘清各种错综复杂因素的关系机理，提供战略决策的科学依据；要求在战略全局上科学谋划，善于从战略上看问题、想问题、解决问题，制定出正确引导战略全局的政治战略和策略；要求在战略全局上赢得主动，战略赢则开局赢，历史主动首先是战略主动。

习近平新时代中国特色社会主义思想的战略思维，体现在一系列原创性的治国理政新理念新思想新战略之中。统筹中华民族伟大复兴战略全局和世界百年未有之大变局，统筹疫情防控和经济社会发展，统筹发展和安全，就是站在时代前沿和战略全局的高度来观察、思考和处理问题，在把握战略全局中推进各项工作、实现战略突破的典范。统筹重大实践的战略思维，表现在把中华民族伟大复兴战略全局放在世界百年未有之大变局的背景下来思考和谋划，充分利用百年大变局给民族复兴新征程带来的有利条件，谋势运势、占据先机、开创新局。表现在坚持人民至上、生命至上，坚持外防输入、内防反弹，坚持动态清零，因时因势不断调整防控措施，统筹经济发展和疫情防控取得世界上最好的成果。表现在提出总体国家安全观，用高质量发展保障高水平安全，用高水平安全确保高质量发展，把安全发展贯穿国家发展各领域和全过程。

二、以史为鉴、开创未来的历史思维

"史者，所以明夫治天下之道也。"历史是最好的老师、最生动的教科书。历史思维就是尊重历史、思考历史，总结历史经验、掌握历史规律的思维方式。习近平总书记指出："一切向前走，都不能忘记走过的路；走得再远、走到再光辉的未来，也不能忘记走过的过去，不能忘记为什么出发。"[①] 这正是对历史思维的生动表述。历史思维要求把历史、现实和未来贯通起来，用历史映照现实、远观未来，确立历史的连续性和阶段性、渐进性和跳跃性、延续性和创新性相统一的观念；要求把握历史的主流和支流、本质和现象、普遍和特殊，辨析其中的区别和联系，防止以偏概全、以末代本的倾向。

习近平总书记高度重视向历史学习，突出强调历史思维，要求坚定中国共产党人的历史自信。新时代伟大实践提出了大量亟待回答的理论和实践课题，必须以史为鉴、开创未来，从历史中特别是党的奋

---

① 习近平：《在庆祝中国共产党成立95周年大会上的讲话》，《人民日报》2016年7月2日。

斗历程中汲取智慧和力量。我们党作为世界上最大的马克思主义执政党，怎样才能经受长期执政考验，跳出历史周期率，团结带领人民实现"两个一百年"奋斗目标，必须不忘初心、继续前进，传承和弘扬以伟大建党精神为源头的中国共产党人精神谱系，永葆赤子之心、永续优良传统。学史可以明理，历史是一面镜子，生动地显现着历史规律；学史能够增信，中国共产党在极其艰难困苦的条件下夺取革命和战争胜利，靠的就是信仰的力量；学史有益崇德，中华民族历史上的优秀人物，党的历史上的英雄先烈，都立起了一座座人格的丰碑；学史促进力行，历史记载了开拓者、奋斗者留下的业绩，后人更要创造新的业绩。

确立历史思维，一个重要要求就是发扬历史主动精神，开创历史、开创时代。习近平总书记指出："历史发展有其规律，但人在其中不是完全消极被动的。只要把握住历史发展规律和大势，抓住历史变革时机，顺势而为，奋发有为，我们就能够更好前进。"[①] 在新时代伟大实践中发扬历史主动精神，表现在对历史规律的自觉遵循上，依据唯物史观推动历史变革；表现在对历史大势的深刻洞察上，把握好每个阶段的历史大势；表现在对历史机遇的准确把握上，认清机遇更具有战略性、可塑性；表现在对历史障碍的坚决破除上，真刀真枪推进改革。发扬历史主动精神，由此掌握了党和国家事业发展的历史主动，取得了新时代中国特色社会主义的伟大成就。

---

① 习近平：《在党史学习教育动员大会上的讲话》，《求是》2021年第7期。

三、把握矛盾、促进转化的辩证思维

马克思主义辩证法在思维活动中的体现就是辩证思维方式。辩证思维要求在认识和实践活动中,用客观、发展、全面、系统的观点观察事物、分析问题、解决问题,切忌主观、静止、片面、极端、碎片的思维方式。辩证思维的实质是矛盾思维,核心要求是在各种事物的矛盾对立中把握矛盾的连接和统一、依存和转化。辩证思维要求准确把握矛盾的普遍性和特殊性的内在联系,看到普遍性存在于特殊性之中,特殊性包含着普遍性,不把二者割裂开来,在独立自主走自己的路的探索中走出一条具有普遍意义的康庄大道来。辩证思维要求在矛盾的双方关系中,看到其中一方对事物性质起着主导和支配作用,是矛盾的主要方面,必须坚持两点论和重点论的统一,抓住矛盾的主要方面,同时不忽视矛盾的次要方面,并且及时掌握矛盾主次方面的转化。

中国特色社会主义进入新时代,面对着许多深刻复杂的矛盾,对坚持好运用好辩证思维提出了更为重要的要求。在经济建设领域,要处理好增长速度和发展质量的关系,从高速增长阶段转向高质量发展阶段。在政治建设领域,要处理好社会主义民主形式和内容的关系,发展全过程人民民主,实现民主形式和民主内容的有机统一。在文化建设领域,要处理好社会主义先进文化、革命文化和中华优秀传统文化的关系,推动中华优秀传统文化创造性转化、创新性发展,统一于中国特色社会主义文化之中。在社会建设领域,要处理好经济发展和社会稳定的关系,以经济快速发展支持社会长期稳定,以社会长期稳定保证经济快速发展。在生态文明建设领域，要处理好保护生态环境和发展生产力的关系，绿水青山就是金山银山，决不以牺牲环境为代价换取一时的经济增长。

习近平总书记在指导新时代治国理政的实践中，就坚持辩证思维作出许多重要论述，充满着唯物辩证法的智慧。比如，在扎实推动共同富裕上要求正确处理效率和公平的关系。强调共同富裕是社会主义的本质要求，要自觉主动解决地区差距、城乡差距、收入差距等问题，促进社会公平正义，决不能允许贫富差距越来越大。同时，实现共同富裕，首先要把"蛋糕"做大做好，鼓励勤劳创新致富，不能搞超出能力的"福利主义"。比如，在社会主义现代化建设上要正确处理活力和秩序的关系。习近平总书记指出："一个现代化的社会，应该既充满活力又拥有良好秩序，呈现出活力和秩序有机统一。"[①]统筹活力和秩序的一个重要要求，就是在管与放之间，因时因地、因事因势，收放自如，进退裕如。

四、勇于开拓、引领时代的创新思维

党的第三个历史决议指出："创新是一个国家、一个民族发展进步的不竭动力。"[②]人类实践活动是不断创新的过程，创新是实践的本质。创新思维就是追求创新、引导创新、促成创新的思维方式。创新思维是在常规的思考与解决问题方式的基础上，敢于超越常规、开辟新

---

① 习近平：《在经济社会领域专家座谈会上的讲话》，《人民日报》2020年8月25日。
② 《中共中央关于党的百年奋斗重大成就和历史经验的决议》，人民出版社2021年版，第69页。

径，提出新的创造性思路。创新思维突破了一般的认识水平，发现了以往没有发现的事物联系，在习以为常的领域找到了创新的突破口。创新思维不仅是客观世界的反映，更重要的是以思维的方式构建新的事物、新的方法。创新思维不是天马行空、毫无根据，而是在现实和不可能之间开辟可能的创造空间。创新起源于问题，创新正存在于解决问题的过程。创新思维要求永不僵化、永不停滞，摆脱因循守旧、思想僵化，打破经验、本本、权威的束缚，敢为人先、开拓创新。

当代中国正在经历人类历史上最为宏大而独特的实践创新，这样的时代条件必然大力呼唤创新思维，也必然有力增强创新思维。世界百年未有之大变局深刻变化前所未有，中华民族伟大复兴关键时期的战略机遇和风险挑战前所未有，唯有以创新思维把握这一"最为宏大而独特"的对象，在新时代新征程不断推进理论创新，提出具有原创性的思想，才能引领新时代伟大实践，实现新时代奋斗目标。以中国式现代化全面推进中华民族伟大复兴，就是新时代中国特色社会主义超越西方现代化模式和标准的创新思维。构建人类命运共同体成为引领时代潮流和人类前进方向的鲜明旗帜，正是中国共产党回答"世界向何处去"时代之问的创新思维。新发展理念将创新作为引领发展的第一动力，也是确立了创新的首要思维要求。

习近平总书记在省部级主要领导干部学习贯彻党的十九届六中全会精神专题研讨班开班式上强调，"坚持解放思想、实事求是、守正创新"①，这集中体现了贯穿习近平新时代中国特色社会主义思想中创新思

---

① 《习近平在省部级主要领导干部学习贯彻党的十九届六中全会精神专题研讨班开班式上发表重要讲话强调 继续把党史总结学习教育宣传引向深入 更好把握和运用党的百年奋斗历史经验》，《人民日报》2022年1月12日。

维的精髓要义。解放思想、实事求是、守正创新这一表述，既是将新时代更加突出的守正创新精神与解放思想、实事求是精神融为一体，又是形成了具有新时代底蕴的创新思维。解放思想、实事求是，都要求守正创新，都要体现为守正创新；守正创新，遵循解放思想、实事求是的原则，同时又强调解放思想、实事求是，是要在守正和创新之间保持相互贯通和相互转化，丰富了解放思想、实事求是的内涵。

坚持解放思想、实事求是、守正创新相统一，体现了一种历史思维，这就是对传承和弘扬党的历史经验、历史结晶的坚守，并且要续写新的历史篇章，是高度的历史自觉和历史自信的反映。体现了一种辩证思维，这就是唯物论和辩证法的统一，尊重实际而不僵化；认识论和价值观的统一，围绕人民中心，遵循客观规律；守正和创新的统一，守正是创新的前提，创新是守正的追求。体现了一种实践思维，这就是坚持问题导向，着力解决矛盾，解决长期想解决而没有解决的难题，办成许多过去想办而没有办成的大事。体现了一种创新思维，这就是准确识变、科学应变、主动求变，创造更多令人刮目相看的人间奇迹。

五、依法治国、现代治理的法治思维

法治是治国理政的基本方式，全面依法治国必须强化法治思维。习近平总书记指出，"人类社会发展的事实证明，依法治理是最可靠、最稳定的治理。要善于运用法治思维和法治方式进行治理"[1]。法治思维

---

[1] 习近平：《在庆祝澳门回归祖国15周年大会暨澳门特别行政区第四届政府就职典礼上的讲话》，《人民日报》2014年12月21日。

的根本，就是任何组织和个人都必须尊重宪法法律权威，不得有超越宪法法律的特权；都必须在宪法法律范围内活动，决不允许以任何借口任何形式以言代法、以权压法、逐利违法、徇私枉法；都必须依照宪法法律行使权力或权利、履行职责或义务，不能有法不依、执法不严、司法不公、违法不究。各级领导干部要牢固树立宪法法律至上、法律面前人人平等、权由法定、权依法使等基本法治观念。全体公民要不断提升法治意识和法治素养，使法治成为全民思维方式和行为准则。

法治和人治问题是人类政治文明史上的一个基本问题，也是各国在实现现代化过程中必须面对和解决的一个重大问题。法治兴则国家兴，法治衰则国家乱。进入新时代，全面依法治国在党和国家工作全局中的地位更加突出、作用更加重大。增强法治思维，是全面推进依法治国的必然要求。推进国家治理体系和治理能力现代化，基础工程就是建设法治中国。但是，一些领导干部还不善于运用法治思维和法治方式推进工作，还习惯于用超越法律法规的手段和政策来推动发展。习近平法治思想深刻回答了新时代为什么实行全面依法治国、怎样实行全面依法治国等一系列重大问题，包含着极为丰富和深刻的法治思维。

增强法治思维，最重要的是抓住领导干部这个"关键少数"。各级领导干部要对法律怀有敬畏之心，牢记法律红线不可逾越、法律底线不可触碰，带头尊崇法治、敬畏法律，带头遵纪守法、捍卫法治，带头厉行法治、依法办事。习近平总书记强调："谋划工作要运用法治思维，处理问题要运用法治方式，说话做事要先考虑一下是不是合法。领导干部要把对法治的尊崇、对法律的敬畏转化成思维方式和行为方式，做到在法治之下、而不是法治之外、更不是法治之上想问题、作决策、办事情。"[①] 领导干部还要善于用法，自觉提高运用法律思维和法治方式深化改革、推动发展、化解矛盾、维护稳定、应对风险的能力。

六、防范风险、掌握主动的底线思维

增强忧患意识，做到居安思危，是我们党治国理政的一个重大原则。忧患意识是底线思维的前提，底线思维以忧患对象为底线。"明者防祸于未萌，智者图患于将来。"底线思维是保持事物的性质不发生变化，掌握事物性质的边界，防止突破底线，全力守住底线的思维方式。底线思维是客观地认识事物的界限，实事求是，具体情况具体分析，准确地确定现实的界限的思维方式。底线思维是凡事从坏处准备，努力争取最好的结果，避害趋利，牢牢把握主动权的思维方式。底线思维是以不失足、不失策、不失守为前提，重在创造更大发展空间、更快发展步伐、更多发展效益的思维方式。底线思维是有备无患、防患未然，不仅懂得突破底线可能带来的危害，而且预先布局、处变不惊的思维方式。底线思维是掌握大势、驾驭风险、把握全局，做好应对最坏局面思想准备的思维方式。

新时代强调底线思维，是应对重大风险挑战的内在要求。中华民族伟大复兴的历史进程越向前推进，就越会出现"黑天鹅""灰犀牛"事件，就越要准备及时处置难以预料的风险和具有很大不确定性的挑战。因此，必须时刻保持清醒头脑，如履薄冰，完善应对各种风险挑

[①] 《习近平谈治国理政》第二卷，外文出版社2017年版，第127页。

战的预案，"图之于未萌，虑之于未有"，决不能在重大问题上判断失误，犯战略性、颠覆性的错误。有了高度自觉的底线思维和相应对策，即使狂风暴雨、惊涛骇浪来临，也能扛得住、过得去。底线思维是化危为机、转危为安的必要条件，只有时时警惕、谨慎防范，才能在危机出现时顺利渡过。底线思维更为关注的是短板、漏洞、弱项，同时事物都是在一定条件下相互转化的，正是由于补短板、堵漏洞、强弱项，因症施策、有的放矢，才能变不利为有利、变劣势为优势。

习近平总书记强调底线思维有着深远的战略考量，他指出："各种风险我们都要防控，但重点要防控那些可能迟滞或中断中华民族伟大复兴进程的全局性风险，这是我一直强调底线思维的根本含义。"[①] 实现中华民族伟大复兴，是一代代中国共产党人矢志不渝的奋斗目标，是新时代中国共产党人的历史使命。中华民族伟大复兴已经进入不可逆转的历史进程，我们比历史上任何时期都更接近、更有信心和能力实现这一目标。在中华民族伟大复兴的关键时期，既要推进全面建设社会主义现代化国家新征程、向第二个百年奋斗目标前进，又要紧紧围绕实现民族复兴稳住底线、守牢底线、强固底线。要坚定维护国家政权安全、制度安全、意识形态安全，严密防范和严厉打击敌对势力渗透、破坏、颠覆、分裂活动，顶住和反击外部极端打压遏制，绝不允许台湾从中国分裂出去。

---

① 《习近平关于"不忘初心、牢记使命"重要论述选编》，党建读物出版社、中央文献出版社2019年版，第318—319页。

中国特色社会主义文化建设规律认识的新高度*

文化是一个国家、一个民族的灵魂，文化建设在中国特色社会主义事业"五位一体"总体布局中具有极为重要的地位和作用。建设社会主义文化强国，必然要求科学理论指导，遵循中国特色社会主义文化建设规律。习近平文化思想，是新时代党领导文化建设实践经验的理论总结，明确了新时代文化建设的路线图和任务书，标志着我们党对中国特色社会主义文化建设规律的认识达到了新高度，为做好新时代新征程宣传思想文化工作、担负起新时代的文化使命提供了强大思想武器和科学行动指南。

一、不断深化探索中国特色社会主义文化建设规律

文化自信是一个国家、一个民族发展中最基本、最深沉、最持久的力量，文化兴国运兴、文化强民族强。文化建设主要解决"建设什么样的文化，怎样建设文化"的问题，是治国理政的重要内容，是执政主体的自觉行为。文化建设有其规律，反映了文化建设的内在联系

---

* 本文写于2023年。

和本质要求，包括文化和经济、政治、社会等领域的关系，文化的民族性和共同性、政治性和大众性、传承性和时代性的问题，文化发展的目标、道路、原则、方针等。正确认识规律、全面遵循规律，才能推动文化繁荣、建成文化强国。马克思主义文化理论，坚持从唯物史观的立场观点方法出发，认识文化在社会有机体中的定位，强调文化的意识形态属性和功能，科学揭示了文化发展和建设的规律，是认识中国特色社会主义文化建设规律的理论根据。

中国共产党作为"两个先锋队"，既是中国先进文化的积极引领者和践行者，又是中华优秀传统文化的忠实传承者和弘扬者。党在100多年来的各个历史时期，在坚持党对宣传思想文化工作的领导实践中，在发展社会主义先进文化、弘扬革命文化、传承中华优秀传统文化的过程中，努力探索中国特色社会主义文化建设规律，并不断深化对这一规律的认识，用于指导中国特色社会主义文化建设，中国特色社会主义文化成为当代中国的文化旗帜和文化标识。新民主主义革命时期，毛泽东提出建设民族的科学的大众的文化，指明了中华民族新文化的性质和方向。社会主义革命和建设时期，党的八大提出国内主要矛盾已经是人民对于经济文化迅速发展的需要同当前经济文化不能满足人民需要的状况之间的矛盾，毛泽东提出在科学文化工作中实行"百花齐放、百家争鸣"的方针等，正确把握社会主义条件下文化建设的特点规律。改革开放和社会主义现代化建设新时期，党深刻认识到开创新局面必须以理论创新引领事业发展，形成了中国特色社会主义理论体系；党加强理想信念教育，推进社会主义核心价值体系建设，强调物质文明和精神文明两手抓、两手硬，发展社会主义先进文化，进行文化体制改革，推动社会主义文化大发展大繁荣，取得了探索中国特色社会主义文化建设规律的认识成果。

中国特色社会主义新时代，以习近平同志为核心的党中央准确把握世界范围内思想文化相互激荡、我国社会思想观念深刻变化的趋势，举旗帜、聚民心、育新人、兴文化、展形象，建设社会主义文化强国。着力解决意识形态领域党的领导弱化问题，立破并举、激浊扬清，确立和坚持马克思主义在意识形态领域指导地位的根本制度，旗帜鲜明反对和抵制各种错误观点，在全社会唱响了主旋律、弘扬了正能量。推动中华优秀传统文化创造性转化、创新性发展，促进人类文明交流互鉴，国家文化软实力、中华文化影响力明显提升。新时代党的创新理论深入人心，我国意识形态领域形势发生全局性、根本性转变，全党全国各族人民文化自信明显增强，中国人民的前进动力更加强大、奋斗精神更加昂扬、必胜信念更加坚定，焕发出更为强烈的历史自觉和主动精神，为新时代开创党和国家事业新局面提供了坚强思想保证，在这一过程中深化了对中国特色社会主义文化建设规律的认识。

二、新时代文化建设的思想结晶

习近平文化思想，内涵十分丰富、论述极为深刻，包含着习近平总书记在新时代文化建设方面的新思想新观点新论断，是新时代文化建设的思想结晶，集中反映了新时代党对中国特色社会主义文化建设规律认识的宝贵成果。这一思想明体达用、体用贯通，在我国社会主义文化建设中展现出了磅礴伟力。

习近平文化思想在文化理论观点上实现了创新和突破，构建了文化建设的"体"，以体导用。强调坚持和加强党对宣传思想文化工作的全面领导，从党和国家前途命运的战略高度认识党的文化领导权，从而保证文化建设的性质和方向。强调推动物质文明和精神文明协调发展是坚持和发展中国特色社会主义的本质特征，指明了满足人民美好精神生活需要是中国式现代化的重要内涵。指出坚持"两个结合"特别是"第二个结合"拓展了中国特色社会主义道路的文化根基，明确中国特色社会主义文化建设必须传承弘扬中华优秀传统文化，表明了党对待中华优秀传统文化的科学态度。明确党在新时代的文化使命，要求不断培育和创造新时代中国特色社会主义文化，表明了建设社会主义文化强国的时代责任。提出坚定文化自信，实现精神上的独立自主，夯实了中国特色社会主义自信的文化根基。坚持以社会主义核心价值观引领文化建设，立起了中国特色社会主义文化建设的价值目标。要求巩固壮大主流思想文化，提高新闻舆论传播力、引导力、影响力、公信力，掌握舆论主动权。坚持以人民为中心的工作导向，明确了宣传思想文化工作必须站稳人民立场。强调提升国家文化软实力和中华文化影响力，要求加强国际传播能力建设，推动中华文化更好走向世界。弘扬全人类共同价值，明确中国特色社会主义文化建设必须坚持胸怀天下。

习近平文化思想在文化工作布局上作出了系统部署要求，实现了文化建设的"用"，以用彰体。要求健全用党的创新理论武装全党、教育人民、指导实践的工作体系，推动党的创新理论转化为认识世界、改造世界的强大力量。建设具有强大凝聚力和引领力的社会主义意识形态，从根本上扭转意识形态领域一度出现的被动局面。持续深化社会主义思想道德建设，推动理想信念教育常态化制度化。构建具有强大感召力的核心价值观,广泛开展社会主义核心价值观宣传教育。加快构建中国特色哲学社会科学,建构中国自主的知识体系。加快构建融为一体、合而为一的全媒体传播格局,打造一批具有强大影响力、竞争力的新型主流媒体。健全网络综合治理体系,提高网络治理能力。努力创作生产更多优秀作品,全方位全景式展现新时代的精神气象。深化文化体制改革,健全现代公共文化服务体系。结合新的时代条件传承和弘扬中华优秀传统文化,使中华民族最基本的文化基因同当代中国相适应、同现代社会相协调、同现实文化相融通。积极推进文物保护利用和文化遗产保护传承,挖掘文物和文化遗产的多重价值。全面推进中华民族共有精神家园建设,推动各民族树立正确的国家观、历史观、民族观、文化观、宗教观。构建具有鲜明中国特色的战略传播体系,全面提升国际传播效能。深化文明交流互鉴,营造多元互动、百花齐放的人文交流局面。

习近平文化思想,对中国特色社会主义文化建设规律的认识达到了新高度,为中国化时代化的马克思主义的文化理论作出了重大贡献。这一思想高度重视中国特色社会主义文化的基础性、支柱性作用,构建了中国特色社会主义道路、理论、制度、文化四位一体的总体结构,突出文化自信是更基础、更广泛、更深厚的自信,深化了对中国特色社会主义文化地位和作用的认识。这一思想高度重视社会主义意识形态建设,要求建设具有强大凝聚力和引领力的社会主义意识形态,深化了对社会主义意识形态建设规律的认识。这一思想提出建设中国特色社会主义文化,要发展社会主义先进文化,弘扬革命文化,传承中华优秀传统文化,特别是明确提出"第二个结合",表明我们党在传承中华优秀传统文化中推进文化创新的自觉性达到了新高度。这一思想把培育和践行社会主义核心价值观作为凝魂聚气、强基固本的基础工程，确立了全社会共同遵循的基本价值准则，深化了对中国特色社会主义价值体系建设规律的认识。这一思想在宣传思想文化工作的各个领域，如文艺工作、党的新闻舆论工作、网络安全和信息化工作、哲学社会科学工作、高校思想政治工作、文化传承发展等，都作出了全面深刻、具有创造性的重要论述，形成了中国特色社会主义文化建设的理论体系，丰富和发展了马克思主义文化理论。

三、遵循文化建设规律，实现新时代的文化使命

迈上新征程，全面建成社会主义现代化强国、全面推进中华民族伟大复兴，是全党全国人民的中心任务，文化建设必须紧紧围绕党的中心任务来展开和推进。新时代新征程的文化建设，必须坚持以习近平新时代中国特色社会主义思想为指导，全面贯彻党的二十大精神，聚焦用党的创新理论武装全党、教育人民这个首要政治任务，围绕在新的历史起点上继续推动文化繁荣、建设文化强国这一新时代的文化使命。全面建成社会主义现代化强国，必然包含建成文化强国，文化强国是社会主义现代化强国的重要构成和文化支撑。全面推进中国式现代化，创造着人类文明新形态。新时代的文化使命，决定了新时代文化建设的主要任务，是中国特色社会主义文化建设新的目标、新的境界。这就更加要求深刻认识和准确把握中国特色社会主义文化建设规律，坚持以习近平文化思想为根本遵循，建设反映中国特色社会主义本质要求，扎根中华文明沃土，满足人民美好精神生活需要，属于我们这个时代的新文化，为全面建设社会主义现代化国家、全面

推进中华民族伟大复兴提供坚强思想保证、强大精神力量、有利文化条件。

习近平总书记在对宣传思想文化工作的重要指示中，正确判断新时代新征程宣传思想文化工作面临的新形势新任务，着眼实现新时代的文化使命，明确提出"七个着力"的重要要求，提出坚定文化自信、秉持开放包容、坚持守正创新的重要原则，是习近平新时代中国特色社会主义思想的世界观、方法论和贯穿其中的立场观点方法在文化建设中的集中体现，是中国特色社会主义文化建设规律的精辟阐述，抓住了推进新时代的文化使命的根本之点。坚定文化自信，就是在建设什么样的文化问题上，坚定中国特色社会主义文化自信，坚持走中国特色社会主义文化发展道路，把文化自信融入全民族的精神气质与文化品格中，养成昂扬向上的风貌和理性平和的心态。秉持开放包容，就是在中华文化和人类文化的关系上，更加积极主动地学习借鉴人类创造的一切优秀文明成果，融通中外、贯通古今，坚持马克思主义中国化时代化，传承发展中华优秀传统文化，促进外来文化本土化。坚持守正创新，就是在文化建设的根本问题上，守住马克思主义在意识形态领域指导地位的根本制度，守住"两个结合"的根本要求，守住中国共产党的文化领导权和中华民族的文化主体性；创出新思路、新话语、新机制、新形式，在马克思主义指导下真正做到古为今用、洋为中用、辩证取舍、推陈出新，实现传统与现代的有机衔接，赓续历史文脉、谱写当代华章。

着力加强党对宣传思想文化工作的领导 *

宣传思想文化工作事关党的前途命运，事关国家长治久安，事关民族凝聚力和向心力，是一项极端重要的工作。在全国宣传思想文化工作会议上，传达了习近平总书记对宣传思想文化工作的重要指示。习近平总书记在重要指示中强调，新时代新征程宣传思想文化工作，要围绕新时代的文化使命，贯彻"七个着力"的重要要求，为全面建设社会主义现代化国家、全面推进中华民族伟大复兴提供坚强思想保证、强大精神力量、有利文化条件。着力加强党对宣传思想文化工作的领导，居于"七个着力"的首位，对做好宣传思想文化工作、不断培育和创造新时代中国特色社会主义文化具有根本性、统领性和全局性作用。

一、事关宣传思想文化工作性质、方向和全局的根本方针

坚持党对一切工作的领导，是新时代坚持和发展中国特色社会主义的第一基本方略，是新时代取得伟大历史性成就、发生深刻历史性变革最为重要的经验。中国共产党领导是中国特色社会主义最本质的

---

* 本文写于 2024 年。

特征，党的领导对中国特色社会主义的性质、目标、方向、道路、原则、内涵等，起着决定性支配性作用。党的领导是全面的，贯穿于各个地方、各个领域、各项工作之中。宣传思想文化工作是中国特色社会主义事业中极为重要的事业，本身就是党的工作中极为重要的组成，着力加强党对宣传思想文化工作的领导是坚持和加强党的领导的题中应有之义。坚持党对一切工作的领导，必然要求着力加强党对宣传思想文化工作的领导。

宣传思想文化工作举旗帜、明方向、聚人心、激斗志，推进党的创新理论武装全党、教育人民，坚持意识形态工作的正确方向，明辨关系党和国家前途命运的大是大非，凝聚起全民族实现中华民族伟大复兴的意志和力量。党的十八大以来意识形态领域形势发生全局性、根本性转变，充分彰显了党的思想优势、理论优势、文化优势。宣传思想文化工作属于党的工作，并不意味着可以不重视、不强调党的领导。一旦忽视或削弱党的领导，就会导致灾难性后果。一个时期存在的意识形态领域的一些混乱局面，正是意识形态领域党的领导弱化问题的后果，是削弱党的领导的危害性证明。历史和现实都告诉我们，党对宣传思想文化工作的领导，只能加强、不能削弱，只能重视、不能轻视。

迈上全面建设社会主义现代化国家、全面推进中华民族伟大复兴新征程，宣传思想文化工作面临新的形势。世界百年未有之大变局加速演进，世界之变、时代之变、历史之变正以前所未有的方式展开。中华民族伟大复兴进入关键时期，以中国式现代化全面推进强国建设、民族复兴伟业成为党的中心任务。新的战略机遇和新的风险挑战并存，既要抓住机遇、乘势而上，又要未雨绸缪、防患未然。宣传思想文化工作要认清新形势、适应新变化、把握新特点，在党的正确领导下，牢牢把握宣传思想文化工作的大局和方向。新形势明确新任务，宣传思想文化工作要充分激发全民族文化创新创造活力，不断巩固全党全国各族人民团结奋斗的共同思想基础，不断提升国家文化软实力和中华文化影响力。宣传思想文化工作取得历史性成就、发生历史性变革，加强党对宣传思想文化工作的领导是一条根本经验。站在新的起点上，宣传思想文化工作要有新气象新作为，更好服务服从于新征程党的中心任务。中国共产党领导是中国特色社会主义制度的最大优势，这一最大优势同样体现在文化制度中，体现在宣传思想文化工作中。加强党的领导，宣传思想文化工作就能够加强战略筹划、持续有力推进，全面展开，更有成效。

二、新时代宣传思想文化工作取得历史性成就、意识形态领域形势发生全局性根本性转变的根本原因

新时代宣传思想文化工作取得重大成果。党的二十大报告指出，我们确立和坚持马克思主义在意识形态领域指导地位的根本制度，新时代党的创新理论深入人心，社会主义核心价值观广泛传播，中华优秀传统文化得到创造性转化、创新性发展，文化事业日益繁荣，网络生态持续向好，意识形态领域形势发生全局性、根本性转变。青年一代更加积极向上，全党全国各族人民文化自信明显增强、精神面貌更加奋发昂扬。这一全局性、根本性转变来之不易。宣传思想文化工作之所以取得历史性成就，最根本就在于有习近平总书记领航掌舵，有习近平新时代中国特色社会主义思想科学指引，这是"两个确立"决

定性意义的重要体现,是加强党对宣传思想文化工作领导的集中体现。

以习近平同志为核心的党中央,从全局和战略高度,对宣传思想文化工作作出系统谋划和部署,推动新时代宣传思想文化事业取得历史性成就,引领意识形态领域形势发生全局性、根本性转变。党的十八大以来,我们党准确把握世界范围内思想文化相互激荡、我国社会思想观念深刻变化的趋势,牢牢掌握意识形态工作领导权,建设具有强大凝聚力和引领力的社会主义意识形态。着力解决意识形态领域党的领导弱化问题,立破并举、激浊扬清,就意识形态领域许多方向性、战略性问题作出部署,确立和坚持马克思主义在意识形态领域指导地位的根本制度,健全意识形态工作责任制,推动全党动手抓宣传思想文化工作,就一系列根本性问题阐明原则立场,廓清了理论是非,校正了工作导向。坚持以社会主义核心价值观引领文化建设,注重用社会主义先进文化、革命文化、中华优秀传统文化培根铸魂。实施中华优秀传统文化传承发展工程,推动中华优秀传统文化创造性转化、创新性发展,促进人类文明交流互鉴,国家文化软实力、中华文化影响力明显提升。

新时代党对宣传思想文化工作的领导体现在多个方面和层次,对于宣传思想文化工作的重大作用也是多方面和深层次的。加强党对宣传思想文化工作的政治领导,党中央对宣传思想文化工作实施集中统一领导,各级各个机构部门的业务工作,如新闻出版、电影电视、文学艺术、网络媒体等,都要在党中央和各级党委(党组)的领导下开展,步调一致、统一行动,这就增强了宣传思想文化工作的统一性和战斗力。加强党对宣传思想文化工作的思想领导,坚持用新时代党的创新理论统领宣传思想文化工作,统一思想认识,弘扬主旋律,学习贯彻习近平新时代中国特色社会主义思想是新时代宣传思想文化工作的政治职责和共同任务，这就增强了宣传思想文化工作的思想引领力和精神感召力。加强党对宣传思想文化工作的组织领导，在党中央集中统一领导下，各个地方、各个系统的宣传思想文化工作，紧紧围绕中央的部署和意图展开，杜绝政出多门，在各级党组织的统一组织领导下，宣传思想文化工作的各个部门拧成一股绳、劲往一处使，形成强大合力。

三、实现新时代的文化使命的根本保证

在不同的历史时期及其发展阶段，文化建设有其具有特定目标和内涵的文化使命。新征程上，新时代中国特色社会主义文化建设担负新的使命。习近平总书记在文化传承发展座谈会上明确提出了新时代的文化使命的任务要求，阐明了新时代的文化使命的指导思想、首要任务、主要内涵、重要原则等重大问题，从政治和战略高度要求着力加强党对宣传思想文化工作的领导，为实现新时代的文化使命提供根本保证。

党的领导为实现新时代的文化使命提供的根本保证，就是要为实现新时代的文化使命提供坚强思想保证。不断培育和创造新时代中国特色社会主义文化，不断巩固新时代中国人民团结奋斗的共同思想基础，党的领导通过坚持马克思主义指导地位，坚持用新时代党的创新理论武装全党、教育人民的思想领导得以体现。习近平新时代中国特色社会主义思想，是当代中国马克思主义、21世纪马克思主义，是新时代全党全社会团结奋斗的共同思想基础。党的领导为实现新时代的

文化使命提供的根本保证，就是要为实现新时代的文化使命提供强大精神保证。以伟大建党精神为源头的中国共产党人精神谱系，是中华优秀传统文化、革命文化、社会主义先进文化的精神结晶，是中国特色社会主义文化的精神灵魂。弘扬中国共产党的伟大精神，为实现新时代的文化使命提供精神引领，是党的领导在中国精神上的体现。党的领导为实现新时代的文化使命提供的根本保证，就是要为实现新时代的文化使命提供有利环境保证。建设中国式现代化的文化形态，充分激发全民族文化创新创造活力，不断提升国家文化软实力，是党的领导在培塑实现新时代的文化使命有利条件上的体现。

加强党对宣传思想文化工作的领导，最根本的就是要全面准确贯彻习近平文化思想，充分发挥这一思想对实现新时代的文化使命的实践功能。习近平文化思想既有文化理论观点上的创新和突破，又有文化工作布局上的部署要求，明体达用、体用贯通，明确了新时代文化建设的路线图和任务书，标志着我们党对中国特色社会主义文化建设规律的认识达到了新高度，表明我们党的历史自信、文化自信达到了新高度，并在我国社会主义文化建设中展现出了磅礴伟力，为做好新时代新征程宣传思想文化工作、担负起新时代的文化使命提供了强大思想武器和科学行动指南。实现新时代的文化使命的过程，就是贯彻习近平文化思想的实践过程。习近平文化思想的实践威力，要在建设中国式现代化的文化形态进程中得到展示和证明。

党的领导保证实现新时代的文化使命，是在把方向中成为根本保证的。实现新时代的文化使命，首先要回答和解决"新时代建设什么样的文化，怎样建设文化"的基本问题。党的性质决定了我们要建设什么样的文化，党的方向决定了我们要建设的文化的方向。党为新时代的文化使命把关定向，实现新时代的文化使命就能不偏航，始终保持正确航向。党的领导保证实现新时代的文化使命，是在定方略中成为根本保证的。文化建设必须坚持中国特色社会主义文化发展道路，发展中国特色社会主义文化事业，推进文化体制改革，繁荣文化产业，这些涉及文化建设大政方针的事，都要在党的统筹领导下，作出统一部署。党的领导保证实现新时代的文化使命，是在抓全局中成为根本保证的。文化建设是中国特色社会主义文化事业全局的有机组成部分，构成"五位一体"总体布局，文化建设既依赖于经济、政治、社会、生态文明建设发展的状况，又从思想理论精神上保障这些领域的建设发展。党总揽全局、协调各方，包括总揽和协调"五位一体"总体布局，促进总体发展、共同进步。

四、宣传思想文化工作贯彻"七个着力"的根本前提

习近平总书记在对宣传思想文化工作的重要指示中，提出了"七个着力"的重要要求，指明了当前和今后一个时期宣传思想文化工作的根本原则和主要任务，具有很强的指导性和实践性。"七个着力"本身就是着力加强党对宣传思想文化工作领导的有力证明。着力加强党对宣传思想文化工作的领导，在"七个着力"中是根本前提，具有统领地位。

着力建设具有强大凝聚力和引领力的社会主义意识形态，是新时代宣传思想文化工作的根本任务，是党的性质、社会主义国家性质的必然要求。坚持马克思主义在意识形态领域指导地位的根本制度，是建设具有强大凝聚力和引领力的社会主义意识形态的制度保证。加强

党对意识形态工作的领导，社会主义意识形态建设就有了坚强领导者，马克思主义在意识形态领域指导地位的根本制度就有了坚定维护者。

着力培育和践行社会主义核心价值观，是新时代倡导全民族全社会向上向善价值导向的重大举措，是塑造全体中国人民共同价值准则的扎实推进。宣传思想文化工作负有弘扬先进正确价值观的重要职能，培育和践行社会主义核心价值观是建设文化强国的价值工程。党的领导包括党的先进性引导、党的伟大精神熏陶、党的高尚形象感召。加强党对宣传思想文化工作的领导，就是充分发挥党自身形象对社会主义核心价值体系建设的影响力和引领力，立起价值体系建设的标杆来。

着力提升新闻舆论传播力、引导力、影响力、公信力，是宣传思想文化工作的重要任务，是弘扬主旋律、唱响正能量的基本途径。新闻舆论工作具有鲜明的政治属性和价值属性，首先要解决为谁服务、怎样导向的问题，做到党性和人民性的统一。新闻舆论工作的效果取决于它的"四力"，只有增强"四力"，才能保证新闻舆论工作更好服务党和国家工作大局。加强党对新闻舆论工作的领导，是党媒姓党的根本体现，党的旗帜就是新闻舆论工作的旗帜，党的领导体现了新闻舆论工作党性和人民性的统一。加强党对新闻舆论工作的领导，也是将党具有的传播力、引导力、影响力、公信力赋予新闻舆论工作，转化为新闻舆论工作的"四力"。

着力赓续中华文脉、推动中华优秀传统文化创造性转化和创新性发展，是实现新时代的文化使命的题中应有之义，是坚持"第二个结合"的必然要求。中国式现代化有其深厚的文化底蕴和文明基础，这就是中华文明和中华优秀传统文化。习近平总书记在文化传承发展座谈会上深刻阐释了中华优秀传统文化的重要元素和中华文明的突出特性。加强党对宣传思想文化工作的领导，就能自觉地把马克思主义的魂脉和中华优秀传统文化的根脉，融为一个新的文化生命体，既反对文化虚无主义，也反对文化复古主义，创造属于我们这个时代的新文化。

着力推动文化事业和文化产业繁荣发展，是文化强国的坚实基础，是文化建设的重要任务。文化事业的发展促进了文化各个领域的繁荣发展，文化产业的拓展保证了文化事业的持续发展。文化事业构成了文化产业的骨骼，文化产业夯实了文化事业的基座。党的领导的全面性体现在党对文化事业和文化产业的领导，这种领导主要体现在把好文化事业和文化产业的发展方向上，体现在对文化事业的整体布局和系统推进、对文化产业的体制建构和政策扶持上，体现在对文化事业和文化产业相关机构和部门的领导配备上。

着力加强国际传播能力建设、促进文明交流互鉴，是强国建设、民族复兴、增强国家文化软实力的必然要求，是构建人类命运共同体对宣传思想文化工作提出的重要任务。中华文明是人类文明的一部分，更多地了解和理解人类文明，更多地让世界各国了解和理解中华文明，是新时代文化开放包容的重要体现。要讲好中国故事，提高中国在国际上的话语权，增强中华文明在世界上的话语权。国际传播能力建设、文明交流互鉴，关乎大国外交，自然包括在坚持党对外交工作的领导之内。国际传播、文明交往，政治性、政策性都很强，不能放任自流。

着力加强党对宣传思想文化工作的领导，是对全党提出的重大政治要求。对于各级党委（党组）来说，做好宣传思想文化工作是重大政治责任，必须确保党中央关于文化建设的决策部署落到实处。对于各级宣传文化部门来说，更要强化政治担当，敢于善于斗争，不断开创新时代宣传思想文化工作新局面。担起做好宣传思想文化工作的政治责任，就是要紧紧围绕学习贯彻习近平文化思想，围绕贯彻党中央建设文化强国的战略部署，切实增强做好新时代新征程宣传思想文化工作的责任感使命感，推动各项工作落地见效。通过加强党对宣传思想文化工作的全面领导，落实政治责任，勇于改革创新，强化法治保障，建强干部人才队伍，为担负起新时代的文化使命提供坚强政治保证。

"两个结合"是中国特色社会主义取得成功的最大法宝*

中国特色社会主义，是党和人民历尽千辛万苦、付出巨大代价取得的根本成就，这条道路是在坚持把马克思主义基本原理同中国具体实际相结合、同中华优秀传统文化相结合的过程中走出来的。习近平总书记在文化传承发展座谈会上强调，"两个结合"是我们在探索中国特色社会主义道路中得出的规律性认识，是我们取得成功的最大法宝。坚持"两个结合"，党带领人民开创和发展了中国特色社会主义，科学社会主义在中国焕发出新的蓬勃生机，中国式现代化创造了人类文明新形态。

一、"两个结合"是推进马克思主义中国化时代化的根本途径

中国特色社会主义是科学社会主义理论逻辑和中国社会发展历史逻辑的辩证统一，是在中国化时代化的马克思主义引领下创立和发展起来的。中国特色社会主义是前所未有的历史创举，没有现成的答案

---

* 本文写于2023年。

和结论，必须实现实践创新和理论创新的相互促进，以实践创新推动理论创新，以理论创新引导实践创新。因此，马克思主义只有中国化时代化才能为党的事业提供科学理论指导，才能回答建设什么样的社会主义、怎样建设社会主义的中国之问、时代之问。党的100多年奋斗历程，不断推进马克思主义中国化时代化，开辟马克思主义中国化时代化新境界，创立和形成了中国化时代化的马克思主义的重大成果。推进马克思主义中国化时代化，为坚持和发展中国特色社会主义提供了理论根据和科学指导；坚持和发展中国特色社会主义，为推进马克思主义中国化时代化提供了实践基础和发展动力。

党的奋斗历程推进马克思主义中国化时代化形成了许多宝贵经验，其中"两个结合"是根本经验；探索了许多有效途径，其中"两个结合"是根本途径。党推进马克思主义中国化时代化，就是同中国具体实际相结合的过程。马克思主义的真理性力量只有在和具体时空中的实践结合起来的条件下才能发挥出来，马克思主义必须本土化和时代化。只有经过这样一个结合，中国化时代化才能"化"出成果，发展出中国化时代化的马克思主义。中国是时代中的中国，中国具体实际包含时代特征，中国化内含着时代化的要求。党推进马克思主义中国化时代化，就是同中华优秀传统文化相结合的过程。马克思主义和中华优秀传统文化来源不同，但彼此存在高度的契合性。中华优秀传统文化源远流长、博大精深，形成了中国人的独特价值体系、文化内涵和精神品质，蕴含着许多优秀理念，是中华文明的智慧结晶。"第二个结合"是在文化的根基层面深化中国化时代化，使得马克思主义真理之树在植根中华民族历史文化沃土中根深叶茂，从而不断夯实马克思主义中国化时代化的历史基础和群众基础。

中国共产党为什么能,中国特色社会主义为什么好,归根到底是马克思主义行,是中国化时代化的马克思主义行。经过"两个结合",马克思主义在中国具体化本土化,转化为中国化时代化的马克思主义,在中国革命、建设、改革的实践中发挥着科学的指导作用,产生出磅礴的实践威力,保证着中国特色社会主义沿着正确道路前进,创造了经济快速发展和社会长期稳定的奇迹。毛泽东思想是被实践证明了的关于中国革命和建设的正确理论的理论原则和经验总结,邓小平理论科学回答了建设中国特色社会主义的一系列基本问题,"三个代表"重要思想加深了对什么是社会主义、怎样建设社会主义和建设什么样的党、怎样建设党的认识,科学发展观深刻认识和回答了新形势下实现什么样的发展、怎样发展等重大问题,习近平新时代中国特色社会主义思想是党对中国特色社会主义建设规律认识和理论创新的重大成果。坚持"两个结合",推进马克思主义中国化时代化,党就能够成功开创符合国情、扎根本土、深得人心的中国特色社会主义道路。

二、"两个结合"是开辟和发展中国特色社会主义的必由之路

中国特色社会主义道路是在马克思主义指导下走出来的,中国共产党人坚持科学社会主义基本原则,坚信只有社会主义才能救中国、发展中国。中国特色社会主义是社会主义,而不是别的什么主义,中国式现代化是中国共产党领导的社会主义现代化。中国特色社会主义道路是从5000多年中华文明史中走出来的,在中国的社会土壤中生长起来,植根于源远流长的中国文化、博大精深的中华文明,具有深厚中华文化根

基。马克思主义在中国落地生根，科学社会主义在中国开花结果，靠的就是"两个结合"的理论自觉和实践自觉。"两个结合"坚信马克思主义的科学真理性和普遍指导性，同时坚持科学真理必须同具体实际相契合、普遍规律必须同本国国情相结合。这样，既保证了中国特色社会主义的根本性质，又保证了中国特色社会主义的实践成功。

"两个结合"是推进马克思主义中国化时代化的根本途径，同样也是开创和发展中国特色社会主义的根本途径。我们党努力探索中国特色社会主义道路，在"两个结合"过程中，中国特色社会主义的"中国特色"得以彰显，"中国特色"关键在于"两个结合"。中国特色不是主观想象的产物，而是来自中国共产党的创造性实践，来自"两个结合"。坚持"两个结合"，中国特色社会主义道路、理论、制度、文化，都具有中国具体实际的根据，具有中华优秀传统文化的基因。比如，中国特色社会主义制度和国家治理体系，内含着中华优秀传统文化中的大同理想、大一统传统、德治主张、民本思想、平等观念、正义追求、道德操守、用人标准、改革精神、外交之道、和平理念等历史底蕴。

坚持"两个结合"，是中国共产党坚持和发展马克思主义、推进和创新科学社会主义的成功实践。"两个结合"赋予中国特色社会主义以中国特色，同样也是中国特色社会主义始终保持旺盛活力的根源所在。坚持把马克思主义基本原理同中国具体实际相结合，不断回答中国之问、世界之问、人民之问、时代之问，中国特色社会主义就能够立足中国国情，顺应世界大势，回应人民意愿，走在时代前列，走出一条康庄大道，制定正确方针政策，得到人民支持拥护，始终立于不败之地。坚持把马克思主义基本原理同中华优秀传统文化相结合，把马克思主义思想精髓同中华优秀传统文化精华贯通起来、同人民群众日用而不觉的共同价值观念融通起来，中国特色社会主义就能够从5000多年的中华文明中获取无穷无尽的文化滋养，更大程度上得到中国人民的接受认同，既在中华优秀传统文化的沃土上茁壮生长，又赋予中华优秀传统文化新的生机活力。

三、"两个结合"厚植中国特色社会主义的实践根基和文化根基

理论联系实际是马克思主义的基本原则，是党的思想路线的重要要求。"两个结合"的实质就是理论与实际的结合，是马克思主义理论与中国实际的结合。这一结合使得马克思主义、科学社会主义在中国的伟大实践即中国特色社会主义有了深厚的基础，让马克思主义、科学社会主义在中国牢牢扎根、本固基强。正如习近平总书记在文化传承发展座谈会上指出的，"结合"筑牢了道路根基，让中国特色社会主义道路有了更加宏阔深远的历史纵深，拓展了中国特色社会主义道路的文化根基。

"第一个结合"筑牢了中国特色社会主义道路的实践根基。马克思主义基本原理必须同中国具体实际相结合，这是党在100多年奋斗历程中得出的宝贵经验。凡是坚持实事求是，实行了这样一个结合，党和国家事业就能顺利发展、取得成功；凡是搞教条主义，没有经过这样一个结合，党和国家事业就会停滞不前、遭遇挫折。科学社会主义基本原则具有普遍性规律性，它的科学真理性只有和中国实际结合起来，实现从普遍到特殊的转化深化，才能夯实科学理论的实践基础，

在实践的支持下展现和证明真理的力量。经过这样一个结合，中国特色社会主义成为党领导的创新实践，不断经受变化着的实践检验，并在实践中发展完善。改革开放以来，中国特色社会主义的重大创新，都是既坚持了科学社会主义基本原则，又坚持了社会主义的实践标准，在社会生产力的快速发展中，在人民生活水平的逐步提高中，在社会的全面进步中，回答好解决好什么是社会主义、怎样建设社会主义这个重大问题，回答好解决好新时代坚持和发展什么样的中国特色社会主义、怎样坚持和发展中国特色社会主义这个重大时代课题。

"第二个结合"拓展了中国特色社会主义道路的文化根基。中国特色社会主义是在5000多年中华文明深厚基础上开辟和发展起来的，中国特色社会主义对中华优秀传统文化的传承和践行，使中国特色社会主义道路具有了更加久远的历史脉络。科学社会主义之于100多年来的中国，不是"移植"或"嫁接"，而是其价值观主张同中华优秀传统文化中蕴含的宇宙观、天下观、社会观、道德观等，具有高度契合性，是马克思主义真理的力量激活了中华民族历经几千年创造的伟大文明，使中华文明再次迸发出强大精神力量。中华优秀传统文化有很多重要元素，"第二个结合"将这些重要元素经过创造性转化、创新性发展，融入中国式现代化建设的过程和体系之中，构成中国式现代化的鲜明特色和显著优势。

四、"两个结合"将中华文明的突出特性融入中国特色社会主义

中国特色社会主义创造着人类文明新形态，"两个结合"建立在科

学认识中华文明突出特性的基础上，是对中华文明发展规律的深刻把握，从而彰显和强化了中国特色社会主义的文明底蕴和民族禀赋。

中华文明具有突出的连续性，从根本上决定了中华民族必然走自己的路。连续性保证了文明的独特性，吸收外来文化但不被外来文化所同化，走自己的路又强化着文明的连续性。中国特色社会主义延续着中华文明的基因和血脉，走符合本国国情的社会主义道路，是走自己的路、自信自立的社会主义，使得中华文明在中国式现代化中发扬光大。

中华文明具有突出的创新性，从根本上决定了中华民族守正不守旧、尊古不复古的进取精神，决定了中华民族不惧新挑战、勇于接受新事物的无畏品格。中国作为文明古国、文明大国，能够连绵不断、生生不息，表明创新性内生于中华文明之中。中国特色社会主义是党带领人民开拓创新干出来的，守正创新、勇毅前行，闯出了一条新路，创新作为不竭动力保证了中国特色社会主义永不僵化、永不停滞。

中华文明具有突出的统一性，从根本上决定了一个坚强统一的国家是各族人民的命运所系。中华文明是各族人民共同创造的文明，具有强大的凝聚力，能够把各民族紧密地联系在一起，祖国统一是历史大势、民心所向。新时代中国共产党人把实现祖国完全统一作为实现中华民族伟大复兴的必然要求和题中应有之义，坚持贯彻新时代党解决台湾问题的总体方略，牢牢把握两岸关系主导权和主动权，坚定不移推进祖国统一大业。

中华文明具有突出的包容性，从根本上决定了中华文化对世界文明兼收并蓄的开放胸怀。中国共产党坚持胸怀天下，中国特色社会主义坚持开放发展。习近平总书记在中国共产党与世界政党高层对话会上，提出共同倡导尊重世界文明多样性，弘扬全人类共同价值，重视文明传承和创新，加强国际人文交流合作的全球文明倡议。

中华文明具有突出的和平性，从根本上决定了中国始终是世界和平的建设者、全球发展的贡献者、国际秩序的维护者。中国式现代化是走和平发展道路的现代化，不走一些国家通过战争、殖民、掠夺等方式实现现代化的老路，在坚定维护世界和平与发展中谋求自身发展，又以自身发展更好维护世界和平与发展，新时代构建人类命运共同体成为引领时代潮流和人类前进方向的鲜明旗帜。

"第二个结合"体现党对马克思主义的重大贡献[*]

坚持把马克思主义基本原理同中国具体实际相结合、同中华优秀传统文化相结合,是推进马克思主义中国化时代化的根本途径,是开辟和发展中国特色社会主义的必由之路。习近平总书记在文化传承发展座谈会上的重要讲话中,系统阐述了"第二个结合"的深厚文化根基、突出文化品格和内在文化逻辑,深刻分析了"第二个结合"的历史根据、规律支持和重大意义。这些重要论述是开辟马克思主义中国化时代化新境界的创新成果,为新时代坚持和发展中国特色社会主义开拓了更广阔的文化空间,为丰富发展马克思主义作出了原创性贡献。

一、"第二个结合"在对中华文明发展规律的深刻把握中拓展了中国特色社会主义道路的文化根基

中国特色社会主义,是党和人民历尽千辛万苦、付出巨大代价取得的根本成就。这条道路是在马克思主义指导下走出来的,也是从5000多年中华文明史中走出来的。中国特色社会主义的"中国特色",关键就在于

---

[*] 本文写于2023年。

"两个结合"；中国特色社会主义的旺盛活力，关键也在于"两个结合"。文化是一个国家、一个民族的灵魂，文化自信是一个国家、一个民族发展中最基本、最深沉、最持久的力量，国家的强盛、民族的振兴离不开文化的滋养和支持。中国文化源远流长，中华文明博大精深，中华优秀传统文化是中华文明的智慧结晶和精华所在，是中华民族的根和魂，为中华民族生生不息、发展壮大提供了强大精神支撑。中国特色社会主义，是在世界上唯一没有中断的文明土壤中生长和壮大起来的，是在中华文明深厚基础上开辟和发展起来的，中华优秀传统文化成为中国特色社会主义的文化基因和精神命脉。只有立足波澜壮阔的中华文明史，才能真正理解中国道路的历史必然、文化内涵与独特优势。明确提出、突出强调、自觉运用"第二个结合"，这就让中国特色社会主义道路有了更加宏阔深远的历史纵深，是党在探索中国特色社会主义道路中得出的规律性的认识，表明我们党对中国道路、理论、制度的认识达到了新高度。

中国特色社会主义创造着人类文明新形态，"第二个结合"建立在科学认识中华文明突出特性的基础上，是对中华文明发展规律的深刻把握，从而彰显和强化了中国特色社会主义的文明底蕴和民族禀赋。中华文明具有突出的连续性，从根本上决定了中华民族必然走自己的路。中国特色社会主义脚踏中华大地，传承中华文明，走符合中国国情的正确道路。中华文明具有突出的创新性，从根本上决定了中华民族守正不守旧、尊古不复古的进取精神，决定了中华民族不惧新挑战、勇于接受新事物的无畏品格。中国特色社会主义守正创新、勇毅前行，永不僵化、永不停滞。中华文明具有突出的统一性，从根本上决定了一个坚强统一的国家是各族人民的命运所系。新时代中国共产党人把实现祖国完全统一作为实现中华民族伟大复兴的必然要求和题中应有之义。中华文明具有突出的包容性，从根本上决定了中华文化对世界文明兼收并蓄的开放胸怀。习近平总书记在中国共产党与世界政党高层对话会上，提出共同倡导尊重世界文明多样性，弘扬全人类共同价值，重视文明传承和创新，加强国际人文交流合作的全球文明倡议。中华文明具有突出的和平性，从根本上决定了中国始终是世界和平的建设者、全球发展的贡献者、国际秩序的维护者。新时代构建人类命运共同体成为引领时代潮流和人类前进方向的鲜明旗帜。

马克思主义深刻改变了中国，中国也极大丰富了马克思主义。党对马克思主义的极大丰富，正是在"两个结合"的根本途径中实现的。"第二个结合"让中国特色社会主义道路有了更加久远的历史背景，不仅有着"十月革命一声炮响"送来的时代曙光，而且有着5000多年中华文明提供的深厚根基，有着千百年来接续不断的精神脉络，这就拓展了中国特色社会主义道路的文化根基。这就告诉我们，马克思主义产生于19世纪中叶，它的思想文化渊源，不仅来自西方近代以来的思想文化成果，而且与整个人类社会的优秀思想文化传统一脉相通，这在"第二个结合"的理论和实践中得到充分证明。中国化时代化的马克思主义行，说到底是"两个结合"行。历史正反两方面的经验表明，"两个结合"是党取得成功的最大法宝。"第二个结合"表明党在传承中华优秀传统文化中推进马克思主义中国化时代化达到了前所未有的思想自觉、理论自觉、政治自觉。

二、"第二个结合"在对中华优秀传统文化的传承发展中厚植了中国式现代化的文明形态

中国式现代化是中国共产党领导的社会主义现代化，是党领导人

民探索和实践的重大成果。中国式现代化不是"横空出世"的现代化，不是西化了的现代化，而是与中国文化、中华文明血脉相承、经脉相通。中国式现代化是赓续古老文明的现代化，而不是消灭古老文明的现代化；是从中华大地长出来的现代化，不是照搬照抄其他国家的现代化；是文明更新的结果，不是文明断裂的产物。就拿中国式现代化的政治建设来说，我们党开创的人民代表大会制度、政治协商制度，与中华文明的民本思想，天下共治理念，"共和""商量"的施政传统，"兼容并包、求同存异"的政治智慧都有深刻关联。因此，中华文明赋予中国式现代化以深厚底蕴，中国式现代化是中华民族的旧邦新命；中国式现代化赋予中华文明以现代力量，必将推动中华文明重焕荣光。从中国式现代化和人类社会现代化进程的关系来看，中国式现代化既基于自身国情、又借鉴各国经验，既传承历史文化、又融合现代文明，既造福中国人民、又促进世界共同发展，是强国建设、民族复兴的康庄大道，也是中国谋求人类进步、世界大同的必由之路，为人类社会现代化进程作出了重要贡献。

中国式现代化是"两个结合"的重大成果。中华优秀传统文化有很多重要元素，共同塑造出中华文明的突出特性。"第二个结合"将这些重要元素经过创造性转化、创新性发展，融入中国式现代化建设的过程和体系之中，构成中国式现代化的鲜明特色和显著优势。比如，将现代化的两个宏伟目标统一起来，即在人口规模巨大的国家实现现代化和实现全体人民共同富裕的现代化，是世界现代化的伟大创举，内含着天下为公、天下大同的社会理想；让中国式现代化建设成果更多更公平惠及全体人民，让人民以主人翁精神满怀热忱地投入到现代化建设中来，内含着民为邦本、为政以德的治理思想；党的领导为中国式现代化提供科学指引、坚强制度保证、强大精神力量,内含着九州共贯、多元一体的大一统传统;以中国式现代化的美好愿景激励人、鼓舞人、感召人,凝聚建设中国式现代化的磅礴力量,内含着修齐治平、兴亡有责的家国情怀;物质富足、精神富有是社会主义现代化的根本要求,丰富人民精神世界,内含着厚德载物、明德弘道的精神追求;中国式现代化更好实现效率与公平相兼顾、相统一、相促进,内含着富民厚生、义利兼顾的经济伦理;人与自然和谐共生的现代化,内含着天人合一、万物并育的生态理念;中国式现代化正确处理顶层设计与实践探索的关系,在实践中大胆探索,内含着实事求是、知行合一的哲学思想;中国式现代化追求活而不乱、活跃有序的动态平衡,正确处理活力与秩序的关系,内含着执两用中、守中致和的思维方法;我们党推动文明交流互鉴,促进人类文明进步,内含着讲信修睦、亲仁善邻的交往之道。

现代化起于西方,由此在一段时间里产生了"现代化＝西方化"的迷思,把现代化文化等同于西方文化。我们党开创中国式现代化道路,不仅要实现社会主义和现代化的高度统一,全面建成社会主义现代化强国,而且要使中国式现代化深深植根于中华优秀传统文化之中,充分依靠博大精深的中华文明的独特资源,建设发展社会主义先进文化、弘扬革命文化、传承中华优秀传统文化的中国特色社会主义文化,实现中国式现代化和中华优秀传统文化的有机融合,展现不同于西方现代化文化的中华现代化文化新图景。建设什么样的社会主义现代化强国、怎样建设社会主义现代化强国,是习近平新时代中国特色社会主义思想深入回答的一个重大时代课题,也是马克思主义社会主义现代化理论的重大问题。怎样看待发展中国家的文明传统和文化遗产，能否使其中的优秀成果成为这些国家追求和实现现代化的本土资源和有利条件，是广大发展中国家走向现代化都要面对和解决的关键问题。"第二个结合"表明，坚定历史自信、文化自信，中国式现代化固本培元、行稳致远，走出了一条不仅在政治制度上而且在思想文化上自立自强，决不依附于西方的现代化正确道路，为广大发展中国家独立自主迈向现代化树立了典范、提供了全新选择，是马克思主义社会主义现代化理论的重大创新，是对世界现代化理论和实践的重大创新。

三、"第二个结合"在对中华优秀传统文化宝贵资源的充分运用中实现了又一次思想解放

明确提出坚持把马克思主义基本原理同中华优秀传统文化相结合，是推进马克思主义中国化时代化的一个观念变革和理念创新，在党的理论创新进程中具有重要历史意义。习近平总书记在文化传承发展座谈会上强调："'第二个结合'是又一次的思想解放，让我们能够在更广阔的文化空间中，充分运用中华优秀传统文化的宝贵资源，探索面向未来的理论和制度创新。"党的历史上有过多次思想解放，每次思想解放都打破了阻碍党的事业发展的思想束缚，促进了思想观念的突破、思维方式的更新、价值观念的转变，推动了党的事业大发展，开辟了党的历史新局面。"第二个结合"之所以成为又一次的思想解放，是因为这是继"第一个结合"提出之后，党在推进马克思主义中国化时代化根本途径上的新拓展；这是在马克思主义和中华文明关系的认识和把握上的新进展，二者必须结合而且能够结合；这是在看待

和对待中华优秀传统文化的基本判断和态度上的新认识,党既是中国先进文化的积极引领者和践行者,又是中华优秀传统文化的忠实传承者和弘扬者;这是在全面建设社会主义现代化国家、全面推进中华民族伟大复兴开阔文化资源上的新视野,将中华优秀传统文化纳入中国式现代化理论和制度创新的广阔空间之中。

"第二次结合"的思想解放,根本在于从对待中华传统文化的历史虚无主义和文化虚无主义中解放出来。习近平总书记在 2014 年指出,"中国共产党人不是历史虚无主义者,也不是文化虚无主义者。我们从来认为,马克思主义基本原理必须同中国具体实际紧密结合起来,应该科学对待民族传统文化"[①]。这是习近平总书记对民族传统文化价值认识的思想解放重要论述。传统文化不可避免会存在陈旧过时或已成为糟粕性的东西,必须有鉴别地对待、有扬弃地继承,我们要传承和弘扬的是中华优秀传统文化。这一文化,虽然产生于特定的社会形态和历史条件,但由于社会发展是连续性和阶段性的统一,由于思想文化是继承性和创新性的统一,中华优秀传统文化具有超越特定社会形态和历史条件的性质,包含着对于当代中国和人类社会富有永恒魅力、极为有益的内涵。比如,自强不息、敬业乐群、扶正扬善、扶危济困、见义勇为、孝老爱亲等传统美德。并且这一文化与人类最先进的科学思想马克思主义相结合,就产生了新的性质和内涵,不完全等同于马克思主义传入中国前的文化形态。中华优秀传统文化历经数千年磨砺,始终保持着旺盛的生命力,在中华大地上长盛不衰,是其具有重大价值的有力证明。中华优秀传统文化,是中华文明延续数千年却

---

① 习近平:《论党的宣传思想工作》,中央文献出版社 2020 年版,第 83 页。

从未中断的文化纽带，是维护民族统一、抵制国家分裂的精神支撑，是激励中华儿女增强爱国精神、反抗外来侵略的精神动力，也是在当代世界的时代大潮中树立文化自信的精神基石。坚定中国特色社会主义文化自信，必然要求坚定对中华优秀传统文化的自信。

坚持和发展马克思主义必须同中华优秀传统文化相结合，这种"结合"的前提和结果是什么，"结合"的道路、创新、主体意义是什么，习近平总书记在文化传承发展座谈会上作出了深刻阐释，使我们在对"第二个结合"的理解上达到了新境界，在对"第二个结合"思想解放内涵和意义的认识上有了新体会。比如，马克思主义和中华优秀传统文化彼此存在高度的契合性，相互契合才能有机结合，回答了不同来源的文化能够结合的条件；"结合"造就了一个有机统一的新的文化生命体，让马克思主义成为中国的，中华优秀传统文化成为现代的，凸显了"第二个结合"跨越时空的文化创新功能；"结合"打开了创新空间，让我们掌握了思想和文化主动，指明了新时代坚持和发展中国特色社会主义的文化力量；"结合"巩固了文化主体性，创立习近平新时代中国特色社会主义思想就是这一文化主体性的最有力体现，强调了马克思主义中国化时代化实现新的飞跃的文化自觉。

第二篇

新时代的文化使命

从"四个自信"看中国特色社会主义文化 *

中国特色社会主义文化是当代中国的文化基石，是国家文化软实力的根本。习近平总书记在党的十九大报告中，对中国特色社会主义文化基础性战略性作用的论述更加深刻，推进文化育人、文化强国、文化外交的部署更加有力，明确指出"中国特色社会主义道路是实现社会主义现代化、创造人民美好生活的必由之路，中国特色社会主义理论体系是指导党和人民实现中华民族伟大复兴的正确理论，中国特色社会主义制度是当代中国发展进步的根本制度保障，中国特色社会主义文化是激励全党全国各族人民奋勇前进的强大精神力量。全党要更加自觉地增强道路自信、理论自信、制度自信、文化自信"[①]。这一重要论述，将中国特色社会主义文化纳入中国特色社会主义基本结构之中，赋予中国特色社会主义文化以新的地位和功能，提出了从"四个自信"的新结构深化认识中国特色社会主义文化的重大课题。

---

* 本文写于 2018 年。
① 习近平：《决胜全面建成小康社会　夺取新时代中国特色社会主义伟大胜利——在中国共产党第十九次全国代表大会上的报告》，人民出版社 2017 年版，第 16—17 页。

一、文化自信是一个国家、一个民族发展中更基本、更深沉、更持久的力量

改革开放 40 年来,我们党对中国特色社会主义基本内涵的认识不断拓展和深化,相继提出中国特色社会主义道路、理论体系、制度、文化,提出道路、理论、制度、文化自信。在党的十九大报告中,习近平总书记进一步指出:"文化自信是一个国家、一个民族发展中更基本、更深沉、更持久的力量。"[1] 阐述了文化自信的独特性质和力量。文化自信,是坚持中国特色社会主义文化的思想前提。

党的十八大以来,以习近平同志为核心的党中央继续把坚持和发展中国特色社会主义这篇大文章写下去,巩固道路、创新理论、完善制度,并且深入思考中国特色社会主义文化的重大功能、源流传承、精神内涵,充分发挥文化在实现社会主义现代化和中华民族伟大复兴中强基固本、引领激励的作用,达到了文化自觉的新境界。因此,坚持中国特色社会主义道路自信、理论自信、制度自信、文化自信的"四个自信"应势而出。

文化是民族的精神血脉、国家的精神世界、社会的精神标识、人民的精神生活。发展中国特色社会主义文化,建设社会主义精神文明,始终是改革开放以来我们党的不懈追求,于是党将文化建设纳入建设中国特色社会主义总布局之中。新形势下,实现中国梦更加需要

---

[1] 习近平:《决胜全面建成小康社会 夺取新时代中国特色社会主义伟大胜利——在中国共产党第十九次全国代表大会上的报告》,人民出版社 2017 年版,第 23 页。

文化的激励和支持，民族复兴离不开文化的繁荣昌盛，社会主义现代化的深层底蕴是国家文化软实力。源自于中华民族5000多年文明历史所孕育的中华优秀传统文化，熔铸于党领导人民在革命、建设、改革中创造的革命文化和社会主义先进文化，汇聚而成中国特色社会主义文化，是实现"两个一百年"奋斗目标、实现中华民族伟大复兴中国梦的不竭精神动力。面对诸多矛盾叠加、风险隐患增多的复杂局面，面对意识形态领域的严峻斗争、多种价值观念的对立冲突，必须更加坚定文化自信，用中国特色社会主义文化统一意志、凝聚力量、迎接挑战，在更为根本、更为普遍、更为重要的意义上坚定中国特色社会主义自信。

深化对新时代中国特色社会主义建设规律的认识，我们党对文化的本源性基础性作用的认识更加深刻，对中国特色社会主义文化自信的确立更加自觉。明确提出文化自信，中国特色社会主义文化的重要功能更加凸显，中国特色社会主义自信的基本领域更加坚固，文化自信与道路、理论、制度自信相互作用、相互强化。

文化自信的提出，加深了对中国特色社会主义文化的认识。文化在建设中国特色社会主义总体布局中，与经济、政治、社会、生态文明建设"五位一体"，相互依存。这是从社会结构、社会领域出发，对中国特色社会主义文化的定位。"五位一体"总体布局，是我们党在改革开放40年的实践中持续探索建设中国特色社会主义规律，得出的宝贵认识，必须长期坚持、不断发展。建设中国特色社会主义文化，是中国特色社会主义全面建设、全面发展的题中应有之义。文化在中国特色社会主义基本结构中，与道路、理论体系、制度并列，并且有着更为重要的功能，这与"五位一体"总体布局并不矛盾，而是在更为基础的意义上，在从基本领域到基本结构的过渡深化中，对中国特色社会主义文化新的定位，也就是本体的定位。由此，文化自信也具有本体的意义，而不是附属的、派生的意义。

提出文化自信，丰富了对中国特色社会主义文化基本内涵的认识。文化自信是对中华优秀传统文化的自信。中国特色社会主义文化有其深厚的文化渊源，是在传承有着5000多年悠久历史的中华优秀传统文化的基础上生长起来的。以儒家文化为代表和主流的传统文化，包含诸子百家的思想成分，吸纳各民族乃至世界的文化营养，蕴含着中华民族的精神血脉，是实现中国梦的文化纽带。文化自信是对革命文化的自信。中国共产党领导的新民主主义革命，不仅创造了可歌可泣的革命事业，而且创造了以革命理想主义和革命英雄主义为核心的革命文化，创造了感召人民群众、凝聚党心军心、激励奋斗不止的红色文化。革命文化上承中华优秀传统文化，下启社会主义先进文化，是中华文化的宝贵财富。即使岁月流逝，走在新的长征路上的中国共产党人，仍然要有那样一种"红军不怕远征难，万水千山只等闲"的革命精神。文化自信是对社会主义先进文化的自信。社会主义先进文化是党领导人民在社会主义建设和改革开放新时期创造的新文化。这一文化形态，以马克思主义为指导，传承中华优秀传统文化和革命文化，以社会主义核心价值观为灵魂，弘扬爱国主义精神和改革创新精神，与时代潮流相一致，与人民群众同心声，是中国特色社会主义文化的显著标志和主要内容。坚定文化自信，就是坚定包括中华优秀传统文化、革命文化、社会主义先进文化的中国特色社会主义文化自信。

二、中国特色社会主义文化是激励全党全国各族人民奋勇前进的强大精神力量

党的十八大以来，我们党对文化在建设中国特色社会主义中的作用认识不断加深。坚持中国特色社会主义道路、理论体系、制度、文化，构成中国特色社会主义的四根支柱，充分体现了中国特色社会主义文化的基础功能。中国特色社会主义文化不仅与经济、政治、社会、生态文明建设相并列，作为"五位一体"总体布局的构成，而且与道路、理论体系、制度相并列，作为中国特色社会主义基本结构的构成。这一新认识新定位新判断，拓展深化了科学社会主义理论，发展推进了马克思主义文化理论，反映了国家文化软实力愈益重要的历史趋势，抓住了中国特色社会主义兴旺发达、长治久安的一个根本因素，是我们党深入认识"新时代坚持和发展什么样的中国特色社会主义、怎样坚持和发展中国特色社会主义"的一个重大成果，是中国特色社会主义理论体系的一个重大创新。坚持中国特色社会主义道路、理论体系、制度、文化的提出，使我们以新的高度和维度看待中国特色社会主义文化，看待中国特色社会主义基本内涵和基本结构，看待中国特色社会主义的发展逻辑。

中国特色社会主义文化作为中国特色社会主义基本内涵，纳入中国特色社会主义基本结构，是由于自身的独特性质和重大功能。

中国特色社会主义文化积淀着中华民族最深层的精神追求。中国精神是中国特色社会主义文化的灵魂。中国精神是中华民族在长期的历史发展中逐步形成和巩固、发展和丰富的共同精神，是民族传统、

文化、心理、素质的集中体现。中国精神扎根于中华民族连绵不断的文明历史之中，反映了社会经济关系、政治关系的精神需求，是各族人民共同培育、共同坚守的理想信念。中国精神由社会先进阶级及其政党所倡导和引导，由广大中国人民所认同和践行，与世界文明相融合，是人类精神的重要构成。中国精神为中华儿女构建了永久的精神家园，为各族同胞提供了牢固的价值认同，为每个国人注入了强烈的家国情怀，是中华民族团结统一的精神纽带。中国精神充满着坚忍不拔、正气凛然、奋斗拼搏、不畏牺牲的气质，是中华民族自强不息的精神动力。每个民族都有自己的灵魂，民族之魂是民族生命力的精神源泉，中国精神是凝心聚力的兴国之魂、强国之魂。

中国特色社会主义文化代表着中华民族独特的精神标识。我国是一个多民族的统一国家，民族精神是各个民族文化交流融合而成的中华精神。在5000多年的发展中，中华民族形成了以爱国主义为核心的团结统一、爱好和平、勤劳勇敢、自强不息的伟大民族精神。团结统一是民族精神的纽带，各族人民渴望手足之情、反对分裂行径。爱好和平是民族精神的本色，中国人民在历史上饱受战争的苦难，对和平的向往更加强烈。勤劳勇敢是民族精神的品质，在与自然环境、社会环境、外部环境的抗争中，中国人民不畏艰险、不惧压迫、不受凌辱的气质得到充分砥砺和增强。自强不息是民族精神的精华，"天行健，君子以自强不息"，自强不息精神赋予中华民族蓬勃的生命力。爱国主义是民族精神的核心，是民族精神的一条主线。中国精神是民族精神与时代精神相互融合的产物，在中国走向世界、走向现代化、走向未来的进程中，中国精神呈现时代精神。中国发展呼唤改革创新精神，改革创新成为中国精神的主旋律，世界潮流反映在中国精神之中。民族精神决定了一个民族的精神厚度，时代精神决定了一个民族的精神高度。开拓进取是时代精神的特征，战胜风险是时代精神的品格，与时俱进是时代精神的本性，改革创新是时代精神的核心。

中国特色社会主义文化是中国人民胜利前行的强大精神力量。实现社会主义现代化和中华民族伟大复兴，深层底蕴是国家文化软实力。习近平总书记在十八届中央纪委七次全会上的讲话中强调指出："要依靠文化自信坚定理想信念。领导干部要不忘初心、坚守正道，必须坚定文化自信。没有中华优秀传统文化、革命文化、社会主义先进文化的底蕴和滋养，信仰信念就难以深沉而执着。"[1] 依靠文化自信坚定理想信念，阐明了坚定理想信念的重要规律。理想信念是在长期实践中历练出来的，也是在文化熏陶中升华而成的。中华优秀传统文化养浩然正气，革命文化如星空照耀，社会主义先进文化强立身之本。文化自信是理想之源、信念之基。坚持共产党人价值观，是深化全面从严治党的思想建设。价值观是人的行为准则和导向，共产党人的价值观，以远大理想为人生目标，以为人民服务为根本宗旨，以廉洁奉公为基本伦理。有了这样的价值观作支撑，就能够顶得住压力、经得住诱惑、抗得住腐蚀。

三、巩固中国特色社会主义的文化基石

中国特色社会主义文化与道路、理论体系、制度一道托起中国特

---

[1] 《习近平在十八届中央纪委七次全会上发表重要讲话强调　全面贯彻落实党的十八届六中全会精神　增强全面从严治党系统性创造性实效性》，《人民日报》2017年1月7日。

色社会主义宏伟大厦，中国特色社会主义基本结构更加坚固，文化与道路、理论体系、制度相互作用、相互强化，文化软实力强基固本。

道路、理论体系、制度、文化构成中国特色社会主义总体框架。道路、理论体系、制度、文化，高度耦合、相互支持，构筑起中国特色社会主义的牢固框架。道路关系民族前途命运，引领国家发展未来，决定人民地位福祉。中国特色社会主义道路，以经济建设为中心，坚持四项基本原则，坚持改革开放，是发展中国、稳定中国，通往复兴梦想的康庄大道。理论体系揭示"三大规律"，反映实践要求，推进理论创新。中国特色社会主义理论体系，包括邓小平理论、"三个代表"重要思想、科学发展观和习近平新时代中国特色社会主义思想，是当代中国的马克思主义，为国家富强、民族振兴、人民幸福提供了科学指导和行动指南。制度具有根本性、全局性、稳定性和长期性，是国家兴旺发达、长治久安的政治基础。中国特色社会主义制度，把根本政治制度、基本政治制度同基本经济制度以及各方面体制机制等各方面具体制度有机结合起来，构建系统完备、科学规范、运行有效的制度体系，逐步走向更加成熟定型，是实现社会主义现代化和中华民族伟大复兴的根本保障。文化是一个民族的精神高地、价值体系、科学创造，流通于民族和人民的血脉之中，构成国家软实力的核心。中国特色社会主义文化，以中华优秀传统文化为根基，以马克思主义为指导，以社会主义核心价值观为灵魂，以社会主义先进文化为主体内容和本质特征，吸收人类文化的优秀成果，是中华民族伟大复兴的强大精神动力。

道路、理论体系、制度、文化规定中国特色社会主义前进方向。党的基本路线的主题是坚持和发展中国特色社会主义，道路、理论体系、制度、文化是党的基本路线题中应有之义，彰显和巩固了这条党和国家的生命线、人民的幸福线。坚持党的领导是坚持党的基本路线的组织保证，党是中国特色社会主义事业的领导核心，坚持中国特色社会主义道路、理论体系、制度、文化，表明了党的领导的主要任务。要在道路、理论体系、制度、文化等根本问题上加强党的领导，紧紧扭住关系党和国家前途命运的关键问题实施党的领导。道路、理论体系、制度、文化将"一个中心、两个基本点"包含在内，并且将其展开，用道路、理论体系、制度、文化丰富党的基本路线内涵，构成党的基本路线的重要纲领。在新时代，坚持党的领导，坚持中国特色社会主义道路、理论体系、制度、文化，就是坚持党的基本理论、基本路线、基本方略的最重要体现。

道路、理论体系、制度、文化确立中国特色社会主义强固基石。实现"两个一百年"奋斗目标、实现中华民族伟大复兴的中国梦，统筹推进"五位一体"总体布局，协调推进"四个全面"战略布局，贯彻落实新发展理念，中国特色社会主义道路展现新的内涵、新的方式、新的进展。形成习近平新时代中国特色社会主义思想，成为中国特色社会主义理论体系最新成果，马克思主义中国化进入新阶段，当代中国马克思主义、21世纪马克思主义放射出新光芒。全面深化改革，推进国家治理体系和治理能力现代化，把法治作为治国理政的基本方式，中国特色社会主义制度的生命力和创造力充分激发。弘扬主旋律、倡导正能量，积极开展意识形态领域斗争，用先进文化主导网络舆论阵地，中国特色社会主义文化功能增强、效果彰显。科学把握道路、理论体系、制度、文化的内在联系和基本要求，党和国家事业开创新的宏伟局面，民族复兴展现新的光明前景。几年来的实践充分证明，道路引领航程，理论科学指导，制度发挥优势，文化凝聚力量，富强民主文明和谐美丽的社会主义现代化国家就一定能够建成，中华民族伟大复兴的中国梦就一定能够实现。

在中国特色社会主义道路上实现中华民族伟大复兴，是我们党始终不渝的奋斗目标和道路遵循。中国特色社会主义道路、理论体系、制度、文化的提出，使这一道路遵循更为科学、系统、深刻、有效，贯穿于实现中国梦的整个过程和全部实践之中，提供了实现途径、行动指南、制度保障、精神动力。坚持中国特色社会主义道路，既不走封闭僵化的老路，也不走改旗易帜的邪路，始终不偏离正确方向，在改革创新中巩固拓展这条道路，中国道路越走越宽广，中国梦越来越趋近。坚持中国特色社会主义理论体系，坚守马克思主义的真理和道义制高点，运用马克思主义基本原理创造性地解决前进道路上的重大问题，以创新理论指导创新实践，依据新形势下治国理政规律，努力提高党进行伟大斗争、建设伟大工程、推进伟大事业、实现伟大梦想的能力水平。坚持中国特色社会主义制度，决不输入外国模式，决不改掉制度之本，不断完善制度、推进治理。坚持中国特色社会主义文化，高扬理想旗帜，强化全党全民族的精神追求、心灵纽带、共同语言，增强国家文化软实力，以文化复兴推动民族复兴。

共产主义远大理想和中国特色社会主义共同理想，是中国共产党人的精神支柱和政治灵魂，是道路自信、理论自信、制度自信、文化自信的理想信念根基。实现共产主义是中国共产党人的最高理想和最终目标，坚持和发展中国特色社会主义是实现共产主义的必经阶段和坚定实践。正是因为坚信人类社会发展规律和趋势，坚信中国特色社会主义是当代中国、当今世界的人间正道，我们党坚定不移开创中国特色社会主义道路，创立中国特色社会主义理论体系，完善中国特色社会主义制度，发展中国特色社会主义文化，中国特色社会主义伟大事业愈益兴旺发达、强盛壮大。

坚持中国特色社会主义文化，增强实现社会主义现代化和中华民族伟大复兴的软实力，是坚持和发展中国特色社会主义的重大战略任务。实现社会主义现代化和中华民族伟大复兴，必须增强综合国力，既包括经济、科技、军事的硬实力，也包括制度、治理、文化的软实力。文化是建设富强民主文明和谐美丽的社会主义现代化国家的重要软实力，文化的力量蕴含于全党之中、民族之中、民众之中，无比深厚和坚强。坚持中国特色社会主义文化，就是要建设社会主义文化强国，用文化强国建设推动实现"两个一百年"奋斗目标，让中华文化为中国梦固本强基、扬帆领航。

培育和创造新时代中国特色社会主义文化 *

文化是历史的产物、时代的结晶、实践的精华。中国特色社会主义新时代是经历着最为广泛而深刻的社会变革、最为宏大而独特的实践创新的时代，必将创造出属于这个新时代的新文化。习近平总书记在文化传承发展座谈会上阐述新时代的文化使命，明确提出不断培育和创造新时代中国特色社会主义文化的战略任务，使得我们对新时代的文化使命的时代坐标、丰富内涵、重大意义的认识达到了新的高度。培育和创造新时代中国特色社会主义文化，是建设文化强国的核心内容。

一、与新征程党的中心任务相适应的文化建设

中国共产党既是中国先进文化的积极引领者和践行者，又是中华优秀传统文化的忠实传承者和弘扬者。党在100多年的奋斗历程中，始终坚持"两个结合"，传承中华优秀传统文化，弘扬革命文化，创立社会主义先进文化，形成了将这三者融为一体的中国特色社会主义文化，成为中国共产党为中华文化作出的最为突出、最为重要的贡献。中国特色社会主义文化，是中国特色社会主义"五位一体"建设的文

---

* 本文写于2024年。

化成果，体现了文化传承和发展、连续性和阶段性、守正和创新的统一。文化是一个生命体，总是在自身的生长过程中，不断完善、更新、充实、提高，进入新的阶段、达到新的境界，不会停止在同一个水平上、静止在同一种状态中。中国特色社会主义文化，根植于5000多年的中华文明之中，凝聚着党带领人民进行革命、建设、改革的奋斗精神，反映了改革开放和社会主义现代化建设新时期的文化品格，在中国特色社会主义新时代被赋予新的生机活力。党的十八大以来，以习近平同志为核心的党中央，坚定中国特色社会主义文化自信，在实现"两个一百年"奋斗目标进程中，建设具有强大凝聚力和引领力的社会主义意识形态，向着文化强国的目标迈进。不断培育和创造新时代中国特色社会主义文化，是新时代坚持和发展中国特色社会主义的必然要求和题中应有之义。

文化属于一定的历史和时代，是一定历史的文化积淀和一定时代的文化结晶。我们党在100多年的奋斗历程中，创造着与实现中华民族伟大复兴历史使命相适应，与建设中国特色社会主义相统一的新文化。毛泽东在民主革命时期提出了建设新民主主义文化的文化目标，要建设民族的、科学的、大众的新文化。党在改革开放和社会主义现代化建设新时期，形成了中国特色社会主义经济、政治、文化三位一体的总体布局，建设中国特色社会主义文化成为开创中国特色社会主义的有机构成，中国特色社会主义文化成为新时期的文化旗帜。中国特色社会主义进入新时代，新时代是中国特色社会主义的继续，也是中国特色社会主义的创新，新时代中国特色社会主义具有新的时代内涵和实践拓展。新时代向前推进着中国特色社会主义，同样也向前推进着中国特色社会主义文化，提出了建设和发展新时代中国特色社会主义文化的新时代文化使命。从文化体系看，新时代中国特色社会主义文化仍然从属于中国特色社会主义文化，不是独立于中国特色社会主义文化的文化体系。同时也要看到，从文化价值看，新时代中国特色社会主义文化有其独特的文化内涵和文化价值，如同习近平新时代中国特色社会主义思想实现了马克思主义中国化时代化新的飞跃，习近平文化思想作为新时代中国特色社会主义文化的理论形态，凝结着新时代的文化精神，新时代中国特色社会主义文化实现了中国特色社会主义文化的新进展，是解放思想、实事求是、与时俱进、守正创新的产物。

以中国式现代化全面推进强国建设、民族复兴伟业，是新时代新征程党和国家的中心任务。文化是时代的精神旗帜，新征程呼唤新文化，要求塑造有利于实现新征程中心任务的文化环境。属于我们这个时代的新文化，就是新时代中国特色社会主义文化。文化反映时代并引领和塑造时代，新文化塑造新时代、引领新征程。新征程是在全面建成小康社会后，向着全面建成社会主义现代化强国继续进军的新征程，中国式现代化是最大的政治。新文化必然是体现中国式现代化这一最大政治的新文化，成为最大政治的文化反映。新征程是在不断满足人民日益增长的物质文化需要基础上，不断满足人民日益增长的美好生活需要，不仅要物质富裕而且要精神富足，不仅要求经济政治权利而且要求文化社会权利。新文化必然是反映人民日益增长的美好生活需要的新文化，与新时代的人民需要更加契合、人民心声更加一致、人民脉搏更加合拍，具有更加广阔的视野和更加深厚的底蕴。新征程是推动构建人类命运共同体，为人类谋进步、为世界谋大同的新征程。新文化必然是坚持全人类共同价值，主张开放包容，促进人类文明交流互鉴的新文化。

二、中国特色社会主义文化在新时代的丰富发展

新时代中国特色社会主义文化，是中国特色社会主义文化在新时代的丰富发展，与中国特色社会主义文化是一脉相承、与时俱进、守正创新的关系。

从文化的历史方位看，新时代中国特色社会主义文化是新时代的文化成果，新时代是文化发展新的历史方位。坚持和发展中国特色社会主义，是改革开放以来党全部理论和实践的主题。新时代是中国特色社会主义的新时代，而不是别的什么新时代。这是毫无疑义的。同时，新时代是我国发展新的历史方位，也是坚持和发展中国特色社会主义新的历史方位。新时代坚持和发展中国特色社会主义具有许多新的历史特点，这也就决定了新时代中国特色社会主义文化具有许多新的历史内涵。新时代的伟大变革，在党史、新中国史、改革开放史、社会主义发展史、中华民族发展史上具有里程碑意义。这些里程碑意义，无论是走过百年奋斗历程的中国共产党在革命性锻造中更加坚强有力，党和人民正信心百倍推进中华民族从站起来、富起来到强起来的伟大飞跃，书写了经济快速发展和社会长期稳定两大奇迹新篇章，还是科学社会主义在 21 世纪的中国焕发出新的蓬勃生机，实现中华民族伟大复兴进入了不可逆转的历史进程，都是新时代中国特色社会主义文化的生成逻辑，都以不同方式凝结为新时代新文化的历史内涵。

从文化的思想内涵看，新时代中国特色社会主义文化是在习近平新时代中国特色社会主义思想，特别是习近平文化思想指导下培育和创造的文化形态，习近平新时代中国特色社会主义思想是新文化的思

想标识。思想是文化的灵魂，一个时代的文化必定以该时代的引领性、主导性思想为精髓。如同毛泽东思想成为新民主主义文化、社会主义革命和建设时期文化的思想标识，邓小平理论、"三个代表"重要思想、科学发展观成为中国特色社会主义文化的思想标识，习近平新时代中国特色社会主义思想，已成为新时代中国特色社会主义文化的思想标识。习近平新时代中国特色社会主义思想，作为当代中国马克思主义、21世纪马克思主义，标定了新时代中国特色社会主义文化的思想高度；作为中华文化和中国精神的时代精华，凝结着"第二个结合"的思想结晶，推动形成了经由结合而成的新的文化生命体；实现了马克思主义中国化时代化新的飞跃，并在这一飞跃过程中推动新时代中国特色社会主义文化进入新的境界。习近平文化思想，明体达用、体用贯通，既有新时代文化建设的思想理论，又有新时代文化建设的实践要求，擘画了新时代中国特色社会主义文化建设的宏伟蓝图，是新时代文化建设的科学指导。

从文化的精神品格看，新时代中国特色社会主义文化是坚定文化自信、秉持开放包容、坚持守正创新的新文化，充溢着新时代的文化精神。每一时代的文化都有其鲜明的文化精神。培育和创造新时代中国特色社会主义文化，建立在坚定文化自信的基础上，这就是对中国特色社会主义文化的高度自信。由于文化自信，才能够继续推进和深化中国特色社会主义文化建设。这种文化自信，是文化开放包容的底气，有了文化自信，就能够自觉主动地吸收其他国家文化的优秀成果。这种文化自信，是文化守正创新的根基，由于文化自信，才勇于守文化之正，努力创文化之新。培育和创造新时代中国特色社会主义文化，必然要求在推进高水平对外开放的进程中，秉持开放包容的文化胸怀。面对其他国家的文化，不搞文化封闭，盲目排斥国外文化，而是推进文化的交流交往，增进不同文化之间的理解和包容。培育和创造新时代中国特色社会主义文化，本身就意味着守正创新，坚守中华优秀传统文化、革命文化、社会主义先进文化，传承中国特色社会主义文化建设的全部成果，同时推进文化创新，创新文化的内容和形式、道路和机制。坚持守正创新既是理论创新的基本遵循，也是文化发展的基本准则。

社会主义现代化的文化之维 *

党的十九大开启了全面建设社会主义现代化国家新征程，这是新中国成立后党带领人民不懈奋斗、建设现代化国家历史进程的一次伟大飞跃。现代化是全方位、多领域、各层次的变革和跃升，并不仅限于农业、工业、国防和科技的"四个现代化"领域。文化是社会结构的有机组成，全面现代化是包括文化在内的各个领域的现代化。现代化不仅是技术方式和生产方式的自然演进过程，也需要思想引领、精神激励、文化支持。文化是一个国家、一个民族的灵魂，也是国家现代化进程中的灵魂，全面建设社会主义现代化国家必须要有文化的基础和保证。坚持和发展中国特色社会主义文化，强化社会主义现代化的文化之维，是建成富强民主文明和谐美丽的社会主义现代化强国的内在要求。

一、文化是全面建设社会主义现代化国家的重要领域

文化是经济、政治、社会等的反映，同时又是社会上层建筑的重要构成。随着社会形态的演变，文化在社会发展进步中的作用明显增强，国家文化软实力的分量越来越重。随着我们党对社会主义建设规

---

* 本文写于2018年。

律的认识加深，党的文化自觉达到新的高度，文化建设规模扩展、力度加大。

从"四个现代化"到全面现代化。新中国成立后，我们党开始了建设社会主义现代化国家的努力探索。党在过渡时期的总路线就提出了农业和交通运输业的现代化，建立巩固的现代化国防。1954年召开的一届全国人大一次会议，明确提出建设现代化的工业、农业、交通运输业和国防的目标。1964年召开的三届全国人大一次会议进一步提出，在不太长的历史时期内，把我国建设成为一个具有现代农业、现代工业、现代国防和现代科学技术的社会主义现代化强国。改革开放后，邓小平在20世纪80年代伊始开宗明义："我们从八十年代的第一年开始，就必须一天也不耽误，专心致志地、聚精会神地搞四个现代化建设。"① 改革开放以来党的历次全国代表大会，都强调社会主义现代化建设，一以贯之地推进建设社会主义现代化国家新的长征。党的十八届三中全会明确提出推进国家治理体系和治理能力现代化，社会主义现代化增加了治理之维。党的十九大明确提出建设现代化经济体系，将工业、农业、科技现代化统一纳入现代化经济体系之中；提出加快教育现代化，强化现代化的教育基础建设；提出人与自然和谐共生的现代化，增加了社会主义现代化的生态之维；将国防和军队现代化的内涵具体化为军事理论现代化、军队组织形态现代化、军事人员现代化、武器装备现代化；等等。可以看出，党对社会主义现代化领域的认识，是一个不断拓展和深化的过程。

从"五位一体"总体布局看文化建设。改革开放40年来，我们

---

① 《邓小平文选》第二卷，人民出版社1994年版，第241页。

党在开创中国特色社会主义道路的过程中,在对总体布局的认识上逐步形成了经济建设、政治建设、文化建设、社会建设、生态文明建设"五位一体"总体布局。"五位一体"构成了建设中国特色社会主义的主要领域,统筹推进"五位一体"总体布局构成了全面发展、相互支撑的系统格局。从提出建设社会主义精神文明,到提出建设中国特色社会主义文化,再到提出建设社会主义文化强国;从提出坚持社会主义核心价值体系、培育社会主义核心价值观,到提出增强国家文化软实力、增强文化自信等,都反映了在改革开放、社会主义现代化建设的进程中,文化是与其他领域同等重要的领域,文化建设始终是不可或缺的内容。文化兴国运兴,文化强国运强。没有文化的血脉贯通,没有精神的力量支撑,就不成其为中国特色社会主义。现代化是社会历史的整体性变革,从世界现代化的进程看,文艺复兴起到了思想解放、价值转变、视野开拓、科学革命的作用,是西方现代化的先声和先导。全面建设社会主义现代化国家,必然将文化建设的现代化纳入其中,使文化成为现代化的文化基因。

从"三个自信"到"四个自信"。党的十八大强调坚持和发展中国特色社会主义道路、理论体系、制度,增强道路自信、理论自信、制度自信。党的十八大以来,习近平总书记进一步提出增强文化自信,指出"文化自信是一个国家、一个民族发展中更基本、更深沉、更持久的力量"[1]。这就从"三个自信"拓展为"四个自信",提升了文化在中国特色社会主义自信中的独特地位。道路自信是以道路中蕴含的文化的自

---

[1] 习近平:《决胜全面建成小康社会 夺取新时代中国特色社会主义伟大胜利——在中国共产党第十九次全国代表大会上的报告》,人民出版社2017年版,第23页。

信为基础的，理论自信是以对科学理论真理力量的文化信念为底蕴的，制度自信是以对建立制度的文化理念的自信为前提的。所以，文化自信是更基础、更广泛、更深厚的自信。与"四个自信"相适应，中国特色社会主义的基本内涵和基本结构，从道路、理论、制度"三位一体"拓展为道路、理论、制度、文化"四位一体"。因此，没有高度的文化自信，没有文化的繁荣兴盛，就没有中华民族伟大复兴。

全面建设社会主义现代化国家的文化建设现代化。文化建设是全面建设社会主义现代化国家的题中应有之义，习近平总书记在党的十九大报告中，将国家文化软实力明显增强作为基本实现社会主义现代化的重要目标，将物质文明、政治文明、精神文明、社会文明、生态文明全面提升作为全面建成社会主义现代化国家的基本目标。这就表明了全面建设社会主义现代化国家与文化建设密不可分，没有文化建设的现代化，就没有全面的现代化。怎样理解和把握社会主义现代化的文化之维，可不可以说社会主义文化现代化或者社会主义现代化文化？文化现代化是一个历史的范畴，是指在人类社会现代化的进程中，文化这种社会形式，也经历了一个自我更新、自我完善，适应现代化、跟随现代化、引领现代化，从而实现文化现代化的过程。文化现代化还是一个政治的范畴，不同的社会形态有不同性质的现代化，不同的社会制度有不同内涵的文化现代化。现代化不是资本主义的专利，按照马克思、恩格斯的思想，社会主义现代化是人类社会现代化的高级阶段和高级形态。社会主义现代化包括各个领域的现代化，是社会主义国家的奋斗目标，是中国共产党的不懈追求。可以说，建设社会主义先进文化，坚持倡导社会主义核心价值观，加快构建中国特色哲学社会科学，繁荣发展社会主义文艺，推动中华优秀传统文化创造性转化、创新性发展，建设具有强大凝聚力和引领力的社会主义意识形态等，都是社会主义文化现代化的标识，是社会主义现代化文化的内涵。

社会主义现代化进程中的文化发展规律。从新中国成立后党领导社会主义现代化建设的进程看，现代化的优先目标是与国家发展的迫切需求连在一起的。在国民经济恢复时期，农业满足人民最基本的食物需求，交通运输业是国民经济的动脉，国防建设关系新中国的安危，这些就自然成为过渡时期总路线的优先目标。在社会主义建设时期，农业是基础，工业为主导，科学技术是现代化的关键，国家富强不可一日无国防，由此"四个现代化"顺势而出。改革开放以来，中国特色社会主义制度逐步完善、不断巩固，如何将制度优势转化为治理效能，是发展中国特色社会主义制度的重大课题。党的十八届三中全会提出了国家治理体系和治理能力现代化，治理是国家运行的基本机制，国家治理不够顺畅、不够高效，自然会影响社会主义国家的各项建设，掣肘社会主义现代化的进程。党的十九大将全面建设社会主义现代化国家作为新时代中国特色社会主义发展的战略安排的主要内容，社会主义现代化从"四个现代化"进入"全面现代化"的新时代。全面建设就是指未来30多年的现代化建设，包括经济、政治、文化、社会、生态、国防和军队、政党、国家治理、人的全面发展等各个领域的现代化建设。这是由于现代化是全面的现代化、体系的现代化，全面建设社会主义现代化国家，本身就要求现代化的总体性，不能单打独奏，也不能仅仅是几个领域。社会主义现代化是由各个领域的现代化所构成的，需要总体推进与局部跃升相结合，文化建设现代化不可或缺、十分重要。

二、文化是全面建设社会主义现代化国家的精神支撑

现代化不仅是技术方式、生产方式和生活方式变迁的过程，而且也是思维方式、行为方式、交往方式转变的过程。从近代以来的现代化进程看，一个国家实现现代化，不仅需要经济总量、军事力量等硬实力的提高，而且需要价值观念、思想文化等软实力的提高。文化是社会形态的鲜明特征和显著标识，是全面建设社会主义现代化国家的精神之维和思想之魂。

文化高扬社会主义现代化的思想旗帜。中国共产党 90 多年来团结带领人民进行伟大社会革命的历史，同时也是建设与党的性质和宗旨相一致，与中国发展进步潮流相一致的先进文化的历史。新民主主义革命时期，党和人民创造了新民主主义的文化，这就是无产阶级领导的人民大众的反帝反封建的文化，是民族的科学的大众的文化，是中华民族的新文化，由此成为新民主主义革命的思想旗帜。新民主主义文化犹如大海中的灯塔，对于动员广大人民群众投身于党领导的革命和解放事业，起到了强大的引领和激励作用。社会主义革命和建设时期，党和人民创立了社会主义文化，这就是以马克思列宁主义、毛泽东思想为指导，以共产主义理想和社会主义信念为灵魂，以社会主义道德为准则，以培养社会主义新人为己任的新文化。社会主义文化对于增强社会主义的凝聚力和向心力，塑造中国人民新的素质，推动社会主义事业发展，发挥了重大作用。新民主主义文化和社会主义文化，是中华民族实现了从"东亚病夫"到站起来伟大飞跃的思想旗帜。改革开放新时期，党和人民创立了中国特色社会主义文化，是改

革开放40年来中国特色社会主义取得巨大成就，中华民族实现了从站起来到富起来伟大飞跃的思想旗帜。进入中国特色社会主义新时代，在全面建设社会主义现代化国家的新征程中，在中华民族迎来了从富起来到强起来的伟大飞跃中，中国特色社会主义文化同样是实现社会主义现代化的思想旗帜。

文化增强社会主义现代化的精神动力。全面建设社会主义现代化国家，是一场新的伟大社会革命。要将这场伟大社会革命进行到底，必须要有文化的支持。邓小平在党的十一届三中全会上指出，"实现四个现代化是一场深刻的伟大的革命"[①]，同时要求全党团结一致，同心同德，解放思想，开动脑筋，善于学习，善于重新学习。这就表明，新时期党和国家的中心工作是社会主义现代化，但如果思想不解放，思想僵化，一切从本本出发，社会主义现代化就不可能实现。可以说，真理标准问题大讨论和思想解放运动，是新时期建设社会主义现代化的思想发动和精神呼唤。党的十一届三中全会召开40年后，我国社会主义现代化建设站在新的历史起点上，开启全面建设社会主义现代化国家新征程，必须进行具有许多新的历史特点的伟大斗争。有效应对重大挑战、抵御重大风险、克服重大阻力、解决重大矛盾，包括坚决战胜一切在政治、经济、文化、社会等领域和自然界出现的困难和挑战，同时要求以伟大精神赢得伟大斗争。习近平总书记在十三届全国人大一次会议上强调的伟大民族精神，实质上就是开启全面建设社会主义现代化国家新征程的精神动力。伟大民族精神是中华民族5000多年文明历史的强大精神动力，也是全面建成社会主义现代化强国的强

---

① 《邓小平文选》第二卷，人民出版社1994年版，第152页。

大精神动力。伟大创造精神激励开拓创新实现现代化，伟大奋斗精神激励攻坚克难实现现代化，伟大团结精神激励万众一心实现现代化，伟大梦想精神激励坚定不移实现现代化。

文化确立社会主义现代化的价值标准。坚持社会主义核心价值体系，是新时代坚持和发展中国特色社会主义基本方略的重要内容。我国的现代化是社会主义现代化，一个根本特征，就是坚持社会主义核心价值体系，由此构成我国现代化的价值准则。坚持社会主义核心价值体系，包括坚持马克思主义，牢固树立共产主义远大理想和中国特色社会主义共同理想，培育和践行社会主义核心价值观，不断增强意识形态领域主导权和话语权，更好构筑中国精神、中国价值、中国力量，等等。社会主义核心价值体系，规定了社会主义现代化的基本性质，决定了中国特色社会主义现代化道路的前进方向，指明了全面建设社会主义现代化国家的价值导向。核心价值观是决定文化性质和方向的最深层次要素。习近平总书记在党的十九大报告中指出："社会主义核心价值观是当代中国精神的集中体现，凝结着全体人民共同的价值追求。"[1] 可以说，社会主义核心价值观就是社会主义现代化的价值追求。富强、民主、文明、和谐以及美丽，就是我们要建设的社会主义现代化国家；自由、平等、公正、法治，就是我们要建设的社会主义现代化社会；爱国、敬业、诚信、友善，就是我们要培育的社会主义现代化公民。社会主义核心价值观从价值观念转变为价值实践，就是社会主义现代化的建成。

---

[1] 习近平：《决胜全面建成小康社会　夺取新时代中国特色社会主义伟大胜利——在中国共产党第十九次全国代表大会上的报告》，人民出版社2017年版，第42页。

文化厚植社会主义现代化的智力基础。文化建设包括发展文化事业和文化产业，建设教育强国，建设学习型社会，提高国民素质等。社会主义现代化是以全民族的精神文明大大提高、全社会的文化素养大大增强为条件的。经济落后建不成现代化，文化落后同样建不成现代化。在综合国力竞争中，科技竞争的基础是人才竞争，人才竞争的基础是教育竞争。没有教育的现代化，就没有国家的现代化。党的十九大提出加快教育现代化，表明了全面现代化，教育要先行，是为全面建设社会主义现代化国家提供人才队伍和智力资源，建好基础工程。新时代文化建设，既要加强思想道德建设，繁荣发展社会主义文艺，满足人民日益增长的美好精神生活需要，也要优先发展教育事业，发展素质教育，推进教育公平，办好继续教育。

三、中国特色社会主义文化是文化建设现代化的根本标识

改革开放 40 年来，中国特色社会主义的基本内涵不断丰富拓展，从道路、理论、制度到文化。中国特色社会主义文化，是在建设中国特色社会主义的实践过程中形成的根本文化成就。全面建设社会主义现代化国家，与之相适应、符合其需要的文化，就是中国特色社会主义文化；我们所说的文化现代化或现代化文化，就是中国特色社会主义文化。

中国特色社会主义文化是社会主义现代化的显著特征。中国特色社会主义文化积淀着中华民族最深层的精神追求，源自于中华民族5000 多年文明历史所孕育的中华优秀传统文化，熔铸于党领导人民在

革命、建设、改革中创造的革命文化和社会主义先进文化，代表着中华民族独特的精神标识。社会主义现代化与资本主义现代化相比，有着共同的内涵标准和文明形式，也有着独特的本质、特色和优势。中国特色社会主义文化，有着明显的民族特色，是中华民族5000多年文明历史的文化结晶，也是中国社会主义现代化的文化底蕴。中国特色社会主义文化，有着明显的政治属性，是中国特色社会主义道路、制度的思想形式，社会主义意识形态表明社会主义现代化文化的本质特征。中国特色社会主义文化，有着明显的现代属性，顺应历史潮流，走在时代前列，反映人民心声，吸收人类文化优秀成果，代表着先进文化的前进方向。在经济全球化时代，各个国家和民族可以生产和使用同样同质的科技产品，但不能接受同一种文化或信奉同一种宗教，文化有其独特内涵和价值。

中国特色社会主义文化是文化建设现代化的本质内容。中国特色社会主义文化，决不是全面建成社会主义现代化国家之前的文化，决不是社会主义现代化文化的"前现代"文化。从历史脉络看，中国特色社会主义文化融历史文化、当代文化、未来文化于一体，源远流长、根深叶茂，有着强大的生命力。从指导思想看，中国特色社会主义文化以马克思主义为指导，马克思主义是中国特色社会主义文化的灵魂，马克思主义中国化的成果，集中体现了中国特色社会主义文化的时代精神，注入了时代内涵。从发展维度看，中国特色社会主义文化面向现代化、面向世界、面向未来，这一文化内在地与现代化相契合，不仅不排斥而且是向往新世界新社会的；这一文化自觉地与世界相连接，不仅不封闭而且是开放包容的；这一文化前瞻地与未来相一致，不仅不停滞而且是构想创造美好愿景的。从基本属性看，中国特色社会主义文化是民族的科学的大众的文化，民族的文化保持了现代化的文化之根，科学的文化保证了现代化的文化之魂，大众的文化彰显了现代化的文化之本。从动力机制看，中国特色社会主义文化坚持创造性转化、创新性发展，这一转化和发展，既包括中华优秀传统文化在新时代的创造性转化、创新性发展，也包括革命文化、社会主义先进文化的创造性转化、创新性发展，从不停止在某一个发展阶段和发展水平，与实践同行，与时代同步，与现代化同进。

中华优秀传统文化提供社会主义现代化的中国智慧。传统与现代既有矛盾冲突的关系，也有相容相济的关系。中华优秀传统文化是中国特色社会主义文化的牢固根基和有机构成，以其深厚的思想底蕴和长久的历史积淀，滋养着中国特色社会主义文化。中华优秀传统文化在走向社会主义现代化的今天，仍然是宝贵的思想富矿和有益的精神源泉。比如，中华优秀传统文化中关于"天人合一"与"天行健，君子以自强不息"的思想，对于在现代化进程中处理好人与自然的关系有重要启示。既要承认人是从属于自然的，不能违背自然规律，同时人在自然规律面前又不是消极无为的。中华优秀传统文化中关于"大道之行，天下为公"的思想，成为中国共产党人为实现社会主义现代化、让现代化为全体人民造福的精神动力。中华优秀传统文化中关于"仁者爱人""与人为善"的思想，是社会主义现代化国家人与人之间关系仍然适用的行为规范。中华优秀传统文化中关于"老吾老以及人之老，幼吾幼以及人之幼""扶贫济困"的思想，是社会现代化、完善社会保障、促进社会和谐的思想根据。

革命文化赋予社会主义现代化以红色基因。中国共产党在带领人民进行新民主主义革命的艰辛实践中，形成了"革命理想高于天"的革命理想主义,"砍头不要紧,只要主义真"的革命英雄主义,"万水千山只等闲"的革命乐观主义,官兵一致的革命民主主义,"加强纪律性,革命无不胜"的纪律观念,热爱人民、依靠人民的群众路线等内容的革命文化。革命文化上承中华优秀传统文化,基于中国无产阶级和人民大众的革命性,下启社会主义先进文化,是中国特色社会主义文化形成发展的重要环节,是中国特色社会主义文化的重要组成。进入社会主义革命和建设时期、改革开放新时期、中国特色社会主义新时代,党仍然在进行新的伟大社会革命,仍然需要保持和弘扬革命精神,仍然需要革命文化的滋养。革命文化所蕴含的红色基因,并不仅仅是传统的,而且也是现代的,并不仅仅是革命战争年代的精神旗帜,而且也是实现社会主义现代化的精神财富。从马克思主义革命党的本质属性看,马克思主义是站在时代前列、引领世界潮流的现代思想体系,是反映人类历史现代化发展方向的科学理论形态。马克思主义革命党是世界现代化的产物,中国共产党的红色基因,实质上是代表先进与现代,红色基因本身就包含着现代基因。

社会主义先进文化引领社会主义现代化的前进方向。社会主义先进文化,是新中国成立后,党带领人民在社会主义革命和建设、改革开放新的伟大革命、新时代伟大社会革命的长期实践中,在传承弘扬中华优秀传统文化、革命文化的基础上,反映社会主义本质要求,满足人民日益增长的美好精神生活需要,培养全面发展的社会主义新人的新型文化。社会主义先进文化是中国特色社会主义文化的本质内容和时代标识。社会主义先进文化,作为中国特色社会主义文化的主体部分,与社会主义现代化的文化高度契合、高度统一。社会主义先进文化,表明了社会主义现代化的文化是什么样的文化。建设以社会主义先进文化为核心的中国特色社会主义文化，就是社会主义文化现代化的发展方向。

四、探索中国特色社会主义文化建设现代化的重要规律

全面建成社会主义现代化强国能否取得成功，关键在于能否掌握好运用好全面建设社会主义现代化国家的规律。文化建设现代化的规律是现代化建设规律的重要组成，遵循这一规律才能建成社会主义文化强国，铸就中华文化新辉煌。

统筹推进社会主义现代化总体布局。习近平新时代中国特色社会主义思想，明确中国特色社会主义事业总体布局是"五位一体"、战略布局是"四个全面"，这是新时代坚持和发展中国特色社会主义的一条基本经验。统筹推进"五位一体"总体布局，要求把文化建设放在全面建设社会主义国家的大局中来实施，通过各个领域的现代化来促进和保证文化建设的现代化。全面建设社会主义现代化国家，是一个同步推进、互相促进的过程，任何一个领域的滞后都会制约其他领域的发展。不能以为文化只是软实力，就可以轻视或忽略，实际上软实力同样也是重实力。没有文化领域的现代化，就没有全面建成的现代化。

扎根历史，面向未来。现代化是人类社会的发展方向，指向未来。现代化又不是无源之水、无本之木，是从历史走来，以全部历史的积累为根基的。文化更是如此，无论走多远，无论变化多大，无论如何现代，文化的根和脉都深藏于历史之中。文化现代化不能抛弃文化的根脉，而且要从历史的文化中汲取营养、学习智慧。现代化是大

势所趋、人心所向。文化如同一条江河，奔腾不息、流向大海，面向现代化、进入现代化、反思现代化，是文化发展的必然要求。

坚定文化自信，吸收人类文明。文化首先是民族的，从更大的视野看文化又是世界的。中国特色社会主义文化的发展，建立在高度的文化自信基础上，坚信这一文化经历了中华文明5000多年的润养、淬炼，愈益醇厚和纯净；经历了新民主主义文化的砥砺、提炼，与世界和时代贯通；保持着先进文化的前进方向，是紧跟时代潮流、昭示现代化趋势的文化。中华文化是中国各个民族文化交流交融的结晶，也是与世界各国文化交往交锋的产物。中国特色社会主义文化的发展，以海纳百川的胸怀，不忘本来、吸收外来，学习借鉴世界各国文明和文化的优秀成果。

坚持和发展社会主义核心价值体系。价值体系和价值观是决定文化本质属性的内核。建设社会主义现代化文化，不仅在于文化形式、样式、手段、媒介的创新，而且在于核心价值体系和核心价值观的构建。社会主义核心价值体系和社会主义核心价值观，是社会主义文化现代化的精髓，丢掉了这个，就丢掉了社会主义现代化文化的根本。建设社会主义现代化是一个长期的实践，在发展的进程中都会有新的内容、新的认识、新的价值产生。因此，社会主义核心价值体系也是一个不断丰富拓展的过程，社会主义核心价值观也是一个逐步精炼完善的过程。现代化文化的一个显著特征，就是它不是静止停滞的而是生长向上的。

用中国特色社会主义文化提高人民素质。文化要求人化，文化只有作用于人，通过人的变化，以文化人，才能发挥教化作用。习近平总书记在党的十九大上要求提高人民思想觉悟、道德水准、文明素养，提高全社会文明程度，就是用中国特色社会主义文化影响教育人民。社会主义现代化要求促进人的全面发展，文化建设是基础。托起现代化社会的是现代化的人，没有人的现代化就没有社会现代化。全面建设社会主义现代化的过程，特别是建设社会主义现代化文化的过程，就是培养和塑造社会主义现代化新人的过程。

推进文化创新。创新是引领发展的第一动力，建设创新型国家乃至全面建设社会主义现代化国家，都需要倡导创新文化，让创新成为伟大民族精神的核心内涵，成为社会主义现代化的精神动力。文化创新是创新文化之母，一个民族的文化底蕴是内生创新、鼓励创新、褒奖创新的，创新文化的培育才有可能。中国特色社会主义文化，坚持百花齐放、百家争鸣，坚持创造性转化、创新性发展，这就造就了以文化创新催生创新文化、以文化创新促进社会创新的生动局面。文化创新的一个基本要求，就是不断满足人民日益增长的美好精神生活需要，让全体人民在满足物质生活需要的基础上，更有获得感、幸福感、安全感，享受更有尊严、更有品位、更有价值、更有乐趣的精神生活。

高质量发展的文化基础 *

高质量发展，是建设现代化经济体系的核心内涵，是社会主义现代化的重要标识。怎样实现高质量发展，不仅要从供给侧结构性改革、产业体系建设和经济体制构建方面着力，而且要从培塑高质量发展的文化基础着力。文化是发展更基础、更广泛、更深厚的力量，也是高质量发展的软实力，看似无形，实则有效。

一、文化是高质量发展的深层要素

文化是科学理论、精神力量、思维方式、价值观念、行为准则等的总和。在人类社会中，文化无所不在，渗透于社会生产方式、劳动方式、生活方式、交往方式之中，并影响和制约着社会发展。高质量发展，无论是在经济领域，还是在社会领域，都不仅仅是发展方式问题，而且也是思想文化问题，有着深层的文化根基。推进高质量发展，不能不将文化要素纳入其中。

从高速增长阶段转向高质量发展阶段包含着支撑发展的文化转变。党的十九大指出，我国经济已由高速增长阶段转向高质量发展阶段，这是改革开放 40 多年来党带领人民坚持党的基本路线，把发展

---

* 本文写于 2019 年。

作为执政兴国的第一要务，持续推进中国特色社会主义创新发展的必然结果，是社会主义建设规律特别是社会主义现代化建设规律的内在要求。发展阶段的转变，是一个系统的转变、整体的转变，根本的是现代化经济体系的建立。而现代化经济体系的建立，不仅包括技术体系、产业体系、制度体系等，而且包括思想文化体系的支持。改革开放40多年来中国发展的巨大成就，决不仅仅是生产的成就、物质的成就、消费的成就，而且也是思想的成就、精神的成就、文化的成就。同样，进入新时代，建设什么样的现代化经济体系，怎样建设现代化经济体系，什么是高质量发展，怎样才能实现高质量发展，都离不开文化的定向、引领、支持。

高质量发展是从发展方式、经济结构、增长动力到思想观念、文化品位、行为方式的全面转变。转向高质量发展阶段，就是发展方式从粗放式增长向高质量发展转变，经济结构从传统产业向现代化经济体系优化，增长动力从要素驱动向创新驱动转换的攻关期。这一转向，是经济体系的深刻变革，同时也伴随着思想文化的深刻变革。发展方式受制于文化方式，转变发展方式，不能不转变重数量轻质量、重规模轻实质、重形式轻内容、重当下轻长远的思想观念。经济结构与文化结构相联系，优化经济结构，必须从故步自封、囿于束缚、甘于落后、沉湎旧习的文化惯性中解放出来。增长动力内含着文化动力，转换增长动力，就是要使创新成为民族、组织、企业乃至个人的行为方式。只有实现文化转变，才能实现高质量发展。

质量变革、效率变革、动力变革的底蕴是人的变革特别是人的文化的变革。转向高质量发展，意味着发展的质量变革，从低质量到高质量；意味着发展的效率变革，从低效率到高效率；意味着发展的动力变革，从旧动力到新动力。发展的三大变革，不是自然而然的变革，而是主体主导的变革，是人的变革的结果。质量是人的活动的产物，效率是人的劳动的能力，动力是人的创造的结果。这些变革看起来是产品变革、内涵变革、机制变革，实质上是人的变革。人的变革，主要不在人的自然力量的增长，而在人的社会力量的扩展。文化的力量是社会的力量的核心，正是有了追求质量、讲求效率、注重动力的人，才可能实现质量变革、效率变革、动力变革。

二、与高质量发展相适应的文化品格

推动高质量发展，是一个文化演进的过程。形成与高质量发展相适应的文化品格，是高质量发展的必要条件。

攀登高峰。高质量发展从发展境界而言，是一种追求新高度、攀登新高峰、达到制高点的发展境界。高质量意味着克服思维定势、摆脱习惯引力、超越达到高度。满足现状、因循守旧、得过且过，不可能高质量。高质量发展是一个无止境的过程，从来不会停止在某一个水平上，这就要求在更加广阔的视野中、在动态竞争的格局中把握发展、推进发展。

求真务实。高质量发展是实践的事情，要通过发展的进展和效果切实体现出来，要通过经济社会各个领域各个层面实际创造出来，要通过一系列指标体系真实显示出来。实现高质量发展，必须求真务实。求真就是遵循高质量发展规律，务实就是让高质量成为实践、成为现实。

勇于创新。高质量发展要求改变现状，形成新的质量、新的内涵、新的标准、新的效用，这些都要通过创新实现。创新是引领发展的第一动力，是建设现代化经济体系的战略支撑。只有倡导创新文化，让创新成为国家、组织、企业的第一需要，实现前瞻性基础研究、引领原创性成果重大突破，实现关键共性技术、前沿引领技术、现代工程技术、颠覆性技术创新，高质量发展才能获得坚实基础和上升托力。

追求完美。高质量发展包含着精益求精的精神境界，用完美来诠释高质量。高质量发展总是在寻找不足、瞄准弱项、发现短板，把解决不足、提升弱项、补齐短板作为高质量发展的突破口，在这一过程中实现高质量。高质量高就高在正视低端、改变低端，从低端到高端。追求完美不是痼癖，而是对人能达到什么样的高度、做出什么样的成就、展现什么样的境界的一种证明。

恪守诚信。高质量产品是由工匠精神打磨出来的，质量是诚信的产物。诚信就是一种虔诚的工作态度，一种守信的职业精神，一种负责的价值理念，一种坚守的执着韧性。高质量产品需要诚信精神，高质量发展同样需要诚信精神。因为高质量发展是国家行为，能否实现高质量发展与民族精神关系很大。诚信精神是国家高质量发展的一块文化基石，高质量发展也是民族精神包括诚信精神的一个证明。

精准精细。高质量发展是精准发展、精细发展。精准表明发展在对空间、时间、尺度、节奏的利用和把握上，达到了很高的水准。精细表明对细节的重视、雕琢成为普遍的文化现象。忽略细节，无数细节的低水准，不可能达到高质量。

三、在建设现代化经济体系进程中培塑现代化文化

建设现代化经济体系，是全面建设社会主义现代化国家的重要内

容。研究高质量发展的文化基础，要放到全面现代化的大环境中来考察，放到社会主义现代化文化的大背景下来审视。从根本上说，高质量发展的文化基础，属于中国特色社会主义文化建设的范围，属于社会主义现代化文化建设的范围。

建设现代化经济体系、推进高质量发展与建设现代化文化一体化。从"四个现代化"到全面现代化，表明经济、政治、文化、社会、生态文明、国防和军队建设等领域，都有相应的现代化建设目标。在全面现代化的进程中，这些领域的现代化建设相互联系、相互促进。在经济领域也是如此，建设现代化经济体系，不能离开文化的支撑和配合；推进高质量发展，离不开现代化文化的支持。没有相应的现代化文化，就建不起现代化经济体系，托不起高质量发展。

建设现代化文化与人的全面发展一体化。人创造文化，文化也塑造人。经济的高质量发展，必须以人的高质量发展为条件。因此，建设现代化文化，必须落实到人的全面发展上。人的全面发展，包括全面的关系、全面的素质、全面的能力，成为具有普遍性的人。

人的全面发展与适应高质量发展的人的培养一体化。习近平总书记在全国宣传思想工作会议上强调，育新人，就是要坚持立德树人、以文化人，提高人民思想觉悟、道德水准、文明素养，培养能够担当民族复兴大任的时代新人。这一重要论述，指明了育新人是新形势下宣传思想工作的重要使命任务，这也是为全面建设社会主义现代化国家、为实现高质量发展培育时代新人。

新时代防范化解意识形态领域重大风险 *

防范化解重大风险,是习近平新时代中国特色社会主义思想的重要内容,是中国特色社会主义新时代的战略任务。意识形态安全风险在国家安全风险中占有重要地位、起着关键作用,防范意识形态风险是党和国家须臾不可忽视和放松的"国之大事"。2019 年 1 月 21 日,习近平总书记在省部级主要领导干部坚持底线思维着力防范化解重大风险专题研讨班开班式上发表重要讲话,就防范化解政治、意识形态、经济、科技、社会、外部环境、党的建设等领域重大风险作出深刻分析,提出明确要求。防范化解意识形态领域重大风险,是新时代坚持和发展中国特色社会主义、实现中华民族伟大复兴的文化安全保障。

一、防范化解意识形态领域重大风险,事关党的前途命运、国家长治久安和民族凝聚力向心力

意识形态是占统治地位经济关系、政治关系的思想表现,是国家的思想上层建筑。意识形态反映和服务于经济、政治,又影响和改变经济、政治。意识形态风险是指居于主导地位的国家意识形态,在各

---

* 本文写于 2020 年。

种因素影响下改变性质、受到冲击、地位颠覆、作用丧失的危险和可能。意识形态通过人的思想、价值观、精神状态等发生作用，引导和制约人、组织、社会的行为，能量非同小可、关系十分重大。习近平总书记指出："历史和现实反复证明，能否做好意识形态工作，事关党的前途命运，事关国家长治久安，事关民族凝聚力和向心力。"①

（一）意识形态安全风险在国家安全系统性风险中起着关键作用

中国特色社会主义是由经济、政治、文化、社会、生态文明建设，国防和军队建设、"一国两制"、党的建设、国际关系等领域构成的系统。国家安全以这些领域为基础，构成国家总体安全。党的十八大后，习近平总书记提出"总体国家安全观"，将国家各领域的安全放在总体国家安全观的视野下和框架内来思考、谋划和推进，要求构建集政治安全、国土安全、军事安全、经济安全、文化安全、社会安全、科技安全、信息安全、生态安全、资源安全、核安全等于一体的国家安全体系。在抗击新冠疫情的斗争中，习近平总书记又提出了"国家总体安全"的范畴，进一步强调了国家安全及其风险的总体性。在国家安全体系中，任何领域、任何方面的风险，都不是互不相干，只在各自领域和方面起作用，而是内在关联、迅速传导、相互激荡、叠加放大，构成了风险集合、风险系统。因此，维护国家总体安全，就是要像习近平总书记所强调的，"不让小风险演化为大风险，不让个别风险演化为综合风险，不让局部风险演化为区域性或系统性风险，

---

① 《习近平关于总体国家安全观论述摘编》，中央文献出版社2018年版，第99页。

不让经济风险演化为社会政治风险，不让国际风险演化为国内风险"①。

在国家安全风险中，意识形态风险看上去不像其他风险那样表现显著、效果直接、波及广泛，但其形成更为简便、方式更为隐蔽、影响更为深远。金融风险对社会的冲击力很大，但金融风险是经济社会、内部外部多种因素的综合产物，而意识形态风险更多的是通过信息传播、媒体途径、舆论空间形成的，却又能干扰破坏其他领域的正常运行，引发其他领域的风险。政权风险导致国家政权的颠覆，是执政的最大风险。导致政权颠覆有多种原因和方式，意识形态是一个不可或缺的原因和方式。毛泽东指出："凡是要推翻一个政权，总要先造成舆论，总要先搞意识形态方面的工作。"② 因此，一个政权的瓦解往往是从思想领域开始的，思想防线被攻破了，其他防线就很难守住。政治动荡、政权更迭可能在一夜之间发生，但思想演化是个长期过程。战争风险对国家安全的威胁最大，对国家的摧毁性最强。战争武器是一种硬实力，造成"硬杀伤"，但意识形态渗透和传播也可以成为一种武器，是使用软实力对国家价值观念、国民信仰信念的"软杀伤"，是看不见硝烟的战场。必须从国家总体安全战略和全局高度，重视和防范意识形态重大风险。

（二）意识形态领域往往是"颜色革命"的突破口

近年来，西方国家先后在一些国家和地区策划"颜色革命"，利用某些国家和地区的内部问题或某个事件，推波助澜、内外呼应，网

---

① 《十八大以来重要文献选编》（中），中央文献出版社2016年版，第834页。
② 《毛泽东年谱（1949—1976）》第五卷，中央文献出版社2013年版，第153页。

上和网下密切协同，舆论和暴力共同发作，最终达到颠覆政权、改旗易帜的目的。"颜色革命"与赤裸裸的武装入侵不同，往往是思想入侵打头阵，意识形态作为突破口，从虚无历史、诋毁传统、否定价值、搞乱思想入手。一些国家发生社会动荡、政权更迭，很重要的一个原因就是核心价值体系混乱了，核心价值观受到了怀疑和否定。苏联解体、东欧剧变是这样，"阿拉伯之春"是这样，各式各样的"颜色革命"也是这样。所谓"颜色革命"，实质就是意识形态改变颜色。

意识形态成为"颜色革命"的突破口，这是西方国家谋取战略利益一种更有效更隐蔽的方式和途径。随着殖民体系的崩溃、主权国家的普遍，对于美国等西方国家来说，无论是谋取全球利益还是占据地缘优势，最为稳妥的手段是在经济全球化的浪潮中推行"西化"，大搞价值观输出、西式民主输出，在相关国家培植和扶持代理人，争取部分民众包括精英的支持，达到不费一枪一弹实现垄断资本利益最大化的目的。"制脑权"的掌控比制空权的掌控更直接。随着信息技术的革命、网络时代的到来，意识形态传播得到了前所未有的媒体支持。纸质媒体、广播媒体、电视媒体等，在新媒体、全媒体面前，在大数据面前，正在被超越。因此，掌握着网络霸权的美国等国，在意识形态输出方面，在把意识形态作为"颜色革命"的武器上，处于强势地位，更加肆无忌惮地发起"颜色革命"，直接威胁到其他国家的意识形态安全和主权安全。筑牢国家安全的长城，特别要筑牢以网络为载体的意识形态安全，网络安全守不住，意识形态安全也难保。防范和抵御"颜色革命"，特别要打赢意识形态主动战。

（三）放弃意识形态工作的领导权就要犯无可挽回的历史性错误

意识形态领域的主导权，是任何统治阶级或执政集团都不会放弃和放松的重大问题。在经济关系、政治关系中处于统治地位的阶级及集团，必然同时要在思想关系中处于统治地位，控制意识形态领域的主导权。马克思主义政党依据历史唯物主义基本原理，将牢牢掌握意识形态工作领导权置于更具有理论自觉的高度；依据社会主义与资本主义竞争较量中"资强社弱"的历史态势，更具有牢牢掌握意识形态工作领导权的政治见识。对于我们党来说，意识形态工作的领导权，是坚持党对一切工作领导的重要方面，是中国共产党领导这一中国特色社会主义根本领导制度在意识形态领域的实现。党对意识形态工作的领导权，既是政治领导权、组织领导权，也是思想领导权，其实质是坚持马克思主义在意识形态领域的指导地位。表现在坚持用党的创新理论武装全党、教育人民，把坚持以马克思主义为指导全面落实到思想理论建设、哲学社会科学研究、教育教学各方面，旗帜鲜明反对和抵制各种错误观点。

近年来，各种敌对势力一直企图在我国制造"颜色革命"，妄图颠覆中国共产党领导和我国社会主义制度，他们选中的一个突破口就是意识形态领域，企图把人们的思想搞乱，然后浑水摸鱼、乱中取胜。一些错误思潮和观点不时出现，有的人以"反思改革"为名否定改革开放，有的人借口现实中存在的问题攻击我们党的领导和我国社会主义制度，有的人极力歪曲、丑化、否定我们的党、国家、军队和我国革命、建设、改革的伟大实践，有的人大肆宣扬西方的价值观，有的人恶意编造、肆意传播政治谣言。一些单位和党政干部政治敏感性、责任感不强，在重大意识形态问题上含含糊糊、遮遮掩掩，助长了错误思潮的扩散。在意识形态领域斗争上，我们没有任何妥协、退让的余地，必须取得全胜。我们必须把意识形态工作的领导权、管理权、话语权牢牢掌握在手中，任何时候都不能旁落。

二、新时代意识形态风险更趋复杂和尖锐

党的十八大以来，意识形态工作成效显著，全党全社会呈现团结一心、砥砺奋进的生动局面，意识形态领域形势与党和国家大局大势同向同行。同时，意识形态风险没有消失，意识形态领域斗争更趋复杂和尖锐，这在新冠疫情防控中更加集中和鲜明地表现出来。新时代防范化解意识形态领域重大风险，就要准确把握其特点规律，打好战略主动战，在意识形态风险面前始终立于不败之地。

（一）意识形态最大风险是能不能守住中国特色社会主义的根、本、魂

意识形态关乎旗帜、关乎道路、关乎国家政治安全。当今世界，马克思主义的旗帜、科学社会主义的旗帜是由中国共产党人高高举起来的。新时代防范意识形态风险，最紧要的是守住共产党人的初心和根本，防止拔根、忘本、丢魂，这关系到马克思主义、科学社会主义在21世纪的历史命运。对马克思主义的信仰，对中国特色社会主义和共产主义的信念，对党和人民的忠诚，是立党之本。忘本忘祖、忘记初心，就是思想上的背叛。马克思主义政党一旦放弃马克思主义

信仰、社会主义和共产主义信念，就会土崩瓦解。共产党人如果没有信仰、没有理想，或信仰、理想不坚定，精神上就会"缺钙"，就会得"软骨病"。一些领导干部政治上的变质、经济上的贪婪、道德上的堕落、生活上的腐化，都是从丢掉了信仰、放弃了忠诚开始的，都是在意识形态领域打了败仗。实际工作中，有的领域马克思主义被边缘化、空泛化、标签化，这种状况必须引起高度警觉。保证意识形态安全，是关系到马克思主义的旗帜、中国特色社会主义和共产主义的旗帜能不能高高举起的重大问题。

新时代防范意识形态风险，必须高度重视我们国家和民族的精神独立性，防止思想价值观上的西化。世界上各种文化之争，本质上是价值观念之争。中华民族有着5000多年的文明历史，中国特色社会主义有着具有民族特性、时代特征、社会主义本质的价值体系，中华优秀传统文化是我们在世界文化激荡中站稳脚跟的坚实根基。敌对势力极力宣扬的所谓"普世价值"，目的就是要同我们争夺阵地、争夺人心、争夺群众。面对西方价值体系的全球传播，面对西方文化霸权的强势渗透，必须大力培育和弘扬社会主义核心价值体系和核心价值观。习近平总书记指出："如果我们的人民不能坚持在我国大地上形成和发展起来的道德价值，而不加区分、盲目地成为西方道德价值的应声虫，那就真正要提出我们的国家和民族会不会失去自己的精神独立性的问题了。如果没有自己的精神独立性，那政治、思想、文化、制度等方面的独立性就会被釜底抽薪。"[①] 实现中华民族伟大复兴，不仅经

[①] 《习近平关于防范风险挑战、应对突发事件论述摘编》，中央文献出版社2020年版，第37页。

济上要自立，政治上要自主，精神上也要自强。

防范意识形态风险，要着眼长远，培养社会主义建设者和接班人，防止教育失败。各种敌对势力对我国实施西化、分化战略，对我国社会主义制度进行颠覆破坏活动，企图在我国策划"颜色革命"，下功夫最大的一个领域就是争夺青少年，向他们进行西方意识形态的渗透。青少年如果没有树立正确的世界观、人生观、价值观，就不能成为社会主义建设者和接班人。学校是意识形态工作的前沿阵地，境外一些势力经常在我国高校开展活动，一些境外宗教组织以高校为重点开展渗透活动，还有宗教极端势力对高校一些少数民族学生进行渗透。高度重视对青年一代的思想政治工作，非常明确坚定地提出培养社会主义建设者和接班人的目标，是维护国家意识形态安全的战略考量。争夺青少年的斗争是长期的、严峻的，我们不能输，也输不起。

（二）意识形态风险复杂多样

意识形态属于思想文化，依赖于信息传播途径和方式。习近平总书记指出："随着新媒体快速发展，国际国内、线上线下、虚拟现实、体制外体制内等界限愈益模糊，构成了越来越复杂的大舆论场，更具有自发性、突发性、公开性、多元性、冲突性、匿名性、无界性、难控性等特点。"[1] 这对应对新形势下意识形态风险带来新的考验。

风险的自发性。意识形态是为统治阶级服务的，由统治阶级掌控。意识形态风险是对占主导地位意识形态的威胁。在越来越复杂的大舆论场中，既有敌对势力借助新媒体渠道制造舆情、蛊惑舆论，有

---

[1] 《习近平关于总体国家安全观论述摘编》，中央文献出版社2020年版，第121—122页。

组织有策划的意识形态冲击，也有因热点问题、焦点事件通过全媒体急速放大扩散，形成自发的舆论风波。防范意识形态风险，就要把握新媒体信息传播规律，打好风险防控主动战。

风险的突发性。意识形态风险的防控，需要未雨绸缪，预研、预判、预防可能发生的意识形态风险。如同其他战线，意识形态风险防控既要应对有规律有预谋的风险，也要应对没有准备、突如其来的风险。新媒体传播速度快、辐射效应强、扩散范围广，意识形态风险的"蝴蝶效应"表现得十分显著，可能猝不及防。防控突发的意识形态风险，就要做好各种预案，对可能发生的舆情应对有方。

风险的公开性。意识形态斗争是思想领域斗争，直接影响社会思潮，影响社会大众。敌对势力有的是以隐蔽的、地下的、非法的方式争取受众，但终究是要走向公开的，有的则是公开利用各种媒体进行宣传，反对党的领导和中国特色社会主义制度。公开性是意识形态风险的发展阶段。新媒体愈益公众化，公众愈益广泛参与，凸显了意识形态风险的公开性。多元的思想理念、价值观念、思想观点，都在争夺人心。应对显而易见的意识形态风险，必须立场坚定、旗帜鲜明，敢于亮剑、敢于斗争。

风险的多元性。意识形态风险多元，包括风险类型来源的多元。风险既来自国外也来自国内，既来自线上也来自线下，既来自体制外也来自体制内。党管媒体，既要管好以党报党刊党台、通讯社为主体的传统媒体舆论场，更要管好以互联网为基础的新媒体舆论场。不论是"资本媒体""商业媒体"，还是自媒体，都有可能成为意识形态风险的发源地，都要成为防控意识形态风险的阵地。

风险的冲突性。意识形态风险是在意识形态领域争夺战中阵地失守的风险。思想舆论领域大致有三个地带，三个地带构成了思想舆论领域的冲突。红色地带主要是由主流媒体和网上正面力量构成的，这是我们的主阵地，要巩固和拓展。黑色地带主要是由网上和社会上一些负面言论构成的，还包括各种敌对势力制造的舆论，影响不可低估，要勇于斗争。灰色地带处于红色地带和黑色地带之间，要加快使其转化为红色地带，防止其向黑色地带蜕变。

风险的无界性。意识形态不同范围、领域的风险，由不同媒体引发的风险，都有可能发生风险的扩散转移。国际上的意识形态领域斗争，其他国家的"颜色革命"，如不严防严守，就可能导致国内意识形态风险和政治风险。局部地区的事件、个别人物的言论，经过媒体放大，就可能引发一轮大的舆情。网上反映出来的意识形态风波，与某种社会情绪相呼应，也可能成为群体性事件的"诱发剂"。意识形态风险的无界性，要求防范风险的广泛性，防止意识形态风险的连锁反应。

风险的难控性。来自自然界的风险，例如地震，由于难以预测造成了风险的难控性；来自公共卫生领域的风险，例如新冠疫情，由于难以发现带来了风险的难控性；来自意识形态领域的风险，由于多种路径、多种机制起作用，并且在思想舆论场酝酿发酵，涉及社会心理的改变，也具有很大的难控性。意识形态风险，非一日之功形成，非一人之力生成，防控意识形态风险，也要久久为功，搞好大众传播。

（三）意识形态领域风险与其他领域风险相互交织振荡

社会各领域既相对独立，又相互作用，各领域风险同样相互影响、传导震荡。现代社会交往交流空前频繁，信息传播空前迅速，相互依存空前紧密，社会既是命运共同体，又是风险共同体。意识形态从来都不是孤立存在的，是经济、社会、政治等状况的反映，意识形态风险与其他领域的风险联动效应更加明显。

意识形态安全风险与政治安全风险。意识形态安全直接影响政治安全，意识形态安全风险往往直接导致政治安全风险，政治安全风险也会以意识形态安全风险的形式出现，成为意识形态安全风险的催化剂。政治安全风险与意识形态安全风险往往是交织在一起的，西方国家策划"颜色革命"，往往从所针对的国家的政治制度特别是政党制度开始发难，大造舆论，大肆渲染，煽动民众搞街头政治。正如习近平总书记指出的："当今世界，意识形态领域看不见硝烟的战争无处不在，政治领域没有枪炮的较量一直未停。"[①]

意识形态安全风险与经济发展风险。经济发展影响意识形态，经济发展和经济安全有利于思想稳定、凝聚人心，意识形态安全也有利于一心一意搞建设，发生经济发展风险就容易导致意识形态领域波动。比如，整治金融乱象，市场上免不了会有波动和负面舆论炒作，更要有勇气有定力，不被市场情绪和舆论绑架，防止相互放大。

意识形态安全风险与科技安全风险。意识形态安全依赖于科技安全特别是网络安全，防范化解科技安全风险，就能够为防范意识形态风险提供技术屏障。如果国家关键信息基础设施面临较大风险隐患，网络安全防控能力薄弱，就难以有效应对国家级、有组织的高强度网络攻击，就会威胁到意识形态安全。

意识形态安全风险与社会稳定风险。意识形态主导舆论、影响人

---

① 《习近平关于防范风险挑战、应对突发事件论述摘编》，中央文献出版社2020年版，第31页。

心、覆盖社会，关系社会稳定。社会稳定程度也影响意识形态状态，社会动荡不安、社会稳定风险也会引发意识形态风险，二者交互加剧。比如，食品安全社会关注度高，舆论燃点低，一旦出问题，很容易引起社会恐慌，甚至酿成群体性事件，再加上食品安全有的事件被舆论过度炒作，会搞乱人心。

意识形态安全风险与生态安全风险。意识形态表现为心态，心态影响生态。生态也改变心态，生态环境恶劣，生态安全风险严峻，也会反映到社会心理中，折射为意识形态问题。比如，前些年我国雾霾天气、一些地区饮水安全和土壤重金属含量过高等严重污染问题集中暴露，社会反映强烈。这既是重大经济问题，也是重大社会和政治问题，还是重大舆情问题。生态环境在群众生活幸福指数中的地位不断凸显，环境问题往往最容易引起群众不满，弄得不好也往往最容易引发群体性事件。

意识形态安全风险与生物安全风险。新冠疫情是一次公共卫生重大突发危机，提出了高度重视生物安全的课题。新冠疫情也引发了重大舆情，抗疫斗争也伴随着意识形态领域尖锐斗争。打赢疫情防控阻击战，就能大大有利于打赢网络舆情争夺战。习近平总书记指出："生物安全问题已经成为全世界、全人类面临的重大生存和发展威胁之一，必须从保护人民健康、保障国家安全、维护国家长治久安的高度，把生物安全纳入国家安全体系。"[①]

意识形态安全风险与外部环境风险。信息全球化、全球网络化，

[①] 《习近平关于防范风险挑战、应对突发事件论述摘编》，中央文献出版社2020年版，第108页。

使得意识形态安全与外部环境的互动性更强。"黑天鹅"可以从国外飞到国内,"灰犀牛"可以从境外冲向境内,国际风险可以演变为国内风险。外部环境风险对于意识形态安全风险的影响更为突出。各种文明交流互鉴是世界大势,但不同思想文化相互激荡也是客观现实。国际舆论格局是西强我弱,我们在国际话语权方面,与西方国家相比还有不小差距,争取国际话语权是我们必须解决好的一个重大问题。

意识形态安全风险与党的建设面临的风险。党的建设面临的"四大考验""四种危险",其实质都和意识形态有关,都是部分党员、干部在长期执政条件下在意识形态领域、理想信念高地失守的反映。党领导意识形态建设,党的建设出现问题会直接影响意识形态建设。防范化解意识形态安全风险,首先要防范化解党的建设面临的风险。苏共拥有20万党员时夺取了政权,拥有200万党员时打败了希特勒,而拥有近2000万党员时却失去了政权。究其原因,就是苏共在意识形态风险和党的建设风险面前打了败仗,理想信念荡然无存了。

(四)网络意识形态成为风险高发区

网络意识形态安全涉及国家安全和社会稳定,是新时代防范化解重大风险面临的新的综合性挑战。全媒体不断发展,舆论生态、媒体格局、传播方式深刻变化。随着微博、微信等社交网络和即时通信工具用户的迅速增长,互联网信息传播快速、影响巨大、覆盖面广、社会动员能力很强的优势进一步放大,互联网的"双刃剑"作用更加显著。互联网是社会信息大平台,既是传播人类优秀文化、弘扬正能量的重要载体,也是意识形态斗争的主战场,是看不见硝烟但能闻得到火药味的大战场。敌对势力加紧利用互联网进行煽动性、攻击性、颠覆性的意识形态较量。有的利用网络鼓吹推翻国家政权，煽动宗教极端主义，宣扬民族分裂思想，教唆暴力恐怖活动；有的利用网络进行欺诈活动，散布色情材料，进行人身攻击，兜售非法物品。西方反华势力一直妄图利用互联网"扳倒中国"，多年前有西方政要就声称"有了互联网，对付中国就有了办法""社会主义国家投入西方怀抱，将从互联网开始"。可以说，互联网是我们面临的"最大变量"，搞不好会成为我们的"心头之患"。网上舆论工作是意识形态工作的重中之重，网络已是当前意识形态斗争的最前沿，对网络意识形态安全风险必须高度警觉。

三、建设具有强大凝聚力和引领力的社会主义意识形态，筑牢防范化解意识形态领域重大风险的坚实基础

防范化解意识形态领域重大风险，根本之计在于建设。建设具有强大凝聚力和引领力的社会主义意识形态，是新时代中国特色社会主义文化建设的基本方针，也是防范意识形态安全风险的根本举措。

坚持党对意识形态工作的全面领导。中国共产党领导是中国特色社会主义制度的最大优势，也是战胜各种风险挑战的最大优势。坚持和加强党的全面领导，就要坚持和加强党对意识形态工作的全面领导，保证党在防范化解意识形态重大风险中的坚强领导。要把意识形态工作作为党的一项极端重要的工作，负起政治责任和领导责任，守土有责、守土负责、守土尽责，加强对意识形态风险的分析研判和防范意识形态安全风险的统筹指导。要加强和改善党对哲学社会科学工作的领导，抓好繁荣发展和引导管理，反对打着学术研究旗号从事违

背学术道德、违反宪法法律的假学术行为。要坚持党对新闻舆论工作的领导，党和政府主办的媒体必须成为党和人民的喉舌，决不能为错误思想言论提供传播渠道。要加强和改进党对文艺工作的领导，贯彻好党的文艺方针政策，把握文艺发展正确方向。要加强党对思想政治课建设的领导，解决制约思政课建设的突出问题，形成办好思政课的良好氛围。要牢牢掌握党对高校工作的领导权，巩固马克思主义在高校意识形态的主导地位，保证高校正确办学方向。党的十八大以来，以习近平同志为核心的党中央高度重视意识形态工作，就意识形态领域的许多方向性、战略性问题作出部署，从根本上扭转了意识形态领域一度出现的被动局面，使我国意识形态领域形势发生了全局性、根本性的转变，巩固和发展了主流意识形态。

坚持马克思主义在意识形态领域指导地位的根本制度。运用制度威力应对风险挑战的冲击，是习近平总书记关于防范风险挑战、应对突发事件论述的重要观点。防范化解意识形态领域重大风险，基础性的建设仍然是制度建设。党的十九届四中全会作出决定，坚持和完善繁荣发展社会主义先进文化的制度，巩固全体人民团结奋斗的共同思想基础，特别是把坚持马克思主义在意识形态领域指导地位的制度确立为中国特色社会主义制度体系的一项根本制度，这是防范意识形态安全风险的根本制度保证。意识形态领域斗争的核心问题始终是要不要坚持马克思主义指导地位的问题，意识形态安全的最大风险仍然是马克思主义的旗帜会不会丢掉的问题。坚持马克思主义在意识形态领域指导地位的根本制度，是坚持和完善社会主义先进文化制度的灵魂，也是在思想上层建筑领域铸牢维护意识形态安全的坚固屏障。习近平新时代中国特色社会主义思想，是当代中国马克思主义、21世纪马克思主义，全面贯彻落实习近平新时代中国特色社会主义思想，是坚持马克思主义指导地位的时代要求。习近平总书记关于着力防范化解重大风险，特别是防范化解意识形态安全风险的重要论述，是打赢防范意识形态风险主动战的科学指导。

持续巩固壮大主流舆论强势。营造良好舆论环境，是治国理政、安邦定国的大事。习近平总书记指出："历史和现实都告诉我们，舆论的力量绝不能小觑。舆论导向正确是党和人民之福，舆论导向错误是党和人民之祸。"[1] 舆论阵地是意识形态斗争的重要战场，社会主义意识形态占据舆论主流，就能成为发展的"推进器"、社会的"黏合剂"、道德的"风向标"，从而凝聚人心、汇聚力量。错误思潮大行其道，就会成为民众的"迷魂汤"、社会的"分离器"、杀人的"软刀子"、动乱的"催化剂"，从而动摇人心、瓦解斗志。防范舆情引发的意识形态风险，要牢牢掌握舆论场主动权和主导权，弘扬主旋律，传播正能量，加强对舆论阵地的管理，及时提供更多真实客观、观点鲜明的信息内容，不给错误思想观点提供传播渠道。特别是要防止敌对势力利用个别社会事件和热点，借机干扰和破坏，避免出现大的意识形态事件和舆论漩涡。要有理有利有节开展舆论斗争，帮助干部群众划清是非界限、澄清模糊认识。对那些恶意攻击党的领导、攻击社会主义制度、歪曲党史国史、造谣生事的言论，一切媒体都不能为之提供空间和方便。要加大正面宣传力度，通过学校教育、理论研究、历史研究、影视作品、文学作品等多种方式，不断巩固壮大主流舆论的声音和影响。

---

[1] 《习近平关于总体国家安全观论述摘编》，中央文献出版社2018年版，第118页。

打赢互联网防范化解意识形态风险主动战。互联网是意识形态领域斗争的主战场，是防范意识形态安全风险的主阵地。在网络这个战场上能否顶得住、打得赢，直接关系到国家意识形态安全和政权安全，必须高度重视网络意识形态安全风险问题。打赢防范化解网络意识形态风险主动战，首先要解决好"本领恐慌"问题，宣传思想部门的领导要成为运用现代传媒新手段新方法的行家里手，各级领导干部要善于运用网络了解群众所思所愿，积极回应网民关切。要深入开展网上舆论斗争，严密防范和遏制网上攻击渗透行为，组织力量对错误思想观点进行批驳。要依法加强网络空间治理，注重网络内容建设，培育积极健康、向上向善的网络文化。随着互联网快速发展，包括新媒体从业人员和网络"意见领袖"在内的网络人士大量涌现，这些人往往能左右网上的话题，要将其纳入网络工作视野，引导其政治观点，增进其政治认同。要引导网络媒体加强行业自律，自觉落实主体责任，完善内容审核把关、监督检查机制，不制作、不发布、不传播非法有害信息。要教育引导广大网民遵守互联网秩序，依法上网、文明上网、理性表达、有序参与，增强辨别是非、抵御网络谣言的能力，共同营造风清气正的网络环境。

高度重视青年思想政治工作。得人心者得天下，得青年者得未来。没有继往开来、奋发有为的青年一代，就没有中华民族的伟大复兴。中国特色社会主义事业后继有人，中国梦一代代薪火相传，关键在一代代新人的健康成长。正因如此，青年成为意识形态领域斗争的重点争夺对象。可以说，希望在青年，忧患也在青年。在培养中国特色社会主义事业接班人这个根本问题上，必须旗帜鲜明、毫不含糊。青年是历史、时代和社会的一面镜子，他们的世界观人生观价值观，他们的胸襟眼界、奋斗精神、道德品行，是社会塑造的产物，同时也是塑造社会的因素。要把广大青年培养成为习近平总书记要求的那样，"面对复杂的世界大变局，要明辨是非、恪守正道，不人云亦云、盲目跟风"，"自觉抵制拜金主义、享乐主义、极端个人主义、历史虚无主义等错误思想，追求更有高度、更有境界、更有品位的人生"。[①]

争夺国际话语权。防范意识形态风险，就要在西强我弱的国际舆论格局中提高国际话语权，改变西方主要媒体左右世界舆论的格局，特别是要扭转信息流进流出的"逆差"。在国际舞台上，我们要主动发声，下大气力加强国际传播能力建设，加快提升中国话语的国际影响力，让正确的声音先入为主，让真实的中国世所周知，让全世界都能听到并听清中国声音。要抓住民主人权、民族宗教、反腐倡廉等西方对我们存在的"认知错位"的关键问题，批驳各种针对我国的无端质疑和不实攻击，讲好中国故事，赢得国际社会更多理解和认同，争取国际舆论支持。2020年以来，不仅国内国际都在抗疫，而且舆论斗争也在同时展开。我们改进和加强对外宣传，运用多种形式在国际舆论场及时发声，讲好中国抗疫故事，及时揭露一些别有用心的人污蔑抹黑、造谣生事的言行，用铁一般的事实回击了西方某些政客攻击中国"隐瞒疫情"的谣言，揭穿了美国政府自私自利、嫁祸他人、混淆是非、颠倒黑白的做法。中国在疫情防控中展现的中国力量、中国精神、中国效率，展现的负责任大国形象，得到国际社会高度赞誉。

---

① 《习近平谈治国理政》第三卷，外文出版社2020年版，第337页。

中华优秀传统文化是实现中国梦的深厚软实力*

习近平总书记在文艺工作座谈会上的讲话，深刻阐述了中华文化对于民族复兴的重大作用，强调指出："没有中华文化繁荣兴盛，就没有中华民族伟大复兴。"当前，党和国家正在为实现全面建成小康社会这一战略目标而奋斗。全面小康既包括经济、科技、国防等硬实力的显著增强，也包括制度、治理、文化等软实力的大幅提升。提高国家文化软实力，从根本上说，就是大力弘扬和建设中华文化。

一、中华文化源远流长、博大精深，是中华民族自强不息、前行不止的强大精神支撑

一个民族的文化是在历史的进程和文明的发展中逐步形成、繁荣和兴盛的。民族的历史越久远、文明越深厚，民族文化的内涵就越丰富，积淀就越厚重，文化软实力也就经历了越多的淬炼。中华民族有着5000多年的文明历史，创造出灿烂辉煌的中华文化。随着统一的多民族国家的建立，随着封建社会走向鼎盛，中华文化也达到了它的历

---

* 本文写于2014年。

史高峰，出现了"百家争鸣""汉唐气象""明清启蒙"等黄金时代，产生了以儒家为主要标志的思想文化，影响了周边民族和国家乃至世界的文化发展。老子、孔子、庄子、孟子、屈原等，都是举世闻名的思想家，王羲之、李白、杜甫、苏轼、辛弃疾、关汉卿、曹雪芹等，都是名垂青史的文学艺术家。天人合一的世界观、仁义礼智信的价值观、修身齐家治国平天下的人生观、知行合一的实践观、舍生取义的生命观等，构成了中华传统文化的核心内容。近代以来，在实现民族复兴的进程中，中华文化既坚守本根又不断与时俱进，在继承传统、反思批判、开放吸收、创新进取中保持着强大的生命力，守住了中华民族的根与魂。20世纪初，在五四新文化运动中，发端于文艺领域的创新风潮对社会变革产生了重大影响，成为全民族思想解放运动的重要引擎。中国共产党在90多年的奋斗历程中，持续推进新民主主义革命、社会主义革命和改革开放新的革命，同时努力建设新民主主义文化、社会主义文化、中国特色社会主义文化，成为中华文化的坚定传承者和自觉建设者。我们党认真总结文化建设上的经验教训，科学对待中华传统文化，高度重视中华优秀传统文化的当代价值，开创了中华文化繁荣发展新的历史时代。实现中华民族的伟大复兴，同时也是中华文化的繁荣兴盛。

文化塑造人类的精神世界，民族文化培育民族成员共同的情感和价值、共同的理想和精神。中华民族在长期实践中培育和形成了独特的思想理念和道德规范，有崇仁爱、重民本、守诚信、讲辩证、尚和合、求大同等思想，有自强不息、敬业乐群、扶正扬善、扶危济困、见义勇为、孝老爱亲等传统美德，熏陶滋养了一代又一代的中华儿女。短暂时期的分裂，没有将中华文化碎片化，中华文化却成为重新统一的文化纽带；少数民族的入主，没有中断中华文化的血脉，中华文化却由此融合了新的特质；西方列强的入侵以及西学东渐，没有走向全盘西化，中华文化却打开了睁开眼睛看世界的窗口。习近平总书记指出："在几千年的历史流变中，中华民族从来不是一帆风顺的，遇到了无数艰难困苦，但我们都挺过来、走过来了，其中一个很重要的原因就是世世代代的中华儿女培育和发展了独具特色、博大精深的中华文化，为中华民族克服困难、生生不息提供了强大精神支撑。"抗日战争的伟大胜利，是中华民族万众一心、共同抗战的胜利，是中华文化蕴藏的强大精神力量的空前迸发和全面展现。一个民族的有形长城被摧毁，只要它的精神长城依然屹立，就有胜利的希望；一个民族的精神长城被销蚀，即使它的有形长城还在，也是不堪一击的。

二、中华文化富于创造、兼容并蓄，是中华民族自立世界、实现复兴的坚实文化基础

文化的生命在于创造力。历史和现实都证明，中华民族有着强大的文化创造力，这是中华文化生生不息、具有强大感召力和吸引力的源泉。先秦时期是中国历史上社会大转折、大变革的时代，这是一个需要思想、需要人才、需要实力、需要创新的时代，并且是产生了百家争鸣、造就了群星灿烂的时代。诸子百家的思想文化，诱发了诸侯列国的变法自强，塑造了丰富多彩的历史景观，开创了我国古代文化的一个鼎盛期。中国古代文学，从《诗经》《楚辞》到汉赋、唐诗、宋词、元曲以及明清小说，从《格萨尔王传》《玛纳斯》到《江格尔》史诗，代表着一个时代的风貌，引领了一个时代的风气。中国古代的

"四大发明"，反映了国人的科技创造力及其深层的文化创造力。文化创造力的一个重要表现，是开放包容、兼收并蓄，在多样文化的融合中丰富发展民族文化。中华文化是在多元一体的民族共同体中生长起来的，汉族文化与少数民族文化相互影响、相互渗透。各民族文化既各具特色，又一起构成中华文化的蔚然大观。中华文化是在广阔多样的经济社会带中由各种地域文化汇聚而成的，中原文化与边疆文化，农耕文化与游牧文化，沿海文化与内陆文化等，随着人口迁徙、贸易往来，相互吸收、相互补充。地域文化既千姿百态，又统一于中华文化的大家族中。中华文化是在对外交往开放的世界文化格局中完善自身的，无论是国门被打开，还是主动打开国门，都客观上促进了中外文化特别是中西文化的交流交往，比较对话以至交锋冲突有利于形成科学的文化自信。

文化创造力是文化强国之源，一个只知照抄照搬、没有文化原创的民族，不可能在文化上自立于世界民族之林。文化创造力是保持文化的民族特色之基，只会拿来模仿，就会逐步被外来文化同化，削弱国家认同，落入文化全球化陷阱。党的十八大以来，以习近平同志为核心的党中央十分重视国家文化软实力建设，正是基于实现民族复兴需要中华文化力量支持的战略考量，基于当今世界文化竞争较量格局的清醒判断。近年来，培育和践行社会主义核心价值观逐步深入，中华优秀传统文化发扬光大，文化体制改革全面推进，中国特色社会主义文化自信进一步增强，等等，都表明国家文化软实力建设取得显著成效，都是在夯实中国梦的文化根基。协调推进"四个全面"战略布局，内在地要求提供强有力的精神文化支持。正如习近平总书记形象的表述："当高楼大厦在我国大地上遍地林立时，中华民族精神的大厦也应该巍然耸立。"面对西方国家的语言优势、话语优势、传媒优势、网络优势、信息优势，坚持中华文化的自立、自主、自强，是防范文化失守的根本之道，是保持中华文化在世界有影响、有地位的基本途径。要创作生产出无愧于我们这个伟大民族、伟大时代的优秀作品，努力创作生产更多传播当代中国价值观念、体现中华文化精神、反映中国人审美追求，思想性、艺术性、观赏性有机统一的优秀作品，不仅为中华民族提供丰厚滋养，而且为世界文明贡献华彩篇章。

三、中华文化蓬勃发展、持续建设，是中华民族凝聚力量、共同奋斗的先进思想引领

中华文化在历史的长河中绵延不断、奔流不息，同时又在流经的河道里吸纳了不同的水源，形成了不同的走向，造就了不同的景象，由此划分为不同的游段。中华文化是历史与当代的统一。中华传统文化标志着民族文化的历史，包含着中华文化的成果，承载着文化传承的基因。中华文化在当代没有终结，中国特色社会主义文化是中华文化的当代形态、最新形式和根本标志。中国特色社会主义文化，把科学社会主义的文化理念注入中华文化之中，赋予中华文化新的时代内涵；把弘扬中华优秀传统文化作为建设社会主义先进文化题中应有之义，保持中华文化的当代传承；把建设中华文化与吸收人类文化优秀成果贯通起来，发展高于其他社会形态文化的先进文化。中国特色社会主义文化，是包含历史的也是指向未来的，是中华民族的也是社会主义的，是中国的也是世界的。在当代中国，不可能在中华文化之外去建设中国特色社会主义文化，也不可能在中国特色社会主义文化之

外去建设中华文化。不能把二者分离开来、对立起来，因为中华文化不等同于传统文化，中国特色社会主义文化不能脱离民族文化。建设中华文化与建设中国特色社会主义文化，是同一项任务、同一个过程。

党的十八大以来，我们正在进行具有许多新的历史特点的伟大斗争，伟大的事业需要伟大的精神。面对新形势，如何在利益格局分化、利益差距扩大的情况下凝聚实现中国梦的共同意志，如何在理想信念弱化、价值取向多元的情况下坚定全党全民族的共同信仰，如何在腐败现象严重、政治生态不良的情况下树立党员、干部和群众的共同信心，必须依靠先进文化的积极引领，依靠人民精神世界的极大丰富，依靠民族精神力量的不断增强，使中华民族保持坚定的民族自信和强大的修复能力。每到重大历史关头，文化都能感国运之变化、立时代之潮头、发时代之先声，为亿万人民、为伟大祖国鼓与呼。当前，我们又面临着这样的历史关头，呈现了中华文化繁荣兴盛的历史机遇。要按照习近平总书记在文艺工作座谈会上的讲话要求，彰显信仰之美、崇高之美，弘扬中国精神、凝聚中国力量，鼓舞全国各族人民朝气蓬勃迈向未来。

四、弘扬和建设中华文化是提高国家文化软实力的根本

实现中国梦必须弘扬中国精神。无论是以爱国主义为核心的民族精神，还是以改革创新为核心的时代精神，都是在中华优秀传统文化的丰厚土壤上生长起来的，都包含着中华优秀传统文化的基因。习近平总书记在参观考察孔府和孔子研究院，听取关于中华优秀传统

文化研究的情况介绍后强调，一个国家、一个民族的强盛，总是以文化兴盛为支撑的，中华民族伟大复兴需要以中华文化发展繁荣为条件。这一重要论述，明确指出了继承和弘扬中华优秀传统文化对于实现中华民族伟大复兴中国梦的重要作用，必须深入领会、自觉贯彻，大力增强实现中国梦的深厚软实力。

（一）中华优秀传统文化拓展中国梦的文化根基

中华民族5000多年的悠久文明，孕育发展出根深叶茂、源远流长、丰富多样的优秀传统文化。优秀传统文化广泛存在于民族的、历史的、社会的文明成果中，存在于博大精深的思想文化中，存在于民众的价值观念、行为准则中。优秀传统文化塑造了民族品格，滋养了中国精神，陶冶了中华儿女，是中华民族自立世界、生生不息的文化基因。

实现中华民族伟大复兴，是中华民族近代以来最伟大的梦想。这一梦想，上承中华民族在5000多年发展中形成的以爱国主义为核心的团结统一、爱好和平、勤劳勇敢、自强不息的伟大民族精神，是优秀传统文化激励出的不甘屈辱、不甘沉沦、不甘落后的发愤图强梦想。这一梦想，下启科学社会主义的理论逻辑与近代以来中国社会发展的历史逻辑走向融合的进程，是马克思主义基本理论与中国实际、中国文化相结合的社会主义现代化梦想。中华优秀传统文化贯通于实现中国梦的全过程，构成了中国梦的文化根基。这也是习近平总书记强调实现中国梦必须弘扬中国精神的重要缘由。

在中国特色社会主义道路上实现民族复兴，必须坚持和发展社会主义先进文化。我们的社会主义先进文化，扎根于民族文化的深厚土壤，继承优秀传统文化的全部成果，马克思主义中国化就包含着中国文化的融合。因此，以文化兴盛推动民族强盛，就是要自觉发展繁荣以中华优秀传统文化为渊源，以社会主义先进文化为代表的中华文化。中国梦的文化根基，是中国共产党成立以来建设新民主主义文化、社会主义文化、中国特色社会主义文化的全部成果，是近代以来文化变革和更新、建设新文化的重要成果，也是中华民族5000多年文化传承的优秀成果。

（二）中华优秀传统文化强化中国梦的文化纽带

中国梦是全体中华儿女共同的复兴梦。正因如此，习近平总书记在会见连战时提出，两岸同胞共同来圆"中国梦"。能够把两岸同胞、海内外华人连接在一起的，是中华优秀传统文化的感召力、凝聚力。民族文化渗入血脉、薪火相传，文化认同支撑起民族认同、国家认同。中华民族能够长期保持统一局面，各民族能够共同生活于和共同建设中华家园，中华文化能够长久流传而不衰，文化上的原因就是形成了富有生命力的优秀文化。无论历史怎样变迁，中华儿女的民族文化熏陶积淀为不能割舍的爱国情感。炎黄子孙无论身居何地，都改变不了"我的中国心"。中国梦是一个伟大民族自尊自立自强的情怀，反映了优秀传统文化的思想内核，中华儿女"位卑未敢忘忧国"，渴望国家的强大统一，坚决反抗外国侵略，坚决反对国家分裂。

中国梦是56个民族共同的复兴梦。把56个民族凝聚在一起的文化纽带，是千百年来各民族文化交流融合的共同文化。中华文化是各民族在发展过程中共同浇灌的文化，是吸收各民族文化优秀成果融汇而成的文化。历史上的征战与统一、各民族的迁徙与同化，都促进了优秀传统文化的丰富壮大，都增强了中华文化的亲和力和包容性。文成公主架起了汉藏文化交流的桥梁，丝绸之路也是一条文化河流。当前，我国地区、民族发展不平衡，各民族信仰、习俗各有差异。动员各族人民为实现中国梦共同奋斗，要坚持用中国特色社会主义共同理想信念激励人心，充分发挥中华文化的纽带作用，让中国梦与优秀传统文化更加衔接，与各民族文化心理更加贴近。

（三）中华优秀传统文化增强中国梦的文化动力

中华优秀传统文化是思想、精神的一个富矿，在实现"两个一百年"奋斗目标的进程中有着重要价值，是不可或缺的动力。饱含中华优秀传统文化的中国精神为中华儿女构建了永久的精神家园，为各族同胞提供了牢固的价值认同，为每个国人注入了强烈的家国情怀，是中华民族团结统一的精神纽带。中国精神充满着坚忍不拔、正气凛然、奋斗拼搏、不畏牺牲的气质，如孔子的"三军可夺帅也，匹夫不可夺志也"，孟子的"富贵不能淫，贫贱不能移，威武不能屈"，都在教导人们志存高远、德行天下，是中华民族奋发向上、勇往直前的精神动力。中华历史上儒、道、墨、法等学派，有许多精辟思想仍然在传播，为大众所诵读熟记，发挥着教化作用，是民族的精神营养，也是实现中国梦的精神营养。

在对待中华优秀传统文化的态度上，要防止和纠正两种倾向。一种是厚今薄古，否认传统文化的价值；一种是厚古薄今，夸大传统文化的价值。习近平总书记指出，对历史文化特别是先人传承下来的道德规范，要坚持古为今用、推陈出新，有鉴别地加以对待，有扬弃地予以继承。这就为科学、正确看待和运用传统文化确定了基本方针。

中华优秀传统文化，已经深深植入民族心理、肌体、行为之中，并且是实现中国梦的正能量，不仅不能排斥，而且还要积极继承、努力发扬。同时，要把传承中华优秀传统文化更好融入中国特色社会主义文化建设之中，使二者成为同一个整体、同一个过程。只有这样，才能造就实现中国梦的强大文化力量。

把红色场馆纳入国家文化软实力体系之中 *

提高国家文化软实力,是习近平总书记治国理政新理念新思想新战略的重要内容。红色文化,是五四运动以来中国共产党带领人民在 90 多年的奋斗历程中创造的先进文化,是中国特色社会主义文化的核心,是我国文化软实力不可或缺的内容。红色场馆,是红色文化的历史遗迹、有形载体、鲜活记忆,红色场馆的建设发展、功能发挥,对于国家文化软实力建设,起着重要的牵引示范、强基固本作用。提高国家文化软实力,必须更加自觉、更加有效地将红色场馆纳入其体系之中,使之在实现"两个一百年"奋斗目标和中国梦的征程中,成为民族精神的殿堂、核心价值观的课堂、中华文化的高地。

一、红色场馆是国家文化软实力的珍贵资源

国家文化软实力,建立在各种形式、具有独特内涵的文化资源基础之上。从一定意义上说,文化资源的丰富和深厚程度,决定着文化软实力建设的高度和强度。红色场馆以其独特的资源禀赋,成为国家文化软实力的珍贵资源。

红色场馆的历史性,决定了它是国家文化软实力的稀缺资源。红

---

* 本文写于 2016 年。

色场馆与历史直接对应，或是历史事件的发生地，如南昌起义纪念馆，或是历史人物的居住地，如井冈山八角楼，或是历史文物的汇集地，如国家博物馆《复兴之路》展馆，很大程度上具有唯一性，不可复制。这就决定了红色场馆的有限性，不可能像书报、音像作品那样大批生产出来，这就使得红色场馆在国家文化软实力体系中具有特殊的稀缺性。物以稀为贵，必须更加珍惜、倍加爱护、精心养育。5·12汶川特大地震纪念馆，奠基于2008年那场惊天动地的伟大抗震救灾斗争，扎根于灾区人民和全国人民同心协力恢复重建的创造实践，是伟大民族精神的大课堂。它内涵的精神文化价值、发散的震撼人心效果，难以替代、难以复制。

红色场馆的固化态，决定了它是国家文化软实力的有形资源。文化的精神内核，可以物化于有形的、凝固的载体之中，使其更易于感知和接受。国家文化软实力建设，既要依托话语文字图像等载体，也要依托集自然、人文、历史、建筑、文物等于一体的场馆特别是红色场馆，让文化固化态、让固化态的文化说话。笔者10年前曾在莫斯科瞻仰过卫国战争纪念馆，广场上高耸入云的纪念碑，纪念馆内光荣厅穹顶的巨幅浮雕、代表2700万死难者的水晶链，至今仍然是我对爱国主义、英勇顽强、敢于牺牲精神的强烈体验。红色场馆是国家文化软实力的显著地标、固定资产，投入很大、建起不易，包含着极为丰厚的文化软实力资源。

红色场馆的价值能，决定了它是国家文化软实力的高效资源。红色场馆的文化内涵和教化功能，很大部分是在传承历史中彰显价值，是在彰显红色文化、革命精神、先进价值，是共产党人价值观和社会主义价值观的活化石。江西兴国的"苏区干部好作风"纪念馆，洋溢的就是我们党联系群众、深入乡村，艰苦奋斗、廉洁奉公的优良作风和价值准则。我们党和人民军队创立的优良传统作风，无数共产党人和先进分子的崇高精神和模范行为，广大人民群众的坚忍不拔和牺牲奉献精神，都是新形势下提高国家文化软实力的富矿。红色场馆以时空浓缩的方式承载、传导、扩散着红色价值，感人至深、令人难忘。

二、充分发挥红色场馆增强国家文化软实力的独特功能

红色场馆是我国增强国家文化软实力的特殊资源和特有优势，必须充分发挥其独特功能。

红色场馆是红色文化传承的文物保护基地。一个民族文物的数量、质量、水准和内涵，对民族文化的传承起着基础性的作用。在5000多年的悠久文明中，中华文化留下了无数宝贵文化遗产特别是重点文物。红色场馆是红色文化、革命文化、先进文化的文物保护基地，列入全国或各地的文物保护单位，构成中华民族文化传承不可或缺的部分。我们有三星堆、武侯祠、乐山大佛，我们还有邓小平故居、红岩村、5·12汶川特大地震纪念馆。传承红色文化，是提高国家文化软实力的题中应有之义。红色场馆人专注、守护、传播红色文化，倾情投入、始终不渝，是国家文化软实力的建设者、贡献者。有了这样一大批红色场馆，传承红色文化就有了文物基础、历史空间、感官形象，国家文化软实力就有了近代以来170多年在民族复兴道路上文化变革力量的支撑，有了新中国成立60多年社会主义文化建设成

就的支撑，有了改革开放30多年中国特色社会主义文化创新发展的支撑。

红色场馆是理想信念教育的实地实景课堂。坚守对马克思主义的信仰，对社会主义和共产主义的信念，是共产党人精神上的"钙"，始终是共产党人安身立命的根本。理想信念是当代中国文化软实力的"魂"，在党员干部、青年学生、广大群众中培育和树立崇高理想信念，是国家文化软实力的铸魂工程。红色场馆有着百年来中华民族志士仁人、先进分子献身民族复兴可歌可泣事迹的人物形象，有着无数共产党人"砍头不要紧，只要主义真"顶天立地英雄气概的场景再现，是理想信念教育的最佳场地。身临其境、感同身受。广州起义烈士陵园，庄严肃穆，烈士塑像栩栩如生，每凭吊一次，都是一次心灵的洗礼、灵魂的升华。

红色场馆是中华文化历史的当代延续标识。我国文化软实力的基础是中华文化。中华文化融民族文化与人类优秀文化于一体，融传统文化与先进文化于一体，融大众文化与红色文化于一体。中华文化的这种整体性、连续性、融合性，要求国家文化软实力建设既不能厚今薄古，也不能厚古薄今。红色文化是人类优秀文化的宝贵财富，是中华文化进入近现代发展时期的璀璨结晶，是引领当代中国文化的精神旗帜。红色场馆的存在发展、兴盛壮大，生动表明中华文化在当代中国的继承发展、丰富提升，展现出中华文化的历史长河奔流不息、愈益壮阔。把红色场馆建设纳入国家文化软实力体系之中，是中华文化自身性质的必然要求，也是红色文化在中华文化中重要地位的必然要求。

三、完善文化体制机制，加强红色场馆建设

"十三五"时期是我国文化事业大发展时期，是国家文化软实力大提高时期，也是红色场馆建设提升的极好契机。要在建设社会主义文化强国进程中，贯彻落实习近平总书记关于提高国家文化软实力重要论述，大力传播红色文化，着力建设红色场馆，让红色场馆成为中华大地的一道壮丽风景。

在实施国家记忆工程中加强红色场馆建设。实施国家记忆工程，是"十三五"时期文化建设的重点内容。中国革命、建设和改革的历史，是中华民族历史的辉煌篇章，是国家记忆工程的重点工程。要将红色场馆建设纳入国家记忆工程的总体规划之中，使之在国家记忆中永存。中华民族有万里长城的骄傲记忆，还有抗日战争亿万人民用血肉筑起新的长城的永恒记忆；有黄帝陵的祖先记忆，还有人民英雄纪念碑的新中国记忆；有56个民族各具特色的传统文化记忆，还有新北川、新羌寨、新震区的社会主义记忆。

在构建现代公共文化服务体系中完善红色场馆建设。红色场馆是具有特殊性质的文化事业，不能走产业化、市场化、企业化的路子。要将红色场馆建设纳入现代公共文化服务体系的体制机制中，坚持以人民为中心的服务方向，本着政治性、公益性、教育性的目的，更好进入广大群众的文化生活。让广大群众既享受到中华优秀传统文化的滋养，体验到当代大众文化的愉悦，又始终保持对红色文化的一份敬仰之情、对红色场馆的一份圣洁之心。

在建设"内容＋平台＋终端"的新型传播体系中创新红色场馆建

设。"互联网+"是经济社会发展大趋势，也是文化事业发展大趋势。红色场馆要在加强实体建设的基础上，从实景空间进入网络空间，从线下走进线上，从"久有凌云志，重上井冈山"到任何人、任何地点、任何时间都可以走进井冈山革命博物馆。这样的新型传播体系，就可以使红色场馆的影响力、感染力、激励力空前放大增强，更好发挥红色场馆在提高国家文化软实力中的重要作用。

创造人类文明新形态对马克思主义的创新发展*

马克思主义以实现人的自由而全面的发展和全人类解放为己任，人的全面发展和彻底解放是在新的社会形态、新的人类文明中才能实现的目标。中国共产党的百年历程，始终不渝地为实现中华民族伟大复兴而奋斗。创建社会主义新社会、创造人类文明新形态，既是民族复兴的社会和文明基础，也是民族复兴的社会和文明内容。《中共中央关于党的百年奋斗重大成就和历史经验的决议》指出，"党领导人民成功走出中国式现代化道路，创造了人类文明新形态"[①]。创造人类文明新形态，是马克思主义的重要思想，是科学社会主义的社会理想，是中国共产党的重大创新。党在创造人类文明新形态的过程中，丰富发展了马克思主义、大大推进了科学社会主义，构成了马克思主义中国化实现飞跃的重大成果。

---

* 本文写于2022年。
① 《中共中央关于党的百年奋斗重大成就和历史经验的决议》，人民出版社2021年版，第64页。

一、创造人类文明新形态是马克思主义中国化的重大课题

100多年来,党不断推进马克思主义中国化,实现了马克思主义中国化的历史性飞跃和新的飞跃,创立和形成了马克思主义中国化的重大理论成果。党深入探索建设社会主义的根本性问题,内在地包含着建设社会主义文明形态,即创造人类文明新形态的重大课题。

(一)中国共产党始终坚持共产主义理想和社会主义信念的必然要求

党成立以来,"始终把为中国人民谋幸福、为中华民族谋复兴作为自己的初心使命,始终坚持共产主义理想和社会主义信念,团结带领全国各族人民为争取民族独立、人民解放和实现国家富强、人民幸福而不懈奋斗"[①]。创造人类文明新形态,内在于党践行初心使命的征程之中,是坚持党的理想信念的自觉实践。

马克思主义的社会理想包含创造人类文明新形态的理想。马克思主义科学揭示了人类社会最终走向共产主义的必然趋势,指明了人类文明进步和实现人类解放的方向,描述了建立人的自由和全面发展的联合体的理想社会,奠定了共产党人坚定理想信念的理论基础。人类历史的发展同时也是人类文明的发展,从蒙昧、野蛮到文明,从初级

---

① 《中共中央关于党的百年奋斗重大成就和历史经验的决议》,人民出版社2021年版,第1页。

水平的文明到现代水平的文明,从私有制文明到社会主义和共产主义文明,经历了不同阶段、不同质量、不同性质的文明形态。始终坚持共产主义理想和社会主义信念,必然要求创造出体现共产主义发展趋势、社会主义本质要求,同中国特色社会主义正在做的事情统一起来的人类文明新形态。创造人类文明新形态,是为马克思主义的社会理想而不懈奋斗的题中应有之义。

人民幸福、民族复兴只能在新社会新中国新文明中实现。党的百年奋斗,是在完成不同历史时期的主要任务中践行初心使命的历程。党成立后,为中国人民谋幸福、为中华民族谋复兴,就是要团结带领人民推翻旧社会、建立新社会,改变旧中国、建设新中国,创造人民幸福、民族复兴的根本社会条件。这是中国人民彻底摆脱被欺负、被压迫、被奴役的命运,对美好生活的向往不断变为现实的新社会新中国,是中华民族从积贫积弱、一穷二白到全面小康、繁荣富强的新社会新中国。党和人民建立和建设的新社会新中国,就是创造过程中的中华文明新形态,也是创造过程中的人类文明新形态。正如毛泽东于开国大典前夕在全国政协第一届全体会议上的开幕词中所说,中华民族将从此"创造自己的文明和幸福","中国人被人认为不文明的时代已经过去了,我们将以一个具有高度文化的民族出现于世界"。①

只有建立和建设社会主义才能创造人类文明新形态。人类文明形态最根本的载体是社会形态。人类进入私有制社会后,也曾创造出达到相应历史高度的文明形态,如奴隶制文明、封建文明、资本主义文明。在资本主义文明之后,能够替代和超越资本主义文明、属于更高

---

① 《毛泽东文集》第五卷,人民出版社1996年版,第344、345页。

阶段的文明形态，则是社会主义和共产主义文明形态。中国共产党经历百年奋斗创造的人类文明新形态，是在新民主主义革命、社会主义革命和建设、改革开放和社会主义现代化建设、新时代中国特色社会主义伟大成就的基础上创造出来的。没有民族独立、人民解放，没有从新民主主义到社会主义的转变，没有中国建设社会主义正确道路的开辟，没有中国特色社会主义新时代的开创，就没有人类文明新形态的创造。

（二）党的百年矢志不渝的奋斗目标

党的百年奋斗，在不同历史时期创造了一个个伟大成就，实现和推进了一次次伟大飞跃。每个伟大成就、每次伟大飞跃，都是实现和推进中华民族伟大复兴的重大进步，都是创造人类文明新形态的重大进展。人类文明新形态蕴育于民族复兴的进程和成就之中。

中华民族绵延5000多年的灿烂文明，为人类文明进步作出了不可磨灭的贡献。1840年鸦片战争以后，国家蒙辱、人民蒙难、文明蒙尘。辛亥革命推翻了封建君主专制制度，但未能改变中国的社会性质和人民的悲惨命运。党在新民主主义革命时期，领导推翻了帝国主义、封建主义、官僚资本主义三座大山，"彻底结束了极少数剥削者统治广大劳动人民的历史，彻底结束了旧中国一盘散沙的局面，彻底废除了列强强加给中国的不平等条约和帝国主义在中国的一切特权，实现了中国从几千年封建专制政治向人民民主的伟大飞跃"[①]。中国人民从

[①]《中共中央关于党的百年奋斗重大成就和历史经验的决议》，人民出版社2021年版，第8页。

此站起来了，中国发展从此开启了新纪元，人类文明新形态有了根本社会条件。

新中国成立后，党领导人民进行社会各方面民主改革，荡涤旧社会留下的污泥浊水，建立起社会主义制度，努力把我国逐步建设成为一个具有现代农业、现代工业、现代国防和现代科学技术的社会主义强国。正确处理我国社会主义建设的十大关系，走出一条适合我国国情的工业化道路。事实证明，中国人民不但善于破坏一个旧世界，也善于建设一个新世界。社会主义革命和建设时期，实现了中华民族有史以来最为广泛而深刻的社会变革，实现了一穷二白、人口众多的东方大国迈进社会主义社会的伟大飞跃，人类文明新形态有了根本政治前提和制度基础。

改革开放是中国人民和中华民族发展史上一次伟大革命。党的十一届三中全会以来，我国实现了从高度集中的计划经济体制到充满活力的社会主义市场经济体制、从封闭半封闭到全方位开放的历史性转变。解放和发展社会生产力，建设社会主义政治文明，建设社会主义法治国家，建设社会主义精神文明，促进社会和谐稳定，我国实现了从生产力相对落后的状况到经济总量跃居世界第二的历史性突破，实现了人民生活从温饱不足到总体小康、奔向全面小康的历史性跨越，推进了中华民族从站起来到富起来的伟大飞跃。中国大踏步赶上了时代，人类文明新形态有了充满新的活力的体制保证和快速发展的物质条件。

中国特色社会主义新时代是承前启后、继往开来、在新的历史条件下继续夺取中国特色社会主义伟大胜利的时代，是决胜全面建成小康社会、进而全面建设社会主义现代化强国的时代，是全国各族人民团结奋斗、不断创造美好生活、逐步实现全体人民共同富裕的时代，是全体中华儿女勠力同心、奋力实现中华民族伟大复兴中国梦的时代，是我国不断为人类作出更大贡献的时代。实现创新成为第一动力、协调成为内生特点、绿色成为普遍形态、开放成为必由之路、共享成为根本目的的高质量发展，加快建设创新型国家和世界科技强国，我国经济迈上更高质量、更有效率、更加公平、更可持续、更为安全的发展之路，中国特色社会主义制度更加成熟更加定型，国家治理体系和治理能力现代化水平不断提高，积极发展全过程人民民主，中国特色社会主义法治体系不断健全，法治中国建设迈出坚实步伐，建设社会主义文化强国，推动中华优秀传统文化创造性转化、创新性发展，创造了人类减贫史上的奇迹，更加自觉地推进绿色发展、循环发展、低碳发展，美丽中国建设迈出重大步伐，推动构建人类命运共同体，弘扬和平、发展、公平、正义、民主、自由的全人类共同价值，构建人类命运共同体成为引领时代潮流和人类前进方向的鲜明旗帜。中国特色社会主义新时代，中华民族迎来了从站起来、富起来到强起来的伟大飞跃，人类文明新形态有了更为完善的制度保证、更为坚实的物质基础、更为主动的精神力量。

（三）在坚持"两个结合"过程中持续探索回答的重大问题

习近平总书记指出："一百年来，中国共产党把马克思主义基本原理同中国具体实际相结合、同中华优秀传统文化相结合，团结带领中国人民在这片广袤大地上绘就了人类发展史上波澜壮阔的壮美画卷，书写了中华民族几千年历史上最恢宏的史诗。"① 这就告诉我们，坚持"两个结合"，必然要求回答在中国怎样创造人类文明新形态的重大问题。

马克思主义的人类社会美好理想如何同中国具体实际相结合，创造出人类文明中国式新形态。马克思主义指明的人类社会美好理想，这一必然要求和普遍趋势是在各个民族和国家逐步实现的，既不能是一个步调，也不能是一个模样。建设什么样的社会主义，要符合各国实际、体现民族特色。对于我们党来说，创造什么样的人类文明新形态，同样要把普遍性和特殊性统一起来，从特殊性中反映普遍性，创造出符合中国实际、体现中国特色的人类文明新形态。党的百年历程，是在半殖民地半封建社会的国度里建立社会主义国家，是在一穷二白的土地上建设社会主义，是在落后时代的形势下跟上时代、引领时代，是在社会主义初级阶段的方位中全面建设社会主义现代化国家。创造人类文明新形态，正是在这样的历史条件下推进和展开的。无论是西方的现代化文明形态，还是苏联解体、东欧剧变前的其他社会主义国家的文明形态，都不能成为中国的文明新形态的母版或模板。党和人民坚持独立自主，走自己的路，成功走出中国特色社会主义道路，走出中国式现代化道路，也创造出具有中国特色的人类文明新形态。

马克思主义的人类社会美好理想如何同中华优秀传统文化相结合，创造出展现中华文化和中国精神的人类文明新形态。马克思主义

---

① 习近平：《在中国文联十一大、中国作协十大开幕式上的讲话》，《人民日报》2021年12月15日。

指明的人类社会美好理想，在各个国家各个民族的实现形式，因其国情、传统、文化而各具特色。每种文化有其独特的世界观念、价值理念、幸福标准，对人类社会的美好理想也包含着本民族文化的理解，也就自然会影响到理想社会的建构。中国的先哲们关于道法自然、天人合一，天下为公、大同世界，自强不息、厚德载物，以民为本、安民富民，为政以德、政者正也，革故鼎新、与时俱进，仁者爱人、以德立人，求同存异、和而不同等的思想，都是中华传统文化中对理想社会的憧憬和要求，都会在不同程度、以不同方式启迪和引导当代中国的人类文明新形态建设。党和人民创造的人类文明新形态，是科学社会主义基本原则同中华优秀传统文化相结合的产物。这一新形态，既秉承着共产主义理想和社会主义信念，又使得马克思主义的社会理想与中华民族的大同理想融合起来，有着民族文化的根基，符合广大群众的心理，不仅可行，而且可亲。如同习近平总书记指出的："站立在960万平方公里的广袤土地上，吸吮着中华民族漫长奋斗积累的文化养分，拥有13亿中国人民聚合的磅礴之力，我们走自己的路，具有无比广阔的舞台，具有无比深厚的历史底蕴，具有无比强大的前进定力。"①

（四）中国特色社会主义创造人类文明新形态的重大进展

改革开放是中国人民和中华民族发展史上一次伟大革命，40多年来，在中国特色社会主义道路上创造人类文明新形态取得的伟大成就

---

① 习近平：《在纪念毛泽东同志诞辰120周年座谈会上的讲话》，《人民日报》2013年12月27日。

举世瞩目,实现和迎来了从落后时代、跟上时代再到引领时代的伟大跨越。

实现了从落后时代到跟上时代的伟大跨越。改革开放是党的一次伟大觉醒。经历了十年内乱,党、国家、人民遭到新中国成立以来最严重的挫折和损失,使得我国和世界先进水平的差距进一步拉大。邓小平鲜明地指出:"我们要赶上时代,这是改革要达到的目的。"[1]世界科技革命快速发展、日新月异,国际变革浪潮来势迅猛、不进则退。对于立志走在时代前列、为人类文明进步作出更大贡献的中国共产党人来说,落后时代就不能充分证明社会主义制度的优越性,就不能让中华民族自立于世界民族之林,也难以创造出人类文明新形态。只有解放思想、锐意进取,奋起直追、后来居上,才能跟上时代潮流,在人类文明主流中居于越来越重要的地位。党坚决推进改革开放,不断形成和发展符合中国国情、充满生机活力的体制机制,兴办经济特区,加入世界贸易组织,加快推进社会主义现代化,进行经济、政治、文化、社会建设,实施科教兴国、可持续发展、人才强国等重大战略,推动经济持续快速发展。经过英勇顽强的奋斗,中国大踏步赶上了时代。

迎来了从跟上时代到引领时代的伟大跨越。改革开放是实现民族复兴的接力跑,是从跟上时代到引领时代的加速跑。从跟上时代到引领时代,是以习近平同志为核心的党中央带领全党全国人民接续奋斗、再攀新高,推动党和国家事业取得的最为深刻的历史性成就和历史性变革,是创造人类文明新形态达到的新的时代高度。党在全面建

---

[1] 《邓小平文选》第三卷,人民出版社1993年版,第242页。

成小康社会的基础上全面建设社会主义现代化国家，积累了引领时代的综合国力，引领的是中华民族伟大复兴的强国时代。21世纪的中国在世界上高高举起了中国特色社会主义伟大旗帜，形成了引领时代的制度优势，引领的是科学社会主义的复兴时代。中国式现代化道路拓展了发展中国家走向现代化的途径，提供了引领时代的中国方案，引领的是人类社会发展道路的多样时代。中国在全球疫情防控中充分展示了讲信义、重情义、扬正义、守道义的大国形象，展现了引领时代的大国担当，引领的是构建人类命运共同体的合作时代。统筹把握中华民族伟大复兴战略全局和世界百年未有之大变局，促使"两个大局"相互影响、相得益彰，塑造世界历史大变局的创新时代，党和国家引领时代发展、创造人类文明新形态更具历史主动。在新时代新征程上持续巩固深化这一伟大跨越，是百年大党担起新的时代使命时的历史责任。

二、创造人类文明新形态是马克思主义中国化在新时代新飞跃的重大成果

党的十八大以来，中国特色社会主义进入新时代。党面临着实现"两个一百年"奋斗目标、继续推进民族复兴宏伟目标新的主要任务。新时代及其主要任务，就内在地包含着创造人类文明新形态取得新的重大成就。创立习近平新时代中国特色社会主义思想，实现了马克思主义中国化新的飞跃。成功走出中国式现代化道路，创造了人类文明新形态，这一思想继续深入探索并取得新的重大成果，成为实现马克思主义中国化新的飞跃的重要内容。

（一）开创中国特色社会主义新时代将创造人类文明新形态推向新的历史方位

党的百年奋斗经历了不同历史时期，完成每一历史时期的主要任务都将中华民族伟大复兴推进到新的历史阶段，都将创造人类文明新形态发展至新的时代高度。党的十九届六中全会《决议》指出："中国特色社会主义新时代是我国发展新的历史方位。"[①] 新的历史方位赋予创造人类文明新形态以新的内涵。

承前启后、继往开来的人类文明新形态。新时代是党的百年奋斗新的历史时期，以习近平同志为核心的党中央不忘初心、牢记使命，为党的百年伟大成就续写新的辉煌。新时代是新中国建设社会主义新的历史时期，从推进从站起来到富起来的伟大飞跃，再到迎来从站起来、富起来到强起来的伟大飞跃，自信自强、守正创新，彰显了中国特色社会主义的强大生机活力。新时代是中国特色社会主义的新时代，在改革开放、中国特色社会主义的道路上勇毅前行，开创了中国特色社会主义新时代。新时代创造人类文明新形态，不是凭空而来的，也不是一成不变的，而是一脉相承、与时俱进的。

实现"两个一百年"奋斗目标的人类文明新形态。建设社会主义社会，是一个一个目标走向远方的长征，是一个一个台阶迈向高峰的攀登。中国特色社会主义新时代，既要在以往成就的基础上全面建成小康社会，又要乘势而上开启全面建设社会主义现代化国家新征程。

[①]《中共中央关于党的百年奋斗重大成就和历史经验的决议》，人民出版社2021年版，第23页。

全面小康和全面现代化，是新时代同一过程的不同阶段，包含着不同的内涵、标准和要求。全面小康是要解决人民日益增长的物质文化需要同落后的社会生产之间的矛盾，解决"有没有""快不快"的问题；全面现代化则是要解决人民日益增长的美好生活需要和不平衡不充分的发展之间的矛盾，解决"好不好""美不美"的问题。这对于创造人类文明新形态而言，标志着不同的水平和阶段。

不断创造美好生活、逐步实现共同富裕的人类文明新形态。党的十九届五中全会明确提出以满足人民美好生活需要为根本目的，这就表明了中国特色社会主义新时代是在人民美好生活需要的更高层次上创造人类文明新形态。进入新时代，人民美好生活需要日益广泛、日益增长，需要的领域在拓展，需要的水平在提升。这是文明发展的必然趋势，也是文明进步的内在动力。党的十九届五中全会还明确提出人的全面发展、全体人民共同富裕取得更为明显的实质性进展，这不是将美好社会作为一个遥远目标来看待，而是作为一个现实目标来建设。全面建设社会主义现代化国家，必然要求在人的全面发展、人民共同富裕上见实效显实绩。

与实现中华民族伟大复兴中国梦融为一体的人类文明新形态。习近平总书记指出："一百年来，中国共产党团结带领中国人民进行的一切奋斗、一切牺牲、一切创造，归结起来就是一个主题：实现中华民族伟大复兴。"[①] 只有坚持和发展中国特色社会主义，才能实现中华民族伟大复兴，而坚持和发展中国特色社会主义的奋斗目标，就是要建设社会主义现代化强国、创造人类文明新形态。实现中华民族伟大

---

① 习近平：《在庆祝中国共产党成立100周年大会上的讲话》，《求是》2021年第14期。

复兴，只能依靠全面建成富强民主文明和谐美丽的社会主义现代化强国，不断推进人类文明新形态的建设。因此，没有离开中华民族伟大复兴、在此之外的人类文明新形态，也没有远离人类文明新形态、不含其中的中华民族伟大复兴，二者是互为一体的。

不断为人类作出更大贡献的人类文明新形态。大道之行，天下为公。党为中国人民谋幸福、为中华民族谋复兴的实践，同时也是为人类谋进步、为世界谋大同的实践。成功走出中国式现代化道路，创造了人类文明新形态，深刻影响了世界历史进程，"拓展了发展中国家走向现代化的途径，给世界上那些既希望加快发展又希望保持自身独立性的国家和民族提供了全新选择"[①]，中国成为推动人类发展进步的重要力量。党带领人民创造的人类文明新形态表明，西方文明并不是人类文明的最高代表，资本主义文明也不是人类文明的终结形式，植根于中华文明的社会主义现代化文明则是一种全新的文明形态。

（二）马克思主义中国化在新时代新的飞跃包括创造人类文明新形态的原创性贡献

习近平新时代中国特色社会主义思想的创立，实现了马克思主义中国化新的飞跃。这一飞跃是在党的十八大以来的原创性思想、变革性实践、突破性进展、标志性成果中体现出来的，其中包括关于创造人类文明新形态的原创性贡献。

人民至上：人类文明新形态的根本性质。文明是人类的创造，但

---

① 《中共中央关于党的百年奋斗重大成就和历史经验的决议》，人民出版社2021年版，第64页。

在阶级社会中，创造文明的群体与享用文明的群体并不是一体的，享用文明的权利并不是一致的。马克思主义则是要使创造文明的人民成为历史的主人，成为享用文明的主体。习近平新时代中国特色社会主义思想，坚持人民至上，坚持以人民为中心的发展思想，要求始终牢记江山就是人民、人民就是江山。这就深刻阐述了人类文明新形态的根本性质，这一文明形态不是归属于任何利益集团的，不是服从于任何权势团体的，不是服务于任何特权阶层的，而是文明创造为了人民，文明发展依靠人民，文明成果由人民共享。比如，民主是全人类的共同价值，但在不同的历史时代中、在不同的社会制度下，民主有着不同的性质和内容。我们党要实现的民主目标，是人民享有最广泛、最真实、最管用的社会主义民主，而不是少数人的民主，不是"只有在投票时被唤醒、投票后就进入休眠期"的做摆设的民主。

"四个自信"：人类文明新形态的显著优势。中国特色社会主义道路、理论、制度、文化，是人类文明新形态的基本支撑，也是这一文明形态与其他文明形态相比较所彰显的显著优势。党的十八大后，习近平总书记明确提出"四个自信"，这也是人类文明新形态的"四个自信"。中国特色社会主义道路是创造人类文明新形态的必由之路，人类文明新形态是中国特色社会主义的创造产物，中国式现代化道路是中国特色社会主义道路的具体形式。中国特色社会主义理论体系、习近平新时代中国特色社会主义思想是指导党和人民创造人类文明新形态的正确理论。习近平新时代中国特色社会主义思想，是党的十八大以来党和国家事业取得历史性成就、发生历史性变革的科学指引。中国特色社会主义制度是创造人类文明新形态的根本制度保障，党的十八大以来，中国特色社会主义制度更加成熟更加定型，国家治理体系和治理能力现代化水平不断提高，本身也是人类政治文明新形态的重大进展。中国特色社会主义文化是创造人类文明新形态的强大精神力量，是人类文明新形态的文化形态。

"五位一体"和"四个全面"：人类文明新形态的系统建设。习近平新时代中国特色社会主义思想，明确中国特色社会主义事业"五位一体"的总体布局和"四个全面"的战略布局，这同时也构成了创造人类文明新形态的主要领域和基本机制。经济建设、政治建设、文化建设、社会建设、生态文明建设一体推进，物质文明、政治文明、精神文明、社会文明、生态文明协调发展，富强、民主、文明、和谐、美丽的目标一齐实现，人类文明新形态强基固本。全面建设社会主义现代化国家与新时代创造人类文明新形态是同一个事物、同一个过程，全面深化改革为创造人类文明新形态破除各方面体制机制弊端，全面依法治国为创造人类文明新形态固根本、稳预期、利长远，全面从严治党为创造人类文明新形态锻造走在时代前列的马克思主义执政党。人类文明新形态存在于"五位一体"的系统布局中，创造人类文明新形态实现于"四个全面"的系统机制中。

人类命运共同体：人类文明新形态的天下胸怀。人类文明新形态是在人类文明数千年的延续中发展出来的，是在世界文明多样多彩的百花园中生长出来的。中国创造的人类文明新形态，从属于人类文明，又是推动人类文明发展进步的重要因素。党的十八大以来，习近平总书记坚持胸怀天下，推动构建人类命运共同体，建设持久和平、普遍安全、共同繁荣、开放包容、清洁美丽的世界，推动历史车轮向着光明的前途前进。中国的文明新形态，不是游离于人类文明之外的文明新形态，而是代表了人类文明形态发展方向的文明新形态。

习近平总书记在2022年新年贺词中指出："世界各国风雨同舟、团结合作，才能书写构建人类命运共同体的新篇章。"①

（三）新时代的重大时代课题着力解决创造人类文明新形态的根本性问题

党的十九届六中全会《决议》，在党的十九大报告的基础上，进一步明确提出新时代坚持和发展什么样的中国特色社会主义、怎样坚持和发展中国特色社会主义，建设什么样的社会主义现代化强国、怎样建设社会主义现代化强国，建设什么样的长期执政的马克思主义政党、怎样建设长期执政的马克思主义政党的重大时代课题。新时代的重大时代课题，是习近平新时代中国特色社会主义思想的理论起点和实践基石，也是创造人类文明新形态所要着力回答和解决好的重大问题。

新时代坚持和发展中国特色社会主义的重大时代课题，包含创造人类文明新形态的总体构建。习近平新时代中国特色社会主义思想的丰富内涵，随着新时代实践的发展而不断完善；习近平新时代中国特色社会主义思想所思考的重大时代课题，随着新时代实践的深化而继续拓展。党的第三个历史决议提出的新时代坚持和发展什么样的中国特色社会主义、怎样坚持和发展中国特色社会主义的重大时代课题，具有了新的统领性和全局性，是三个重大时代课题的总课题。新时代坚持和发展中国特色社会主义，是新时代创造人类文明新形态的总依据、总方略、总道路。党带领人民创造的人类文明新形态，就是新时代坚持和发展中国特色社会主义的文明进展和成就。习近平新时代中

---

① 《国家主席习近平发表二○二二年新年贺词》，《人民日报》2022年1月1日。

国特色社会主义思想的"十个明确",是这一思想的核心内容,同时也包含着对创造人类文明新形态的深邃思考。比如,贯彻创新、协调、绿色、开放、共享的新发展理念,正是代表发展的文明、文明的发展的时代理念、先进理念。

建设社会主义现代化强国的重大时代课题,直接的就是创造人类文明新形态的实践方案。建设社会主义现代化国家,是新中国成立后党和国家一以贯之的主题。建设社会主义现代化国家,就是创造人类文明新形态。新时代建设社会主义现代化国家的历史任务,进展为全面建成富强民主文明和谐美丽的社会主义现代化强国。现代化的目标没有变,但现代化的方位、条件、内涵、水准等,都发生了深刻的历史变化。建设什么样的社会主义现代化强国、怎样建设社会主义现代化强国,要求从当今世界人类发展大潮流、世界变化大格局、中国发展大历史的视野出发,作出正确判断和准确定位,建设走在时代前列、具有中国特色、展现制度优势的现代化国家。建设社会主义现代化强国,就是创造人类文明新形态的主要内容。党和人民创造的人类文明新形态,就是社会主义现代化的文明新形态。全面建设社会主义现代化国家的战略安排,就是创造人类文明新形态的实践筹划。

建设长期执政的马克思主义政党,锻造出创造人类文明新形态的领导力量。新时代坚持和发展中国特色社会主义,建设社会主义现代化强国,关键在党,党是最高政治领导力量,必须确保党在新时代坚持和发展中国特色社会主义的历史进程中始终成为坚强领导核心。因此,能否建设好长期执政的马克思主义政党,是关系到新时代中国特色社会主义能否兴旺发达,社会主义现代化强国能否发展壮大的根本性问题。只有回答和解决好这个重大时代课题,才能回答和解决好前两个重大时代课题。中国特色社会主义最本质的特征是中国共产党领导，人类文明新形态最本质的特征同样是中国共产党领导；中国特色社会主义制度的最大优势是中国共产党领导，创造人类文明新形态的最大优势同样是中国共产党领导。打铁必须自身硬。习近平总书记在党的十九届六中全会第二次全体会议上的重要讲话中指出："在建党百年之际，我们要居安思危，时刻警惕我们这个百年大党会不会变得老态龙钟、疾病缠身。对党的历史上走过的弯路、经历的曲折不能健忘失忆，对中外政治史上那些安于现状、死于安乐的深刻教训不能健忘失忆；对自身存在的问题不能反应迟钝，处理动作慢腾腾、软绵绵，最终人亡政息！"① 只有坚持自我革命，更显风华正茂，党才能始终引领创造人类文明新形态。

三、创造人类文明新形态为发展 21 世纪马克思主义、复兴科学社会主义作出重大贡献

在人类文明的演进历史中，在人类文明的诸多形态中，中国共产党领导人民成功走出中国式现代化道路，创造了人类文明新形态，不仅是拓展了发展中国家走向现代化的途径，而且为创新发展 21 世纪马克思主义、推动复兴科学社会主义，作出了重大的理论和实践贡献。

（一）对人类文明的贡献

党的百年历史，在漫长的人类文明历史中并不长，但却为人类文

---

① 习近平：《以史为鉴、开创未来　埋头苦干、勇毅前行》，《求是》2022 年第 1 期。

明进步作出了重大贡献。百年来，党领导人民创造人类文明新形态，从实践自觉、认识自觉到理论自觉、战略自觉。走过了百年光辉历程，创造人类文明新形态进入了新的历史阶段。

人类文明新形态的时代坐标。党的百年历程，经历了时代主题的深刻变化，经历了历史大势的潮起潮落，经历了世界百年未有之大变局。无论世界如何发展变化，但党的时代坐标始终走在前列，党的历史站位始终是勇立潮头。习近平总书记在党的十九届六中全会第二次全体会议上的重要讲话中指出："我们党领导人民不仅创造了世所罕见的经济快速发展和社会长期稳定两大奇迹，而且成功走出了中国式现代化道路，创造了人类文明新形态。这些前无古人的创举，破解了人类社会发展的诸多难题，摒弃了西方以资本为中心的现代化、两极分化的现代化、物质主义膨胀的现代化、对外扩张掠夺的现代化老路，拓展了发展中国家走向现代化的途径，为人类对更好社会制度的探索提供了中国方案。"[①] 人类文明新形态摒弃了西方现代化的老路，这就从时代坐标上保证了人类文明形态之新。

人类文明新形态的制度基础。制度文明构成人类文明的制度基础，是人类政治文明的主体内容。中国特色社会主义制度是党和人民在长期实践中创立的新型科学制度体系，紧紧依靠人民推动国家发展，不断解放和发展社会生产力，自我完善、自我发展，具有强大生命力和巨大优越性。比如，全过程人民民主，是中国特色社会主义政治制度的鲜明特征，是党团结带领人民追求民主、发展民主、实现民主的伟大创造。《中国的民主》白皮书指出："中国基于本国国情发展

[①] 习近平：《以史为鉴、开创未来 埋头苦干、勇毅前行》，《求是》2022年第1期。

全过程人民民主，既有着鲜明的中国特色，也体现了全人类对民主的共同追求；既推动了中国的发展与中华民族的复兴，也丰富了人类政治文明形态。"① 人类文明新形态的制度优势和制度密码，从制度基础上保证了人类文明形态之新。

人类文明新形态的整体推进。资本主义文明是以资本为中心的文明，生产的最高目的是获取利润，至于带来的恶性后果和社会代价，则不在资本的视野之内。这就决定了这一文明形态是畸形的、片面的、不可持续的文明。中国特色社会主义创造的人类文明新形态，是物质文明、政治文明、精神文明、社会文明、生态文明协调发展的文明新形态，是人的全面发展与社会全面进步共同推进的文明新形态，是新时代中国文明新形态与人类文明发展进步相互促进的文明新形态。因为这一文明新形态是以人民为中心的文明新形态，人民向往的美好生活是全面的美好生活，包括物质生活、政治生活、精神生活、社会生活、生态生活，全面的美好生活需要要求整体推进、协调发展的文明形态。因为这一文明新形态是中国共产党领导建设的文明新形态，党代表中国最广大人民根本利益，在中国长期执政，这就决定党能够超越狭隘的利益羁绊和短视的执政行为，为天下谋、为长远谋，系统协调推进创造人类文明新形态。人类文明新形态的整体推进，是从全面性上保证了人类文明形态之新。

人类文明新形态的实践展开。科学社会主义的创立，社会主义从空想成为科学；十月革命的胜利，社会主义从理论成为实践；新中国的成立，社会主义实践从苏东国家发展到东方大国；中国特色社会主

---

① 中华人民共和国国务院新闻办公室：《中国的民主》，《人民日报》2021 年 12 月 5 日。

义的创立、中国特色社会主义新时代的开创,中国社会主义从自力更生、发愤图强进展到解放思想、锐意进取,自信自强、守正创新,充分彰显了中国特色社会主义的强大生机活力。科学社会主义的发展历程,同时也是社会主义文明新形态的发展历程。人类文明新形态并不仅仅是一种理论上的构想、理想中的存在,而且是人类社会中现实的存在、活生生的证明,是在中国共产党领导下进行了百年实践并且还将长期持续下去的伟大实践。进入新时代,在以习近平同志为核心的党中央的坚强领导下,这一伟大实践将书写更为恢宏的历史篇章,取得更为丰富的原创经验,展现更加光明的未来前景。人类文明新形态的实践展开,是从信服力上证明了人类文明形态之新。

（二）对社会主义文明的贡献

文明形态可以根据不同的标志和标准作出区分,如根据技术形态的演进区分为石器文明、金属文明、机器文明、信息文明、智能文明等,根据产业形态的发展区分为渔猎经济、农业经济、工业经济、信息经济、智能经济等。历史唯物主义则主要是根据生产方式及建立在此基础上的社会形态作出区分。党领导创造的人类文明新形态,是在从生产力到生产关系、上层建筑,从技术形态、产业形态到社会形态都走向和走在时代前列的文明新形态,其中最为根本和突出的标志是社会主义文明新形态,并且对建设社会主义文明新形态作出了越来越重要的贡献。

苏联解体、东欧剧变后的勇毅前行。中国特色社会主义是在经历了世界社会主义运动的严重挫折和曲折后坚定前行、愈益壮大的,党坚持建设的社会主义文明也是在吸取一些国家社会主义实践的经验教训后改革创新、更加多彩的。习近平总书记指出："上个世纪80年代末90年代初，东欧剧变、苏共垮台、苏联解体，世界社会主义遭受严重曲折，我国也发生了1989年春夏之交的严重政治风波。我们党紧紧依靠人民，以坚定意志和历史担当，采取果断措施，打赢了这场关系党和国家生死存亡的斗争，并顶住了西方国家所谓'制裁'的压力，保证了中国特色社会主义正确航向和改革发展的正确方向。邓小平同志说：'只要中国社会主义不倒，社会主义在世界将始终站得住。'我也说过，如果中国共产党领导和我国社会主义制度也在那场多米诺骨牌式的变化中倒塌了，或者因为其他原因失败了，那社会主义实践就可能又要长期在黑暗中徘徊了，中华民族伟大复兴的进程也必然会被打断。"[①] 中国共产党在苏联解体、东欧剧变之后继续高举起科学社会主义的伟大旗帜，中国特色社会主义继续传承着社会主义文明新形态的创造历史。

中国特色社会主义新时代的开创实践。以习近平同志为核心的党中央是在统筹把握中华民族伟大复兴战略全局和世界百年未有之大变局的宏观视野中继续创造人类文明新形态的，将人类文明新形态的创造纳入民族复兴战略全局之中，放在世界大变局的国际背景下来定位和推进，将世界大变局与疫情防控交织作为人类文明发展的重要转折点来应对，深入研究人类文明新形态的新内涵新特征。新冠疫情全球大流行之后，对人类文明何去何从提出重大挑战。习近平总书记站在时代前沿，在中国抗疫取得重大战略成果的基础上，及时提出构建卫生健康共同体、安全共同体、发展共同体、人文共同体，为人类文明

---

① 习近平：《以史为鉴、开创未来　埋头苦干、勇毅前行》，《求是》2022年第1期。

发展指明了方向。党的十八大以来，以习近平同志为核心的党中央充分发挥党的政治领导力、思想引领力、群众组织力、社会号召力，加强对权力运行的制约和监督，推动经济发展质量变革、效率变革、动力变革，全面推进社会主义民主制度化、规范化、程序化，积极发展全过程人民民主，法治中国建设迈出坚实步伐，推动中华优秀传统文化创造性转化、创新性发展，建设共建共治共享的社会治理制度，我国生态环境保护发生历史性、转折性、全局性变化，建设强大人民军队，把安全发展贯穿国家发展各领域全过程，坚持和完善"一国两制"制度体系，积极参与全球治理体系改革和建设，等等。新时代的伟大成就也是全面扎实推进人类文明新形态建设的伟大成就。

当今世界社会主义的创新探索。中国是当今世界最大的社会主义国家，也是当今世界创造社会主义文明形态最重要的国家。只要是社会主义国家，坚持社会主义制度，就必然要求建设社会主义文明而不是其他文明，就要展现社会主义文明的共同特征，比如，马克思主义的指导地位，社会主义的经济制度，人民当家作主的政治制度，社会主义的价值观等。世界上的社会主义国家，在建设社会主义文明形态方面，都有各自的探索和成就，表现出民族的特色和国家的特点。显然，中国创造人类文明新形态的成效和经验，以其参与建设和享用文明的人口最多、文明实践覆盖面最广、国际影响力最大，而在当今世界社会主义国家的文明实践中站在高处、走在前列、成为示范。比如，全国性的新时代文明实践中心建设，横向到边、纵向到底，凝聚群众、引导群众，以文化人、成风化俗，是新时代深化社会主义精神文明建设的一项重要制度安排，是建设社会主义文明重在基层、重在群众、重在农村的一个重大实践举措。

（三）对现代化文明的贡献

中国式现代化道路，创造了人类文明新形态，对人类现代化文明作出了重大贡献。习近平总书记在党的十九届五中全会上特别强调了中国式现代化的五点重要特征，这也是中国式现代化所创造的现代化文明的重要特征。

人口规模巨大的现代化文明。我国现有14亿多人口，这样一个巨大规模的人口，整体进入现代化社会，超过了现有发达国家人口的总和。人类现代化的历史上，还从来没有如此巨大规模的人口，在一个国家里共同创造着并且共同享用着现代化文明。中国建成现代化国家，将创造世界现代化史上的最大奇迹。在这样一个人口规模巨大的国家实现现代化，世界现代化历史上没有先例，必定存在着人口效应，既有优势，也有制约。我国现代化建设的成功将表明，现代化文明并不是仅仅能在中等规模或中等规模以下人口的国家实现的"专利"。

全体人民共同富裕的现代化文明。普遍贫困不能建成社会主义文明，两极分化同样不能建成社会主义文明。西方一些国家贫富分化，中产阶层塌陷，导致社会撕裂、政治极化、文明衰落。我国在开启全面建设社会主义现代化国家新征程之时，就明确要求分阶段促进共同富裕，到2035年全体人民共同富裕取得更为明显的实质性进展。习近平总书记指出："要防止社会阶层固化，畅通向上流动通道，给更多人创造致富机会，形成人人参与的发展环境，避免'内卷'、'躺平'。"[①] 我国现代化文明是坚决防止两极分化、自觉主动解决贫富差

---

① 习近平：《扎实推动共同富裕》，《求是》2021年第20期。

距、促进社会公平正义的现代化文明。

物质文明和精神文明相协调的现代化文明。改革开放以后，党坚持物质文明和精神文明两手抓、两手硬，保证了中国特色社会主义的正确方向，端正了中国特色社会主义的精神导向。同时，拜金主义、享乐主义、极端个人主义和历史虚无主义等错误思潮不时出现。党的十八大以来，党在推进社会主义现代化的进程中，倡导社会主义核心价值观，弘扬伟大建党精神，树立向上向善向美的精神准则，全社会精神面貌焕然一新，促进了物质文明建设和现代化各项建设。进入新发展阶段，习近平总书记明确提出促进共同富裕与促进人的全面发展是高度统一的，共同富裕是人民群众物质生活和精神生活都富裕，要促进人民精神生活共同富裕。精神生活的富裕是精神文明的人化，就是建设社会主义精神文明。

人与自然和谐共生的现代化文明。在世界现代化的进程中，人类生产活动和生活消费对生态环境造成严重破坏，人与自然的关系出现严重对立。改革开放以后，环境污染、生态破坏一度成为我们的国土之伤、民生之痛。党在改革开放和社会主义现代化建设进程中，对生态文明建设的重视程度不断提高，对绿水青山就是金山银山这种生产和生态辩证关系的把握更加自觉，像保护眼睛一样保护生态环境，像对待生命一样对待生态环境。建设社会主义生态文明，既是造福中华民族、惠及子孙后代的功业，也是中国共产党和中国人民为人类文明延续发展担当的国际责任、作出的世界贡献。

走和平发展道路的现代化文明。和平发展道路凸显社会主义和中华民族的文明本性。一些老牌资本主义国家在现代化的道路上，依靠的是对其他国家的侵略战争、暴力征服、强行掠夺，是血与火铸成的现代化，是以牺牲他国利益为代价的现代化文明。我们的社会主义现代化，从一开始走的就是截然不同的和平发展道路，是文明发展的现代化。党的十八大以来，党积极推动构建人类命运共同体，在同世界各国合作共享、互利共赢的前提下实现中国的现代化。中国式现代化的文明新形态，决不会对世界造成威胁，只能是世界各国和平发展、发展中国家进入现代化的福音。

（四）对世界历史进程的贡献

党的第三个历史决议指出："马克思主义中国化时代化不断取得成功，使马克思主义以崭新形象展现在世界上，使世界范围内社会主义和资本主义两种意识形态、两种社会制度的历史演进及其较量发生了有利于社会主义的重大转变。"[①] 创造人类文明新形态，是党准确把握时代大势，勇于站在人类发展前沿，科学回答中国之问、世界之问、人民之问、时代之问，续写马克思主义中国化时代化新篇章的重大成果，具有推动人类发展进步的重大世界历史意义。

创造人类文明新形态有利于增强社会主义意识形态的世界感召力。马克思主义、科学社会主义创立后，社会主义和资本主义两种意识形态的斗争和较量，从来没有停止过。意识形态的较量胜负不仅取决于思想理论文化本身，而且更取决于形成意识形态的实践力量。邓小平在1992年南方谈话中指出："一些国家出现严重曲折，社会主义好像被削弱了，但人民经受锻炼，从中吸取教训，将促使社会主义

---

① 《中共中央关于党的百年奋斗重大成就和历史经验的决议》，人民出版社2021年版，第63—64页。

向着更加健康的方向发展。"①30年后，两种意识形态的较量之所以能够发生有利于社会主义的重大转变，从根本上说就是中国特色社会主义的顽强奋斗、开拓创新，促成了科学社会主义的复兴，为社会主义意识形态提供了最有力的证明和最强劲的说服力。创造人类文明新形态，是新时代坚持和发展中国特色社会主义的重大任务，本身也是社会主义意识形态的实践形态，每一步进展和每一个成就都在增强着社会主义意识形态的凝聚力和引领力。

创造人类文明新形态有利于扩大社会主义制度的国际影响。从十月革命建立第一个社会主义国家苏联开始，社会主义制度在世界上已经有100多年的实践历程。社会主义制度和资本主义制度有着相互影响、相互借鉴的关系，但性质根本不同，是长期竞争和较量的关系。两种制度孰高孰低、孰优孰劣，需要经过历史和实践的检验。中国特色社会主义制度，随着全面深化改革纵深推进，各领域基础性制度框架基本确立，形成了多方面的显著优势。习近平总书记指出："这次应对新冠肺炎疫情全球大流行，各国的领导力和制度优越性如何，高下立判。"② 人民至上、生命至上的执政理念与我国国家制度和国家治理体系优越性的有机结合，使得我国成为疫情发生以来第一个恢复增长的主要经济体，在疫情防控和经济恢复上都走在世界前列，充分彰显了我国创造的人类文明新形态的崭新内涵和巨大优势。

创造人类文明新形态有利于推动人类发展进步。中国特色社会主义事业是人类进步事业的重要组成部分，不断为人类文明进步贡献智

---

① 《邓小平文选》第三卷，人民出版社1993年版，第383页。
② 《习近平著作选读》第二卷，人民出版社2023年版，第401页。

慧和力量。中国共产党和中国人民以人类前途命运为己任，以推动人类发展进步为使命，与人类发展大潮流相一致，在创造人类文明新形态的新时代实践中，同世界各国人民一道，迈开历史的脚步向着文明的高峰行进。中国特色社会主义新时代，构建人类命运共同体成为创造人类文明新形态的重要组成。我国高举和平、发展、合作、共赢的旗帜推动建设新型国际关系，同周边国家建立亲诚惠容的关系，同广大发展中国家建立以真实亲诚理念为纽带的团结合作关系，维护和践行真正的多边主义，积极推动经济全球化朝着更加开放、包容、普惠、平衡、共赢的方向发展。特别是在抗疫国际合作中，发起新中国成立以来最大规模的全球紧急人道主义行动，展现了负责任大国的形象。中国创造的人类文明新形态，只有在人类文明的共同发展进步中才能更富生机活力。

人类文明新形态视域下人的全面发展 *

人类文明新形态是在党的百年奋斗历程中，成功走出中国式现代化道路的创造性成果。人类文明新形态是由各个领域的文明形态相互支持、协调发展构成的总和形态，人的文明新形态存在于人类文明新形态之中。科学社会主义追求的人的全面发展，正是中国特色社会主义创造的人的文明新形态的实质内容。将人的文明、人的全面发展纳入人类文明新形态的系统和结构，在推动人的全面发展中深化人类文明新形态的创造，是新时代中国特色社会主义的重大课题。

一、人类文明新形态包含人的文明新形态

人类创造了文明，文明也塑造了人；人是历史的主体，也是历史创造的产物。人类文明不能没有人的文明，不能脱离人的文明而发展。马克思主义坚持人的本质，人的发展，人的文明的社会性、历史性、实践性，为在唯物史观的基础上探讨人的问题，提供了科学指导。

---

* 本文写于 2022 年。

（一）人类文明是物质、政治、精神、社会、生态文明与人的文明的统一

人类文明是在漫长的进化过程中，在以生产劳动为基础的社会实践中形成和发展起来的，经历了一个从低级到高级、从简单到复杂、从混沌、分化到整体状态的演进历程。人类文明是历史的，不同社会历史条件产生不同性质的文明，文明的技术形态、产业形态、制度形态等都有自己的嬗变历史。人类文明是有结构的，不同的人类活动领域创造不同形态的文明，经济、政治、文化、社会、生态等领域都有自己的文明形态。人类实践创造了多种形式的对象化世界，既有实物形式、精神形式，也有制度形式、人的形式等，综合一体就是人类社会及其文明。人类在创造文明的过程中也创造了人自身的文明，人类在推动文明发展进步的过程中也促进了人自身文明的发展进步，人类创造的各种文明成果同时也转化为丰富完善人自身文明的因素。

物质文明、政治文明、精神文明、社会文明、生态文明，不直接等同于人的文明，是人的文明的一面镜子、一个尺度，同时又是塑造人的文明的环境和条件。人都是在一定的文明环境和条件下成长起来的，各种形态的文明都以不同方式、在不同程度上影响着人的素质，使得人的文明更多是后天的产物，是对人的自然本性的引导和提升。物质文明是塑造人的文明的物质基础，"仓廪实而知礼节，衣食足而知荣辱"①。政治文明是塑造人的文明的政治条件，正如邓小平指出的："制度好可以使坏人无法任意横行，制度不好可以使好人无法充分做好

---

① 《管子·牧民》。

事，甚至会走向反面。"①精神文明是塑造人的文明的精神因素，既内在于人的精神世界之中，又是滋养人的精神世界的营养。社会文明是塑造人的文明的社会环境，正如马克思指出的，"人的本质不是单个人所固有的抽象物，在其现实性上，它是一切社会关系的总和"②。生态文明是塑造人的文明的自然空间，绿水青山有利于人的身心健康，生态恶化则损害人的身心健康。

人的文明是指在人类文明的历史进程中，人自身吸收文明成果逐步文明化的过程，表现在人的精神和行为各个方面。人的文明既是人类文明的重要方面，又贯通于其他各个文明领域之中。人作为劳动主体是物质文明的创造者，人的劳动能力包括制造工具的能力、对劳动对象的把握能力、对劳动产品的设计能力以及协同劳动的组织能力等，是人的劳动文明的尺度，也决定了物质文明的水准。人作为制度主体是政治文明的创造者，人在一定生产方式的基础上对国家体制、法律体系、权力机制、权利关系等的建构，反映了一定历史条件下人和国家的关系、人对政治权力的控制程度和对人的权利的维护程度。人作为思维主体是精神文明的创造者，精神文明是人的文明的典型表现和显著标志，精神文明也表现为人的行为文明、职业文明等。人作为交往主体是社会文明的创造者，人在各种社会关系中生活，人的文明素养对社会关系的状况有着很大影响。人在与自然的关系中具有主动地位和自觉意识，这就使得生态文明不仅仅是自然现象和自然结果，而是人的活动影响和干预的结果，人如何处理与自然界的关系是

---

① 《邓小平文选》第二卷，人民出版社1994年版，第333页。
② 《马克思恩格斯文集》第一卷，人民出版社2009年版，第501页。

人的文明的重要方面，人的文明是形成生态文明的重要因素。

（二）创造人类文明的过程也是人类创造自身文明的过程

人类创造出文明世界，人在创造文明的各种劳动和生产活动中，也将对象世界的禀赋比如自然界的美妙和奇特，吸收于自身的禀赋之中，也在丰富、完善、提升着人自身的文明。在这个过程中，人的文明在生长、文明的人在塑造。人从事生产以满足消费需要，消费也是生产，是人的自身生产过程，人在物质、文化、社会等消费活动中，不仅满足人的生物性需要，而且满足人的精神性、社会性需要，是人的自身文明的生产过程。正如马克思指出的，资本在创造不断增长的物质文明的同时，还在培养、生产出能够消费与享受高度物质文明的人，也就是"培养社会的人的一切属性，并且把他作为具有尽可能丰富的属性和联系的人，因而具有尽可能广泛需要的人生产出来——把他作为尽可能完整的和全面的社会产品生产出来（因为要多方面享受，他就必须有享受的能力，因此他必须是具有高度文明的人）"[1]。

人的文明是一个历史的发展过程，从蒙昧、野蛮到文明，从古代到现代，从落后到先进。马克思不仅依据社会生产方式、经济形态的演进划分人类社会的发展阶段，而且在此基础上分析人的发展阶段，提出人的发展及其文明的三大形态。在以渔猎经济、农耕经济为主要产业形态的前资本主义社会，也就是古代社会里，人是在狭窄的范围内和孤立的地点上发展着，活动的空间和交往的范围极为有限，这就造成了人的狭隘性和封闭性。在以工业经济为主要产业形态的资本主义社会，也就是

---

[1] 《马克思恩格斯全集》第三十卷，人民出版社1995年版，第389页。

现代社会里，形成了以物的依赖性为基础的人的独立性，市场成为纽带、货币成为媒介，人在资本关系的统治下享有一定程度的自由，即以劳动力使用权为交换对象的自主性，交换的普遍性拓展了人的活动空间、丰富了人的交往关系，是从人的狭隘性向人的全面性过渡的中间环节。在以先进生产力为主导的经济形态的社会主义社会和共产主义社会，人从束缚自己的社会关系中解放出来，成为社会的和自身的主人，形成了建立在个人全面发展基础上的自由个性，是实现人的全面发展的渐进和提升过程，也是人的文明的先进形态和高级阶段。

用唯物史观看待人的文明，可以看出，人的文明不是抽象的概念的产物，而是实际存在于人类社会的实践中，存在于人的发展实践中，存在于人的自身行为中。人的文明不是孤立存在的，而是内在于人类文明之中，是与人类文明同生共存、相互依赖、相互促进的文明形态，人类文明是人的文明的土壤，人的文明是人类文明的灵魂。人的文明不是从来就有的，也不是一成不变的，而是随着生产力的发展和社会的进步，不断完善其品质、丰富其内涵、提升其品格的过程，是一个不会终止的过程。人的文明不是完全自然而然的生成过程，而是随着人对自身认识的深化、对自我完善的迫切，愈益自觉地遵循人的发展规律，自我塑造和提高人的文明程度的过程。人的文明不只是在个体生命周期内的培育过程，而更多是在人的文明的社会积累和社会遗传的传递中，一代人更比一代人站在更高的文明起点上，传承和弘扬人的文明。

（三）人的文明新形态是人类文明新形态的题中应有之义

人与文明是相互规定的关系。迄今为止的文明史表明，没有人也就不会有文明，没有文明也就不能使人成其为人。人创造了外在于自身的越来越庞大、越来越复杂的文明社会，文明社会也就越来越有力地塑造着一代又一代人。无论人自身外的文明世界对人的影响、规范、控制达到什么样的程度，但人是文明的主体，人是文明的创造者和主导者这一基本关系不应颠倒。如同人要从自然界的奴役下解放出来，人也要从奴役性的社会关系中解放出来，而这种社会关系正是文明的产物。人创造文明是为了享用文明，人在享用文明的过程中又成为文明的对象，只有人才能够自觉地享用文明，文明以人为对象展现其效用。即使在文明的人化的过程中，人仍然是处于主动的地位，是人利用文明成果的主体性行为。

人的文明与人类文明是相辅相成的关系。人是文明的创造者，人的文明状况如人的教育程度、劳动能力等又制约着所创造出来文明的状况，因此人的文明是人类文明的条件。一般来说，人的文明是人类文明的重要尺度，人的文明发展程度反映出人类文明的发展程度。但在资本主义生产方式中，存在着马克思所揭示的"物的世界的增值同人的世界的贬值成正比"[①]的反常现象。人又是历史的人，人的文明不是先天的、固定的，而是在人类文明的发展中逐步进步完善的，这也就决定了人所创造的人类文明不会始终停止在一个水平上。人按照物的尺度和人的尺度的统一进行生产，对这两种尺度及其统一的掌握程度是不断提高的，实际上也映射出人的文明程度，作用于人类文明的创造结果。同时，既成的人类文明，构成了所有人与生俱来的文明环境，又直接地成为人的文明发展的决定性因素。

---

① 《马克思恩格斯文集》第一卷，人民出版社2009年版，第156页。

人的文明新形态在人类文明新形态中必不可少、十分重要。中国共产党的百年奋斗创造人类文明新形态，坚持马克思主义关于人的全面发展的社会理想和人民创造历史的唯物史观，将创造人的文明新形态和保障人民当家作主、培育社会主义新人统一于一体。人民是社会主义国家的主人，社会主义社会中的人的文明新形态，集中体现在人民的主体地位、享有权利、新人素质上。

二、人的文明的目标是人的全面发展

人的文明是在一定的社会历史条件下，随着人类发展进步而逐步丰富和提升的过程。马克思主义关于社会主义社会、共产主义社会"高度文明的人"的理想就是人的全面发展，创造人的文明新形态的目标、内涵和标志就是人的全面发展。

（一）人的全面发展是人的文明发展的追求目标

人的全面发展是从资本主义文明向社会主义文明过渡的根本标志之一。资本主义文明对于人的发展具有两重性，它既是把人从封建关系的束缚中解放出来、促进人的解放和发展的力量，同时又是阻碍人的全面发展的因素。正是资本主义生产方式本身构成了人的全面发展的根本障碍，资本积累是以对工人阶级从肉体到精神的全面摧残、从绝对剩余价值到相对剩余价值的全面榨取为条件的。只有建立社会主义社会，进入共产主义社会，才能通过自觉的社会生产组织消除产品对生产者的统治，消灭个人奴隶般地服从分工的情形，从而劳动成为生活的第一需要。在这样的社会历史条件下，人的生产活动不是仅仅实现物的价值，而且是实现人的价值，是全体人民的全面发展。

人的全面发展是人的现代化的根本规定。如同文明包括人的文明，现代化也包括人的现代化，人的全面发展与人的现代化密切相关。习近平总书记在指导推进新时代社会主义现代化建设的过程中深刻指出，"现代化的本质是人的现代化"[①]。这就告诉我们，现代化是社会的整体变革过程，不仅是物质生产过程、科技创新过程、思想转变过程、制度变迁过程，而且也是人的发展过程，即人的现代化过程。人的现代化包括人的观念、能力、素养、行为、关系等方面的现代化，一个民族和国家的现代化，不能没有人的现代化。人的现代化是人的文明在现代化社会中的标志和要求，对于坚持人民至上的社会主义现代化建设而言，更是要重视和推进人的现代化。在全面建设社会主义现代化国家的进程中，人的现代化统一于新时代坚持和发展中国特色社会主义的内在要求，统一于人的全面发展，人的现代化指的就是人的全面发展。把人的现代化作为现代化的本质提出来，正是表明了人的现代化、人的全面发展、人的文明在建设社会主义现代化强国中具有极为重要的地位。

（二）人的全面发展是人的文明的本质内涵

人的全面发展是指人的发展内涵、发展时空、发展权利的全面性，在中国特色社会主义新时代的集中体现，就是满足人民日益增长的美好生活需要。这种全面发展包括人在物质生活和精神生活领域的全面发展，人民不仅追求物质生活富裕，而且追求精神生活富裕。这

---

① 习近平：《论坚持全面深化改革》，中央文献出版社2018年版，第68页。

种全面发展包括人在社会生产和社会关系领域的全面发展，人民不仅要成为社会生产的主人，而且要成为社会关系的主人。在自然共同体中造成了人对自然的狭隘关系和人自身之间的狭隘关系，在资本主义生产方式中人的自主活动受到有局限性的生产力、生产关系和交往关系的束缚。在建立了社会主义制度的经济关系和社会关系中，才有可能实现"作为目的本身的人类能力发展"。这种全面发展包括人在经济生活和政治生活领域的全面发展，人民不仅要满足经济生活、文化生活需要，还要满足政治生活需要、保障民主生活权利，要求畅通表达利益要求，有广泛参与权和完整的参与实践。这种全面发展包括人在劳动时间和闲暇时间的全面发展，人民不仅有劳动的权利，而且有支配自由时间的权利，满足人的多方面需求和爱好。马克思、恩格斯曾指出，在强制性的分工对人的发展束缚消除后，人们可以"上午打猎，下午捕鱼，傍晚从事畜牧，晚饭后从事批判，这样就不会使我老是一个猎人、渔夫、牧人或批判者"①。

人的全面发展是人的文明的本质内涵，是指在人的文明的历史进程中，以往的经济社会形态对于人的发展来说，尽管都取得了相应的历史成就，但都不足以进展至人的全面发展阶段，都不具备人的全面发展的成熟条件，至多有些空想的推测或道义的呼唤。只有在社会主义条件下，在社会主义建设发展到一定阶段，才有可能提出促进人的全面发展的任务，形成保证人的全面发展的各种条件。人的全面发展是人的文明的本质内涵，是指在人的文明的要素体系中，人的全面发展具有根本意义。人的文明表现在各个方面，就个体而言，表现在人

---

① 《马克思恩格斯文集》第一卷，人民出版社2009年版，第537页。

的品德、智力、体格、美感、技能等方面的文明素养，表现在人与他人、人与社会的交往关系中遵守法规和道德的文明素养，表现在人的自主性和自律性、权利意识和义务意识保持均衡的文明素养，人的全面发展是对人的各种文明素养的本质性概括。人的文明就群体而言，表现为团队的文明、组织的文明、社区的文明、地区的文明、民族的文明、人民的文明，是由无数个人、无数群体构成的人的整体文明。人的整体文明使其成为现实，依靠社会的发展及其造就的环境，起基础性作用的是人的全面发展的阶段及水平。没有人的全面发展，就难有全社会的文明和全体人民的文明。

（三）人的全面发展需要相应的社会历史条件及人类文明形态

从人的整体所处的发展条件看，人是社会历史的人，人的全面发展是社会全面发展的产物、历史全面进步的反映，是与人类文明形态所达到的阶段相对应的。人的全面发展不可能离开历史条件，超越历史阶段，如同马克思、恩格斯所指出的，"'解放'是一种历史活动，不是思想活动，'解放'是由历史的关系，是由工业状况、商业状况、农业状况、交往状况促成的"①。在马克思看来，资本主义社会是人的全面发展的史前时期，就生产力的条件而言，资本主义的生产才第一次创造出为达到社会全面进步、人的全面发展所必需的财富和生产力。从人的个体所处的发展条件看，在现实生活中，由于每个人所具有的社会关系不同，所占据的社会地位不同，所占有的社会资源不同，所

---

① 《马克思恩格斯文集》第一卷，人民出版社2009年版，第527页。

接受的系统教育不同，所拥有的自由时间不同，因此，不同个体的人在同样的社会形态和发展阶段中，人的发展水平及其全面发展程度也是极为不同的。正如马克思、恩格斯指出的："个人是什么样的，这取决于他们进行生产的物质条件。"① 建立社会主义社会和共产主义社会，创造人类文明新形态，正是为人的全面发展创造社会历史条件。

在资本主义社会中，劳动者所生产的产品成为一种统治劳动者的社会力量，被剥夺和贫困化的广大生产者缺乏获得全面发展的物质条件，决无可能实现人的全面发展。在社会主义社会和共产主义社会中，广大劳动者不仅从自然对人的统治关系中解放出来，而且从社会对人的统治关系中解放出来，不再始终屈从于分工，而是在生产资料归属于全体个人的占有制下，在生产力极大发展和集体财富充分涌流的条件下，实现充分的自主活动，也就是"建立在个人全面发展和他们共同的、社会的生产能力成为从属于他们的社会财富这一基础上的自由个性"②，人的全面发展从理想成为现实。

三、中国共产党推动人的全面发展内在于为中国人民谋幸福、为中华民族谋复兴的奋斗历程中

中国共产党成立以来，始终践行为中国人民谋幸福、为中华民族谋复兴的初心使命，民族复兴是人民幸福的根本途径，人民幸福是民族复兴的根本目的；始终坚持共产主义理想和社会主义信念，只有在

---

① 《马克思恩格斯文集》第一卷，人民出版社2009年版，第520页。
② 《马克思恩格斯全集》第三十卷，人民出版社1995年版，第107—108页。

中国建立社会主义社会才能实现民族独立、人民解放，只有在建设社会主义新社会、为美好社会理想不懈奋斗的过程中才能实现国家富强、人民幸福，从而不断促进人的全面发展。党的百年奋斗及其新的征程，是将践行初心使命、坚持理想信念和推动人的全面发展统一于一体的历史。

（一）为人的全面发展创造根本社会条件

近代以后，中国人民深受三座大山压迫，国家蒙辱、人民蒙难、文明蒙尘，中国人被西方列强辱为"东亚病夫"，毫无人的地位、人的尊严，遑论人的发展、人的文明。党领导的新民主主义革命正是要解决帝国主义和中华民族的矛盾、封建主义和人民大众的矛盾，进行反帝反封建斗争，实现民族独立、人民解放。毛泽东曾指出，由于帝国主义和封建主义的双重压迫，"中国的广大人民，尤其是农民，日益贫困化以至大批地破产，他们过着饥寒交迫的和毫无政治权利的生活。中国人民的贫困和不自由的程度，是世界所少见的"[1]。建党之初和大革命时期如火如荼的工人运动、青年运动、农民运动、妇女运动，正是中国人民争取翻身解放的觉醒。党创建农村革命根据地，打土豪、分田地，"唤起工农千百万，同心干"。党发动全民族抗战，中国人民赢得反抗外敌入侵第一次完全胜利，表现出空前的爱国主义精神、团结一致精神、英勇牺牲精神。党进行土地改革，翻身农民和广大群众支持着党和人民军队，取得了解放战争的胜利。

新中国成立以来，中国人民彻底摆脱了被欺负、被压迫、被奴役

---

[1] 《毛泽东选集》第二卷，人民出版社1991年版，第631页。

的命运，彻底结束了极少数剥削者统治广大劳动人民的历史，成为国家、社会和自己命运的主人，中国人民从此站立起来了，实现了中国从几千年封建专制政治向人民民主的伟大飞跃，为人的全面发展创造了根本社会条件。在以往的中国历史中，无论怎样改朝换代、如何江山易帜，都改变不了广大人民的悲惨命运，就是因为建立起来的王朝或"民国"都不是人民的国家、人民的江山，只是不同的剥削阶级集团实施统治的国家和江山。这样的统治集团，都是为极少数人打江山，打下江山后又都是为极少数剥削者守江山。在这样的社会历史条件下，根本不可能有什么人的全面发展。新中国成立，人民当家作主，是中华民族历史上破天荒的大事件。中国人民站起来，才有可能在此前提下富起来，从人民解放到人民幸福。

（二）为人的全面发展奠定根本政治前提和制度基础

社会主义革命和建设时期，党面临着进行社会主义革命和推进社会主义建设的双重任务。社会主义革命就是建立社会主义政治制度和经济制度，为人民当家作主筑牢制度基础；社会主义建设就是集中力量发展社会生产力，为人民当家作主打下物质基础。只有社会主义才能实现人民幸福，才能有真正的人的发展。

人民当家作主体现在政治制度上，就是建立和巩固工人阶级领导的、以工农联盟为基础的人民民主专政的国家政权，确立人民代表大会制度、中国共产党领导的多党合作和政治协商制度、民族区域自治制度，这是人民当家作主的政治制度保证。人民当家作主体现在经济制度上，就是基本上完成对生产资料私有制的社会主义改造，基本上实现生产资料公有制和按劳分配，建立起社会主义经济制度，这是人民当家作主的经济制度保证。社会主义制度的建立，实现了中华民族有史以来最为广泛而深刻的变革，为我国一切进步和发展包括人的进步和发展奠定重要基础。在社会主义制度的基础上，建立起新型的人与人之间关系，实现和巩固了全国各族人民的大团结，形成和发展各民族平等互助的社会主义民族关系，实现和巩固了全国工人、农民、知识分子和其他各阶层人民的大团结，加强和扩大了统一战线。全体人民的积极性主动性创造性，得到了前所未有的激发和发挥。

我国社会主义改造基本完成后，国内主要矛盾已经不再是工人阶级和资产阶级的矛盾。人民成为社会主要矛盾的出发点和中轴线，人民的利益需要和满足需要状况之间的关系，成为社会主要矛盾的构建逻辑。党提出社会主要矛盾已经转变为人民对于经济文化迅速发展的需要同当前经济文化不能满足人民需要的状况之间的矛盾，因此，全国人民的主要任务是实现国家工业化，开展全面的大规模的社会主义建设，努力把我国逐步建设成为一个具有现代农业、现代工业、现代国防和现代科学技术的社会主义现代化强国，从而逐步满足人民日益增长的物质和文化需要。党带领人民自力更生、发愤图强，实现了一穷二白、人口众多的东方大国大步迈进社会主义社会的伟大飞跃。我国建立起了独立的工业体系和国民经济体系，对人的发展有着直接重要作用的教育、科学、文化、卫生、体育事业有很大发展。

（三）为人的全面发展提供充满新的活力的体制保证和快速发展的物质条件

改革开放和社会主义现代化建设新时期，是在十年内乱结束后，党的十一届三中全会实现了新中国成立以来党的历史上具有深远意义的伟大转折，开启了新时期。这个历史时期，要解放和发展社会生产力，使人民摆脱贫困、尽快富裕起来。党深刻认识到，只有实行改革开放才是唯一出路，否则我们的现代化事业和社会主义事业就会被葬送，国家富强、人民幸福也就无从谈起。

实现了从高度集中的计划经济体制到充满活力的社会主义市场经济体制、从封闭半封闭到全方位开放的历史性转变，是改革开放的重大成果。经济体制的历史性转变，更大程度更广范围发挥市场在资源配置中的基础性作用，不仅是激活生产力中物的要素，让物尽其用，而且是激活生产力中人的要素，让人尽其能。人在城乡、地域、体制、阶层、职业间的广泛快速流动，正是追求更多的发展机会和更大的发展空间。发展格局的历史性转变，充分利用国际国内两个市场、两种资源，新时期发展融入世界经济大格局。全方位开放不仅是产品、技术、资本的开放，"引进来"为我所用，而且是人员、文化、视野的开放，"走出去"与世界交流。人的发展不仅传承中华文明的历史精华，而且吸收人类文明的优秀成果，具备了更加丰厚的发展资源。新时期促进人的全面发展，尊重和保障人权，坚持以人为本，都是改革开放带来的切实进展。

改革开放的伟大成就举世瞩目，推进了中华民族从站起来到富起来的伟大飞跃。党的第三个历史决议指出，"我国实现了从生产力相对落后的状况到经济总量跃居世界第二的历史性突破，实现了人民生活从温饱不足到总体小康、奔向全面小康的历史性跨越"[①]。"两个实

[①] 《中共中央关于党的百年奋斗重大成就和历史经验的决议》，人民出版社2021年版，第22页。

现"是中国特色社会主义的本质要求,是解决人民日益增长的物质文化需要同落后的社会生产之间矛盾的必然要求。经济总量的历史性突破为民族复兴提供了快速发展的物质条件,同时也是人的全面发展的有利物质条件;人民开始富起来既是满足人民物质文化需要的必要条件,同时也是新时期促进人的全面发展更有利的条件。正如马克思、恩格斯指出的,"生产力的这种发展之所以是绝对必需的实际前提,还因为:只有随着生产力的这种普遍发展,人们的普遍交往才能建立起来","地域性的个人为世界历史性的、经验上普遍的个人所代替"[①]。

(四)为人的全面发展提供更为完善的制度保证、更为坚实的物质基础、更为主动的精神力量

开创中国特色社会主义新时代,推动党和国家事业取得历史性成就、发生历史性变革,进入全面建设社会主义现代化国家新征程,也为创造人类文明新形态、促进人的现代化、推动人的全面发展,创造了前所未有的有利条件。

新时代全面推进经济体制、政治体制、文化体制、社会体制、生态文明体制、国防和军队改革及党的建设制度改革,聚焦进一步解放思想、解放和发展社会生产力、解放和增强社会活力,激发人民首创精神。全面深化改革有效破除各方面阻碍人的发展、压抑人的主动性的体制机制弊端,比如在政治体制改革中积极发展全过程人民民主,更好体现人民意志、保障人民权益、激发人民创造。全面深化改革以促进社会公平正义、增进人民福祉为出发点和落脚点,是要为实现人

---

① 《马克思恩格斯文集》第一卷,人民出版社2009年版,第538页。

民利益创造更加广阔的发展空间,而人的全面发展正是人民的重大利益及其增长需要。全面深化改革为人的全面发展提供了更为完善的制度保证。

新时代坚持以人民为中心的发展思想,解决人民日益增长的美好生活需要和不平衡不充分的发展之间的矛盾,抓住发展这个社会主要矛盾的主要方面。在经济建设中贯彻新发展理念、构建新发展格局、推动高质量发展,使市场在资源配置中起决定性作用,更好发挥政府作用,实施创新驱动发展战略。国内生产总值突破百万亿元大关,人均国内生产总值超过1万美元,14亿多人口实现全面小康,中国人民对美好生活的向往不断变为现实,这就为人的全面发展提供了更为坚实的物质基础。习近平总书记在全国脱贫攻坚总结表彰大会上的讲话中指出,农村贫困人口全部脱贫,无数人的命运因此而改变,无数人的梦想因此而实现,无数人的幸福因此而成就![1]

新时代建设具有强大凝聚力和引领力的社会主义意识形态,把意识形态工作作为为国家立心、为民族立魂的工作,坚决抵制改革开放以后出现的拜金主义、享乐主义、极端个人主义和历史虚无主义等错误思潮。新时代中国特色社会主义文化建设,弘扬社会主义核心价值观,坚持用社会主义先进文化、革命文化、中华优秀传统文化培根铸魂,用以伟大建党精神为源头的中国共产党人精神谱系强基固本,更好构筑中国精神、中国价值、中国力量,这就为人的全面发展提供了更为主动的精神力量。

---

[1] 习近平:《在全国脱贫攻坚总结表彰大会上的讲话》,《人民日报》2021年2月26日。

四、新时代推动人的全面发展取得更为明显的实质性进展

中国特色社会主义新时代，中华民族迎来了从站起来、富起来到强起来的伟大飞跃，这一伟大飞跃包含着新时代人的全面发展取得的历史性进展。党的十九届五中全会擘画开启全面建设社会主义现代化国家新征程的战略宏图，提出"人民生活更加美好，人的全面发展、全体人民共同富裕取得更为明显的实质性进展"[①]的发展目标，党的十九届六中全会《决议》将"推动人的全面发展、全体人民共同富裕取得更为明显的实质性进展"，列入习近平新时代中国特色社会主义思想的"十个明确"内容之中，这表明新时代推动人的全面发展进入新的阶段、达到新的高度。

（一）中国特色社会主义新时代的鲜明标志

新时代是坚持和发展中国特色社会主义的新时代，是实现"两个一百年"奋斗目标的新时代，是团结奋斗、不断创造美好生活的新时代，是奋力实现中国梦的新时代，是为人类作出更大贡献的新时代，正在书写着新时代中国发展的伟大历史。在新时代的丰富内涵中，都包含着人民的主体地位和主体精神，都反映着人民在开创新时代中的历史作用和新时代对人民的塑造作用。推动人的全面发展取得更为明

[①]《中国共产党第十九届中央委员会第五次全体会议文件汇编》，人民出版社2020年版，第23页。

显的实质性进展,同样也是新时代的显著特征。

人民更加自信、自立、自强。新时代的伟大成就,增强了道路自信、理论自信、制度自信、文化自信,增强了中国共产党人的历史自信,特别是对党领导人民百年奋斗的重大成就和历史经验的自信。巩固了自立的信念,中国之路、中国之治、中国之理不仅使得中华大地面貌一新,而且在世界上产生广泛影响。激发了强起来的信心,坚持独立自主实现民族复兴,把中国发展进步的命运始终牢牢掌握在自己手中。

人民极大增强了志气、骨气、底气。新时代的伟大飞跃,增强了在站起来、富起来的基础上强起来,中国人民和中华民族屹立于世界东方的志气;增强了不信邪、不怕压,决不跟在他人后面亦步亦趋实现强大和振兴,自信自强的骨气;增强了中国人在国际交往中不卑不亢、平等往来,保持民族自尊心的底气。

人民焕发出前所未有的历史主动精神、历史创造精神。人的全面发展极为重要的方面,就是人的历史主动精神、历史创造精神的发挥程度。新时代的伟大奇迹,是人民在历史进程中积累的强大能量充分爆发出来的产物。近1亿农村贫困人口实现脱贫,创造了人类减贫史的奇迹。广大脱贫群众激发了奋发向上的精气神,艰苦奋斗、苦干实干,用自己的双手创造幸福生活,发生了从内而外的深刻改变。

(二)全面建设社会主义现代化国家的内在要求

制定我国 2035 年远景目标,明确提出推动人的全面发展取得更为明显的实质性进展,表明全面现代化新征程与人的全面发展新进展有着密切联系,表明党在人的全面发展问题上达到了新的理论自觉和实践自觉。

新中国成立到改革开放后,社会主义现代化建设主要是以"四个现代化"为标志的重点现代化,我国的现代化进程当时还没有发展到全面现代化的水平和阶段。中国特色社会主义进入新时代,要着力解决发展不平衡不充分的问题,只有全面建设社会主义现代化国家,在各个领域各个层面实现较平衡较充分的发展,才能解决新时代社会主要矛盾。满足人民日益增长的美好生活需要,人民种种美好生活需要说到底就是人的全面发展需要。坚持以人民为中心的发展思想,必然要推动人的全面发展这一根本的人民需要。

在世界现代化的进程中,国外有的学者发现了"人的现代化"与经济、科技、制度等领域现代化不相适应的问题,认为人的现代化必须与整个现代化的进程相适应。以习近平同志为核心的党中央,在推进全面建设社会主义现代化国家进程中,深刻认识人的现代化、人的全面发展的重要作用,明确地将其提上议程、切实推进。人的全面发展包括人的现代化,又包含着新的内涵和要求。

(三)继续创造人类文明新形态的重要内容

党的百年奋斗成功走出中国式现代化道路,创造了人类文明新形态。新时代继续创造人类文明新形态,在推动人的全面发展方面,习近平总书记明确提出"不断提升人民文明素养和社会文明程度"[1]的要求,这既是人类文明新形态的重要内容,也是人的全面发展的基本

---

[1] 习近平:《在深圳经济特区建立40周年庆祝大会上的讲话》,《人民日报》2020年10月15日。

要求。

提升人民文明素养，是人的全面发展的基础条件。人民文明素养得到提升，就意味着人的全面发展有了人的文明素养前提，没有人的文明素养就没有人的全面发展。新时代强化社会主义核心价值观引领，加强爱国主义、集体主义、社会主义教育，为人民提供更多更好的精神食粮，推进人民思想道德素质、科学文化素质和身心健康素质明显提高，都是提升人民文明素养的有力举措。

提升社会文明程度，是社会主义文化建设现代化的主要目标，既包含着提升人民文明素养的内容，又是提升人民文明素养的条件，二者在实践中融为一体。党的十九届五中全会对提高社会文明程度提出了具体要求，如推动形成适应新时代要求的思想观念、精神面貌、文明风尚、行为规范，实施文明创建工程，公共文化服务体系和文化产业体系更加健全，广泛开展志愿服务关爱行动等，都是为推动人的全面发展塑造社会文明环境。

（四）全体人民共同富裕的一体推进

人民共同富裕是人的全面发展的生活条件。把推动人的全面发展、全体人民共同富裕放在一起，表明了促进共同富裕与推动人的全面发展是高度统一的。人的全面发展要以人民共同富裕为基础，人民共同富裕要以人的全面发展为目的。新时代立足于人民美好生活需要从全面小康到共同富裕新的更高要求，适时提出扎实推动共同富裕的新纲领新目标，这就将新时代人的全面发展建立在人民共享发展成果的基点上。同时，并不将共同富裕停留在物质生活的层面上，而是放在人的全面发展的视野中来推动，赋予共同富裕新的价值内涵。

习近平总书记进一步指出，共同富裕"是人民群众物质生活和精神生活都富裕"①，说明共同富裕不仅仅是人的物质生活丰富，而且是人的精神生活丰富，本身就包含着人的全面发展，这就点出了全体人民共同富裕的精神品位。

推动人的全面发展要求推动全体人民共同富裕。在贫困状态下整齐划一的平均主义不可能实现人的全面发展，在发展进程中少数人的富裕同样不可能实现全体人民的全面发展。我国城乡区域发展和收入分配差距较大，新科技新经济新产业对就业和收入分配也带来一些负面影响。只有少数人的富裕，不仅是分配问题，更是社会问题。如果出现社会阶层固化，向上流动通道堵死，不能给更多人创造致富机会，不能形成人人参与的发展环境，就会出现"内卷""躺平"，就会使很多社会成员失去奋斗信心，成为人的全面发展的严重阻碍。

推动全体人民共同富裕的目的是推动人的全面发展。共同富裕必须以人的全面发展为牵引，必须有利于人的全面发展。如果落入西方某些国家高福利的陷阱，提过高的目标，搞过头的保障，就会产生"福利主义"养懒汉的现象，反而不利于人的全面发展。以人的全面发展为牵引的共同富裕，是诚实劳动、辛勤奋斗、依法创业得来的共同富裕，追求富裕也是人的发展进步过程；是维护社会公平正义的共同富裕，富裕正义确立了人的全面发展的价值导向；是合理支配财富、理性主导消费的共同富裕，更多的人拒斥奢侈浪费，热心慈善公益事业，进入人的发展新境界。

---

① 习近平：《扎实推动共同富裕》，《求是》2021年第20期。

（五）推动人类发展进步的中国实践

新时代为人类作出更大贡献，中国成为推动人类发展进步的重要力量，体现在新时代中国共产党为人类谋进步、为世界谋大同，构建人类命运共同体成为引领时代潮流和人类前进方向的鲜明旗帜上，同样体现在为中国人民谋幸福、为中华民族谋复兴，推动人的全面发展取得更为明显的实质性进展上。为人类谋进步，包括为中国人民谋进步，推动中国人民的全面发展，这是为人类谋进步的中国实践。构建人类命运共同体，建立在和平、发展、公平、正义、民主、自由的全人类共同价值基础上，建立在维护人的权利、保障人的发展基础上，没有人的共同发展，就难有人类的命运共同体。新时代中国发展将推动人的全面发展置于突出地位，正是为构建人类命运共同体作出的中国贡献。

五、培养德智体美劳全面发展、担当民族复兴大任的时代新人

新时代推动人的全面发展，具有丰富的时代内涵，是一项社会工程、系统工程。新时代中国繁荣兴盛、向上向好，为人的全面发展提供了更高质量的环境、更多机会的空间、更为全面的保障。新时代是提出了推动人的全面发展任务，具备人的全面发展条件，并且人的全面发展能够取得更为明显实质性进展的时代。

（一）完善人的全面发展的内涵体系

培养什么人是教育的首要问题，做什么人是人的全面发展的首要

问题。习近平总书记在全国教育大会上指出,"培养德智体美劳全面发展的社会主义建设者和接班人"①,这既是通过教育培养人的内涵体系,也是人的全面发展的内涵体系。德智体美劳全面发展,五育并举、五能同进,人就具备了全面发展必备的基本素质。

德是理想信念、爱国精神、品德修养的综合,是时代新人的根本品质,要求树立共产主义远大理想和中国特色社会主义共同理想,践行社会主义核心价值观,成为有大爱大德大情怀的人。智是科学素养、认知能力、创新思维、专业技能的综合,能够主动学习、终身学习,不断求真理、悟道理、明事理。体是身心健康,具有强健的体魄、阳光的心态,培养健全人格和坚韧意志,自信达观、积极向上,刚健有为、不懈奋斗。美是审美和人文素养,能够追求美、鉴赏美、创造美,如同马克思所说,"动物只是按照它所属的那个种的尺度和需要来构造",而"人也按照美的规律来构造"②。劳是劳动精神和劳动能力,崇尚劳动、诚实劳动、创造性劳动,在劳动中服务社会、服务人民、服务国家,实现人生价值,并且不断提高和完善劳动能力,适应生产力发展的需要。

(二)加强人的全面发展的教育体系

全面发展的时代新人,是在相应的教育体系中培养出来的,学校教育是基础。习近平总书记指出,"要努力构建德智体美劳全面培养的

---

① 《习近平在全国教育大会上强调 坚持中国特色社会主义教育发展道路 培养德智体美劳全面发展的社会主义建设者和接班人》,《人民日报》2018年9月11日。
② 《马克思恩格斯文集》第一卷,人民出版社2009年版,第163页。

教育体系"①，立德树人要融入思想道德教育、文化知识教育、社会实践教育各环节。培养全面发展的人，就要扭转不科学的教育评价导向。唯分数、唯升学、唯文凭、唯论文、唯帽子等顽瘴痼疾，造成了人的培养片面化、畸形化、工具化现象。

立德树人关键在教师，学生能否全面发展，教师自身的全面素养很重要。习近平总书记在中国人民大学考察时指出："培养社会主义建设者和接班人，迫切需要我们的教师既精通专业知识、做好'经师'，又涵养德行、成为'人师'，努力做精于'传道授业解惑'的'经师'和'人师'的统一者。"② 一个人的培养和成长，如果说父母是第一责任人，那么教师就是第二责任人，而且有着父母不可替代的作用，教师是为学、为事、为人的大先生。

教育也是一个自我教育的过程，人在成长和发展过程中，自我教育的效果越来越突出。只有自我立志成为一个全面发展的人，才有可能在有限的生涯中趋近这一目标。阅读是自我教育的有效途径，习近平总书记在致首届全民阅读大会的贺信中指出："阅读是人类获取知识、启智增慧、培养道德的重要途径，可以让人得到思想启发，树立崇高理想，涵养浩然之气。"③

---

① 《习近平在全国教育大会上强调　坚持中国特色社会主义教育发展道路　培养德智体美劳全面发展的社会主义建设者和接班人》，《人民日报》2018年9月11日。
② 《习近平在中国人民大学考察时强调　坚持党的领导传承红色基因扎根中国大地　走出一条建设中国特色世界一流大学新路》，《人民日报》2022年4月26日。
③ 《习近平致信祝贺首届全民阅读大会举办强调　希望全社会都参与到阅读中来　形成爱读书读好书善读书的浓厚氛围》，《人民日报》2022年4月24日。

（三）建设人的全面发展的社会体系

社会是培养人的大学校。学校教育究其实质，也是社会教育的一种方式。人的全面发展即使对个体而言，也是无止境的，学校教育只是人生的其中一个培养阶段，最重要的还是建设人的全面发展的社会体系。从青年这一广大群体来看，《新时代的中国青年》白皮书指出："在社会公平正义不断彰显、人民发展权益得到有效维护的大背景下，新时代中国青年成长成才有了更良好的法治环境、更有力的政策支持、更可靠的社会保障、更温暖的组织关怀。""新时代中国青年积极主动学理论、学文化、学科学、学技能，思想素养、身体素质、精神品格、综合能力不断提升，努力成长为堪当民族复兴重任的时代新人。"[①]

要在全社会造就推动人的全面发展取得更为明显实质性进展的有利环境和积极条件。社会的各个领域都是人的活动领域，社会的各种机制都要影响和改变人，人的全面发展状况就是社会全面发展的一种映照。人的全面发展是每个人的事情，更是全社会的事情。在党的全面领导下，在新时代坚持和发展中国特色社会主义新的历史进军中，经过全社会共同努力，坚持以人民为中心的发展思想，这里的"发展"包括人的全面发展，就能使人类文明新形态与人的文明新形态相辅相成，全面建成社会主义现代化强国与人的现代化相互促进，社会全面进步与人的全面发展相得益彰。

[①] 中华人民共和国国务院新闻办公室：《新时代的中国青年》，《人民日报》2022年4月22日。

第三篇

丰富人民精神世界

坚持人民中心的价值观 *

经济建设和发展以什么为中心，是一个根本性、原则性的问题。坚持以人民为中心的发展思想，是习近平新时代中国特色社会主义思想的核心要义，贯通于新时代中国特色社会主义各项建设各个领域。经济发展与人民福祉关系最为紧密，是否以人民为中心在经济领域体现得最为明显。习近平经济思想，将以人民为中心作为贯穿思想体系的一条红线，作为新时代中国特色社会主义经济建设的根本宗旨，有力彰显了党的初心使命，牢固确立了党的奋斗目标，大大深化了坚持以人民为中心的发展思想。

一、坚持以人民为中心是习近平经济思想的根本立场

党的 100 多年奋斗历程，无论在任何历史时期，都是矢志不渝为中国人民谋幸福、为中华民族谋复兴的奋斗历程。中国特色社会主义新时代，实现"两个一百年"奋斗目标成为党的主要任务。经济建设是全面建成小康社会、全面建设社会主义现代化国家的首要任务和主要阵地，明确提出坚持以人民为中心的发展思想，正是牢牢确立起了经济建设的根本目的和根本准则，指明了经济建设的正确方向。

---

* 本文写于 2023 年。

坚持以人民为中心的发展思想，贯穿习近平经济思想全部内容之中。人民立场是马克思主义的根本立场，这个根本立场决定了党在治国理政的全部实践中，在各项路线方针政策的制定中，在推进改革、谋划发展的整体设计中，都要坚定站在人民立场上。正如第三个历史决议指出的，"党代表中国最广大人民根本利益，没有任何自己特殊的利益，从来不代表任何利益集团、任何权势团体、任何特权阶层的利益"①。坚定人民立场，必然要求全面贯彻以人民为中心的发展思想，特别是贯彻到经济建设和发展中。人民当家作主的国家制度建立后，经济发展最为直接地关系人民利益，人民的幸福感最为基础的还是物质生活的获得感满足感，人民的安全感最为恒久的还是财产安全、收入保证以及社会保障。习近平总书记坚持把人民对美好生活的向往作为党的奋斗目标，始终为人民利益和幸福而努力奋斗，在指导新时代党的经济工作中，方方面面都体现了坚持以人民为中心的发展思想。比如，打赢人类历史上规模最大的脱贫攻坚战，脱贫攻坚取得胜利后，全面推进乡村振兴，推动农业全面升级、农村全面进步、农民全面发展。

江山就是人民，人民就是江山，确立了人民在经济建设和发展中的主体地位。人民是历史的创造者，是历史的主体和社会主义国家的主人。习近平总书记在庆祝中国共产党成立100周年大会上深刻指出："打江山、守江山，守的是人民的心。"②江山属于人民，人民的江山造福人民。新中国的成立，社会主义制度的建立，为人民当家作主提供了根本政治前提和制度保证。社会主义建设的成就，改革开放创造的

---

① 《中共中央关于党的百年奋斗重大成就和历史经验的决议》，人民出版社2021年版，第66页。
② 习近平：《在庆祝中国共产党成立100周年大会上的讲话》，《求是》2021年第14期。

经济快速发展和社会长期稳定两大奇迹,新时代书写的两大奇迹新篇章,为人民当家作主提供了越来越雄厚的物质基础、越来越充分的经济条件。党在长期执政的条件下守江山,就是要守住人民的江山不变质,保证国家的一切权力属于人民,不断实现好、维护好、发展好最广大人民根本利益,让改革发展成果更多更公平惠及广大人民群众。人民的主体地位得到充分保障,人民的各种利益得到更好满足,就能够真正守住人民的心,最大限度发挥最广大人民的主动性和创造性,凝聚成巩固人民江山、实现长治久安的磅礴力量。

坚持人民至上,决定了处理经济发展各种关系的根本准则。习近平新时代中国特色社会主义思想的世界观和方法论及贯穿其中的立场观点方法,置于首位的是坚持人民至上。坚持以人民为中心,表明党和国家的一切工作,都要紧紧围绕人民并且服务于人民这个中心。坚持以人民为中心,同时也是坚持人民至上,要求在各种矛盾、各种选择、各种关系中,要牢固确立人民的至上价值、根本准则。经济活动直接涉及各种利益关系,坚持人民至上的价值立场更为重要。资本主义生产是以资本为中心的生产,西方现代化是资本至上的现代化。中国特色社会主义的经济发展,要发挥资本的作用,运用资本的规律,但由于以人民为中心的根本导向、人民至上的根本准则起着支配性的作用,这就限制了资本的本性。比如,在发展和民生的关系上,发展要有利于保障和改善民生,不能以牺牲民生为代价。在发展战略、发展重点、发展优先的抉择上,既要关注长远、把握关键、科学排序,又要保证民生福祉能够稳步增长,特别是不能忽略人民群众急难愁盼的切身利益问题。对于资本逐利的冲动,不能放任自流,要通过经济、行政、法规、伦理、舆论等各种调控手段,将其导入既加快发展、又有利民生的轨道。

二、发展为了人民、发展依靠人民、发展成果由人民共享

任何社会的发展，都有一个发展为了谁、发展依靠谁、发展成果由谁享有的问题，这是决定发展性质的根本问题。习近平经济思想，坚持以人民为中心的发展思想，表明了新时代中国的发展是为了人民的发展、依靠人民的发展、发展成果由人民共享的发展。以人民为中心的发展，不仅是发展理念，而且是通过制度建设、政治实践、科学协调等根本举措，实实在在地体现和落实。

在坚持社会主义基本经济制度中体现发展为了人民。经济制度是占主导地位生产关系的制度化法制化，反映和代表着一定社会集团的利益诉求。中国特色社会主义基本经济制度，是发展为了人民的经济制度保障。所有制是经济制度之本，公有制经济掌握国计民生的命脉，是全体人民的宝贵财富，是保证我国各族人民共享发展成果的制度性保证。非公有制经济是稳定经济的重要基础和扩大就业的重要渠道。公有制为主体、多种所有制经济共同发展，是符合最广大人民根本利益的所有制形式。分配制度直接关系人民利益，坚持按劳分配为主体、多种分配方式并存，才能够持续增加城乡居民收入，改善收入和财富分配格局，不断缩小收入差距。坚持按劳分配原则，有利于增加劳动者特别是一线劳动者劳动报酬，提高劳动报酬在初次分配中的比重。完善按要素分配的体制机制，有利于多渠道增加城乡居民财产性收入，促进收入分配更合理、更有序。经济体制决定资源配置的方式，关系资源配置的效益和效率，影响人民群众的主动性和创造性。

社会主义市场经济体制，极大调动了亿万人民的积极性，极大促进了生产力发展。完善社会主义市场经济体制，促进实现产权有效激励、要素自由流动、价格反应灵活、竞争公平有序、企业优胜劣汰。在社会主义市场经济条件下规范和引导资本发展，防止资本无序扩张，保证资本始终服从和服务于人民和国家利益。

在发展全过程人民民主中实现发展依靠人民。人民利益不仅需要经济制度保证，而且需要政治制度保证。全过程人民民主反映了我国社会主义民主政治的本质属性，是最广泛、最真实、最管用的社会主义民主。全过程人民民主是全链条、全方位、全覆盖的民主，不仅有完整的制度程序，而且有完整的参与实践，形成了全面、广泛、有机衔接的人民当家作主制度体系，构建了多样、畅通、有序的民主渠道，充分彰显社会主义国家性质，充分彰显人民主体地位，使人民意志得到更好体现、人民权益得到更好保障、人民创造力进一步激发。在我国全过程人民民主实践中，全体人民依法实行民主选举、民主协商、民主管理、民主监督，依法通过各种途径和形式管理国家事务，管理经济和文化事业，管理社会事务，实现了最广大人民的广泛持续参与。我国的基层群众自治制度，畅通民主渠道，健全基层选举、议事、公开、述职、问责等机制，促进群众在城乡社区治理、基层公共事务和公益事业中依法自我管理、自我服务、自我教育、自我监督。保障人民依法直接行使民主权利，切实防止出现人民形式上有权、实际上无权的现象。我国的协商民主，人民内部各方面围绕改革发展稳定重大问题和涉及群众切身利益的实际问题，在决策之前和决策实施之中开展广泛协商，努力形成共识。全过程人民民主充分体现和贯彻了发展依靠人民。

在促进效率和公平相统一中保证发展成果由人民共享。发展成果由人民共享，既是分配问题，也是生产问题，因此必须处理好效率与公平的关系。习近平总书记把效率与公平作为中国式现代化必须处理好的重大关系之一，并作出了科学的阐释，强调中国式现代化既要创造比资本主义更高的效率，又要更有效地维护社会公平，更好实现效率与公平相兼顾、相促进、相统一。在经济社会的运行中，效率保证了生产力发展和经济增长，同时为促进社会公平提供了物质条件；公平维护了社会稳定有序，同时为提高经济效率创造了社会条件。效率与公平的关系处理得好，就会实现二者的相互促进；效率与公平的关系处理得不好，就会出现二者的共同损害。我们党在推进中国式现代化的过程中，依据不同发展阶段的主要矛盾，准确把握效率与公平关系的关键之点，保证了经济快速发展和社会长期稳定，人民共享发展成果，收入逐步增长。实现发展成果由人民共享，首先要做出更大更好的用于分配的"蛋糕"，让人民有可以更多共享的"蛋糕"，这样才有可能切好分好"蛋糕"，没有效率的公平是难以为继的，也难以真正地实现公平，让人民共享发展成果。做出"蛋糕"后更要有效地维护和促进社会公平，在分"蛋糕"的问题上充分彰显中国特色社会主义的制度优越性。"蛋糕"分得好就会越做越大，越分越多；分不好就会越做越小，越分越少。

三、以满足人民日益增长的美好生活需要为根本目的

社会主要矛盾是社会基本矛盾在一定社会形态、历史时期、发展阶段的集中体现，其实质是利益矛盾和利益关系。坚持以人民为中

心，必然要正确认识我国社会主要矛盾及其变化，站稳人民立场、代表人民利益，以实现、维护、发展人民利益为目的，着力解决社会主要矛盾。习近平总书记作出新时代我国社会主要矛盾变化的重要论断，围绕解决人民日益增长的美好生活需要和不平衡不充分的发展之间的矛盾，满足人民美好生活需要，切实体现以人民为中心，构成习近平经济思想的重大创新。

根据人民需要和发展之间的矛盾确定社会主要矛盾。我国社会主义改造基本完成后，人民日益增长的物质文化需要同落后的社会生产之间的矛盾成为社会主要矛盾。这一社会主要矛盾的变化，不仅是性质和内涵的变化，而且是确定社会主要矛盾的坐标的变化，这就是将人民利益和实现人民利益的状况，作为判断的基本标准。矛盾的一方是人民需要的内容和层次，一方是生产发展的水平和状况，人民需要和人民利益成为社会主要矛盾的主轴，成为党和国家工作的目标，成为经济社会发展的牵引。新时代社会主要矛盾的变化，仍然是依据这个坐标和主轴确定的，这就明确了任务重心、工作导向。确定了这一社会主要矛盾，就要围绕解决矛盾而推动经济社会发展。一方面，要抓住矛盾的主要方面，也就是发展不平衡不充分，从供给端这个根本着手，大力推动发展，以更为平衡和充分的发展去满足人民日益增长的美好生活需要。另一方面，要根据人民对美好生活需要的内涵，以这些需要为牵引推动经济等领域的发展，从而防止供给和需求之间的脱钩脱节。

准确把握新时代社会主要矛盾变化。从人民需要的方面看，新时代人民需要已不限于"物质文化需要"，需要更加广泛，在民主、法治、公平、正义、安全、环境等方面的要求日益增长；需要层次更高，已经从"有没有"到"好不好""美不美"，追求美好感、幸福感。就拿人民对优美生态环境的需要来说，绿水青山是人民幸福生活的重要内容，挣到了钱，但空气、饮用水都不合格，哪有什么幸福可言。从生产发展的方面看，我国社会生产力水平总体上显著提高，社会生产能力在很多方面进入世界前列，已经不是"落后的社会生产"，而是不平衡不充分的发展。发展不平衡，主要指各区域各领域各方面发展不够平衡，存在"一条腿长、一条腿短"的失衡现象，制约了整体发展水平提升。发展不充分，主要指一些地区、一些领域、一些方面还存在发展不足的问题，发展的任务仍然很重。发展不平衡不充分问题，已经成为满足人民日益增长的美好生活需要的主要制约因素。坚持以人民为中心的发展思想，必然要求消除这一主要制约因素，为人民幸福生活创造条件、夯实基础。

明确社会主要矛盾变化对党和国家工作的新要求。习近平总书记在党的十九大报告中指出："我国社会主要矛盾的变化是关系全局的历史性变化，对党和国家工作提出了许多新要求。"[1]这些新要求最重要的就是推动高质量发展。高质量发展，就是能够不断满足人民群众个性化、多样化、不断升级的需求，很好满足人民日益增长的美好生活需要的发展。推动高质量发展，推进供给侧结构性改革，优化要素配置，调整生产结构，提高供给体系质量和效率，提高供给结构适应性和灵活性，解决有效供给能力不足问题，形成优质高效多样化的供给体系，使供给体系更好适应需求结构变化，实现由低水平供需平衡向高水平供需平衡跃升，使供求在新的水平上实现均衡。高质量发展是

---

[1] 《十九大以来重要文献选编》（上），中央文献出版社2019年版，第8页。

坚持新发展理念的发展，追求实现更高质量、更有效率、更加公平、更可持续、更为安全的发展，切实解决影响人民群众生产生活的突出问题。高质量发展以满足人民日益增长的美好生活需要为根本目的，是解决新时代社会主要矛盾的必由之路。

四、推动人的全面发展、全体人民共同富裕取得更为明显的实质性进展

坚持以人民为中心的根本原则和根本立场，是在完成党在各个时期和阶段的历史任务中体现出来的。新时代党带领人民全面建成小康社会，近1亿农村贫困人口实现脱贫，是坚持以人民为中心的伟大实践和成就。迈上全面建设社会主义现代化国家新征程，党中央明确提出推动人的全面发展、全体人民共同富裕取得更为明显的实质性进展，成为以人民为中心新的历史创举，将坚持以人民为中心提到新的时代高度。

坚持以人民为中心必然要落实到人的全面发展、共同富裕上。人的全面发展是马克思主义塑造"高度文明的人"的社会理想，这种全面发展包括人在物质生活和精神生活领域的全面发展，包括人在社会生产和社会关系领域的全面发展，包括人在经济生活和政治生活领域的全面发展，包括人在劳动时间和闲暇时间的全面发展。共同富裕是中国特色社会主义的本质要求，本身就是社会主义现代化的一个重要目标。在实现第一个百年奋斗目标、全面建成小康社会的条件下，党的十九届五中全会明确提出到2035年全体人民共同富裕取得更为明显的实质性进展的新的发展目标。习近平新时代中国特色社会主义思想

的"十个明确",第三个就是明确新时代我国社会主要矛盾是人民日益增长的美好生活需要和不平衡不充分的发展之间的矛盾,必须坚持以人民为中心的发展思想,推动人的全面发展、全体人民共同富裕取得更为明显的实质性进展。这就表明,新时代我国社会主要矛盾是坚持以人民为中心的发展思想的实践基础和着眼点,推动人的全面发展、全体人民共同富裕是解决新时代我国社会主要矛盾、坚持以人民为中心的发展思想的实践目标和落脚点,必须同步推进、相互支持。

人的全面发展、共同富裕既是经济社会发展的结果,也是发展的条件。党的奋斗历程及其新的征程,是将践行初心使命、坚持理想信念和推动人的全面发展、实现共同富裕统一于一体的历史。开创中国特色社会主义新时代,进入全面建设社会主义现代化国家新征程,也为创造人类文明新形态、促进人的现代化、推动人的全面发展、实现共同富裕,创造了前所未有的有利条件。推动人的全面发展、实现共同富裕,对于实现第二个百年奋斗目标来说,也是提供强大的人民力量,筑牢雄厚的群众基础。没有人的发展、人的现代化、人的文明,就难以创造人类文明新形态;没有共同富裕的社会文明,就难以充分调动最广大人民持久的创造精神和奋斗精神,凝聚起全社会的共识和力量。

共同富裕是全体人民的共同富裕。共同富裕最为鲜明地表明了党的初心使命和政治本色,也是对以人民为中心最有力的说明和最实际的检验。共同富裕从社会理想到社会现实,要经历一个长期的发展过程。以习近平同志为核心的党中央准确把握我国发展的新变化新要求,适时提出扎实推动共同富裕的战略部署,制定路线图时间表,要求到2035年中等收入群体比重明显提高,到21世纪中叶全体人民共同富裕基本实现，让全体人民共享中国式现代化成果。共同富裕是全体人民共同富裕，但又不是整齐划一的平均主义，必须从实际出发，循序渐进、区别对待、久久为功。我国地区差距是客观存在，这种差距影响着富裕程度，这样就不能要求所有地区同时达到同一个富裕水准，有的地区可以率先实现共同富裕。在同一地区，人民群众分布在不同行业、从事着不同职业，收入从低到高，财产多少不一，进入富裕行列有快有慢，富裕标准也有差别，必须逐步实现共同富裕。在全面推进中国式现代化进程中，全体人民共同富裕必将扎实推进、成效显著。

满足人民美好精神生活需要的高质量发展 *

我国经济转向高质量发展阶段，经济发展的水准和指向直接影响和牵引着其他领域的发展，包括社会建设领域、保障和改善民生问题，特别是满足人民生活需要。高质量发展就是不断满足人民日益增长的美好生活需要的基本途径。人民生活需要是一个多层次多类型多性质的集合体，精神生活需要是随着经济社会发展和人的发展而越来越突出的生活需要，美好生活需要不能没有美好精神生活需要。因此，促进人民生活高质量就要保证人民精神生活高质量，高质量发展要着眼于满足人民美好精神生活需要。

一、高质量发展的人民精神生活维度

发展是为了人民生活，高质量发展是为了人民更加美好的生活，体现在为满足人民生活的全面性发展性层次性创造条件。改革开放40多年来，经济发展这条主线与人民生活这条主线融为一体、同步前进，发展达到什么程度和水平，人民生活就相应地达到什么程度和水平。从高速增长阶段转向高质量发展阶段，将人民精神生活提到了更重要的程度和更高的水平。

---

* 本文写于2019年。

精神生活是人民生活的重要维度。从人民生活的领域看，大致可以划分为经济生活、社会生活、政治生活、精神生活等领域。不同的人，这些生活领域对他们的重要程度不同，他们在这些领域的精力投入、活动方式、收获体验也不同。人的不同人生阶段，这些领域在生活中的比重也不同。从人民生活的层次看，经济生活满足人的生存需要，社会生活满足人的交往需要，政治生活满足人的权利需要，精神生活满足人的心理需要，这些需要是一个逐步上升的阶梯。从人民生活的发展看，各个领域的生活都有一个水准不断提高、内涵不断丰富的过程，不会停留在一个水平上、固化于一个范围内，不可同日而语。精神生活是人的精神活动的过程，是人的精神世界的展开，包括日常精神生活、求真的认知精神生活、求善的道德精神生活、求美的体验精神生活等。精神生活的内容和层次不同，构成了不同的精神境界。精神生活是人民的基本的普遍的生活需要，无论是在什么社会历史时期，无论是处于什么阶级阶层，无论人们文化高低，精神生活可以有主有次、有重有轻、有雅有俗，但都不能没有精神生活。精神生活给人以心理的满足、思想的乐趣、心灵的慰藉、意志的支持、信仰的牵引等，精神生活能够使人超越物质需要、生理需要、感官需要、现实需要，精神生活使人能够把人的各方面生活在精神层面来对待。

精神生活在人民生活中占有越来越突出的地位。"仓廪实而知礼节，衣食足而知荣辱"。社会历史的发展趋势表明，随着生产力的进步，经济的逐步发展，物质生活资料的不断丰富，精神生活的需求也在相应增长，精神生活的层次也在相应提高，精神生活的内涵也在相应丰富。劳动生产率的提高，提高了劳动者的收入，降低了必要劳动时间，增加了闲暇时间，这就使得专门用于学习、娱乐、交往等精神生活的时间增多，在劳动者的时间分配中专门从事精神生活的比重在增加。科学技术的进步，产品创新的加快，不仅用于满足人们的物质生活和其他方面的需要，而且用于直接满足人们精神生活的需要。30多年前，人们拎着又笨又重的录音机招摇过市；现在，智能手机几乎人手一部，文化消费应有尽有，这就为人民精神生活提供了更加便利的条件。产业结构的更新，文化产业的繁荣，精神生产规模化专业化现代化，供给创造消费，精神生产的发展不仅适应而且促进了人民的精神消费。社会发展进步带来的是人的发展进步，人的素质在提高，对精神生活的需要在增长，通过终身学习完善人生，通过丰富阅历感受人生，通过思想历程反思人生，都成为现代社会越来越多人的普遍追求。

高质量发展包含很好满足人民日益增长的美好精神生活需要。发展与需要密切相关，发展到了什么阶段，需要也就到了什么阶段；需要到了什么阶段，也就要求发展达到什么阶段。我国发展进入高质量发展阶段，既是发展自身运动的结果，也是人民需要推动的结果。高质量发展，就是能够很好满足人民日益增长的美好生活需要的发展，这就内在地包括高质量发展，也是能够很好满足人民日益增长的美好精神生活需要的发展。发展既要满足人民的物质生活需要和其他方面需要，也要满足人民的文化生活需要和精神生活需要。高质量发展是人民美好生活需要的全方位满足，其中的一个重要标志，就是很好满足人民日益增长的美好精神生活需要。美好精神生活可以从多个方面、多个层次作出界定，不同文化、不同群体、不同个体对美好精神生活的感受也是有差异的。一般来说，美好精神生活包含一些共同要素，比如，心态保持轻松愉悦，压力适度，内心保持人格统一，表里如一、言行一致，心中保持理想激励，憧憬美好未来，完善人生修养，一生保持初心不泯，以真诚、善良、感恩的心情对待他人、对待社会，心灵保持美的追求，语言美、仪表美、行为美、心灵美。美好精神生活是人的精神生活的崇高境界，是人生的美好体验。

"五位一体"高质量发展是满足人民美好精神需要的基础。高质量发展依靠各个领域的高质量发展，体现在各个领域的高质量发展，集中体现在"五位一体"总体布局中。经济、政治、文化、社会、生态文明建设的统筹协调、共同发展，为高质量发展以及满足人民日益增长的美好生活需要奠定坚实基础，同时也为满足人民日益增长的美好精神生活需要奠定坚实基础。建设社会主义市场经济、民主政治、先进文化、和谐社会、生态文明，都能从根本上增强人民的主体地位和当家作主意识，从不同方面增强人民的获得感、幸福感、安全感，从而增强人民精神生活的美好感。通过统筹推进"五位一体"总体布局，社会主义核心价值观进入实践、进入生活，人民切实充分地感受到富强中国、民主中国、文明中国、和谐中国、美丽中国的文化环境和精神氛围，从而更加热爱伟大祖国，更加坚定"四个自信"，更加拥护党的领导，自觉无愧于作为新时代的伟大人民。

二、新时代人民日益增长的美好精神生活需要

党的十九大作出我国社会主要矛盾发生变化的重大政治论断，在新时代，社会主要矛盾从人民日益增长的物质文化需要同落后的社会生产之间的矛盾，转化为人民日益增长的美好生活需要和不平衡不充分的发展之间的矛盾。新时代社会主要矛盾的变化，是认识满足人民

美好精神生活需要的高质量发展的基本依据。

　　社会主要矛盾变化同样体现在人民精神生活领域。从人民日益增长的物质文化需要到人民日益增长的美好生活需要，是人民需要的领域拓展、层次提升。人民美好生活需要日益广泛，不仅对物质文化生活提出了更高要求，而且在民主、法治、公平、正义、安全、环境等方面的要求日益增长。物质生活的更高要求，带动了精神生活的新要求；文化生活的更高要求，内含着对文化生活的高质量和美好精神生活的追求。民主、法治、公平、正义、安全、环境等方面日益增长的要求，既是政治生活、社会生活、安全生活、生态生活等方面的要求，也是美好精神生活的要求。人民依法享有广泛权利和自由，知情权、参与权、表达权、监督权得到保障，自然会强化主人翁的尊严意识。人民群众在每一个司法案件中都能感受到公平正义，法律面前人人平等充分体现，心情就能更加舒畅。让改革发展成果更多更公平惠及全体人民，推进教育公平，使人人都有通过辛勤劳动实现自身发展的机会，促进收入分配更合理更有序，加快推进基本公共服务均等化，让贫困人口和贫困地区同全国一道进入全面小康社会，保护人民人身权、财产权、人格权等，这就让公平正义的阳光照进每一个人的心间。党和政府更有力地维护国家统一和民族团结，更有效地保护生命财产安全，让人民吃得放心、住得安心，回应了人民对国家安全的新期待。人民有了安全感，获得感才有保障，幸福感才会持久。各地环境污染呈高发态势，老百姓过去"盼温饱"，现在"盼环保"；过去"求生存"，现在"求生态"。满足人民生态环境要求，就能解民生之患、缓民心之痛，享受优美生态环境就是美好精神生活的重要内容。

　　人民日益增长的美好精神生活需要与需要满足不平衡不充分的矛

盾。不平衡不充分的发展，成为所有人民日益增长的美好生活需要不能得到全部解决的根源。在新时代，我国城乡、地区之间发展的不平衡，使得城乡人民、不同地区人民的美好生活需要满足程度不同；不同社会群体收入水平不平衡，使得不同社会群体的美好生活需要满足程度不同；社会基本公共服务资源配置不平衡，使得不同社会阶层的美好生活需要满足程度不同。发展的不平衡不充分，不仅直接影响人民的生活美好度，而且影响人民的精神生活是否美好以及幸福感的程度。在发展不平衡不充分的分布中处于不同地位和状态的人们，精神生活状况包括幸福感也是不同的。具体到人民精神生活领域，对人民美好精神生活需要满足不平衡不充分的表现主要有，一是满足人民美好精神生活需要的普遍共识还没有形成。在发展目标上，还没有明确地把满足人民美好精神生活需要作为满足人民美好生活需要的重要内容提出，关注更多的还是在物质、经济、社会层面。二是满足人民美好精神生活需要的文化发展还不够充分。文化发展质量的总体水平还不高，不能适应人民增长的精神生活水准要求；文化建设的覆盖面还不够普及，不仅存在着经济的贫困地区、贫困人口，同样也存在着文化的"贫困"地区、"贫困"人口，形成了精神生活的"洼地"。三是满足人民美好精神生活需要的精神生产还不相适应。精神生产作为直接满足精神生活的生产，有的只讲市场导向不讲政治导向，有的迁就低俗需求不讲美的导向，有的粗制滥造引起群众抵触。四是满足人民美好精神生活需要的体制机制还不够完善。主要是理论宣传、新闻出版、文学艺术、网络媒体的机构部门，还需加强统筹协调、做好长期规划、提高工作效果。

发展质量不高对满足人民精神生活需要的影响。从高速增长转向高质量发展的目标任务，意味着以往的高速增长阶段，发展质量是不够高的。发展质量不高，集中体现在粗放型经济发展方式上。粗放型经济发展方式对于尽快摆脱贫困、进入小康，对于迅速提高人民生活水平，可以说发挥了很大作用。但不可持续、难以为继。粗放型经济发展方式难以满足人民日益增长的美好生活需要，包括美好精神生活需要。主要表现：一是粗放型经济发展方式对于精神生产的质量品位造成了不利影响。因为粗放型经济发展方式也会影响到文化产业的发展和精神产品的生产，产生重数量速度、轻质量效益的效果。我们看到，不仅物质生产领域出现了结构性失调过剩的现象，需要进行供给侧结构性改革，文化生产领域同样也存在类似问题，不少文化产品乏人问津，造成大量浪费，也需要进行供给侧结构性改革。二是粗放型经济发展方式不利于提高精神消费主体的文化品位。因为粗放型经济发展方式也是一种文化方式和文化产物，生产方式影响消费方式，生产水准影响消费水准，美好精神生活需要与粗放型发展方式从总体上来看是不相适应的。三是粗放型经济发展方式不能满足人民群众个性化、多样化的精神生活需要。新形势下，人民生活包括精神生活呈现出个性化、多样化的趋势，这就要求精神生产适应这一趋势，精准发展。而粗放型经济发展方式的一个特点就是大批量、同样式、一致性。

三、高质量发展与满足人民美好精神生活需要相辅相成

我国进入高质量发展阶段，带来的影响和变化是全方位、深层次的。高质量发展，必将是大大促进满足人民日益增长的美好生活需

要，促进满足人民日益增长的美好精神生活需要。

把满足人民美好精神生活需要作为高质量发展的目的和标准。新时代中国特色社会主义坚持以人民为中心，人民是高质量发展的目的、动力和标准，满足人民美好精神生活需要自然成为高质量发展的目的。一是人民美好精神生活需要要作为高质量发展的目标牵引。高质量发展是全面协调的发展，人民美好精神生活需要是高质量发展的必要和重要内容，忽视人民美好精神生活需要的发展决不是高质量的发展。高质量发展是注重质量效益的发展，人民美好精神生活本身就是高质量的标志，是高效益的投入产出。高质量发展是持续长久的发展，人民美好精神生活需要是无止境的过程，一代代人的永恒追求，人生的终生追求，一个一个层次的追求，构成了高质量发展源源不断的动力。二是人民美好精神生活需要要作为高质量发展的评价准则。高质量发展要有相应的评价体系，这一评价体系有很多指标要求，同时也要有相应的人民美好精神生活指标要求。高质量发展是社会主义精神文明全面提升的经济基础，同时社会主义精神文明全面提升也是高质量发展的内在要求。社会主义精神文明全面提升，既要从文化产业的分量、人民文化消费的比重来考量，更要从中国特色社会主义文化的深入人心、社会主义核心价值观的广泛践行来考察。三是人民美好精神生活需要要作为高质量发展的深刻内涵。高质量发展是人民的创造，同时也是人民的福祉。所有的高质量发展，都要转化为人的心理体验、精神生活，人民美好精神生活就是高质量发展的真谛和灵魂。

以高质量发展引领人民精神生活需要。高质量发展，不仅顺应人民美好精神生活需要，而且是引领人民美好精神生活的重要机制。高质量发展，是体现新发展理念的发展，是创新成为第一动力、协调成为内生特点、绿色成为普遍形态、开放成为必由之路、共享成为根本目的的发展。新发展理念本身就是一种现代理念和先进理念，践行新发展理念就是民族精神的重塑，就是人民精神生活的整体提升。创新代表着伟大民族精神的创造精神，创新是人的主体性的充分发挥，是人对现实、对自我、对未来的一种超越，富于创新精神表明人的精神状态是积极向上的。协调是在多种关系、多种要素、多种价值中，保持均衡和谐的一种追求，协调缓和尖锐的冲突、化解严重的矛盾，减轻人的精神压力。协调体现在人的内心世界，也使人能保持淡定宁静的精神状态。绿色是生态良好的标志，是美丽中国的底色，绿色生活是人的自然追求，明媚的阳光、新鲜的空气、蓝色的水体、多彩的花草、绿色的植被，都是让人们心情愉快、热爱生活、珍惜生命的生态环境。开放是与狭隘封闭的心态不相容的，开放发展既是打开对外交往的大门，在交流交往中壮大自己，开创一个更加广阔的世界，开放也是塑造一种包容的心态，容得下差异、学得进他人。共享发展反映中国特色社会主义的本质要求，共享精神是社会主义精神，共享促进我国各民族各地区各阶层的人民团结友爱、守望相助。

不断满足人民群众个性化、多样化、不断升级的精神生活需求，促进高质量发展。人民群众的精神生活需要是个性化的，每个人的成长经历、教育背景、职业专业、性格爱好等各有不同，由此决定了每个人的精神生活在与众人具有共性的基础上又各具特色，决定了对美好精神生活的理解、体验和境界也是大不相同的。因此，满足人民美好精神生活需要，既要营造共同的环境，提供共同的条件，又不能一个模式、一样标准、一种口味，而是要因人而异，尊重个性、容许差别。人民群众的精神生活需要是多样化的，民族传统、地域文化、社会分工、专业素养的不同，由此决定了人民精神生活不能千篇一律、万人一调。就拿文艺欣赏来说，京剧通剧、各有所爱，交际舞广场舞都是娱乐。人民群众的精神生活需求是不断增长、不断升级的，不可能总是停留在同一个阶段、同一个水平。高质量发展也不是静止不变的，没有最高、只有更高。人民精神生活的内涵、样式、途径，都是随着社会变革、技术创新、文化演变而发展变化，这就对高质量发展提出了新的更高要求。

形成高质量发展与满足人民美好精神生活需要的共同价值准则。高质量发展与满足人民美好精神生活需要，是价值相通的，存在着共同的价值准则。比如，二者都是以人民为中心的发展，都是以求真为标准的发展，都是以创新为动力的发展，都是以美好为目标的发展。

人民日益增长的美好精神生活需要对思想政治教育提出的新课题 *

中国特色社会主义进入新时代,党的十九大作出我国社会主要矛盾发生变化的重大政治论断。在新时代,社会主要矛盾从人民日益增长的物质文化需要同落后的社会生产之间的矛盾,转化为人民日益增长的美好生活需要和不平衡不充分的发展之间的矛盾。人民的美好生活需要包含丰富的领域,美好精神生活需要是一个重要方面。满足人民美好生活需要是一个多渠道多方式的过程,思想政治教育对于满足人民美好精神生活需要是一条有效途径。社会主要矛盾变化在思想政治教育领域的表现,要求深入研究思想政治教育如何适应和满足人民日益增长的美好精神生活需要的新课题。

一、美好精神生活需要是人民美好生活需要的应有之义

新中国成立后,党的八大就把满足人民对于经济文化迅速发展的需要,作为社会主义生产、建设和发展的目的,表明文化生活的需要

---

* 本文写于 2018 年。

始终是人民的基本需要。文化是人成其为人的基本素养，文化生活是人成长为人的基本实践。文化生活包括接受教育、不断学习、社会交往、休闲娱乐、人生体验等方式，在文化生活中人们运用着不同的形式，使用着不同的媒介，进行着不同的消费，但都可以归结为精神生活。虽然物质生活大都作用于人的感官，也会导致人的精神感受，但物质生活的主要功能还不是精神生活，精神生活还只是物质生活的副产品。而文化生活的主要功能则是直接的精神生活，即使产生了身心的各种反应，也是由心理体验连带而来的。可以说，文化生活是精神生活的过程。阅读书籍，主客体之间进行的不是物质交换，而是由信息交换进而转化为主体精神活动，或有所感，或有所思。精神生活是文化生活的目的。观看电视节目，进入视觉、听觉的是形象、色彩、声音、画面，但经过大脑整合的却是总体的信息，是精力的消费、精神的享用。精神生活可以形于色、动于身，但其根源还是主体独特的精神活动，是精神的体验，经历各种情感的刺激；是精神的收获，认知提高、心境豁然；是精神的享受，感受着喜悦轻松、亲情友情；是精神的满足，或来自成功、或来自解脱、或来自升华。所以，文化生活无论怎样变化、怎样创新，但满足人的精神生活需要这一基本功能不会改变；文化生活无论外表怎样炫目、样式怎样多彩，根本的是要看对精神生活有无影响、影响大小、影响好坏。

如同物质生活有富裕与匮乏之分，精神生活也有高级与低级之分。每个人都有自己的精神生活，都有自己的精神生活追求，但精神生活的内涵、趣味，精神生活追求的品位、层次却大不相同。毛泽东在《纪念白求恩》中要求，做"一个高尚的人，一个纯粹的人，一个有道德的人，一个脱离了低级趣味的人，一个有益于人民的人"①。讲的就是高尚的美好的精神生活追求和需要。美好精神生活需要，是人的精神生活的内在要求。人的物质生活需要，有着富足、安逸、多样的自然趋势，人的精神生活需要，也有着愉悦、轻松、爱心的自然趋势。人们最平常最多用的祝愿是快乐、愉快、美满、幸福，而不是相反，表明这种心理需求来自人的本性。美好精神生活需要，是人的精神生活的高级阶段。物质生活需要是人的第一需要，人们一般都要在满足物质生活需要的前提下，再满足精神生活需要。当人们满足需要的能力得到提高，文化品位得到提升，就不再仅限于满足一般的、正常的精神生活需要，而是追求与美好生活相一致、相匹配、相适应的美好精神生活需要。没有美好精神生活，即使物质生活再丰裕，也很难称得上是美好生活，这种生活也是残缺不全的。

需要是一个历史的、具体的范畴，美好精神生活需要在不同的时代、民族和文化中，也有着不同的标准和内涵。我们所讲的人民日益增长的美好精神生活需要，是处于中国特色社会主义新时代的美好精神生活需要，是新的主要矛盾所决定和制约的美好精神生活需要。新时代的美好精神生活需要，不是建立在落后的社会生产基础上，而是建立在不平衡不充分的发展基础上。物质生活发展状况和满足程度，不是美好精神生活追求程度和满足标准的决定因素，但不同的物质生活状况对美好精神生活的内涵和特征的影响，却是很重要的。总的来说，新的社会主要矛盾，人民对物质文化生活提出了更高要求，自然包括对美好精神生活的更高要求，不仅要求高质量的物质生活，而且

---

① 《毛泽东选集》第二卷，人民出版社1991年版，第660页。

要求高品位的精神生活。由于发展的不平衡不充分，使得美好精神生活需要的层次和内容，也是不平衡不充分的，不可避免地打上新时代的烙印。进入新时代，国际环境快速变化，全面小康决胜关头，社会思潮纷呈多样，价值观念差异冲突。外部世界投入内心世界，外部世界的状况必然要影响到内心世界的状况，必然要反映为精神生活。外部世界不是美好精神生活的唯一条件，但外部世界与内心世界的和谐，更有利于生成美好精神生活。

二、思想政治教育是满足美好精神生活需要的重要途径

人的精神生活是人的内心世界的活动，是作为主体的个体或群体的自我经验、自我体验、自我实践。人的精神生活又不仅仅是冥思式、自省式、顿悟式的心理过程，而是外界影响与内心活动相互作用的产物。在外界影响中，既有客观存在的事物影响、经常发生的事件影响、自然而然的经历影响，也有有意识有目的的教育的影响、制度化体系化的宣传的影响。思想政治教育作为主动影响人的精神生活的经常方式，作为自觉塑造人的精神世界的有效方式，是形成人的精神生活的重要途径。美好精神生活需要不是仅仅源于精神，不是仅仅从精神自身就能满足，但思想政治教育有其重要功能，是满足美好精神生活需要的重要机制。美好精神生活并不是只依靠个人的独特体验就能实现，思想政治教育的启发熏陶、示范引导，起着不可或缺的作用。思想政治教育是我们党的光荣传统和政治优势。无论是革命年代，还是建设和改革时期，我们党都是通过有力有效的思想政治教

育，提高广大党员的政治觉悟，引领广大群众的精神需求，培塑推动党和人民事业的精神力量。改革开放以后，党中央提出了"以科学的理论武装人，以正确的舆论引导人，以高尚的精神塑造人，以优秀的作品鼓舞人"①的基本方针。进入新时代，面对人民日益增长的美好精神生活需要，思想政治教育必须与时俱进，在新的起点和新的高度，满足人民美好精神生活需要。

思想政治教育提供美好精神生活的内容。美好精神生活需要是主观的，同时在一定的发展阶段、社会形态、文化传统中，何谓美好精神生活，又是有客观依据的。美好精神生活需要是个性的，同时人对真善美的认知是共同的、大同小异的。思想政治教育作为一种系统化的思想导向、有意识的精神塑造，是要通过理性的或感性的形式，通过直截了当的表述或潜移默化的影响，通过典型的示范或普遍的共识，传递出明白无误的信息，也就是什么是美好精神生活，怎样才能使精神生活更美好，在美好精神生活中要提倡什么、反对什么，强化什么、淡化什么。2018年3月5日，是毛泽东题词"向雷锋同志学习"55周年。许多媒体，出版书籍、发表文章、开研讨会、网络发声，弘扬雷锋精神，突出雷锋精神的新时代价值。雷锋是拥有美好精神生活的榜样，学习雷锋好榜样，不仅学习雷锋做好事的好榜样，而且学习雷锋展现美好精神生活的好榜样。可以说，这些就是思想政治教育提供美好精神生活榜样的自觉努力。

思想政治教育解答满足美好精神生活需要的矛盾。人生是充满矛盾、经历种种矛盾的人生，人的精神生活也是如此，是在各种价值观

---

① 江泽民：《论党的建设》，中央文献出版社2001年版，第125页。

念的冲突中，在各种层次精神生活的选择中，建构自身独有的精神世界。对于追求美好精神生活需要而言，更是一个在解决精神生活矛盾中体验美好精神生活的过程。比如，在社会结构重塑、社会阶层分化、社会利益差距的时代里，许多人都要在社会主义市场经济体制中确定职业方向、获取生存资源、寻找发展空间，谋生的需要、竞争的压力、富裕的追求，都使得精神生活需要摆不到人生的第一需要，特别是美好精神生活需要似乎还属于奢侈品。生存法则与美好心灵的矛盾、灵与肉的冲突，是很多人真实经历的苦闷。再比如，幸福是美好精神生活的重要体验，追求幸福是人的本性。但什么是幸福却是一个十分复杂的问题，有以个人及家庭幸福为幸福全部的幸福，也有以人类关怀、天下情怀为幸福真谛的幸福，如同马克思的"我们的幸福将属于千百万人"的幸福观。因此，思想政治教育就是要引导人们，正确看待和对待追求美好幸福生活过程中的种种矛盾，能够用理想观照现实，用精神渗入物质，用未来牵引当下，用崇高提升世俗。

思想政治教育给予达到美好精神生活的途径。人的成长过程最重要的是心灵的成熟史、精神的成长史，是对美好精神生活的品位提升、标准提高、向往强烈、追求自觉的成长过程。怎样才能达到美好精神生活的境界，不同的哲学有着不同路径和方法。有的主张拒斥欲望，以无欲求美满；有的主张内心修炼，以觉悟为本径；有的主张忘却自我，以无我为妙法。马克思主义是把人的精神生活纳入人的物质生活特别是实践生活来把握的，认为人的精神生活不能离开人的实践活动来进行，人的美好精神生活也只能是人的实践活动发展、进步、升华在精神领域的表现和反映。思想政治教育则是依据马克思主义基本原理，遵循实践活动和精神活动相统一的规律，针对不同人群的不同需要，提供实现美好精神生活的正确途径和方法。例如，高校组织的大学生社会实践活动，深入基层、接近群众、了解实际，开拓大学生的视野，培塑大学生的胸怀，增强他们的社会责任感和人民感情，可以促使他们的心胸从小我走向大众，得到一种思想境界豁然开朗的美好体验。

三、重视新时代思想政治教育与美好精神生活需要不相适应的方面

党的十八大以来，以习近平同志为核心的党中央高度重视新时代思想政治教育建设，逐步满足人民日益增长的美好精神生活需要，全面部署、系统推进。要求宣传思想工作丰富人民精神世界，增强人民精神力量，满足人民精神需求。在全国高校思想政治工作会议上，习近平总书记强调，培育理性平和的健康心态，加强人文关怀和心理疏导，为学生点亮理想的灯、照亮前行的路，激励学生自觉把个人的理想追求融入国家和民族的事业中，勇做走在时代前列的奋进者、开拓者。在思想政治教育取得重大成效的同时也要看到，如同我国社会主要矛盾的表现，新时代思想政治教育也存在着与美好精神生活需要不相适应的方面。

思想政治教育对自身满足美好精神生活需要的功能重视不够。思想政治教育要为党的意识形态工作服务，建设具有强大凝聚力和引领力的社会主义意识形态。有的没有从社会主义意识形态建设的全局看待满足人民日益增长的美好精神生活需要，在思想政治教育的摆位中，将其看作是可有可无、可大可小、可轻可重、可急可缓的事情；

有的只是强调思想政治教育的政治属性，忽略了思想政治教育的美育属性；有的没有把美好心灵的塑造与理想信念教育融为一体，影响了理想信念教育的效果。

思想政治教育对如何满足美好精神生活需要的研究不够。党的十九大作出我国社会主要矛盾变化的重大政治论断，突出了解决发展不平衡不充分问题的重要性，对思想政治教育的启示就是加强如何满足美好精神生活需要的研究。由于对于人民日益增长的美好精神生活的迫切需要，对于美好精神生活需要在人民美好生活需要中的相当分量，对于人民美好精神生活需要在全面建设社会主义现代化国家中的重要地位，估计还不充分，就导致了在这方面的理论研究、实证研究、推进研究都还不够。这恰恰表明该课题的研究有很大空间。

思想政治教育对建构美好精神生活的引导力不够。在现实生活中，不少群众信仰宗教，在宗教生活中寻求精神世界的安心定性。这从一个侧面反映了思想政治教育的阵地退缩，缺乏更大的吸引力。有的群众甚至把思想政治教育看成是一种"说教"，产生逆反心理。从学校教育看，思想政治教育是贯穿始终、成效很大的，但仍然有部分学生，心灵空虚、精神迷茫，人格不够健全、心态不够阳光，缺乏对真善美的强烈向往。这虽然不能完全归咎于思想政治教育，但也反映了教育的效果不够理想。

四、创新发展思想政治教育，满足人民美好精神生活需要

习近平总书记在党的十九大报告中指出："我们要在继续推动发展

的基础上，着力解决好发展不平衡不充分问题，大力提升发展质量和效益，更好满足人民在经济、政治、文化、社会、生态等方面日益增长的需要，更好推动人的全面发展、社会全面进步。"①新时代思想政治教育，要以此为基本遵循，为满足人民日益增长的美好精神生活需要，发挥更大作用、取得更大成效。

打牢理想信念基础，用理想之光照亮心间。对社会理想和人生理想的坚定信念和不懈追求，是人的美好精神生活的至高境界。理想催人奋进，信念激励人生。人民有信仰，精神更美好。广泛开展理想信念教育，在广大人民中牢固树立共产主义远大理想和中国特色社会主义共同理想，是新时代思想政治教育的根本任务。思想政治教育深入人心，首先要立其根本、立其长远。有了远大理想支撑，就能够不忘初心、不变其志、不改其道、不悔其节。

核心价值观成为自觉，追求完善人格。价值观决定看待世界、看待事物、看待自己、看待未来的准则，美好的精神生活来自高尚的价值观。培育和践行社会主义核心价值观，培养担当民族复兴大任的时代新人，将社会主义核心价值观转化为人们的情感认同和行为习惯，是思想政治教育的重大职责。即使是国家和社会层面的核心价值观，也是公民应当认同和坚守的价值观。自觉践行社会主义核心价值观的公民，必然是拥有美好精神世界的公民。

加强中国特色社会主义文化熏陶，让文明基因滋养心灵。人民精神生活是一定社会文化的产物和反映，满足人民美好精神生活需要，

---

① 习近平：《决胜全面建成小康社会　夺取新时代中国特色社会主义伟大胜利——在中国共产党第十九次全国代表大会上的报告》，人民出版社2017年版，第11—12页。

说到底是建设中国特色社会主义文化。中华优秀传统文化、革命文化、社会主义先进文化，是人民精神生活的根基和灵魂。思想政治教育要推进中国特色社会主义文化的普及和传播，增强文化自信和文化认同。在优秀文化、红色文化、先进文化氛围中培育出的精神世界，必定具有坚定的文化定力、精神定力、道德定力。

抵制腐朽落后文化侵蚀，激励人心向上向善。真善美是在与假恶丑相比较中而彰显、相较量中而强盛的。在精神生活领域，存在着各种腐朽落后文化，是美好精神生活的腐蚀剂和消解剂。思想政治教育就是要在这种较量和斗争中，让真善美战胜假恶丑，用精神向上的动力克服思想颓废的引力，用道德向善的攀登摆脱品德堕落的滑坡。

始终发扬创造奋斗团结梦想的伟大民族精神 *

伟大人民必定造就伟大民族精神，开创未来的时代必然呼唤伟大民族精神。新时代中国特色社会主义，是一个需要高扬伟大民族精神并且强化升华伟大民族精神的时代。习近平总书记在十三届全国人大一次会议上的重要讲话，热情讴歌和深刻阐述了中国人民在书写波澜壮阔的中华民族发展史、创造博大精深的中华文明进程中，培育出来的历久弥新的中华民族精神，这就是伟大的创造精神、奋斗精神、团结精神、梦想精神。讲话要求始终高扬伟大民族精神，成为我们坚定"四个自信"的底气，成为我们风雨无阻、高歌行进的根本力量。党的十九大以来，党和国家事业展现出更加锐意进取、更加朝气蓬勃的崭新气象，全体人民更加同心同向中华民族伟大复兴的中国梦。大力弘扬伟大民族精神，为实现"两个一百年"奋斗目标提供强大精神动力。

一、中国人民在长期奋斗中培育、继承、发展起来的伟大民族精神

每个民族都有包含特定内涵、特质和品格的精神世界，构成各自的民族精神。民族精神说到底是人的精神，是该民族一代代人的精神

---

* 本文写于 2018 年。

聚合与融合，是人的精神的民族化国家化。中华民族有着绵延悠久的文明历史，有着美丽辽阔的大好河山，有着丰富多样的民族文化，有着勤劳勇敢的中国人民。与5000多年的中华文明相伴随，与可歌可泣的中国历史相印证，与屹立东方的中华儿女相映照的，是中华民族的灵魂——伟大民族精神。

伟大中国人民产生伟大民族精神。"人民是历史的创造者，人民是真正的英雄。"人民是物质文明、政治文明、社会文明、生态文明的创造者，也是精神文明的创造者。在精神文明的创造中，蕴含于伟大思想著作、物化于伟大科技成果、体现于伟大文艺作品、凝固在伟大文化遗产之中的，是伟大民族精神。中国人民在广阔的国土上辛勤劳动、进行生产，自然界气候、地形、物种多种多样，唯有创新劳动工具，唯有不畏艰难困苦，才能生存发展。中华民族是统一的多民族国家，中国人民在多民族组成的大家庭中，在千百年来持续的交往交流交融中，不同宗教传统、文化习俗、语言特征的各族人民，消弭冲突、化解隔阂，相互学习、相互帮助，各族人民的禀赋气质熔铸为中华民族精神，特别是渴望国家统一、需要和谐相处的共同愿望形成了团结精神。中国人民创造了辉煌的中华文明，包括创造了灿烂的中华民族精神。中国古代思想广博深邃，充满着想象力和探索性，究天地之理，析人间之道。中国古代的"四大发明"，究其实质也是中华民族创造精神和梦想精神的产物和结晶。可以说，中国人民是人化的民族精神，民族精神是精神化的中国人民。

悠久民族历史蕴育伟大民族精神。民族精神是民族历史的一个结晶，民族历史的进程、波澜、积淀，都会反映为精神形式，凝结为民族精神；民族精神是民族历史的一面镜子，民族历史的内涵、品格、特色，都会在民族精神中留下印记、窥见一斑。中华民族漫长悠久、从未中断的文明历史，如同一座老窖，日积月累、年复一年，将中华民族精神酝酿为醇厚纯净、韵味无穷的佳品。数千年来历朝历代的民族创造，不仅成为后代继承的文明遗产，而且成为民族精神的肥沃土壤。中华民族的历史本身就是一部伟大的史诗，因此才生长出史诗般的精神作品，如《诗经》《史记》《木兰辞》《满江红·怒发冲冠》等文学作品。中国古代文明是建立在农业文明基础上的，2000多年的中国封建社会成熟早、时期长、成果丰，创造了封建社会的繁荣盛世，达到了中华文明的历史高峰，也蕴育出高度自信、自强不息、意境高远、富于智慧的中华民族精神。春秋战国时期，是中国历史上社会大转折大变革的时代。这是一个需要思想、需要人才、需要实力、需要创新的时代，并且是产生了百家争鸣、造就了群星灿烂的时代。诸子百家的思想文化，诱发了诸侯列国的变法自强，塑造了丰富多彩的历史景观，并且奠定了中华民族精神的根基和传统。老子、孔子、庄子、孟子、墨子、孙子、韩非子等，不仅是这个时期产生的闻名于世的伟大思想巨匠，而且是中华民族精神的重要代表和塑造者。

艰辛奋进历程砥砺伟大民族精神。中国人民是在与天奋斗、与地奋斗、与人奋斗的艰难历程中形成的伟大民族精神。与天奋斗，抵御各种自然灾害，探索自然运行规律，利用自然资源优势，形成了既道法自然、天人合一，又天人相分、人定胜天的理性精神。与地奋斗，开垦农田，兴修水利，开拓道路，形成了坚忍不拔、愚公移山的顽强精神。与人奋斗，反抗侵略，保家卫国，形成了伟大的爱国主义精神；举行农民起义，反抗剥削压迫，形成了追求公平正义的民族精神。特别是近代以来，中国人民经历了战乱频仍、山河破碎、民不聊生的深重苦难，无数志士仁人不屈不挠、前仆后继，进行了可歌可泣的斗争。中国共产党成立后，"天翻地覆慨而慷"。团结带领人民进行新民主主义革命，艰苦卓绝、浴血奋战，推翻压在头上的帝国主义、封建主义、官僚资本主义三座大山。中华人民共和国成立后完成社会主义革命，完成了中华民族有史以来最为广泛而深刻的变革。改革开放后进行新的伟大革命，破除阻碍国家和民族发展的一切思想和体制障碍。新时代中国特色社会主义继续进行的伟大社会革命，绝不是轻轻松松、敲锣打鼓就能实现的，必须准备付出更为艰巨、更为艰苦的努力。毫无疑问，近百年来的伟大民族精神，是中国共产党团结带领人民在伟大社会革命中丰富强化、砥砺升华的。

二、实现"两个一百年"奋斗目标的强大精神力量

中华民族精神生长于中国大地，与中国社会发展的命运一同脉动。伟大民族精神为中华儿女构建了永久的精神家园，为各族同胞提供了牢固的价值认同，为每个国人注入了强烈的家国情怀，是中华民族团结统一的精神纽带、赖以生存和发展的精神支撑。始终发扬创造奋斗团结梦想的伟大民族精神，是新时代坚持和发展中国特色社会主义的必然要求。

中华巨轮扬帆远航的不竭动力。"乘着新时代的浩荡东风，加满油，把稳舵，鼓足劲，让承载着13亿多中国人民伟大梦想的中华巨轮继续劈波斩浪、扬帆远航，胜利驶向充满希望的明天！"这是习近平总书记在十三届全国人大一次会议上的远征动员。决胜全面建成小康社会、开启全面建设社会主义现代化国家新征程、实现中华民族伟大复

兴的宏伟蓝图，是一场新的长征。伟大民族精神就是新时代的浩荡东风，就是航船的油、把舵的力、鼓劲的能。80多年前，伟大长征精神是创造那场人类史奇迹的红军将士心中熊熊燃烧的火炬；今天，伟大民族精神是夺取新时代中国特色社会主义伟大胜利的党和人民心中光芒四射的灯塔。始终发扬伟大创造精神，辛勤劳作、发明创造，就一定能够创造出一个又一个奇迹；始终发扬伟大奋斗精神，革故鼎新、自强不息，就一定能够达到创造人民更加美好生活的宏伟目标；始终发扬伟大团结精神，团结一心、同舟共济，就一定能够形成勇往直前、无坚不摧的强大力量；始终发扬伟大梦想精神，心怀梦想、不懈追求，就一定能够实现中华民族伟大复兴。

夺取伟大革命胜利的坚强支撑。新时代中国特色社会主义是我们党领导人民进行伟大社会革命的成果和继续，必须一以贯之进行下去。一场社会革命要取得最终胜利，往往需要一个漫长的历史过程。防止前功尽弃，避免功亏一篑，需要坚强精神力量支撑。伟大民族精神是新时代伟大社会革命取得最终胜利的强大精神动力。伟大斗争是新的伟大社会革命的推进器。发扬伟大奋斗精神，才能全面深化改革，将党的十九届三中全会和十三届全国人大一次会议正式启动的深化党和国家机构改革，推向前进、取得成功。伟大工程是新的伟大革命的压舱石，党的自我革命推动伟大社会革命，是党的自我更新、自我完善。党的建设新的伟大工程，是伟大创造精神的集中体现。发扬伟大创造精神，才能将党的自我革命进行到底。伟大事业是进行新的伟大社会革命的主旋律，团结就是力量，团结才能前进。发扬伟大团结精神，才能统筹推进"五位一体"总体布局，协调推进"四个全面"战略布局，凝聚起夺取新时代中国特色社会主义伟大胜利的磅礴力量。伟大梦想是新的伟大社会革命的导航仪，有了梦想，山再高，往上攀，总能登顶；路再长，走下去，定能到达。中国梦本身就是伟大梦想，同时又是中华民族伟大梦想精神的时代体现。发扬伟大梦想精神，实现中华民族伟大复兴就有了目标引领、理想支持和精神激励。

战胜各种风险挑战的意志保障。全面建设社会主义现代化国家的进程，机遇和挑战并存、动力和风险共生，必须做好应对任何形式矛盾风险挑战的准备。民族复兴的前景既不是铺满鲜花的坦途，也不是布满陷阱的绝境，而是重大机遇期与高风险期相互交织，要求有效应对重大挑战、抵御重大风险、克服重大阻力、解决重大矛盾。风险是现代化进程之常态。面对风险，不是畏惧退缩、消极应对，而是弘扬伟大民族精神，敢于斗争、战胜风险、开创未来，打好防范化解重大风险的攻坚战。在新时代，各种风险都要防控，但重点要防控那些可能迟滞或中断中华民族伟大复兴进程的全局性风险。既要高度警惕"黑天鹅"事件，也就是小概率而又影响巨大的事件，也要防范"灰犀牛"事件，也就是大概率而又影响巨大的事件；既要有防范风险的先手，也要有应对和化解风险挑战的高招；既要打好防范和抵御风险的有准备之战，也要打好化险为夷、转危为机的战略主动战。

凝聚党心军心民心的精神纽带。中国共产党成立之后，党的精神融入伟大民族精神之中，党的"两个先锋队"性质、党的初心和使命拓展提升了伟大民族精神。始终发扬伟大民族精神，对于全党来说，就是要承担起新时代党的历史使命，为中国人民谋幸福，为中华民族谋复兴；就是要坚持全面从严治党，确保党始终同人民想在一起、干在一起，改进党群关系、干群关系，加强党同人民群众的血肉联系。人民军队成立之后，在党的绝对领导下，人民军队精神融入伟大民族精神之中。对党绝对忠诚的军魂，崇高的理想和坚定的信念，一不怕苦、二不怕死的战斗精神，一切行动听指挥的革命纪律，全心全意为人民服务的根本宗旨等，人民军队精神为伟大民族精神增添了新的血液。发扬伟大民族精神，人民军队在实现党在新时代的强军目标、把人民军队全面建成世界一流军队的新征程中，必将更加意气风发、斗志昂扬。伟大民族精神是人民创造的精神，人民也是伟大民族精神塑造的人民。中国人民是在源远流长、根深叶茂、蔚为大观的中华文明历史中生长、熏陶、培塑起来的。发扬伟大民族精神，一个重要方面，就是要让全体中国人民和中华儿女在实现中华民族伟大复兴的历史进程中共享幸福和荣光。人民获得的是国家富强民主文明和谐美丽的自豪感和幸福感，是实现中国梦的成就感和荣誉感，也是伟大民族精神的认同感和自信感。

实现中国梦的价值引领 *

在中国特色社会主义道路上实现中华民族伟大复兴，确立了当代中国发展进步的目标引领和道路引领。目标和道路的精神内核是价值观，目标、道路、价值观相辅相成。明确提出富强、民主、文明、和谐，自由、平等、公正、法治，爱国、敬业、诚信、友善的社会主义核心价值观，就相应地确立了当代中国发展进步的价值引领。中国梦，价值魂。努力建设中华民族的共有精神家园，积极培育和践行社会主义核心价值观，是实现中国梦的价值观建设基础工程。

一、核心价值观提供坚实价值支撑

核心价值观是一个民族在发展的历史进程中，依据社会经济、政治制度的基本属性，依据意识形态的本质要求，依据民族文化传统的深厚血脉，由国家正式确定的最基本的价值观念。一个民族的发展兴旺，离不开进步的核心价值观引领方向；一个国家的团结和睦，离不开统一的核心价值观凝聚共识。改革开放以来，中国特色社会主义之所以发展壮大、生机勃勃，一个重要原因，就是始终坚持与民族性、先进性、科学性、人民性相一致的价值取向，确定了始终保持正确方

---

* 本文写于 2014 年。

向的价值航标，为建设社会主义现代化国家提供了牢固的价值观支持。党的十八大在社会主义核心价值体系建设的基础上，提出了社会主义核心价值观的"三个倡导"。党的十八大以来，以习近平同志为核心的党中央高度重视社会主义核心价值观建设，以此作为实现"两个一百年"奋斗目标和中华民族伟大复兴中国梦的价值引领，作为凝聚全党全社会的价值共识。确立了24个字的社会主义核心价值观，国家的基本价值就更加彰显，社会的价值取向就更加明确，全民的价值规范就更加有效，文化的价值建设就更加集中。

面对世界范围思想文化交流交融交锋形势下价值观较量的新态势，核心价值观是坚持和发展中国特色社会主义的价值底蕴。坚持和发展中国特色社会主义，既要与人类文明优秀成果包括先进价值观念相承接，又要构建反映中国特色社会主义本质属性的价值体系。两大制度体系的竞争与较量，实质上是两大价值体系的竞争与较量。增强中国特色社会主义的道路、理论、制度自信，内含着增强中国特色社会主义的价值自信。社会主义核心价值观，扎根于中国特色社会主义的制度体系，是中国特色社会主义的价值标识。富强、民主、文明、和谐的价值目标，基于建设社会主义现代化国家的基本目标；自由、平等、公正、法治的价值取向，基于社会主义社会的基本要求；爱国、敬业、诚信、友善的价值准则，基于社会主义公民的道德规范。确立当代中国最基本的价值观念，就是确立和增强当代中国的价值自信。

面对改革开放和发展社会主义市场经济条件下思想意识多元多样多变的新特点，核心价值观是凝聚全党全民族全社会的价值共识。抗日战争的胜利，是以爱国主义为核心的民族精神、民族价值观的伟大胜利。各民族、各阶级、各党派、海内外华人万众一心、共同抗日，赢得了中华民族历史上第一次反侵略战争的全面胜利。实现中华民族伟大复兴的中国梦，是具有许多新的历史特点的伟大斗争，更加需要中华儿女的团结和谐、同心协力，更加需要形成价值观的最大公约数。目前，发展的失衡，财富的差距，观念的冲突，都使得凝聚价值共识既迫切又艰难。动员全体人民为实现中国梦而共同奋斗，必须形成共同的价值观念，作为思想和行动的统一遵循。社会主义核心价值观，反映了当代中国的价值需求和全体人民的价值追求，不同地区、民族、行业、阶层的群体，都能够在此基础上求同存异，在共圆中国梦的过程中一起实现人生梦想。

面对全面深化改革趋势下利益矛盾交织的新格局，核心价值观是完善制度和推进治理的价值目标。全面深化改革，是实现中国梦的必由之路，必须解决关系复杂的利益问题，突破利益固化的藩篱。从根本上说，就是要贯彻全面深化改革的总目标，完善和发展中国特色社会主义制度，推进国家治理体系和治理能力现代化，依靠制度和治理解决利益矛盾。因此，完善制度和推进治理要以一定的价值观为目标牵引，通过价值观赋予制度以灵魂，给予治理以原则。习近平总书记在党的十八届三中全会上的讲话中突出强调促进社会公平正义，正是用社会主义核心价值观引领制度和治理。例如，体现在政法工作上，就是在推进法治中国建设进程中，肩扛公正天平、手持正义之剑，抓紧解决由于司法制度安排不健全造成的有违公平正义的问题，使我们的司法制度安排更好体现社会主义公平正义原则。

二、核心价值观确定基本价值准则

核心价值观来源于中国特色社会主义实践，又贯通于中国特色社会主义全部实践之中，发挥着强劲有力的导向和评价作用。核心价值观表明，在中国特色社会主义经济、政治、文化、社会、生态文明建设等领域，在国家、社会、公民层面的各种活动和行为中，基本价值依据是什么，倡导什么、反对什么。建设社会主义、推进民族复兴的纲领、战略、阶段、部署，可以外化为繁荣景象、具体化为数据指标，但都是围绕一定价值准则而展开的，是依据一定价值标准的社会实践。"三个倡导"同时也是中国梦内涵的核心价值，是中国梦为之奋斗追求的价值目标。

富强、民主、文明、和谐是国家层面的价值目标，是国家经济、政治、文化、社会、生态文明建设的基本价值准则，构成了建设社会主义现代化国家的发展目标。建设社会主义现代化国家，经济建设要富裕强盛，政治建设要发展民主，文化建设要精神文明，社会建设要促进和谐。这些基本价值，是近代以来实现民族复兴的不懈追求，是我们党带领人民90多年接续奋斗的不懈追求。改革开放30多年来，我们党对社会主义建设规律的认识更加深入，对中国特色社会主义的发展目标愈益清晰。现在，明确地把富强、民主、文明、和谐作为国家层面的价值目标提出，就是把国家的发展目标与价值目标统一起来，把国家的核心利益与核心价值统一起来，把人民的幸福追求与国家的价值追求统一起来。确立了这些基本价值准则，就能够继续推动经济更有效率、更加公平、更可持续发展，发展更加广泛、更加充分、更加健全的人民民主，推动社会主义文化大发展大繁荣，确保社会既充满活力又和谐有序，推动形成人与自然和谐发展现代化建设新格局。

自由、平等、公正、法治是社会层面的价值取向，是社会主义社会全面发展进步的基本价值准则，构成了社会主义社会承接与超越以往社会形态的价值跃升。马克思、恩格斯提出"每个人的自由发展"与"一切人的自由发展"，是新社会的标志。党的十八届三中全会强调进一步解放思想、解放和发展社会生产力、解放和增强社会活力，就是要破除思想观念的束缚、体制机制弊端的障碍，让一切发展要素充分运转，让人的创造性充分发挥，这正是社会发展的自由趋势。社会的自由活力表现为社会生产生活的积极性、发明创造的持续性、追求幸福的主动性、冲破桎梏的强烈性，充满自由活力的社会是蓬勃向上、阳光乐观，鼓励奋斗、百折不挠的社会，"忽如一夜春风来，千树万树梨花开"。平等是社会主义生产关系和上层建筑的必然要求，人民的经济、政治、文化、社会权利的平等性质反映为平等的价值原则。缩小社会分工造成的差别，减少社会流动的门槛，消除城乡、行业、身份、性别等一切影响平等就业的制度障碍和就业歧视，是社会进步的要求。公平正义是中国特色社会主义的内在要求。习近平总书记在十二届全国人大一次会议上提出的让人民共同享有人生出彩的机会，共同享有梦想成真的机会，共同享有同祖国和时代一起成长与进步的机会，就是依据公正价值观的基本准则。如果不能创造更加公平的社会环境，甚至导致更多不公平，改革就失去意义，也不可能持续。法治是社会有序运行的基本保障。改革开放以来，我国依法治国、依法执政、依法行政共同推进，法治国家、法治政府、法治社会一体建设，法治在社会价值体系中的地位更加提升。弘扬法治价值观，就要坚决纠正一些地方和部门依然存在的有法不依、执法不严、违法不究现象，有效遏制一些公职人员滥用职权、失职渎职、执法犯法甚至徇私枉法行为。

爱国、敬业、诚信、友善是公民个人层面的价值准则，是社会主义公民必须恪守的基本道德规范，构成了中国人的道德形象。开展社会主义公民道德建设，大力倡导遵守爱国守法、明礼诚信、团结友善、勤俭自强、敬业奉献的基本道德规范，遵守以文明礼貌、助人为乐、爱护公物、保护环境、遵纪守法为主要内容的社会公德，遵守以尊老爱幼、男女平等、夫妻和睦、勤俭持家、邻里团结为主要内容的家庭美德，在此基础上进一步提炼，就形成了公民个人层面的价值准则。爱国属于公民与国家关系的基本价值准则，爱国价值观要求公民具有对祖国的深厚感情，对人民的深切热爱，对民族文化的深层认同，做到坚决维护国家利益，尽心尽力为国贡献，甘洒热血保卫祖国。敬业属于公民与职业关系的基本价值准则，敬业价值观要求公民具有认真负责、恪尽职守，精益求精、一丝不苟的职业精神，遵守职业规范，养成职业道德。诚信属于公民与社会关系的基本价值准则，诚信价值观要求公民诚实可信、信守诺言、履行契约、相互信任，保持言行一致、表里如一。友善属于公民与他人关系的基本价值准则，友善价值观要求公民心地善良、与人为善，尊重他人、善于包容，友好待人、正当谋利。这四者的统一，就构成了公民信奉的核心价值观，成为公民的立身之本、成事之基。

三、核心价值观强化先进价值驱动

价值观是行动的价值引力，先进价值观是一种推动奋发向上、崇德向善的强大精神力量。有了正确的价值判断力和坚定的道德责任感，就会产生孟子所说的"恻隐之心""羞恶之心""辞让之心""是非之心"，就会涌现出德国古典哲学家康德所说的对心中道德律令"时时在翻新、有加无已的赞叹和敬畏"，就能够自觉地求真抑假、扬善惩恶、趋美远丑。遵守道德规范不仅仅是出自利害得失的考量，而是总体上基于一种虔诚的道德自觉。核心价值观体现着社会主义核心价值体系的根本性质和基本特征，凝结着社会主义先进文化的精髓，是先进价值观的时代符号、中国表达。在全社会积极培育和践行社会主义核心价值观，就是集聚全面建成小康社会、实现中华民族伟大复兴中国梦的强大正能量。实现中国梦，是需要核心价值观、呼唤核心价值观、弘扬核心价值观的大时代。核心价值观强化中华民族共同坚守的理想信念，张扬中国梦的理想风帆，坚定共创美好未来的信念，是全体中华儿女的人生价值、社会理想、公民责任所在。核心价值观的正能量激发得越是充分，效果展现得越是显著，中国梦就越能从梦想到现实，从"憧憬世界"到"创造世界"。

价值多元决定了人们的价值选择。在实际生活中，人们受不同的价值观驱动，往往在不同的价值观中作出选择。同样对待财富，有的是"君子爱财，取之有道"，有的是不择手段，甚至违法犯罪；同样对待权力，有的是秉公用权、执政为民，有的是以权谋私、滥用权力；同样对待法纪，有的是遵纪守法、不越雷池，有的是目无法纪、徇私枉法；等等。这些价值冲突表明，确立社会主义核心价值观，必须牢牢树立与之相适应相符合的价值判断力和道德责任感，引导人们辨别什么是真善美、什么是假恶丑，自觉做到常修善德、常怀善念、常做善举。在一些领域和一些人当中，价值判断没有了界限、丧失了底线，甚至以假乱真、以丑为美、以耻为荣，这就要从进行价值判断力和道德责任感的"修复工程"做起，逐步夯实社会主义核心价值观的基础。

培育和践行社会主义核心价值观是塑造人、培养人的过程，只有核心价值观内化于人、化入社会，才能发挥价值观的驱动作用。一是要促进价值理论向价值心理转化。采取多种途径和措施，大力促进核心价值观从理论形态向社会心理形态转化，使其成为广大社会成员的心理认同、自觉意识和内化价值，真正发挥其教化作用和规范功能。二是要促进价值评价向价值行为转化。价值观并不完全等于价值行为，确立了判断是非、善恶、美丑的公正尺度，还要把行为的褒贬和取舍一致起来，使价值评价机制转化为人的行为机制，使价值评价标准成为人们行为的自觉准则。人的内心世界没有对价值律令神圣和庄严的感情，价值的社会评价就很难规范其行为。三是要促进价值规范向价值示范转化。培育和践行社会主义核心价值观，一个关键问题，是要在现实生活中更多地涌现出社会主义核心价值观的忠实践行者，实际地证明核心价值观的现实性、可行性、普遍性，从而促使核心价值观在最大程度上进入生活、进入群众、进入社会。人们更多是从现实生活中汲取他们的价值观念，塑造他们的价值取向的。社会先进分子的价值实践，如雷锋、杨善洲、郭明义、罗阳等的先进事迹，就是先进的价值示范，就是核心价值观的生动证明。要形成激浊扬清、抑恶扬善的思想道德舆论场，引导人们自觉做良好道德风尚的建设者，做社会文明进步的推动者。

文明与价值 *

文明囊括了人类创造的一切价值,具有最基本、普遍、重要的价值,追求与倡导文明成为人类社会总的趋向。文明是我们党建设社会主义现代化国家的发展目标,党的十八大把文明作为社会主义核心价值观在国家层面的价值目标。从文明的内涵、价值、规律等方面,把握作为核心价值观的文明,有助于对文明的理解和文明价值观的培育。

一、文明的定位

文明是"社会的素质"①,恩格斯这一定义表明了文明的主体和载体,即文明是人类的特有产物和标志。动物世界有着千姿百态、无比美妙的形体,有着极为规律、整齐划一的行为,有着筑巢搭窝、哺育后代的能力,但动物的活动是一种生命的循环、自然的本能,没有创新,更没有飞跃,因此文明不属于动物。至于"外星文明"是否存在,到目前为止还没有足够的证据,只能等待概率几近于零的偶然性。

"人猿相揖别",还只是人类走向文明的第一步。文明是人类社会发展到一定阶段的成果,是人类创造自己的生活、社会与世界的进

---

* 本文写于2014年。
① 《马克思恩格斯文集》第一卷,人民出版社2009年版,第97页。

步。在《家庭、私有制和国家的起源》中，恩格斯依据路·亨·摩尔根提出的人类史前史分期法，划分为蒙昧、野蛮和文明三个主要时代，代表性标志是生产工具、产品交换和社会组织的发展。在恩格斯看来，文明时代是人类社会的巨大进步，但蒙昧、野蛮时代并不等于绝对的恶，文明时代也不等于绝对的善，文明的进程是以相当程度的不文明甚至反文明为代价的。

文明是人的创造物，是人的创新本质的对象化。人把自己的智力、体力、能力、创造力、组织力与自然界的各种资源结合融合起来，超越"上帝之手""上帝之脑"，组合为凝结为一个前所未有、日新月异、不断丰富的文明世界。"此景只应人间有，天上能得几回识？"文明的形式具有无限多样性，人类社会具有多少种存在和活动方式，文明就有多少种形式。按照社会结构的分类，人类文明可大致分为物质文明、政治文明、精神文明、社会文明、生态文明和人的文明等形式。这些形式，构成人类社会特别是现代社会存在与发展不可或缺的领域，每种文明形式都是人类文明的宝贵成果，都有其独特价值。其中，"思维着的精神"是"物质的最高的精华"，是人类最具创造性的文明，是创造一切文明的核心要素，是文明的灵魂。

在社会主义核心价值观系列中，文明属于国家层面的价值观范畴，与富强、民主、和谐价值观范畴并列。文明价值观既贯通于核心价值观的其他范畴之中，包括社会层面、公民层面的核心价值观，可以说社会主义核心价值观都具有文明取向，都是文明的价值观；又有其特有的内涵，有着独立的地位，是其他价值观所不能替代的。回顾我们党对社会主义现代化建设价值目标的认识过程，从经济建设、政治建设、文化建设到社会建设和生态文明建设，都提出了相应的富强、民主、文明、和谐的核心价值目标,由此自然成为国家层面的核心价值观。文明价值观主要对应于文化建设领域,同时由于其内涵的丰富性与包容性,对国家层面、社会层面、公民层面都有定向导航作用。文明作为社会主义核心价值观在国家层面的价值观范畴,是由其基础性、贯通性、导向性、现实性决定的,表明我们要建设一个高度文明的社会主义国家。

二、文明的来源

"文明是实践的事情"[①]。劳动创造了人本身,也创造了人的世界,创造了人类文明。几千年前印第安人的印加文明、玛雅文明、阿兹特克文明,至今仍然具有不可思议的魅力。人在实践活动中,发明劳动工具,制造各种物品,形成社会组织,结成生产关系,构建国家机器,蕴育精神文化,塑造人的素质。人的实践创造所有文明,实践是文明之基,是元文明。可以说,文明是实践之镜,人的实践能力发展到什么程度,文明就发展到什么程度;人的实践能力内含着什么局限和缺陷,文明就内含着什么局限和缺陷。

文明是历史的,是在一年年的积累、一代代人的遗传、一个个社会形态的更替中,逐步延续拓展的。如同修建金字塔,一层层地加高,每一层都以下一层为基石,同时又是上一层的基石。既成的文明形成了文明的传统,创新的文明又成为新的文明传统,传统是文明之根。树大根深、根深叶茂。文明的进步是对传统的继承,同时也是扬

---

① 《马克思恩格斯文集》第一卷,人民出版社2009年版,第97页。

弃。没有继承，文明就失去血脉；没有扬弃，文明就会停滞。例如，汉字从甲骨文、篆书、隶书到今天的简体字，比较起来是同中有异、异中有同。5000多年中华文明源远流长、一脉相承，又吐故纳新、激浊扬清，由此奔腾不息、生机勃勃。

文明之初，是在孤立封闭、"老死不相往来"的环境下独自发展起来的。随着交通工具、交换制度、交往途径的发展，部落之间、民族之间、国家之间、大陆之间的文明交流交融交锋愈益频繁和深入，文明开始成为多种文明融合的产物，多元是文明之源。佛教产生于印度，传入中国后经过本土化而扎根普及，一度与中国原生的儒教、道教三教合流，积淀为民族的宗教文化、宗教心理。近代以来西学东渐，诞生于西欧的马克思主义，为寻求救亡图存之道的中国先进分子所接受，注入中华文化的主流之中，成为社会主义先进文化的精髓。改革开放以来，以社会主义文明为主导的中华文明，再次与以西方文明为主体的国外文明相互接触、相互借鉴、相互渗透、相互竞争、相互冲突，是前所未有之文明大格局。坚守我们的文明价值，壮大我们的文明体系，是中华文明在当代的重大课题。

三、文明的历史

漫长的人类历史，文明史只有几千年的历程，可见文明之化果生长不易。人类文明的历史是一部百科全书，是一幅斑斓画卷，是一条蜿蜒长河。文明史有民族文明史、地域文明史、器物文明史、精神文明史、制度文明史，等等。社会形态的演进是人类文明进化的标志，从农业文明、工业文明到信息文明，从古代文明、近代文明到现代文明，从奴隶社会文明、封建社会文明、资本主义文明到社会主义文明，文明一步一个脚印、一步一个台阶。从唯物史观的观点看，人类文明的根本区别在于生产方式，也就是用什么生产工具、在什么生产关系下从事生产。在一定生产方式基础上构成的社会形态成为人类文明的时代标志。正如马克思所说："手推磨产生的是封建主的社会，蒸汽磨产生的是工业资本家的社会。"[①] 可以说，不同的社会形态构成了不同的文明形态。托夫勒的"三次浪潮"所划分的文明，是依据产业技术形态作出的区分，实际上也受到了马克思主义社会形态学说的影响。多种多样的文明史，都在不同程度上，直接或间接地与一定的生产方式和社会形态相联系。

文明史既是时间与时代的延续，更是内涵与水准的提升，总的趋势是文明的成果在丰富，文明的程度在提高，文明的社会在普及，文明的人在成长。例如，从殉葬、厚葬到薄葬、火葬，反映了丧葬文明的进步。生物史是从简单到复杂的进化史，人类史是从低级到高级的发展史，文明史是人的发展规律与客观世界规律的统一史。人在什么程度、以什么方式把人的内在尺度与世界的外在尺度统一起来，创造出一个什么样的世界，文明也就发展到什么程度。人类文明的历史是一个范围不断拓展、内涵不断丰富、程度不断深化、标准不断提升的过程，其间也会经历许多反复、某种倒退，是一个曲折前进、肯定否定的上升过程。例如，从熟人社会的信誉，到商品社会的欺诈，再到现代社会的诚信，信用文明逐步居于主导地位。人类创造了自己的文明，又在享用自己的文明。

---

① 《马克思恩格斯文集》第一卷，人民出版社2009年版，第602页。

四、文明的意义

文明是人类的持续追求与普遍向往，这一历史规律表明了文明的价值。当今世界，文明之于人如同空气之于人，成为人须臾不可离的基本需求，文明价值观成为社会的主流价值观。尽管对文明的反思批判不绝于世，但很少有人愿意回到"未有火化，食草木之实、鸟兽之肉，饮其血，茹其毛。未有麻丝，衣其羽皮"[1]的时代，很少有人愿意成为当代鲁滨逊。文明对于人类社会的意义是多方面、多层次的。物质文明使得人类逐步免于饥饿、摆脱匮乏、走出贫困，通过物质资料的生产和各种产品的创新，人创造了一个属于人、满足人、丰富人的世界。物质文明是一切文明的基础，没有剩余产品，就没有社会分工，其他文明就无从谈起。而且，马克思、恩格斯指出："在极端贫困的情况下，必须重新开始争取必需品的斗争，全部陈腐污浊的东西又要死灰复燃。"[2]精神文明提供了解释世界的科学知识，创造世界的设计发明，规范行为的伦理道德，再现生活的文学艺术，等等。精神文明满足了人的精神需求，极大地充实和拓展了人的心灵。政治文明建立了社会运行的基本机制，维护了社会发展的必要秩序，提供了解决矛盾和冲突的制度途径。社会文明完善了人与人之间的交往规则，形成了社会群体共容互利的交往关系。生态文明培育了人与自然的新型关系，从征服掠夺到保护共生。

---

[1] 《礼记·礼运》。
[2] 《马克思恩格斯文集》第一卷，人民出版社2009年版，第538页。

文明提升人的境界，提高社会发展水准。文明产生于社会的素质，同时又表征着社会的素质，并且提升着社会的素质。文明决定社会的发展水平，塑造社会的基本面貌，文明提升社会的组织素质和成员素质、文化素质和创新素质、心理素质和行为素质。把文明作为我国国家层面的价值目标，正是要从整体上提升中华民族的素质，从根本上提升中国人民的素质，从基础上提升中国社会的素质。我们不仅以世界第二大经济体的规模和速度令世界瞩目，而且以文明中国的气质和形象让世界尊重；不仅靠国家科技、经济、军事的硬实力产生震慑力，而且靠文化、价值、精神的软实力产生感召力；不仅用有车有房满足民众自尊，而且用高尚美好支撑民众自尊。

对文明的普遍向往形成崇尚和追求文明的价值观，文明价值观是文明发展的价值引领。倡导文明、建设文明、推广文明，是社会主义核心价值观的基本内涵，是全党全社会始终不渝的价值目标。民主革命时期，我们党就提出："我们不但要把一个政治上受压迫、经济上受剥削的中国，变为一个政治上自由和经济上繁荣的中国，而且要把一个被旧文化统治因而愚昧落后的中国，变为一个被新文化统治因而文明先进的中国。"[①] 这表明了先进政党的文明向往和追求、文明情怀和境界。改革开放以来，我们党对建设社会主义文明愈益自觉和深入，对社会主义文明内涵的认识愈益拓展和深刻。科技文明、公民文明、治理文明等，逐步成为文明建设的课题。可以说，文明兴则国家兴，文明衰则民族衰。

---

① 《毛泽东选集》第三卷，人民出版社1991年版，第663页。

五、文明的性质

"文明是多彩的"①。当今世界,人类生活在不同文化、种族、肤色、宗教和不同社会制度所组成的世界里,文明因此而多元,文明观因此而多样。

文明具有民族特色。文明首先是在一定地域特别是某个民族中生长起来的,每一种文明都延续着一个国家和民族的精神血脉。即使由于迁徙,有的民族分布于世界各地,但千百年来仍然保留着民族的文化传统,如犹太民族。即使随着民族间交流交往的扩大,随着近代以来"历史向世界历史的转变"②,文明的民族特性依然是文明的底色。中华文明是在中国大地上产生的文明,也是同其他文明不断交流互鉴而形成的文明,民族性始终是中华文明的基因。各民族创造的各种人类文明在价值上是平等的,"一切文明成果都值得尊重,一切文明成果都要珍惜"③。

文明具有制度属性。文明既表现为一定的社会形态及其制度,同时又反映了一定的社会形态及其制度。例如,"仁、义、礼、智、信"反映了中国古代社会也就是封建社会的价值规范,"自由、平等、博爱"反映了西方近代社会也就是资本主义社会的价值规范。即使是物质文明,也是一定生产方式的产品,不可避免地打上了该种生产方式的烙印。手工农业、机械化农业、生态农业所生产的同一种粮食作

---

① 习近平:《在联合国教科文组织总部的演讲》,《人民日报》2014年3月28日。
② 《马克思恩格斯文集》第一卷,人民出版社2009年版,第541页。
③ 习近平:《在联合国教科文组织总部的演讲》,《人民日报》2014年3月28日。

物，也包含着许多差异，或者说不同的"文明信息"。文明的制度属性并不是说不同制度的文明是不能相容的，而是说在一种社会形态取代另一种社会形态的历史演进中，以往社会形态的文明成果包含在新的社会形态的文明成果之中，但不是简单地继承，而是批判地继承。社会主义文明是在人类全部文明特别是资本主义文明基础上产生的，是对资本主义文明的超越。

文明具有时代内涵。文明既是在地域空间上的多样性展开，又是在历史时间中的创造性积累。社会形态及其发展阶段的变化，区分为包含新质的时代，使得该时代的文明彰显时代特征，成为时代文明。欧洲文艺复兴看起来是向古希腊文明的回归，实质上却是新兴阶级意志和力量的尽情迸发，"这是人类以往从来没有经历过的一次最伟大的、进步的变革，是一个需要巨人并且产生了巨人的时代，那是一些在思维能力、激情和性格方面，在多才多艺和学识渊博方面的巨人"[①]。时代内涵由时代条件决定。今天，建立国际平等合作的交往文明，只有在世界多极化、单一国家不能主宰他国命运的条件下才有可能。

文明具有文化禀赋。文明的内核是文化，无论是物质文明，还是政治文明、社会文明等，都反映了一定文化的影响和不同文化的差异。例如，宗教是一种意识形态，它不仅存在于教条教义中，存在于教徒的头脑中，表现在行为上，而且渗透于很多国家的政治和法律制度中。精神文明就是一种具有正价值的文化，具有正价值的文化也就构成了精神文明。考察文明同时也是在考察文化，研究文化也就进入了文明研究。

---

① 《马克思恩格斯文集》第九卷，人民出版社 2009 年版，第 409 页。

中国特色社会主义文明是一种新型文明，传承中华优秀传统文化，吸收世界文明有益成果，体现社会主义本质要求，是民族特色、时代内涵、制度属性的有机统一。这就是说，中国特色社会主义文明是在中华文明和世界文明基础之上的社会主义文明。它既是民族的，历史悠久、枝叶茂盛，不是无根的文明；又是世界的，海纳百川、为我所用，不是封闭的文明；还是社会主义的，走在前列、引领历史，不是传统的文明。我们的文明是中国特色社会主义文明。

六、文明的内涵

我们要建设高度文明的国家，文明指明了国家的价值取向。文明作为社会主义核心价值观，有着具体丰富的内涵。

文明价值观确立了文明这一价值标准，这就是国家倡导文明，纠正不文明，反对反文明。中国特色社会主义文明要建立的文明，源于以往文明，高于以往文明，是文明的忠实践行和坚定维护。倡导文明，就是要把文明这一核心价值贯通于国家建设的各个领域，体现在社会生活的各个方面，内化为每个公民的基本素质。倡导文明，就是要推进文明价值的普及和深化，用文明取代不文明，用文明抵制反文明，让文明之光普照中华大地。

文明价值观内在于社会主义核心价值观的各个范畴之中，核心价值观本身就是文明的内涵，倡导核心价值观本身就是倡导文明。富强是社会主义物质文明的核心要求，民主是社会主义政治文明的核心内容，文明是社会主义精神文明的核心理念，和谐是社会主义社会文明和生态文明的核心要求；自由、平等、公正、法治，是现代文明的核心价值，表明了社会关系、社会准则的文明程度，同时也是具有社会主义内涵的文明尺度；爱国、敬业、诚信、友善，是社会主义公民的素质文明和行为文明，是文明公民的基本规范。

文明价值观是一种精神生活、精神境界的价值取向，要求追求理想、崇尚科学、恪守道德、塑造美好等，也就是弘扬真善美、拒斥假恶丑。

追求理想。当人类仰望星空、憧憬未来、思考人生的时候，就开始有了理想。理想激发文明，文明内含理想。理想是引领人类前行的灯塔，是照亮人生道路的火炬。在马克思主义哲学看来，理想具有想象的成分，但不同于幻想、空想或宗教，它是以客观规律为依据的，是科学的理想；理想具有向往的色彩，而对美好社会和高尚人生的追求，是值得倡导的崇高理想。党的十八大以来，以习近平同志为核心的党中央带领人民为实现中华民族伟大复兴的中国梦而奋斗，面对现实中这样那样的困难和困惑，更加需要高扬理想的旗帜激励斗志；面对外部环境形形色色的干扰和考验，更加需要点燃理想的篝火照亮人心。

崇尚科学。科学是拓展视野、解放思想、更新世界的强大工具，是人类文明的基础条件。弗朗西斯·培根的"知识就是力量"，道出了近代以来的文明精神，人不再是上帝的子民、自然的奴隶，而是自己命运的主人。尽管科学产生了异化，出现了误用，破坏了生态，但这属于不科学地对待和运用科学，科学精神仍然是文明的重要内涵，科学与反科学仍然是文明的根本界限。中国古代为世界贡献了无数科技创新成果，但明代以后，封建统治者把近代科技当作"奇技淫巧""污浊之术"，横加遏制，导致中国同世界科技发展潮流渐行渐远。"科技是国家强盛之基,创新是民族进步之魂。"① 今天,我们比以往任何时候都更加需要强大的科技创新力量,更加需要在全民族弘扬科学精神。

恪守道德。道德即文明。国无德不兴,人无德不立。倡导社会主义核心价值观实质上就是倡导国家的德、社会的德、个人的德。道德文明是要建立一种社会秩序、心理秩序、行为秩序,这种秩序的维系,很大程度上是要依靠人们内心的力量,这是人应该如何的道德律令。人的内心世界没有对道德律令神圣和庄严的感情,道德的社会评价标准就很难规范其行为。要使人们的行为准则符合道德评价标准,就要培养对于道德规范的敬重之心,形成人人自律的道德氛围。

塑造美好。"人也按照美的规律来构造。"② 人的生产活动和社会生活,并不仅仅是满足生理的需要,而且还要满足精神的、审美的需要,美感塑造了文明的人、人的文明。即使是生理需要,也有文明与不文明之高下。如同马克思所说:"吃、喝、生殖等等,固然也是真正的人的机能。但是,如果加以抽象,使这些机能脱离人的其他活动领域并成为最后的和唯一的终极目的,那它们就是动物的机能。"③ 塑造美好,是按照美的规律构造对象世界。当代中国推进生态文明建设,给子孙后代留下天蓝、地绿、水净的美好家园,是建设美丽中国的要求。塑造美好,也是按照美的规律塑造人自身。培育心灵美、语言美、仪表美、行为美的社会主义新人,是文明中国的育人工程。

---

① 习近平:《在中国科学院第十七次院士大会、中国工程院第十二次院士大会上的讲话》,《人民日报》2014 年 6 月 10 日。
② 《马克思恩格斯文集》第一卷,人民出版社 2009 年版,第 163 页。
③ 《马克思恩格斯文集》第一卷,人民出版社 2009 年版,第 160 页。

七、文明的培育

文明的发展遵循着内在规律，既有千百年的日积月累，也有历史转折期的突变跃升；既有全局性的均衡发展、系统推进，也有某个领域的一枝独秀、引发变革；既有文明要素的自组织机制、自然生长，也有政党国家的自觉建设、培育文明。文明国家的建设，与文明价值观的培育是同一项实践、同一个过程；文明价值观的培育，与24字核心价值观的培育，是同一项任务、同一个工程。

实现从文明理念向文明心理转化。文明价值观不是自然而然生成的，它需要先进阶级及其政党的思想升华、理论概括、精神提炼、体系建构；它不是直接等同于社会心理，而是源于生活、高于生活，来自群众、引导群众。同时，文明价值观符合广大人民群众的愿望要求，有其深厚的社会心理基础。因此，培育文明价值观，不能仅仅满足于理论化的成果形态，仅仅停留在理念形态，而是要采取多种途径和措施，大力促进文明价值观从理念形态向社会心理转化，使其成为广大社会成员的心理认同、自觉意识和内化价值，真正发挥价值观的教化作用和规范功能。文明价值观只有广泛深入人心，成为人们心中牢不可破的信仰、信念和信条，才能有效地发挥其社会功能。

实现从文明评价向文明行为转化。文明价值观也是一种规范体系和评价体系，它告诉人们社会主导和倡导的价值观念是什么，应该怎样认识和行动，不应该怎样认识和行动，什么是受到社会鼓励的，什么是受到社会约束的，从而影响、制约着人们的价值选择及行为，对人们的价值行为起着鼓励或约束作用。但价值评价并不完全等于价值行为，人们的行为并不一定在任何时候、任何情况下都遵循文明价值观，依照主流的文明规范，顺应着社会的文明导向。个人行为或集体行为时有"犯规"。因此，从理论上、合法性上确立了文明价值观，并以此作为正确的价值评价标准，作为判断是非、善恶、美丑的公正尺度，还要把行为的褒贬和行为的取舍一致起来，使价值评价机制转化为人的行为机制，使价值评价标准成为人们行为的自觉准则。

实现从文明规范向文明示范转化。要实际地证明文明价值观的现实性、可行性、普遍性，从而促使文明价值观在最大程度上进入生活、进入群众、进入社会。文明价值规范是文明价值的理论规则，告诉人们应该怎样做，文明价值示范则是文明价值的实际表现，说明着文明价值的现实规则，指示给人们实际上是怎样做的。人们更多是从现实生活中汲取他们的文明价值观念，塑造他们的文明价值取向的。社会先进分子的文明价值实践就是先进的文明价值示范，就是文明价值观的生动证明。价值示范的社会导向作用，比起价值规范的社会导向作用，更有说服力，教化效果更明显。要通过党员干部、社会先进分子的身体力行，使价值示范与价值规范相吻合，为建设文明价值观作出表率，为广大群众的文明行为作出榜样。

建设社会主义法治文化 *

"法者,国仰以安也。"党的十八大以来,发展中国特色社会主义、实现中华民族伟大复兴进入新的发展阶段,依法治国在党和国家工作全局中的地位作用更加突出、作用更加重大。党的十八届四中全会作出《中共中央关于全面推进依法治国若干重大问题的决定》,系统部署加快建设社会主义法治国家,号召全党和全国各族人民为建设法治中国而奋斗。建设法治中国,是党执政兴国的主要途径,是人民幸福安康的根本保障,是党和国家长治久安的基本建设。全面推进依法治国、推动法治成为治国理政的基本方式,标志着我们党治国理政的科学化水平达到新高度,中国特色社会主义全面建设进入新阶段,依法治国的理论与实践实现新跨越。

一、法治是治理文明的必然要求

法治是一种治国方式,即依据法律的治理;法治是一种国家状态,即以法治为基础的运行;法治是一种政治价值,即不允许超越宪法法律的特权存在。法治属于政治文明,国家如何治理是政治文明的重要内容,法治因而是治理文明的基本特征。虽然古代社会就有"修

---

* 本文写于2015年。

法治""法治应当优于一人之治"的论述，但法治成为治国理政的基本方式，是人类自有国家以来几千年文明史发展的演变结果，是国家治理方式顺应经济社会发展要求、符合最大多数人利益要求、反映治国理政规律要求的必然趋势。

（一）治理：国家运行的基本机制

党的十八届三中全会明确提出"完善和发展中国特色社会主义制度，推进国家治理体系和治理能力现代化"的全面深化改革总目标，第一次把国家治理放到历史社会发展的高度来对待，这使得我们重新审视治理范畴。从治理与历史的关系看，治理不止是近几十年才有的国家与社会实践，还是从来就有的国家与社会实践；从治理与社会的关系看，治理不止是个别的、枝节的、辅助性的国家与社会实践，还是普遍的、基本的、重要的国家与社会实践；从治理与哲学的关系看，治理不止是作为政治学、社会学、经济学范畴，还可以作为历史唯物主义范畴。作为社会历史基本要素的治理，是与生产、交往、文化等要素一起，构成社会结构特别是政治结构；作为社会历史基本机制的治理，是与革命、改革、创新等机制一起，构成社会机制特别是政治机制；作为社会历史基本实践的治理，是与统治、管理、法治等实践一起，构成社会实践特别是政治实践。

法律是国家产生后形成的治国之重器，运用法律治国理政是一种统治方式。从马克思主义国家学说看，原始社会有管理和治理，没有阶级对立就没有统治，也没有法制；共产主义社会国家消亡，没有统治，也就不需要法治，但仍然需要管理和治理，因为仍然要劳动生产，要有对劳动过程的管理和劳动产品的分配。在存在国家的社会中，国家进行统治、管理、治理的功能和手段同时存在、同时运用。阶级社会也需要管理和治理。只不过在一定历史条件下，统治、管理、治理的作用、分量、运用不同。只要有国家，就存在统治，就需要法制。

国家治理现代化是时代潮流，推进中国特色社会主义治理是我们党的长期探索。从四个现代化到治理现代化，从中国特色社会主义制度到中国特色社会主义治理，从社会主义生态文明到社会主义现代治理，从中国梦到中国治理，从基层治理到国家治理，从传统治理到现代治理，从治理体系到治理能力，从治理体系到价值体系，从国家治理到系统治理，从国家治理现代化到全面推进依法治国，都是我们党在中国特色社会主义治理道路上的坚实脚步和拓展深化。

治国理政需要回答和解决治理目的、治理本质、治理内涵、治理境界、治理领域、治理方式、治理动力、治理标准、治理伦理、治理评价等问题，这些问题相互交织、相互作用。其中法治属于治理方式，即主要依靠何种机制、何种方式、何种途径达到治理目的。确立国家治理现代化的目标，一个主要问题就是明确现代国家治理，特别是中国特色社会主义国家治理的基本方式。党的十八届四中全会明确提出，法治是国家治理体系和治理能力的重要依托，建设中国特色社会主义法治体系、建设社会主义法治国家是实现国家治理体系和治理能力现代化的必然要求。这是建设社会主义治理文明的科学结论和正确抉择。

（二）从人治到法治：人类政治文明的发展规律

法治和人治问题是人类政治文明史上的一个基本问题，也是各国在实现现代化过程中必须面对和解决的一个重大问题。纵观世界近现代史，凡是顺利实现现代化的国家，没有一个不是较好解决了法治和人治问题的。相反，一些国家虽然一度实现快速发展，但并没有顺利迈进现代化的门槛，而是陷入这样那样的"陷阱"，出现经济社会发展停滞甚至倒退的局面。后一种情况很大程度上与法治不彰有关。①

人类社会从形成国家时起就有了法制，法制是统治利益、统治意志、统治权力的固定化、规范化、权威化表达，如古罗马的"十二铜表法"、秦始皇的"秦律"等。但法制还不等于法治，作为国家治理的基本方式而言，古代社会还属于人治社会，法制还只是人治的附属品，我国几千年来的人治传统根子很深。因为法的上层建筑是一定经济基础的产物，马克思在《路易·波拿巴的雾月十八日》著作中，深刻分析了法国小块土地所有制的经济关系，是怎样造就了人治的土壤。小农"他们不能以自己的名义来保护自己的阶级利益，无论是通过议会或通过国民公会。他们不能代表自己，一定要别人来代表他们。他们的代表一定要同时是他们的主宰，是高高站在他们上面的权威，是不受限制的政府权力，这种权力保护他们不受其他阶级侵犯，并从上面赐给他们雨水和阳光。所以，归根到底，小农的政治影响表现为行政权支配社会"②。社会的经济关系还没有发展到足以有效约束政治权力的程度，这就造就了人治的土壤。人治就是治理主体及其行为不受法律限制和制裁，可以为所欲为、以人代法，"朕即国家""朕即法"，有法制、无法治。即使我国古代出现过"文景之治""贞观之治"等封建盛世，也只是某些贤君良主的一时政绩，并不能保证长治久安，都不能摆脱"其兴也勃焉，其亡也忽焉"的治乱循环。

---

① 《法治是中国繁荣稳定的必由之路——国务院法制办副主任袁曙宏答本报记者问》，《学习时报》2014年11月10日。
② 《马克思恩格斯文集》第二卷，人民出版社2009年版，第567页。

随着社会的发展进步,法律的体系逐步完善,法制的功能逐步强化,法治的权威逐步确立,法治在治理中的地位作用愈益上升,法治成为治理文明的显著标志。法治的本质正如党的十八届四中全会《决定》所表述的:"任何组织和个人都必须尊重宪法法律权威,都必须在宪法法律范围内活动,都必须依照宪法法律行使权力或权利、履行职责或义务,都不得有超越宪法法律的特权。"简而言之,就是人服从法、权从属法、行受制法,就是依法治国。推动法治普遍化、深入化、实践化的力量,是经济、政治、文化、社会发展的内在趋势,是人民群众争取和维护自身权益的迫切要求,是先进政党引领社会历史发展潮流的法治自觉。法治成为治国理政的基本方式,是人类政治文明包括治理文明发展的必然趋势。虽然法制是由人制定的、法治是靠人实施的,但法制一旦形成,就有了制约人的行为,包括制约法制制定者的力量;法治一旦确立,就有了高于个人和组织,包括高于法治实施者的权威,法治就能把权力关进制度的笼子里。

法治兴则国家兴,法治衰则国家乱。什么时候重视法治、法治昌明,什么时候就国泰民安;什么时候忽视法治、法治松弛,什么时候就国乱民怨。[①] 法治能够为国家稳定发展提供坚实基础,为国家有序发展提供规范框架,为国家持续发展提供确定空间。法治是治国理政的基本方式,这是我们党深刻认识人类社会发展规律、社会主义建设规律、共产党执政规律得出的重要结论。党的十八届三中全会提出完善和发展中国特色社会主义制度、推进国家治理体系和治理能力现代化

---

① 《法治是中国繁荣稳定的必由之路——国务院法制办副主任袁曙宏答本报记者问》,《学习时报》2014年11月10日。

的全面深化改革总目标，实现这一总目标必须全面推进依法治国。全面推进依法治国，是国家治理领域的一场广泛而深刻的革命。

（三）依法治国：中国特色社会主义的文明追求

改革开放以来，我们党一贯高度重视法治，在中国特色社会主义旗帜上鲜明地写下了"依法治国"四个大字。邓小平在党的十一届三中全会上，总结我国民主法制建设正反两方面经验，特别是吸取"文化大革命"中法制遭到严重破坏的沉痛教训，深刻指出，"必须使民主制度化、法律化，使这种制度和法律不因领导人的改变而改变，不因领导人的看法和注意力的改变而改变"[①]，指明了改革开放、社会主义现代化建设的前进方向，确立了法治作为治国理政基本方式的重大原则。党的十五大提出，依法治国、建设社会主义法治国家，强调依法治国是党领导人民治理国家的基本方略，是发展社会主义市场经济的客观需要，是社会文明进步的重要标志，是国家长治久安的重要保障。党的十六大提出，发展社会主义民主政治，最根本的是要把坚持党的领导、人民当家作主和依法治国有机统一起来。党的十七大提出，全面落实依法治国基本方略，加快建设社会主义法治国家。党的十八大提出，法治是治国理政的基本方式，要全面推进依法治国，更加注重发挥法治在国家治理和社会管理中的重要作用。党的十八届三中全会进一步提出，建设法治中国，必须坚持依法治国、依法执政、依法行政共同推进，坚持法治国家、法治政府、法治社会一体建设。特别是党的十八届四中全会，第一次在中央全会上专题研究依法治国

---

① 《邓小平文选》第二卷，人民出版社1994年版，第146页。

问题，作出第一个关于加强法治建设的专门决定，明确提出了全面推进依法治国的指导思想、总目标、基本原则，作出全面部署。这些都表明了我们党推动当代中国发展进步的法治信念和治国方略。

追求与倡导文明是人类社会总的趋向。文明是我们党建设社会主义现代化国家的发展目标，中国特色社会主义文明是一种新型文明。按照社会结构的分类，人类文明可大致分为物质文明、政治文明、精神文明、社会文明、生态文明和人的文明等形式。政治文明建立了社会运行的基本机制，维护了社会发展的必要秩序，提供了解决矛盾和冲突的制度途径。改革开放以来，我们党对建设社会主义文明愈益自觉和深入，对社会主义文明内涵的认识愈益拓展和深刻。从政治文明到治理文明，从治理文明到法治文明，都反映了社会主义文明的内涵在深化。我们党明确地把法治作为社会主义核心价值观之一，说明了法治在国家、社会、公民层面的基础性作用。党的十八届四中全会《决定》提出法治国家、法治政府、法治社会，法治精神、法治文化、法治思维，等等，实质上都是在倡导和建设社会主义法治文明，都是在普及和推广法治核心价值观。中国特色社会主义法治文明，坚持中国特色社会主义法治道路，依据中国特色社会主义法治体系，汲取中华法律文化精华，学习借鉴世界上优秀法治文明成果，推进社会主义法治创新，在建设社会主义法治国家进程中必将形成新型的法治文明。

二、法治在治理方式中居主导地位

法治是治国理政的基本方式，这一重要判断是建设法治中国的依据。习近平总书记在党的十八届四中全会第二次全体会议上的讲话中指出,"法治是人类文明的重要成果之一,法治的精髓和要旨对于各国国家治理和社会治理具有普遍意义"①。从国家治理方式总的趋势看,法治是现代国家治理的主导方式。在人类政治文明的进程中,法治逐步成为治国理政的基本方式,有其客观必然性。

(一)治国理政依靠系统合力

治理是随着社会的形成而产生的组织协调机制。凡是社会都要有交往交换等活动,就需要解决社会关系之间的各种问题、矛盾、纠纷以致冲突,就产生了不同的治理方式。在原始氏族部落中,一切争端和纠纷,"都由当事人自己解决,在大多数情况下,历来的习俗就把一切调整好了"②。这种十分单纯质朴的氏族"协商民主",构成了原始氏族制度的主要治理方式。国家是社会在一定发展阶段上的产物,这就是"需要有一种表面上凌驾于社会之上的力量,这种力量应当缓和冲突,把冲突保持在'秩序'的范围以内"③。由于国家治理目标、手段、对象以及态势的复杂性,运用国家力量维护秩序的方式就具有多样性。保持国家和社会的运行需要多种机制,任何历史时代都不只是单纯使用一种方式,治国理政有着多种方式。实际上,治国理政是多种方式综合运用的结果。

我国古代就提出了"礼法合治,德主刑辅"的思想。汉朝立国后,"或以威服,或以德致,或以义成,或以权断,逆顺不常,霸王之道杂焉"。霸王道杂之,是将法家、儒家思想兼而并用,或"外儒内法"。

---

① 习近平:《加快建设社会主义法治国家》,《求是》2015年第1期。
② 《马克思恩格斯文集》第四卷,人民出版社2009年版,第111页。
③ 《马克思恩格斯文集》第四卷,人民出版社2009年版,第189页。

《汉书·元帝纪》载：宣帝的太子刘奭（汉元帝）"柔仁好儒。见宣帝所用多文法吏，以刑名绳下，大臣杨恽、盖宽饶等坐刺讥辞语为罪而诛，尝侍燕从容言：'陛下持刑太深，宜用儒生。'宣帝作色曰：'汉家自有制度，本以霸王道杂之，奈何纯任德教，用周政乎！且俗儒不达时宜，好是古非今，使人眩于名实，不知所守，何足委任！'乃叹曰：'乱我家者，太子也！'"。

治国理政的力量来源，是公共权力的运用。通过不同方式运用公共权力，实现治理目标。一是无为而治与有为而治。汉初统治者看到"秦非不欲治也，然失之者，乃举措太众、刑罚太极故也"①，因而"治道贵清净而民自定""其治要用黄老术"。无为与有为都是权力运用与治理的方式，取决于利弊得失的权衡。二是自发交易与权力处置。生产生活中大量的产品、服务交换活动，由交换者按照市场形成的交易规则完成，政府只需承认交易的合法性，并保护这种交易的结果。不能按照市场交易规则解决的利益关系，就需要通过第三方即公共权力加以处置。市场与政府的边界是有弹性的，取决于市场的发育程度和政府的控制能力。三是行政权力与法制权力。法制是普遍的权力，又是抽象的权力；行政是具体的权力，又是实在的权力。二者既可合一，又可分离。行政权力效率高，但又容易受掌权者能力、素质、品德等主观因素所左右；法制权力稳定通用持久，但怎样保证立法、执法、司法的科学性公正性有效性，是人类政治文明的重大课题。四是依法治国与以德治国。治理既可推行法治天下、强化法律权威，也可推行道德教化、强化伦理约束。法治既相对于人治而言，是不同历史

---

① 《新语·无为》。

阶段的不同性质治理，也相对于德治等其他治理方式而言，是共同进行治理的不同机制。五是法治机构与武装力量。国家维护统治、维持秩序、实施治理，都需要一定的国家机器做后盾。法治机构与武装力量都属于国家机器，都具有强制性，二者的应用条件、范围、程序、效果不同，但往往是根据不同情况配合使用、互为补充。

（二）法治方式统领治理方式

在多种治理方式中，必有一种方式起主导的支配的作用。法治作为基本方式，是统领其他治理方式的基本方式，就是说在不同层次的治理方式中，法治方式是基础性的方式。如习俗从古至今一直是确定社会交往规则、解决矛盾纠纷的常用办法，但在法治社会中，法律高于习俗、重于习俗，习俗不能与法律相抵触，必须服从法律。在不同类型的治理方式中，法治方式是主导性的方式。如行政手段是治理的重要手段，即使在法治国家也是必须的，但行政手段必须依法行政，法无授权不可为，否则就是滥用权力，就是违法。在不同功能的治理方式中，法治方式是根本性的方式。如法律和道德都具有规范社会行为、维护社会秩序的作用，道德是法律的基础，法律是道德的保障，但法律是硬约束，是道德失范后的最后防线。

党的十八届四中全会《决定》提出国家和社会治理需要法律和道德共同发挥作用，坚持一手抓法治、一手抓德治，实现法律和道德相辅相成、法治和德治相得益彰。习近平总书记指出："发挥好法律的规范作用，必须以法治体现道德理念、强化法律对道德建设的促进作用。""发挥好道德的教化作用，必须以道德滋养法治精神、强化道德对法治文化的支撑作用。"① 这说明了法律要有伦理支撑，硬约束要有软约束配合，法治方式不能成为唯一方式。德治方式重在激发道德意识对人的行为的导向作用，强化道德规范的约束作用。社会不仅要形成法律敬畏，不越法律红线；而且要培育道德敬畏，不逾道德底线。德治方式可以拓展国家和社会治理的范围，降低社会运行和控制的成本，增强人们履行责任义务的道德满足和愉悦。

坚持依法治国和以德治国相结合，同时要把法治作为治国理政基本方式，这是因为治国理政的基本方式不是任意选择的结果，而是基于经济运行的基本方式，基于社会运行的基本规律。法治的存在和发展归根到底是由生产力和生产关系的发展决定的，都应该从社会的经济生活条件中得到解释。恩格斯指出，"民法准则只是以法的形式表现了社会的经济生活条件"②。

改革开放 30 多年来，我国经历了从高度集中的计划经济体制到充满活力的社会主义市场经济体制、从封闭半封闭到全方位开放的伟大历史转折。建设社会主义法治国家既是这两大转折的历史成果，也是实现这两大转折的历史条件。在计划经济体制下，国家掌握绝大部分经济资源，控制社会生产、分配、交换、消费的各个环节，行政权集中体现为计划权，计划权可以代表行政权。这就限制了法制的发展。发展社会主义市场经济，政府不能直接控制经济社会生活的方方面面，同时又必须为市场经济培育一个良好环境，必须以科学有效的方式实行经济社会治理。于是，法治应运而兴、顺势而盛。在封闭半封

---

① 习近平：《加快建设社会主义法治国家》，《求是》2015 年第 1 期。
② 《马克思恩格斯文集》第四卷，人民出版社 2009 年版，第 307 页。

闭条件下，与国外经济贸易、文化交流、科技协作、国民往来很少，中国在世界上还是一个神秘的国度。一旦对外开放，引进外资和技术，扩大出口贸易，就必须向世界展现中国的公开公平，提供确定性保证，建立平等的交往规则，而规范的法制、公正的法治，则是中国走向世界的最好"通行证"，是世界走进中国的最好"信用卡"。

我国实行社会主义市场经济，市场经济适应了现代经济发展资源配置效率的内在要求。党的十八届四中全会《决定》明确提出，社会主义市场经济本质上是法治经济，使市场在资源配置中起决定性作用和更好发挥政府作用，必须以保护产权、维护契约、统一市场、平等交换、公平竞争、有效监管为基本导向，完善社会主义市场经济法律制度。可以说，没有法治就没有社会主义市场经济，法治是社会主义市场经济的生命，也是社会主义现代化的基石。经济关系是社会主体的基本关系，决定了法治方式是社会运行的基本保障。

三、国家治理领域一场广泛而深刻的革命

党的十八届四中全会关于全面推进依法治国的决定，与党的十八届三中全会关于全面深化改革的决定形成姊妹篇。全面深化改革的总目标是完善和发展中国特色社会主义制度、推进国家治理体系和治理能力现代化。推进国家治理现代化，根本途径是推动法治成为治国理政的基本方式。全面推进依法治国，是国家治理现代化的深化与拓展，是国家治理领域一场广泛而深刻的革命。这场革命的关键，是建设中国特色社会主义法治体系。

（一）国家依法治理，实现国家治理基础的重大转变

中国特色社会主义法治体系是一个内容丰富的整体，包括完备的法律规范体系、高效的法治实施体系、严密的法治监督体系、有力的法治保障体系和完善的党内法规体系。这五大体系托起法治国家的基本框架，涵盖全面推进依法治国的基础建设，构成国家治理体系的骨干工程。建设法治中国，就要牢牢把握法治体系这一总抓手，夯实基础、全面加强。

完备的法律规范体系是法治实施、法治监督、法治保障的前提。改革开放 30 多年来，以宪法为核心，以宪法相关法、民法、商法、行政法、经济法、社会法、刑法、诉讼与非诉讼程序法等多个法律部门的法律为主干，由法律、行政法规、地方性法规等多个层次的法律规范构成的中国特色社会主义法律体系已经形成，国家和社会生活的各个方面总体上实现了有法可依。同时，我国法律制度还存在许多不适应经济社会发展和民主法治建设的问题。比如，有的法律法规未能全面反映客观规律和人民意愿，针对性、可操作性不强；立法工作中部门化倾向、争权诿责现象较为突出，有的立法实际上成了一种利益博弈；一些地方利用法规实行地方保护主义，对全国形成统一开放、竞争有序的市场秩序造成障碍。形成完备的法律规范体系，就是要在中国特色社会主义法治道路指引下，坚持宪法的核心地位，通过完备的法律推动宪法实施；紧紧围绕建设中国特色社会主义总体布局，推动法律体系完善发展；加强党对立法工作的领导，完善党对立法工作中重大问题决策的程序；深入推进科学立法、民主立法，提高立法质量。

法律是治国理政的重大制度发明。汉代贾谊在《治安策》中写道：

"立经陈纪,轻重同得,后可以为万世法程,虽有愚幼不肖之嗣,犹得蒙业而安,至明也。"依法治国,首先要有法可依。法为治理之本,法治构成治理的基本秩序;法为治理之矩,法治构成治理的基本依据;法为治理之用,法治构成治理的基本机制;法为治理之衡,法治构成治理的基本仲裁。全面推进依法治国,首要任务就是形成完备的法律规范体系。"立善法于天下,则天下治;立善法于一国,则一国治。"形成完备的法律规范体系,重要目的在于增强法律法规的及时性、系统性、针对性、有效性,为全面推进依法治国提供基本遵循。增强及时性,才能解决因某些法规滞后而无法可依,或实际上的某些"法规失效"问题;增强系统性,才能解决不同位阶的法律之间衔接不够紧密,匹配性和协调性不够的问题;增强针对性,才能解决某些法规存在的问题导向、原则立场不清楚的问题;增强有效性,才能解决某些立法不尊重法治规律、难以操作执行的问题。

形成完备的法律规范体系,标志着国家治理基础的重大转变。法律规范体系是法治国家的制度基础,完备的法律规范体系构成了国家治理的系统法规基础,"有利于在法治轨道上推进国家治理体系和治理能力现代化,有利于在全面深化改革总体框架内全面推进依法治国各项工作,有利于在法治轨道上不断深化改革"[①]。法规的不完善不协调,就产生了有法可依与无法可依同时存在,依法行事与不依法行事并存不悖的状况,本身就为人治留下了"空当"。宪法是根本法、总章程,是国家治理法治基础的根本。坚持依法治国首先要坚持依宪治国,坚

---

① 习近平:《关于〈中共中央关于全面推进依法治国若干重大问题的决定〉的说明》,《人民日报》2014年10月29日。

持依法执政首先要坚持依宪执政。良法是善治之前提。不是所有的法都能治国，不是所有的法都能治好国，不良之法比起无法可依危害更大。法律体系的建设并不仅仅是保证有法可依，更重要的是保证良法治国。法律体系本身必须因时而变，而且要明确立法权力边界，从体制机制和工作程序上有效防止部门利益和地方保护主义法律化。

（二）严格执法司法，实现国家治理机制的整体转型

"天下之事，不难于立法，而难于法之必行。"完备的法律规范体系依靠高效的法治实施体系来贯彻，否则，再完备的法律规范体系也只是存在于纸面上、停留在口头上，徒有其名、无济于事。法律的生命力在于实施，法律的权威也在于实施，全面推进依法治国的重点是保证宪法法律严格实施。形成高效的法治实施体系，根本要求是维护社会主义法制的统一、尊严、权威，形成人们不愿违法、不能违法、不敢违法的法治环境，做到有法必依、执法必严、违法必究。党的十八届四中全会《决定》提出创新执法体制，完善执法程序，推进综合执法，严格执法责任，坚持严格规范公正文明执法，完善司法管理体制和司法权力运行机制，规范司法行为，推进严格司法，等等，都是形成高效的法治实施体系的总体部署。

我国传统人治社会的影响至今甚远，从法制到法治，是一个长期的历史过程。现实生活中，部分社会成员尊法、信法、守法、用法、护法意识不强，不少人崇拜权力、迷信金钱、深谙"关系"，唯独不敬仰法治，对依法治国构成重大障碍。习近平总书记在党的十八届四中全会第二次全体会议上的讲话中指出："现在，一些党员、干部仍然存在人治思想和长官意识，认为依法办事条条框框多、束缚手脚，凡

事都要自己说了算，根本不知道有法律存在，大搞以言代法、以权压法。"①一是有法不信法。"信访不信法""十个法规抵不上一个批示"，就是典型表现。二是有法不畏法。法不责众、"刑不上大夫"、"有钱能使法失效"等现象，仍在一定程度上存在。三是有法不靠法。办事找人、"摆平"靠钱，潜规则盛行，法规则疲软，良好的法治生态还未形成。一些领导干部违法干预司法，影响了司法公正，有的甚至酿成冤假错案。这些表明，有了法律规范体系作为国家治理基础，还要有法治实施体系作为国家治理机制，真正让法律运转起来，发挥效能。习近平总书记尖锐指出："如果在抓法治建设上喊口号、练虚功、摆花架，只是叶公好龙，并不真抓实干，短时间内可能看不出什么大的危害，一旦问题到了积重难返的地步，后果就是灾难性的。"②

形成高效的法治实施体系，推动着国家治理机制的整体转型。建设法治国家、法治政府、法治社会，都是要牢牢确立法治这一基本机制和基本方式，转变传承已久、根深蒂固的人治方式，确立法治国家通行的办事依法、遇事找法、解决问题用法、化解矛盾靠法的法治思维和法治方式，使法治成为通则、成为铁律、成为习惯。习近平总书记指出，"人类社会发展的事实证明，依法治理是最可靠、最稳定的治理。要善于运用法治思维和法治方式进行治理"③。高效的法治实施体系将改变执法司法不公问题，实现法律面前人人平等。任何人违反宪法法律都要受到追究，绝不允许任何人以任何借口任何形式以言代法、

---

① 习近平：《加快建设社会主义法治国家》，《求是》2015 年第 1 期。
② 习近平：《加快建设社会主义法治国家》，《求是》2015 年第 1 期。
③ 习近平：《在庆祝澳门回归祖国 15 周年大会暨澳门特别行政区第四届政府就职典礼上的讲话》，《人民日报》2014 年 12 月 21 日。

以权压法、徇私枉法。高效的法治实施体系将克服法治实施过程中的低效运转状况，解决立案难、诉讼难、执行难问题，防止社会逐渐失去法治信心和法治信任，充分发挥司法的权利救济、定分止争、制约公权、维护社会公平正义等基本功能。高效的法治实施体系将解决滥用自由裁量权、选择性执法、权力寻租等问题，坚持法定职责必须为、法无授权不可为，确保严格执法、公正司法，遏制人情案、关系案、金钱案，坚决维护法治权威。农村是法治建设相对薄弱的领域，2015年中央一号文件强调，必须加快完善农业农村法律体系，同步推进城乡法治建设，善于运用法治思维和法治方式做好"三农"工作。[①] 通过加强农村法治建设，形成高效的法治实施体系。

（三）依法约束权力，实现国家治理监督的有效强化

法治能否实施，需要进行监督。即使是宪法实施，也离不开宪法监督，宪法监督是保证宪法实施、维护宪法权威和尊严的重要制度形式。同时，立法、执法、司法等法治方式，本身就具有国家权力性质，是在行使立法权、执法权、司法权。权力必须受到监督，包括监督权也要受到监督，法治权力也不例外，否则就有滥用法治权力、以法权谋私利的可能。因此，法治监督是法治体系不可缺少的部分，形成严密的法治监督体系是建设中国特色社会主义法治体系的重要任务。法治监督是从良法到善治的保证。党的十八届四中全会《决定》要求强化对行政权力的制约和监督，加强党内监督、人大监督、民主

---

① 《中共中央国务院印发〈关于加大改革创新力度加快农业现代化建设的若干意见〉》，《人民日报》2015年2月2日。

监督、行政监督、司法监督、审计监督、社会监督、舆论监督制度建设，努力形成科学有效的权力运行制约和监督体系，增强监督合力和实效。要求加强对司法活动的监督，完善检察机关行使监督权的法律制度，加强对刑事诉讼、民事诉讼、行政诉讼的法律监督。法治监督体系越是严密和坚实，法治效能就越能发挥和强化。

法律即使是科学公正的，在法治实施过程中由于人的认知误差或私欲驱动，仍有可能偏离扭曲。一些公职人员滥用职权、失职渎职、执法犯法甚至徇私枉法严重损害国家法治权威，一些司法人员作风不正、办案不廉，"吃了原告吃被告"，群众对执法司法不公和腐败问题反映强烈。这些问题很大程度上都是法治监督不力的结果，没有监督的法治权力同样会导致法治腐败。法治是社会公平正义的守护神，是人民群众寻求公正庇护的最高合法形式，执法司法不公和腐败就会导致"法治失效"，对国家治理的公正性有效性具有致命破坏作用。因此，法治监督是权力监督的重中之重，严密的法治监督体系是全面推进依法治国的制度保证。特别是在社会主义初级阶段，在发展社会主义市场经济的条件下，更要着力防止和遏制把立法权、执法权、司法权变为某些执掌这些权力个人的设租权、交易权、谋私权。没有法治监督的法治是有缺陷、有隐患的法治，将会使法治与宗旨相悖、与本意相离；没有严密的法治监督体系，就不是成熟的成功的法治体系。随着法治中国的建设发展，必将使法治监督体系愈益严密、有力、有效。

形成严密的法治监督体系，促使着国家治理监督的有效强化。解决好权力监督问题是国家治理现代化的重大课题。早在我们党执政前夕，毛泽东就意识到执政权力要接受人民监督，指出"只有让人民来监督政府，政府才不敢松懈"。国家治理监督是指要把对权力的监督作为国家治理的重要内容，包括国家治理活动本身也要受到监督。"法网恢恢，疏而不漏。"负责政法工作的权力更要受到监督，不能成为法外王国。一旦失去监督、为所欲为，更有可能严重违法违纪、滑向犯罪深渊，危害极大。国家治理之器不能成为治理之弊、治理之患。严密的法治监督体系加强了监督的全面性，压缩了监督的"盲区""特区""禁区"，如推行政府权力清单制度，坚决消除权力设租寻租空间等；增强了监督的强硬性，改变了一些领域监督乏力、若有若无、"象征性监督"的积弊，如保障依法独立行使审计监督权，对公共资金、国有资产、国有资源和领导干部履行经济责任情况实行审计全覆盖等；提高了监督的精准性，防止出现重点领域监督失控的问题，如明确对财政资金分配使用、国有资产监管、政府投资、政府采购、公共资源转让、公共工程建设等权力集中的部门和岗位实行分事行权、分岗设权、分级授权，定期轮岗，强化内部流程控制等；增强了监督的威慑性，打消了规避监督的侥幸心理，如规定建立领导干部干预司法活动、插手具体案件处理的记录、通报和责任追究制度等。形成严密的法治监督体系，是国家治理领域的监督革命。

（四）全民崇尚法治，实现国家治理文化的现代更新

法治的运行，需要相应的保障体制。形成有力的法治保障体系，是建设中国特色社会主义法治体系的题中应有之义。中国共产党的领导是社会主义法治最根本的保证。只有在党的领导下依法治国、厉行法治，人民当家作主才能充分实现，国家和社会生活法治化才能有序推进。建设一支德才兼备的高素质法治队伍至关重要，这是加快建设社会主义法

治国家的强有力组织和人才保障。人民是依法治国的主体和力量源泉，法律的权威源自人民的内心拥护和真诚信仰。全体人民都成为社会主义法治的忠实崇尚者、自觉遵守者、坚定捍卫者，尊法、信法、守法、用法、护法成为全体人民的共同追求，社会主义法治国家才能建成。法治精神、法治观念、法治意识是法治运行的文化氛围，全面推进依法治国，必须弘扬社会主义法治精神，建设社会主义法治文化。

推进法治社会建设，是一个法律制度与法治文化相互促进、相互协调的过程。法律制度反映了该社会的经济制度、政治制度，凝结为精神文化层面，就形成了法治文化。法治文化一旦形成，又能够塑造和引导该社会的法律制度。没有全民崇尚法治的文化环境，法律制度就很难见效，法治社会就不能建成。古希腊的苏格拉底被法庭判处死刑，他的弟子要帮他逃走，认为这个判决是不合正义的。苏格拉底断然回绝、从容服刑。他表示，我是被国家判决有罪的，如果我逃走了，法律得不到遵守，就会失去它应有的效力和权威。当法律失去权威，正义也就不复存在。这就是苏格拉底的法治信仰，不惜以生命来践行。法治信仰是法治文化的灵魂，就是从心底培育对法治的尊崇，不断强化自觉坚定的法治意识，不为外部压力所动摇，不受金钱美色所诱惑，不因无人知晓而故犯。正如18世纪法国思想家卢梭所说，一切法律之中最重要的法律既不是刻在大理石上，也不是刻在铜表上，而是铭刻在公民的内心里，它形成了国家的真正宪法。法治文化具有丰富具体的内涵，核心的内容是把法治作为信仰、让法治成为信仰。公民不仅要敬畏自然、敬畏道德，而且要敬畏法治。

塑造法治文化、培育全民守法，将促成国家治理文化的现代更新。现代治理文化的重要内涵是法治文化。法治文化确立了治国理政的基本理念，标志着治理文化的本质属性，决定着治理文化的制度取向。治理现代化要实现治理文化的变革，根本要求是在全社会努力塑造法治文化，让法治文化成为居主导地位的治理文化。塑造法治文化，全面推进依法治国就有了思想的推进器、观念的定向仪。形成守法光荣、违法可耻的社会氛围，全民守法成为一种内心自觉，就能大大降低法治的费用成本。全民自觉守法，恪守法治信仰，就能有力遏制法治的"破窗效应"，不因有人违法犯罪暂时没有受到惩处而效法；就能有效防止法治的"囚徒困境"，不因担心他人违法现得利、自己守法却吃亏而放弃守法底线。增强全民法治观念，要教育和引导立法、执法、司法人员牢固树立社会主义法治理念，恪守职业道德，做到忠于党、忠于国家、忠于人民、忠于法律。坚持法治教育从娃娃抓起，把法治教育纳入国民教育体系和精神文明创建内容，由易到难、循序渐进不断增强青少年的规则意识。治理必治心，法治文化就是让法治深入人心、教化人心、转变人心的过程，是国家治理的文化变革。

（五）全党模范守法，实现国家治理能力的大幅提升

依法治国、依法执政，要求党依据宪法法律治国理政，也要求党依据党内法规管党治党。我们党是依法治国的领导者，也是依法治国的贯彻者，党内法规体系是中国特色社会主义法治体系的有机组成，是依法治党的基本依据。遵行党内法规制度，是全党同志履行党员职责的要求，也是履行法律义务的要求。党内法规制度体系包括党章、准则、条例、规则、规定、办法、细则，是管党治党建党的重要法宝。党章是我们党立党、管党、治党的总章程，是最根本的党内法规，在党内具有最高的权威性和最大的约束力。党的十八届四中全会《决定》强

调，党规党纪严于国家法律，党的各级组织和广大党员干部不仅要模范遵守国家法律，而且要按照党规党纪以更高标准严格要求自己。完善的党内法规体系，以党章和宪法为基本遵循，与中国特色社会主义法治体系相衔接相协调，体现党的先锋队性质和作用。全党严格遵行党内法规体系，模范遵守法律法规，就能保证走在法治中国建设前列。

"法先自治以治人，先治近以及远"。全面推进依法治国，关键在党，全党带头守法、模范守法，为全民守法作出示范。我们党作为执政党，不仅不能超越于国家法律之外，而且要以严格的标准、规范的行为、严厉的惩处来遵纪守法，以身作则、以上率下。法治国家就是要做到无论执政与参政、官员与群众，都要在同一个法治的大厦下，遵从同样的法律义务。一些党的领导干部自以为享有法外特权，有恃无恐、胆大妄为，视法律为儿戏、党纪为玩物，最终在党纪国法面前碰得头破血流。2015年2月2日，习近平总书记在省部级主要领导干部学习贯彻十八届四中全会精神全面推进依法治国专题研讨班开班式上发表重要讲话。他强调，各级领导干部在推进依法治国方面肩负着重要责任，全面依法治国必须抓住领导干部这个"关键少数"。领导干部要做尊法的模范，带头尊崇法治、敬畏法律；做学法的模范，带头了解法律、掌握法律；做守法的模范，带头遵纪守法、捍卫法治；做用法的模范，带头厉行法治、依法办事。领导干部要把对法治的尊崇、对法律的敬畏转化成思维方式和行为方式，做到在法治之下、而不是法治之外、更不是法治之上想问题、作决策、办事情。[①] 党要模范

---

① 《习近平在省部级主要领导干部学习贯彻十八届四中全会精神全面推进依法治国专题研讨班开班式上发表重要讲话强调 领导干部要做尊法学法守法用法的模范 带动全党全国共同全面推进依法治国》，《人民日报》2015年2月3日。

守法，还要善于用法。党员干部是全面推进依法治国的重要组织者、推动者、实践者，要自觉提高运用法律思维和法治方式深化改革、推动发展、化解矛盾、维护稳定能力。法治思维和法治方式崇尚法治的权威和规则，无论什么人物都要服从于法，多大权力都要从属于法，何种行为都要受制于法；维护法律的公正，道德谦让、协商妥协、达成交易、权力处置等，都可以作为解决问题、协调利益、化解矛盾的方式，但法治是基础和准绳。

实现依法治国与依法治党的统一、模范守法与善于用法的统一，大幅提升了党领导治国理政的能力。坚持把法治作为治国理政的基本方式，是党领导人民实行法治成功经验的总结运用，是对我国古代法制传统和成败得失的择善而用，是对世界上优秀法治文明成果的学习借鉴，是推进国家治理现代化的主要路径，标志着国家治理能力新跃升。如何在法治轨道上推进国家治理体系和治理能力现代化，如何推动从传统人治社会向现代法治国家的转型，如何在中国特色社会主义法治道路上建设法治国家，如何实现中国特色社会主义法治体系与国家治理体系的有机融合，如何把法治基本方式与其他治理方式综合运用，如何保证法治成为善治、成为人民幸福的卫士，如何把党的领导贯彻到依法治国全过程和各方面、不断提高党领导依法治国的能力和水平，等等，都是新的课题、新的探索、新的实践，都需要在国家治理现代化的进程中不断深化认识、提高能力、实现目标。

崇尚劳动：中国梦的价值支撑 *

一个民族的繁荣昌盛、兴旺发达，离不开朝气蓬勃、昂扬向上的价值观为引领、为支撑。实现中华民族伟大复兴的中国梦，必须大力倡导和践行社会主义核心价值观，作为正确的价值导向、坚实的价值基础。"五一"前夕，习近平总书记在同全国劳动模范代表座谈时的讲话中强调指出，人世间的美好梦想，只有通过诚实劳动才能实现。必须坚持崇尚劳动、造福劳动者。这既指明了中国梦的实现途径，也表明了中国梦的价值支撑。实现中国梦，必须在全民族全社会崇尚劳动。

一、劳动托起中国梦

中国梦是解放和发展社会生产力的创造之梦，是中华民族物质、精神、社会财富的增长之梦，是富强民主文明和谐的社会主义现代化国家的建设之梦，归根到底是依靠劳动才能实现的梦想。崇尚劳动的价值观念，正是基于劳动对于社会进步、民族昌盛、人民幸福的基础性作用。

人类文明发展的历史，就是一部劳动创造文明的历史。劳动创造了人本身，使得"人猿相揖别"，成为整个人类生活的第一个基本条

---

* 本文写于 2013 年。

件。劳动是创造价值的活动和生产财富的源泉，民族的生存发展、兴旺发达，终究要依赖各种形式的劳动生产、劳动创造。劳动的分工与协作、生产与交换促使社会组织、社会结构、社会机制逐步形成完善，塑造了丰富多彩的人类社会。劳动催生语言、蕴育艺术、产生伦理、激发科技，一部劳动史就是理解人类史的一把钥匙。正因如此，习近平总书记深刻指出："人民创造历史，劳动开创未来。劳动是推动人类社会进步的根本力量。"可以说，劳动也是实现中国梦的根本力量。只有依靠从不停止的劳动、脚踏实地的劳动、精益求精的劳动、科学求实的劳动，中国梦才能走进生活、成为现实。无论当今时代科学技术如何飞跃，知识经济如何凸显，生产要素如何组合，都只是劳动形式、劳动对象、劳动内涵的现代演变，都不能改变马克思主义关于人类依靠生产劳动、劳动标志人的本质、劳动创造社会价值的基本观点。任何淡化、轻视、贬低劳动的观念，都是有害于社会发展的。

中华民族以吃苦耐劳、勤劳勇敢、富于智慧著称于世，5000多年的灿烂文明、辉煌历史，是由世世代代中华儿女的艰苦劳动积累起来的，是劳动的产物和结晶。自然环境、经济资源等原因，都强化了劳动的地位作用，热爱劳动成为劳动人民的传统美德。纵观历史，中国人民的劳动精神与中华民族的文明成果密切相关。劳动是造就中华民族辉煌历史的根本力量，同样也是创造中华民族光明未来的根本途径。我国是世界上人口最多的国家，人均资源少。充分发挥我国雄厚劳动力资源的巨大优势，充分发挥全体劳动者的生产积极性和劳动创造性，是关系到增强综合国力竞争实力、扩展社会财富总量、满足人民幸福生活追求的重大问题。深化分配体制改革，确立劳动、资本、技术和管理等生产要素按贡献参与分配的原则，保护一切合法的劳动收入和合法的非劳动收入，都是把劳动要素作为第一生产要素和分配要素，都没有改变劳动的价值和作用。只有尊重劳动付出、保护劳动权益、鼓励劳动致富，遏制不劳而获、坐享其成、非法收入，中国梦才能成为劳动创造的梦、成为劳动者幸福的梦。

每个人都有自己的美好梦想，都向往幸福生活。幸福不会从天而降，梦想不会自动成真。劳动是财富的源泉，也是幸福的源泉。生命里的一切辉煌，只有通过诚实劳动才能铸就。袁隆平，首届国家最高科学技术奖获得者，誉为"杂交水稻之父"，为了他的杂交水稻覆盖全球梦，刻苦钻研、不懈奋斗，辛勤劳动了半个多世纪，年逾八十仍然工作在田间地头、实验室里。他的一生就是诚实劳动实现美好梦想、破解发展难题、铸就生命辉煌的典范和证明，就是人生圆梦的根本之道。没有捷径、没有秘诀，靠劳动自立、靠劳动自强。当今社会，由于体制机制不够完善，存在某些弊端，确有一些人通过非法手段牟取大量私利，在社会上产生了不良导向。面对价值观的冲突、人生路的选择，更要坚定人间正道，强基固本，不为诱惑所动，不为歧路所惑。同时要通过法治社会建设，奖善惩恶，堵住非法致富渠道，树立以劳动为生存之基、立身之本、梦想之根的正确导向。

二、崇尚劳动是中国梦的基本价值取向

中国梦有其深厚的价值基础、鲜明的价值取向，构成了实现中国梦的价值支撑，是一个价值体系。正是由于劳动对于中国梦的决定性作用，中国梦的基本价值取向包含着崇尚劳动。

崇尚劳动是社会主义生产方式的价值观体现，是社会主义核心价值观的题中应有之义。马克思认为，在共产主义社会高级阶段，"劳动已经不仅仅是谋生的手段，而且本身成了生活的第一需要"，表明了随着社会生产方式的进步，不仅劳动的价值能够充分实现，而且劳动的评价也在不断提升。崇尚劳动就是要牢固树立劳动最光荣、劳动最崇高、劳动最伟大、劳动最美丽的观念。劳动的"四最"明确了劳动的经济价值、政治价值、文化价值、社会价值。崇尚劳动就是要尊重劳动。不论是体力劳动还是脑力劳动，不论是简单劳动还是复杂劳动，一切有益于社会的劳动，都应该得到承认和尊重。劳动价值有大小，劳动分工无贵贱。崇尚劳动就是要热爱劳动。劳动体现了人的本质，是人的积极的创造的活动。热爱劳动是身心健康的标志，热爱劳动的社会是兴旺发达的社会，义务劳动彰显的就是热爱劳动的价值观。要树立以辛勤劳动为荣、以好逸恶劳为耻的劳动荣辱观。崇尚劳动就是要欣赏劳动。劳动创造美，劳动本身包含美，劳动塑造审美观。人在自觉劳动、创造性劳动中收获的不仅仅是物质、经济上的满足，更重要的是一种劳动创造带来的精神、美感上的愉悦。

同样的劳动，态度不同、投入不同、标准不同，劳动的效果、质量、品位就大不相同。崇尚劳动不仅是一种价值观念，更是一种价值行为，它要在一个民族的总体劳动中，在一个人的长期劳动中，在各种形式的劳动中体现出来。这就要在全社会大力倡导辛勤劳动、诚实劳动、创造性劳动，这是劳动者成为劳动的主人应有的劳动态度和行为。辛勤劳动就是要使劳动成为生命的价值实现，成为生存的基本手段，成为生活的必要内容，长年累月、持之以恒，不放弃、不懈怠，一分耕耘一分收获。诚实劳动就是要保持高度的敬业精神，践行各自的职业操守，竭尽其力、竭尽所能，认真地从事每一个劳动过程，负责地完成每一件劳动产品，把劳动的内涵发挥至近乎完美，把劳动的潜能开发至近乎极致。创造性劳动就是要充分展现人的创造本质，充分发挥人的主体精神，不仅创造劳动产品，而且创造新的劳动产品；不仅重复性地从事劳动，而且不断改进工艺、技术、设计；不仅创造新的劳动产品，而且创造新的劳动方式。一个崇尚劳动的民族，必然是一个辛勤劳动、诚实劳动、创造性劳动蔚然成风、成为公民素质的民族。

工人阶级是我国先进生产力和生产关系的代表，是劳动者的主力军。倡导崇尚劳动的社会主义价值观，根本在于全心全意依靠工人阶级、巩固工人阶级的领导阶级地位。只有充分发挥工人阶级的主力军作用，崇尚劳动的价值观才能真正牢固确立。习近平总书记强调指出，全心全意依靠工人阶级不能只当口号喊、标签贴，而要贯彻到党和国家政策制定、工作推进全过程，落实到企业生产经营各方面。当前，社会上不少青少年的理想志愿不是当工人，许多家长不希望子女到企业，反映了工人阶级的领导地位必须大力加强。工人阶级的主力军作用得到更大发挥，本身就是崇尚劳动价值观念的最好证明。改革开放以来，我国工人阶级队伍不断壮大，素质全面提高，结构更加优化，面貌焕然一新，先进性不断增强。同时，新的社会阶层产生，社会结构更加多样。越是在社会变革的条件下，越是要紧紧依靠工人阶级发展中国特色社会主义，充分发挥工人阶级的伟大创造力量，打牢崇尚劳动价值观的制度基础和社会基础。

三、让中国梦成为造福劳动者的梦

劳动者是劳动的主体。崇尚劳动的价值观念，必然要落实到造福劳动者上；造福劳动者的价值实践，首先要树立崇尚劳动的价值观念。中国梦是每个人的梦，更是劳动者的梦。让每个人共同享有人生出彩的机会，首先要让劳动者共同享有劳动造福的机会。

劳动者的利益和权利是依靠劳动追求幸福生活的基本保障，中国特色社会主义制度为广大人民的幸福梦提供了制度保证。造福劳动者就要不断维护和发展劳动者的利益，保障劳动者的权利。要深化收入分配制度改革，努力实现居民收入增长和经济发展同步、劳动报酬增长和劳动生产率提高同步，提高居民收入在国民收入分配中的比重，提高劳动报酬在初次分配中的比重。要认真倾听职工群众呼声，维护好广大职工群众包括农民工合法权益，扎扎实实为职工群众做好事、办实事、解难事，不断促进社会主义和谐劳动关系。要高度重视广大职工的多样化需求，不断拓展职工成长成才空间，着力培养造就一大批知识型、技术型、创新型的高素质职工。

现实生活中，由于改革发展的不完善性，仍然存在着制约实现劳动者利益、保障劳动者权利的体制机制障碍。居民收入分配差距依然较大，社会矛盾明显增多，教育、就业、社会保障等关系群众切身利益的问题较多。中国梦就是保护劳动的梦、维护劳动者的梦，这就要求努力排除阻碍劳动者参与发展、分享发展成果的障碍，努力让劳动者实现体面劳动、全面发展。要尊重和保护一切有益于人民和社会的劳动，让这些劳动都能获得平等的权利和公正的对待，让这些领域的劳动者都能得到同样的社会尊重和人格尊严，让各行各业都纳入多样化职业爱好和选择的视野之内。所有劳动，不管是什么行业，所有劳动者，不管是什么工种，都能够享受同等的社会权利，得到相应的社会利益，实现每种劳动的内在价值。

劳动模范是社会主义建设和改革开放时期民族的精英、人民的楷模。广大劳模以平凡的劳动创造了不平凡的业绩，铸就了"爱岗敬业、争创一流，艰苦奋斗、勇于创新，淡泊名利、甘于奉献"的劳模精神，是实现中国梦的价值楷模。大力弘扬劳模精神，就是大力倡导崇尚劳动的价值准则。弘扬劳模精神就是要在多样化的价值取向中确立社会的主导价值取向，让劳模精神成为受推崇的精神品格；就是要在多层次的价值准则中标明社会的高尚价值准则，让劳模精神成为受尊重的精神高地。无数劳模把自己的劳动岗位作为创造人生价值的最佳平台，把自己的劳动成果作为奉献给祖国和人民的最美画卷，用生命的倾情投入去书写劳动的辉煌、享受劳动的乐趣。劳模精神彰显了劳动的丰富价值、展现了劳动者的崇高境界。大力弘扬劳模精神，就是中国梦的价值观传播与建设。

敬重历史　崇敬英雄[*]

开国大典前日，人民英雄纪念碑奠基。毛泽东起草的碑文写道：人民英雄永垂不朽！三年以来，在人民解放战争和人民革命中牺牲的人民英雄们永垂不朽！三十年以来，在人民解放战争和人民革命中牺牲的人民英雄们永垂不朽！由此上溯到一千八百四十年，从那时起，为了反对内外敌人，争取民族独立和人民自由幸福，在历次斗争中牺牲的人民英雄们永垂不朽！建国与立碑、历史与英雄、神圣与永恒在这一时空中凝聚为巨大的磁场，慷慨正气、激荡人心。敬重历史、崇敬英雄，是一个民族基本的价值准则，团结统一、向上向善、创造未来的精神动力。在走向民族复兴的关键时期，我们更加尊重和珍惜中华民族、中国革命、新中国的历史，更加敬仰和爱护为民族历史、革命历史、新中国历史作出卓越贡献的英雄，决不让歪曲历史、亵渎英雄的错误言论混淆视听、涣散人心。

一、英雄是历史天空的灿烂星辰

每个民族都有自己悠久而丰富的历史，历史成为民族的血脉追溯、归宿认同和集体记忆，各个民族都以多种方式保持自己的历史传

---

* 本文写于 2015 年。

承，在延续中前行、继承中创新。中华民族5000多年的文明史，源远流长、根深叶茂，创造了辉煌的中华文明，是中华儿女强烈民族情感、爱国主义的深厚基础。1840年以后，一代代志士仁人、人民大众开始了实现民族复兴的浴血奋斗，特别是中国共产党成立后领导新民主主义革命，历经20多年的革命战争，建立了新中国，中国人民从此站起来了。新中国成立60多年特别是改革开放30多年的历史，是社会主义在中国建立、发展和振兴的历史，是民族复兴愈益接近、愈益清晰的历史，民族自尊自信达到前所未有的程度。这样的宝贵历史，决不能"虚无"，也不可能"虚无"。

历史是人民创造和书写的，伟大的人民铸造了辉煌的历史。我国各族人民共同推动了中华民族的历史进步，我们党依靠人民取得了革命的胜利、建设的成就和改革的成果。新出版的长篇报告文学《根据地》，生动反映了抗日军民血肉相连、生死相依，构筑了抗战胜利的铜墙铁壁。人民就是英雄，英雄出自人民。英雄是人民的杰出代表、人民品质的集中体现和人民意志的人格化身，站在人民前列，为人民而奉献牺牲，"人民英雄"这一表述准确定位了英雄与人民的关系。有名垂青史的英雄，也有更多的无名英雄，莫斯科红场边亚历山大花园的无名烈士墓，不息的火焰为卫国战争的千千万万英雄尽情燃烧。有驰骋疆场、威震敌胆的抗日英雄名将，也有与日本侵略者拼刺刀、拉手榴弹同归于尽的八路军英雄战士。有战争年代的英雄，也有和平年代的英雄，"两弹元勋"就是新中国的民族英雄。有人民军队的英雄，也有生产建设的英雄，"宁可少活二十年，拼命也要拿下大油田"的王进喜，就是气贯长虹的工人英雄。英雄永远活在祖国的记忆中，永远活在人民的怀念中，永远不容任何人亵渎。

英雄是历史的产物，又在塑造着历史，英雄的伟业与历史的变迁密切相关。斯巴达克，被列宁誉为"最大一次奴隶起义中的一位最杰出的英雄"，撼动了罗马帝国的统治，至今仍是历史教科书中的重要人物。回顾中国近代以来的历史，没有一代代中华英雄、千百万革命先烈"我以我血荐轩辕"，献身民族复兴、推动民族进步，就没有中国革命的胜利和新中国的成立。"为什么大地春常在，英雄的生命开鲜花"。无论是从鸦片战争到辛亥革命的先进分子，还是从北伐战争到解放战争的共产党人，他们担当起民族的脊梁，肩负着民族的命运，以民族复兴为己任，不惜献出生命。黄花岗七十二烈士视死如归，"刑场上的婚礼"壮烈如诗，二十二位勇士飞夺泸定桥惊心动魄，狼牙山五壮士决然跳崖宁死不降，董存瑞舍身炸碉堡惊天动地……人民军队在中国革命战争和抗美援朝战争中，在保卫祖国和建设祖国中，战功卓著、英雄辈出、烈士无数。青山埋忠骨、清明泪断魂。人民英雄事迹伟大、人格高尚、贡献不朽，如同历史天空的灿烂星辰，历史因他们的存在而倍放光彩，天空有他们的镶嵌而格外壮丽，人民为他们的魅力而仰望星空。

二、敬重历史崇敬英雄促使民族精神净化升华

2014年9月30日，是国家设立的首个"烈士纪念日"，天安门广场举行向人民英雄敬献花篮仪式。军乐团奏响深情的《献花曲》，18名礼兵将花篮摆放到纪念碑基座上，习近平总书记等党和国家领导人拾阶登上纪念碑基座，在花篮前驻足凝视。一串串明黄色的文心兰，寄托着对人民英雄的思念之情，3000名各界代表在纪念碑前献上

鲜花。尊崇英雄、缅怀先烈，是一个民族铭记历史、铭记牺牲的重要表征，是弘扬正气、激励血性的心灵震撼，是凝聚人心、增强团结的有效方式。"忘记过去就意味着背叛"，遗忘烈士就意味着抛弃崇高、走向堕落。烈士纪念日成为国家仪式、倡导全民纪念，是用法律法规形式强化和提升我国敬仰人民英雄的礼仪和文化的重大举措。以国家烈士纪念日为新的方式，就可以把我国尊崇英雄的活动组织得更加隆重，把敬仰烈士的文化建设得更加规范，把缅怀先烈的心理熏陶得更加强烈，把爱国主义和英雄主义的精神品质培养得更加深厚。"万里长空且为忠魂舞。"庄严隆重的纪念仪式，将敬重历史、崇敬英雄的民族精神增进到新的高度。

历史启迪心灵、照亮未来；英雄风骨依在、感召后人。中国人民抗日战争暨世界反法西斯战争胜利70周年了，纪念活动格外盛大、气氛格外浓厚。历史正在远去，但70年前那场爱国与侵略、光明与黑暗、进步与倒退、正义与邪恶、抵抗与投降的空前大较量，更要永世不忘。历史的巨大牺牲，必将成为民族的永恒财富。苏联虽已解体，俄罗斯依然举行盛大庆典纪念胜利日，卫国战争时期的英雄仍然是俄罗斯的民族英雄，民族历史没有割绝。抗日战争是一本伟大的珍贵的教科书，是中华民族复兴的一座高耸丰碑，中国人民永久铭记。习近平总书记2015年5月23日在出席中日友好交流大会时的重要讲话中指出："牢记历史，是为了开创未来；不忘战争，是为了维护和平。"历史越是久远，价值越是珍贵。纪念历史与怀念英雄是一体化的，敬重历史的同时就是崇敬英雄。牢记历史就要牢记为民族独立和解放而奋斗的英雄，不忘战争就要不忘在反对侵略战争、开展人民战争中牺牲的烈士。敬重历史就是对历史规律、历史力量、历史走向的尊崇，崇敬英雄就是对人的真诚善良、勇敢高尚、挺膺担当优秀品质的敬仰。

当前，党和人民正在为实现"两个一百年"奋斗目标、实现中华民族伟大复兴的中国梦协力前行、攻坚克难、爬坡过坎。我们党重整行装再出发，广大人民充满期盼向复兴。这是需要和呼唤精神坐标、精神动力、精神品格的时代，是新形势下转变党的作风、重塑民族灵魂的时代。敬重历史，从中国革命的历史中汲取营养，崇敬英雄，从人民英雄的精神中获得力量，是振兴民族精神、焕发中国共产党精神、唱响革命英雄主义精神的基本要求和重要途径。现实生活中，一些人理想缺失、信仰动摇，利欲熏心、腐败堕落，怀疑正义、蔑视崇高，而那些居心叵测的所谓"内幕""揭秘""起底""质疑"，捏造事实，诽谤英雄，则从反面强化了这种消极思想观念和错误行为准则。历史可以研究，但不能无中生有；英雄可以追问，但不能恶意推测。培塑敬重历史、崇敬英雄的民族心理，净化提升我们的民族精神，首先就要捍卫历史的尊严，维护英雄的权利。

三、坚决回击歪曲历史亵渎英雄的错误思潮

有律师事务所受邱少华委托，维护邱少云烈士名誉权，要求加多宝公司和孙某停止侵害、消除影响、赔礼道歉。这一网络事件是这些年来一系列调侃恶搞、诋毁中伤英雄人物，杜撰篡改、解构颠覆历史事件言论的最新表现。有的编造狼牙山五壮士是打骂村民、要吃要喝，村民向日军密报，才遭到了围追，完全颠倒了黑白；有的站在敌人立场上，把刘胡兰为民锄奸说成是"从法律的角度看，刘胡兰是个

不折不扣的杀人犯,应该受到当时的法律制裁";有的撰文说"没有人亲眼看见董存瑞托起炸药包的情景",言下之意英雄有假;有的以科学求证的面目说什么邱少云身上燃火,一动不动"违背生理常识",佩带弹药没有爆炸"违背军事常识";有的仅凭看过几部战争片就发议论,"美军的机枪完全可以把前面的人射成两节,黄继光即使冲上去也马上挂了";等等。此类歪曲历史、亵渎英雄的言论,涉及范围上至领袖人物、下至普通一兵,前至井冈山时期、后至改革开放以后,大至党的重大决策、小至私人生活琐事,无所不作其反面文章。这类言论,激起更多网民和社会成员的义愤,纷纷加以指责,很多当事人或研究者也站出来逐事逐条加以驳斥,维护历史真实。

网上舆情反映网下涌动,线上之争表明线下斗争。进行具有许多新的历史特点的伟大斗争,特点之一就是网络已成为意识形态领域斗争的主要阵地,"灭人之国,必先去其史"已成为推翻一个国家的制度及政权的先行手段。敌对势力境内外遥相呼应推动"颜色革命",首先是毁损执政党的形象,一部革命史斗争史成长史被描述成阴谋权术史,一批代表性人物被抹黑成小人庸人甚至坏人,从而达到削弱党的凝聚力号召力的目的。一些人宣泄对社会的不满和抵触情绪,热衷传播与制造符合其心理需求的负面信息,在网上不负责任地发表议论,起着传播错误思潮推波助澜的作用。一些人怀疑崇高、否认英雄、嘲弄纯洁,认为"都是一样的人,都是一回子事",不加分析辨别,本能地愿意接受这类矮化人性、丑化英雄的轶闻,扩大了错误思潮的影响面。痛心的是,党内腐败分子的案例,也为攻击党的历史和党的领导提供了某些口实。这场意识形态领域的尖锐斗争,关系到党的战斗力和执政力,关系到中国特色社会主义的发展方向,关系到社会主义核心价值观的培育确立，实质就是要不要坚持中国共产党的领导。在大是大非面前，必须旗帜鲜明坚决回击这一错误思潮，决不能以"调侃"待之，以"戏说"了之。

维护我们的历史，捍卫我们的英雄，就是要有根有据、有史有实地揭穿那些污蔑不实之词，以正视听，让广大网民和党员群众明辨是非，决不被蛊惑人心的谣言捏造所欺骗。对恶意中伤、造谣惑众者要追究法律责任，有法必依、执法必严。要加强中国革命历史的正面宣传教育，充分利用纪念馆、展览馆、革命旧址、战场遗址、烈士陵墓等红色资源，利用各种媒体特别是网络、手机等新媒体，利用多种教育传播方式，让革命历史的光辉历程、先烈英雄的感人形象在全党全社会深深扎下根来，始终保持敬重历史、崇敬英雄之心，增强对"病毒"的免疫力和抵抗力。要倡导和鼓励科学的历史研究包括人物研究，使我们的中国革命史、中共党史、人民英雄的研究更加扎实丰富，更具说服力，同时要警惕以考证揭秘之名行政治图谋之实的行径。无数英烈为了革命的胜利和人民的幸福，献出了他们的宝贵生命，永远告慰他们的在天之灵，是一代代后人的政治誓言和历史责任。

抗战精神筑牢民族新的长城 *

长城是中华民族抵御外来侵略、保卫国土家园的永久象征。120年前的甲午战争,清军凭仗旅顺要塞的坚堡深壕、北洋水师的铁舰重甲,没能挡住日本陆海军的长驱直入。70年前的抗日战争,中国人民挺立起凛然正义的铮铮铁骨、激发出感天动地的抗战精神,依靠全民抗战、开展人民战争,筑成中华民族新的长城,赢得了近代以来中国抗击外敌入侵的第一次完全胜利。习近平总书记强调指出:"伟大的抗战精神,是中国人民弥足珍贵的精神财富,永远是激励中国人民克服一切艰难险阻、为实现中华民族伟大复兴而奋斗的强大精神动力。"在实现"两个一百年"奋斗目标和中国梦的征途上,面对种种内忧外患,更需要从抗战精神中汲取力量,筑牢民族复兴新的长城。

一、新的长城之魂 抗战胜利之源

长城雄踞崇山峻岭、横亘塞北大漠,是古代战争中的坚固国防。"万里长城寄,无贻汉国忧。"随着军事技术的发展、战争形态的演变,国防意义上的长城在变化拓展,从陆上长城到海空长城,从线型长城到全域长城,从有形长城到无形长城,从物理长城到心理长城。

---

* 本文写于 2015 年。

无论什么时期、什么结构的长城，建造和坚守长城的是人，"但使龙城飞将在，不教胡马度阴山"，真正的铜墙铁壁是人民、是人心，真正坚不可摧的是保家卫国、反抗侵略的长城精神。抗日战争，就是中华民族新的长城的不朽史诗；抗战精神，就是筑成民族新的长城的不屈灵魂。

抗日战争是在日本的军力、经济力和政治组织力超过中国的条件下，进行的一场以我之强克敌之弱的战争。毛泽东在战争初期就深刻洞见："决定的因素是人不是物。力量对比不但是军力和经济力的对比，而且是人力和人心的对比。军力和经济力是要人去掌握的。"[1] 正因如此，夺取抗战胜利必须最大程度地动员中国人民的力量、激发民族精神的力量。"起来，不愿做奴隶的人们！把我们的血肉筑成我们新的长城！"慷慨激昂、荡气回肠的《义勇军进行曲》，张扬着中华民族万众一心、奋起抗战，坚决抵抗日本侵略军的坚强意志，爆发出悠久文明古国蕴藏的强烈爱国主义民族精神。抗战精神构筑新的长城之魂，"四万万同胞心一样，新的长城万里长"。有了这样的抗战精神，即使长城关隘被突破，但抗日军民与祖国山河同存亡，组成了一道又一道永远不倒的林立长城；即使武器装备不如人，但全民抗战、英勇抗战、持久抗战，人民战争就是那无敌的力量、制胜的长城；即使面对屠杀、沙场浴血，但无数中国人誓死反抗、前仆后继，用血肉之躯筑起反侵略的钢铁长城，日本侵略者最终失败投降。伟大的抗战精神，无形胜有形、无锋胜刚强，在抗日战争中展现了巨大的无穷力量。这种精神的力量贯通于武器的力量、物质的力量和军队的力量之中，是

---

[1] 《毛泽东选集》第二卷，人民出版社1991年版，第469页。

战争力量的倍增器。一个民族的有形长城被摧毁，只要它的精神长城依然屹立，就有胜利的希望；一个民族的精神长城被销蚀，即使它的有形长城还在，也是不堪一击的。

抗战精神是天下兴亡、匹夫有责的爱国情怀。"中华民族到了最危险的时候，每个人被迫着发出最后的吼声。"当亡国奴还是奋不顾身反抗侵略，是每个中华儿女必须面对的抉择，民族的生死危机唤醒了广大民众的爱国主义精神。新民主主义革命纲领，把亿万工农群众吸引到抗日救亡、民族振兴、人民解放的恢宏事业中来；抗日民族统一战线，凝聚起各阶级、各党派、各民族、各行业的共同利益和共同意志。这就动员起数万万站起来的人民，造成了陷敌于灭顶之灾的汪洋大海，日本侵略者就像一头野牛冲入人民布下的火阵。

抗战精神是视死如归、宁死不屈的民族气节。穷凶极恶、惨无人道的日本侵略者，妄图用大屠杀的暴行来恫吓中国人民的群起反抗、压垮抗日军民的抵抗意志。但中华民族决不屈服、不怕牺牲，与日寇展开了一场殊死拼搏，用鲜血和生命奏响了一曲气壮山河的抗击侵略罪行的英雄赞歌，谱写了一首可歌可泣的捍卫民族尊严的壮丽史诗。这种大无畏的民族气节，体现在正面战场和敌后战场奋勇杀敌的千万烈士身上，也体现在抗日根据地宁死不向日本侵略者告密的父老乡亲身上。民族的巨大牺牲，极大激发了全民族的坚定信念和顽强意志，唯有彻底消灭日本侵略者、取得抗战最后胜利，民族才能生存，国家才有希望。

抗战精神是不畏强暴、血战到底的英雄气概。中国共产党人和所有抗日爱国将士，担当民族的脊梁，冲锋在抗战最前线，站立起顶天立地的中国人，浇铸出光照千秋的民族魂。杨靖宇在冰天雪地中，弹尽粮绝，战斗至最后一人、最后一刻。"刘老庄连"82名官兵，顽强阻击日伪军"扫荡"，全部壮烈牺牲，朱德誉为"我军指战员英雄主义的最高表现"。戴安澜率中国远征军200师赴缅作战，在与日军激战中以身殉国。抗战英雄，数不胜数。纵观中华民族近代以来抗击外敌入侵的历史，民族的英雄气概、军队的战斗精神、军人的血性骨气，在抗日战争中得到最大迸发、发挥出最大能量，惊天地、泣鬼神。

抗战精神是百折不挠、坚忍不拔的必胜信念。从九一八事变到七七事变，再到日本宣告投降，抗日战争是在艰苦卓绝的条件下取得完全胜利的。持久战的精神支撑，是正义必胜、人民必胜、抗战必胜的牢不可破信念。"三光"政策吓不倒，极端困难压不倒。陕甘宁边区开展大生产运动渡过难关，西南联合大学在敌机轰炸中传承科学文化。"西边的太阳就要落山了，鬼子的末日就要来到"，胜利希望从未熄灭。抗战精神是一座精神长城，它生长在全民的心间，有多深厚、有多坚实，抗战胜利的力量就有多大、希望就有多大。

二、民族空前觉醒　人民昂首挺立

中国人民抗日战争的伟大胜利，洗刷了近代以来中国抗击外来侵略屡战屡败的民族耻辱，开启了古老中国凤凰涅槃、浴火重生的新征程。伟大的抗战精神，矗立起民族精神的一座高耸丰碑，写就了一部珍贵的民族精神教科书。抗战精神的形成、民族精神的重塑，是民族觉醒、时代进步、人民挺立、先锋队成熟等历史条件蕴育的产物，新的长城就是民族新精神的凝结。回溯和思考抗战精神如同火山喷发的形成机理，是永久传承抗战精神、不断筑造新的长城的重要前提。

民族复兴与民族危机的剧烈碰撞，造就抗战精神的空前迸发。实现中华民族伟大复兴，是中华民族近代以来最伟大的梦想。洋务运动、戊戌变法、辛亥革命、五四运动、民主革命等，都是民族复兴的前行步伐。中国梦、复兴梦，深深植入近代以来的民族精神之中。日本军国主义的全面入侵，造成了中华民族的空前大危机大灾难，也促成了中华民族的空前大觉醒、民族精神的空前大激活、抗战精神的空前大迸发。经历近百年的民族觉醒、民心启蒙、民众成长，中国社会各界形成最大的民族共识和信念，绝不容许近代国耻未消、又添无以复加新耻，绝不容许民族复兴进程毁于日本军国主义之手，绝不容许日本侵略者"灭亡中国、绝我族类"的罪恶图谋得逞。要民族复兴，就要坚决抗战；是一个爱国者，就要做一个坚定的抗战者。民族复兴愈是普及深入人心，抗战精神就愈是成为全民族精神；民族危机愈是加剧加深，抗战精神就愈是激情雄壮。如果说甲午战争失败促成了民族精神新的觉醒，那么抗战精神则是在更高的层次、更广的范围、更新的内涵上实现了民族精神新的升华。我们从《黄河大合唱》等一大批响彻华夏的抗日救亡歌曲中，就能真实地感受到那个时代中华民族"风在吼，马在叫，黄河在咆哮"的心声、脉动和气势。

民族独立与民主革命的时代坐标，造就抗战精神的先进品格。民族精神是历史与当代、继承与丰富的统一。抗战精神作为20世纪30—40年代产生的民族精神的典范，既是中华优秀传统文化及其精神的传承，又是世界历史进入新时代、中国历史进入新时期的精神反映。十月革命的胜利，马克思主义传入中国，为寻求中国发展道路的先进中国人指明了新的方向、描绘出新的前景。中国共产党人确立了新民主主义革命的道路，高举起反帝反封建的旗帜，要将半殖民地半封建社会的中国转变为一个独立民主自由的新中国。这是20世纪上半叶中国历史的主题和主流。日本军国主义的侵略，图谋殖民奴役中国，是要中断中国革命的进程，将中国历史拉向倒退和黑暗。因此，中国人民抗日战争，既是近代以来抗击外敌入侵的民族战争的继续，又是民族战争与革命战争的结合，是民主革命的组成与继续，是进步与反动、正义与邪恶、光明与黑暗的大搏斗。这就赋予了抗战精神以鲜明的时代气息和崭新的进步意义，反帝反侵略与建立新中国是同一个进程，为民族生存而战与为民主革命而战是同一项任务。

人民解放与救亡图存的共同目标，造就抗战精神的伟力根源。战争的伟力之最深厚的根源，存在于民众之中。是什么力量能够让千千万万的庄稼汉、老百姓，舍生忘死、义无反顾，担当起救国救亡的重大责任，投入抗日战争的炮火连天、枪林弹雨中，用自己的血肉筑成民族新的长城？近代以来中国抗击外来侵略屡战屡败，一个根本原因是国家利益与人民利益的分离对立，人民群众没有动员起来，没有筑成真正的长城。而抗日民族统一战线把民族解放与人民解放统一起来，把不当亡国奴与人民民主统一起来，把坚决抗战与厉行改革统一起来，实现了全民总动员、全民总参战，促进了民众大联合、民族大团结。这就决定了抗日战争最终的胜利，决定了抗战精神的本质是爱国主义与人民利益的统一。在抗日战争中，人民将自己的前途、命运、期盼、利益紧紧地与抗战胜利连在一起，将自己的热血、性命、智慧、财物全部贡献于抗战事业之中，人民的理想、品德、意志、力量高度注入并塑造了抗战精神，这就使得抗战精神成为民族精神的新实现新飞跃新标高，使得抗战精神坚强无比、力量无穷。日本军国主义发动全面侵华战争之前，作了长期准备，其中包括了解分析中华民族的"国民性",但他们没有看到"国民性"的新变化新精神新机制,没有看到近代以来特别是五四运动以来中国精神的觉悟、觉醒和聚变。

工人先锋与民族先锋的双重使命,造就抗战精神的中流砥柱。中国共产党的诞生,开启了20世纪以来中国历史的新篇章。我们党从成立时起,就承担起建立社会主义与实现民族复兴的两大任务,担当起"两个先锋队"的双重使命。无产阶级政党的性质、马克思列宁主义的指导、中华民族精神的精华、新民主主义革命的实践、革命战争的锤炼,培育出了以实事求是、一心为民、英勇牺牲、敢于斗争、艰苦奋斗等为内涵,以红船精神、井冈山精神、苏区精神、长征精神、延安精神等为标识的中国共产党精神。民族危亡的紧要关头,我们党又一次义不容辞地担当起"两个先锋队"的历史责任,从胜利完成万里长征到成功重筑万里长城,成为抗日战争的中流砥柱。党的中流砥柱作用,同样表现为将中国共产党精神深深融入抗战精神,参与铸造抗战精神,构成抗战精神的中流砥柱。我们看到,共产党人英勇抗战的浩然正气,正是抗战精神的生动写照;共产党人全力抗战的英雄壮举,正是激励民族抗战精神的航标灯塔。可以说,抗战精神既是民族精神的结晶硕果,也是中国共产党精神的结晶硕果。

三、我们万众一心 推进伟大复兴

70年前,中国人民抗日战争的伟大胜利,开辟了中华民族伟大复兴的光明前景。现在,我们比历史上任何时期都更接近中华民族伟大复兴的目标,比历史上任何时期都更有信心、有能力实现这个目标。历史激荡人心、照亮未来。中国人民抗日战争暨世界反法西斯战争胜利70周年纪念活动标识，设计元素包含衬以长城图案组成展现胜利的"V"字，意涵着长城对于中华民族的历史、抗日战争的胜利以至中华民族伟大复兴的极其重要意义。赢得抗日战争需要和依靠新的长城，实现民族复兴同样需要和依靠新的长城。伟大的抗战精神，凝聚起万众一心，把日寇驱逐出中国。今天，《义勇军进行曲》的旋律时时冲击心扉，"我们万众一心"的呼唤每每引发深思。实现民族复兴，需要物质力量的支持，更需要精神力量的驱动。在新的历史条件下怎样弘扬伟大抗战精神，筑成民族新的长城，推进民族复兴伟业，是一个重大的时代课题。

始终保持忧患意识，确保国家总体安全。中华民族自古以来就有深重的忧患意识，长城就是忧患意识的产物，抗战精神则表明从历史的忧患意识发展为现实的危机意识。忧患意识表现为安全意识，国家安全是民族复兴的前提和保证。西汉贾谊的《治安策》，忧国忧君涉及政权安全、政局安全、体制安全、边防安全、粮食安全、礼治安全等，但却无法与今天的安全领域之广阔相比。新形势下，国家安全的内涵和外延比历史上任何时候都要丰富，国家安全的时空领域比历史上任何时候都要宽广，国家安全的内外因素比历史上任何时候都要复杂。习近平总书记指出："增强忧患意识，做到居安思危，是我们治党治国必须始终坚持的一个重大原则。"一个文恬武嬉、忘战懈怠、自毁长城的民族是濒临危险境地的民族。甲午战争前夕，国家危在旦夕，清朝满朝文武却迷恋于歌舞升平，热衷于为慈禧祝寿，留下百年国耻和军耻，不能不引为镜鉴。抗战精神是全民族的忧患危机意识达到顶点的产物，由此全民皆兵、共筑长城。军队与国家安全关系最为紧密，军人对国家安全责任最为重大。总体国家安全观，以紧迫的忧患意识、深厚的爱国情感、强烈的责任鞭策、深刻的安全理念，为我军官兵注入了履行强军使命、勇担时代重任的强大精神动力，激励我军以对历史负责、对国家和民族负责的精神，自觉担当维护国家主权、安全、发展利益的重大责任，筑牢新的长城。

始终保持先锋精神，带领人民爬坡过坎。先锋是人民的杰出代表和前驱楷模，在历史的关键时刻、转折关头，先锋作用更加重要和突出。抗战精神是由抗战先锋奋力疾呼和忠实践行，先锋精神带动了万众一心、铸造了抗战精神。和平建设时期没有大量的流血牺牲、献出生命，但先锋队的模范带头、献身行为同样是在为民族作出楷模，时代需要和呼唤先锋精神。新的历史条件下，先锋精神表现为使命担当、为民造福、牺牲奉献、开拓创新，是中华民族精神的发扬光大。当前，实现民族复兴处于由大向强的关键期，全面深化改革处于破除障碍的攻坚期，国家经济发展处于"三期叠加"的风险期，各种社会矛盾处于易发多发的凸显期，建设法治国家处于现代治理的转型期。滚石上山、爬坡过坎，更加需要8000多万共产党员特别是各级领导干部，站在推进伟大复兴的第一线，在全面从严治党中重整行装再出发，更好发挥先锋队作用，带领人民全面建成小康社会。实现民族复兴伟业，更要有走在群众前列的时代先锋，更要有担当民族脊梁的先锋精神。这就要求党员干部始终牢记职责使命，始终保持先锋精神，始终坚守精神高地，不放弃理想、不放松斗志、不放纵私欲，展现共产党人高尚的精神境界和道德操守。要让广大群众从党员干部的模范事迹、先进行为、纯洁品格中看到民族复兴希望、增强实现中国梦信心。

始终保持命运与共，同建共享增强合力。从一盘散沙到万众一心，从对立冲突到强大合力，依靠命运共同体的形成和命运共同体意识的建立。抗战精神是在国家生死存亡之际的民族觉醒和团结，是全民族共同抗战、团结抗战、协力抗战的精神。国家与民众命运与共，领导与群众命运与共，军队与人民命运与共，是一个民族和国家不可战胜的力量。全面建成小康社会、实现社会主义现代化，利益"最大公约数"不同于抗战时期的民族共同利益，但中华民族的命运共同体意识同样是社会和谐、同舟共济、互助互爱的凝结剂。要在全面深化改革中推进利益关系的调整、利益格局的改变，促使利益分化转变为利益共享，利益矛盾转变为利益相容，利益冲突转变为利益合作。协调推进"四个全面"战略布局，是实现中国梦的总纲领，也是塑造民族精神、筑牢新的长城的基础工程。"四个全面"是在筹划实现民族复兴的战略目标，用"两个实现"来展现发展前景和树立共同理想，引领民族复兴走上新的征程；是在强化实现民族复兴的动力机制，用锐意改革、破除藩篱障碍来转变价值观念和行为准则；是在夯实实现民族复兴的制度基础，用长治久安的法治之道来增强大众信心和良好预期；是在造就实现民族复兴的核心力量，用重振党心来重鼓民心。

雷锋精神是忠实传承党的初心使命的精神高地 *

中国共产党走过百年的光辉历程，同时也是党的伟大精神的发展历程，形成了以伟大建党精神为源头的中国共产党人精神谱系，雷锋精神就是中国共产党人精神谱系的重大成果。习近平总书记指出："雷锋是时代的楷模，雷锋精神是永恒的。"[①] 在全面贯彻落实党的二十大精神的开局之年，迎来了毛泽东等老一辈革命家为雷锋同志题词60周年。新征程上学雷锋，就是要从弘扬伟大建党精神的视野领悟雷锋精神，牢牢把握党的初心使命这一贯通中国共产党人精神谱系之中的精神品质，保证全党坚守初心使命，始终成为中国特色社会主义事业的坚强领导核心。

一、雷锋精神是以伟大建党精神为源头的中国共产党人精神谱系的时代成果

中国共产党是马克思主义政党，是"两个先锋队"，党一经诞生

---

* 本文写于2023年。
① 《习近平关于社会主义精神文明建设论述摘编》，中央文献出版社2022年版，第152页。

就把为中国人民谋幸福、为中华民族谋复兴确立为自己的初心使命。党的性质和宗旨决定了中国共产党人必须始终保持崇高的理想信念、无畏的牺牲精神、不懈的奋斗动力。创建党的先驱们，形成了坚持真理、坚守理想，践行初心、担当使命，不怕牺牲、英勇斗争，对党忠诚、不负人民的伟大建党精神，这是中国共产党的精神之源。党在内忧外患中诞生、在历经磨难中成长、在攻坚克难中壮大，要打败强大敌人、走过艰险路程、战胜严峻挑战，必须始终保持强大的精神力量、坚韧的斗争意志。在100多年的非凡奋斗历程中，一代又一代中国共产党人顽强拼搏、不懈奋斗，涌现了一大批视死如归的革命烈士、一大批顽强奋斗的英雄人物、一大批忘我奉献的先进模范，形成了一系列伟大精神，构筑起了以伟大建党精神为源头的中国共产党人精神谱系，保证了我们党历经百年而风华正茂、饱经磨难而生生不息。习近平总书记深刻指出："这些宝贵精神财富跨越时空、历久弥新，集中体现了党的坚定信念、根本宗旨、优良作风，凝聚着中国共产党人艰苦奋斗、牺牲奉献、开拓进取的伟大品格，深深融入我们党、国家、民族、人民的血脉之中，为我们立党兴党强党提供了丰厚滋养。"①

以伟大建党精神为源头的中国共产党人精神谱系犹如一条长江，一个个历史时期都以各自的伟大成就及其精神成果，一代代中国共产党人都以自己的巨大贡献及其精神结晶，汇入这条奔流不息、源源不断、愈益宽阔的江河之中。这一精神谱系如同一棵大树，党在一以贯

---

① 《习近平关于社会主义精神文明建设论述摘编》，中央文献出版社2022年版，第162页。

之推进伟大社会革命和自我革命的实践历练和精神淬炼中,在历经浴血奋战、百折不挠,自力更生、发愤图强,解放思想、锐意进取,自信自强、守正创新的伟大事业和奇迹创造中,生长出一串串生机盎然的精神枝叶、一颗颗光彩夺目的精神硕果。雷锋精神是在伟大建党精神的哺育下、在中国共产党人系列伟大精神的感召下形成的,同时因其伟大共产主义战士的高尚境界和独特贡献,成为中国共产党人精神谱系的重要组成,成为中华民族精神的一座丰碑。雷锋精神是在社会主义革命和建设时期产生的伟大精神,展现的是新中国朝气蓬勃、蒸蒸日上的精神风貌,是广大人民站起来了的主人翁精神。雷锋精神是从基层劳动者、普通党员中产生的伟大精神,平凡的人生蕴含着高山仰止的精神世界,普通的业绩创造出超越时空的精神财富。雷锋精神是人民军队在和平年代产生的伟大精神,即使没有经历为人民打江山的枪林弹雨,为人民守江山、为群众做好事同样彰显人民子弟兵本色。

中国共产党人精神谱系的各个重大成果,都是伟大建党精神在党的重大斗争、重大事件、重大实践、重大人物中的传承、展现和深化,都是全党牢记中国共产党是什么、要干什么这个根本问题的精神实现。同时,由于每种精神成果形成的环境条件、实践内容、主体构成不同,这些精神成果的具体内涵、鲜明特色、价值重点也不同。雷锋精神,就是在雷锋一生的先进思想和模范行为中,表现出来的热爱党、热爱祖国、热爱社会主义的崇高理想和坚定信念,服务人民、助人为乐的奉献精神,干一行爱一行、专一行精一行的敬业精神,锐意进取、自强不息的创新精神,艰苦奋斗、勤俭节约的创业精神。2013年3月6日,习近平总书记在参加十二届全国人大一次会议辽宁代表团审议时指出,"雷锋、郭明义、罗阳身上所具有的信念的能量、大爱的胸怀、忘我的精神、进取的锐气，正是我们民族精神的最好写照"。雷锋精神的丰富性和深邃性、时代性和永久性，是中国共产党人伟大精神的生动反映，是雷锋精神位于践行党的初心使命精神高地的深厚内涵。

二、雷锋精神树立了始终不忘初心、牢记使命的精神标杆

党的二十大报告强调，弘扬以伟大建党精神为源头的中国共产党人精神谱系。这是新时代新征程广泛践行社会主义核心价值观的内在要求，是建设长期执政的马克思主义政党的必然要求。以伟大建党精神为源头的中国共产党人精神谱系，根深枝壮、叶茂果盛，包含着十分丰富的精神品格，不忘初心、牢记使命是贯穿党的伟大精神所有成果中的一条红线。领悟伟大建党精神的深刻内涵，是为人民幸福、民族复兴而坚持真理、坚守理想，是为党的初心使命而不怕牺牲、英勇斗争，是在践行初心、担当使命上对党忠诚、不负人民。党的初心使命，承载着党的理想信念，凝聚起党的团结统一，激励着党的接续奋斗，树立起党的形象威信。传承和践行党的初心使命，是中国共产党人精神谱系的至上价值和共同要求。

始终不忘初心、牢记使命，是一代代中国共产党人的神圣职责和每一名共产党员的终身追求，是激励广大党员不断前进的根本动力。雷锋精神之所以能够成为中国共产党人精神谱系的伟大精神，之所以能够历经60年仍然在广大党员和群众中成为景仰的对象，正是由于雷锋精神树立了始终不忘初心、牢记使命的精神标杆。党员学雷锋，心

中装的是理想，脑里想的是人民；群众学雷锋，为国家的建设增砖添瓦，让有限的人生创造美好。

雷锋经历了新旧社会两重天的鲜明对比，翻身解放、当家作主，从心底里对党、祖国、社会主义无比热爱。无论是入党前还是入党后，党的理想追求就是他的信仰信念，党的初心使命就是他的人生目标。雷锋在入伍那天的日记里写道："听党的话，服从命令听指挥。党指向哪里，我就冲向哪里。"党的初心使命，构成了雷锋精神的灵魂。"学习雷锋好榜样，忠于革命忠于党"，唱出了学雷锋的根本要求。正如 60 年前邓小平同志为雷锋题词所言，"谁愿当一个真正的共产主义者就应该向雷锋同志的品德和风格学习"。

雷锋是全心全意为人民服务的楷模，把有限的生命投入无限的为人民服务之中，"做好人好事"成为雷锋最著名的标识。1944 年，毛泽东写下了《为人民服务》，悼念张思德同志，号召学习张思德精神。1963 年，毛泽东又写下了"向雷锋同志学习"的题词，并感慨地说，"雷锋值得学习啊！向雷锋学习，也包括我自己"。雷锋精神就是张思德精神在社会主义建设时期的传承和发扬。张思德和雷锋，都是战士、班长，虽然没有轰轰烈烈、惊心动魄的事迹，却在平凡的岗位上、普通的事情中做出了为人民服务的不朽业绩，达到了服务人民、献身人民的精神高峰。

雷锋在新中国成立后，当过记工员、通讯员、拖拉机手、推土机手、汽车兵，他把报效国家、为民服务的理想信念，与精益求精、尽职尽责地做好每项本职工作紧密地融合在一起，把爱岗敬业作为践行党的初心使命的基本途径，甘当一颗"永不生锈的螺丝钉"。雷锋走到哪里都留下了闪光的脚印，被评为工作模范、节约标兵、红旗手、建设社会主义积极分子、模范共青团员等，被誉为"毛主席的好战士"。雷锋精神不仅写在了"雷锋日记"之中，更有感染力说服力的是写在了雷锋事迹之中，是言行一致、知行合一、行胜于言的典范。

雷锋的一生是有志者的一生，是奋斗者的一生，他心中始终有着如火热情和澎湃激情，唯有如此，才能尽其所能、永不懈怠地为党、国家和人民作出更大贡献，才能实现美好理想和人生价值。雷锋在小学毕业时就立下志向：响应党的号召，留在农村就做个好农民，驾起拖拉机耕耘祖国大地。如果祖国需要，就去做个好工人建设祖国，去参军做个好战士保卫祖国。诚如斯言，雷锋在工作中遇到困难不气馁，在成长中取得进步不自满，在荣誉中时时自省不迷失，始终保持着攀登者的进取精神。

雷锋是我国社会主义建设时期志愿者的先锋，他以对人民群众的大爱之心，竭尽己力，关心和帮助他人，并以此为最大幸福。当学校辅导员，他是思想政治教育工作的志愿者。在社会上，他是献爱心、送温暖、助他人的志愿者，"出差一路，好事做了一火车"。参加工作后，他就成为热心捐助的志愿者。1958年湖南省望城团县委号召捐款购买拖拉机，建立望城青少年拖拉机站，他是全县青少年中捐款最多的；1960年夏季，雷锋工作过的辽阳遭受洪灾，他把积攒的100元钱寄给了灾区，他在信中写道："现在国家和人民有困难，我是一名中国人民解放军战士，我一定要挺身而出，以实际行动来支援灾区人民。"

三、弘扬雷锋精神坚守初心使命，解决大党独有难题

全面建设社会主义现代化国家、全面推进中华民族伟大复兴，关

键在党。习近平总书记在党的二十大报告中明确指出："我们党作为世界上最大的马克思主义执政党，要始终赢得人民拥护、巩固长期执政地位，必须时刻保持解决大党独有难题的清醒和坚定。"解决大党独有难题，是实现新时代新征程党的使命任务必须迈过的一道坎，是全面从严治党适应新形势新要求必须啃下的硬骨头。在大党面对的独有难题中，党在历史这么长、规模这么大、执政这么久的条件下，如何始终不忘初心、牢记使命，是首先要解决的难题，也是贯穿"六个如何始终"的根本性问题。如何始终不忘初心、牢记使命这个大党独有难题，表现在许多方面，集中起来就是党在长期执政条件下怎样经受"四大考验"、克服"四种危险"。党的十九大把不忘初心、牢记使命作为大会主题的重要内容。党的二十大后将如何始终不忘初心、牢记使命作为大党独有难题加以破解，总结经验、揭示规律，为全党永远坚持为中国人民谋幸福、为中华民族谋复兴指明了方向。对于广大党员干部来说，新征程上弘扬雷锋精神，一个重要要求，就是要将雷锋精神作为破解大党独有难题，始终不忘初心、牢记使命的精神动力，像雷锋那样忠实传承、全力践行党的初心使命。只有攻克大党独有难题，全党始终不忘初心、牢记使命，才能创造政党不断壮大、更显风华正茂、保持长期执政的奇迹，才能团结带领全体人民以中国式现代化全面推进中华民族伟大复兴，用新的伟大奋斗创造新的伟业。

不忘初心，方得始终。"慎终如始，则无败事。"党确立初心使命不易，经过岁月洗礼、沧桑变化，恪守初心使命更为不易。在社会思潮繁杂、价值观念冲突、信息渠道多样、意识形态领域斗争激烈的环境中，确保9600多万名的党员队伍保持先进性纯洁性，需要作出艰苦努力、进行尖锐斗争，不能一劳永逸、一蹴而就。雷锋精神在新时代新征程显得弥足珍贵，传承雷锋精神显得格外重要。学习雷锋坚守初心使命，能够为广大党员干部经受"四大考验"、克服"四种危险"，提供丰厚精神营养和强大精神激励。

学习雷锋坚守初心使命，要做到经受执政考验，为人民守江山，为人民执政，防止以权谋私；经受改革开放考验，抵制拜金主义、享乐主义、消费至上、理想虚无的腐朽因素带来的消极影响，遏制奢靡之风；经受市场经济考验，决不把市场交易规则运用于权力使用过程，抵御利益诱惑；经受外部环境考验，敢于斗争、敢于亮剑，挺起脊梁骨，抗击西方敌对势力打压。

学习雷锋坚守初心使命，要克服精神懈怠危险，保持不懈奋斗精神。信仰信念需要一代代共产党人接续坚守，需要每一名共产党员一生坚守。要克服能力不足危险，增强推进中国式现代化本领。中国式现代化是前无古人的开创性事业，习近平总书记在学习贯彻党的二十大精神研讨班开班式上的重要讲话中指出，"要加强能力提升，让领导干部特别是年轻干部经受严格的思想淬炼、政治历练、实践锻炼、专业训练"[1]。要克服脱离群众危险，坚持人民至上立场。密切联系群众，党就能赢得人民信任，得到人民支持；脱离群众，党将一事无成，甚至走向衰败。要克服消极腐败危险，坚守党的性质宗旨。反腐败是最彻底的自我革命。党的十八大以来，反腐败斗争取得压倒性胜利并全面巩固，充分彰显了党推进自我革命的决心和意志。全面从严治党是新时代党的自我革命的伟大实践，也是确保党始终不忘初心、牢记使

---

[1]《习近平在学习贯彻党的二十大精神研讨班开班式上发表重要讲话强调 正确理解和大力推进中国式现代化》，《人民日报》2023年2月8日。

命的伟大实践。

党的二十大明确了新时代新征程党的使命任务，实现第二个百年奋斗目标的每一步进展、每一项成就，都是践行党的初心使命的实际行动。全党深入学雷锋，同心协力奋进新征程、实现新目标，必将促使党始终不忘初心、牢记使命，有效破解大党独有难题。

农业农村现代化进程中的乡风文明建设 *

乡风文明是精神文明的乡村实践，是乡村振兴的文明基础。新时代中国特色社会主义文化建设包含乡风文明建设，新时代"三农"工作要求建设乡风文明。以习近平同志为核心的党中央将乡风文明建设作为乡村振兴战略的重要内容，科学部署、系统推进，取得显著成效。新时代乡风文明建设，是在党的十九大开启全面建设社会主义现代化国家新征程中展开的，是在推进农业农村现代化的大背景中实施的，如同习近平总书记所说，是"把我国农耕文明优秀遗产和现代文明要素结合起来，赋予新的时代内涵，让中华优秀传统文化生生不息，让我国历史悠久的农耕文明在新时代展现其魅力和风采"。我们今天的乡风文明建设，是在农业农村现代化进程中的乡风文明建设。

一、农业农村现代化确定了新时代乡风文明建设的历史方位

乡风文明是在我国历史悠久的农耕文明土壤上生长起来的。从狩猎文明到农耕文明，由于金属工具的发明、水利工程的建设、土地产权的确立、温暖湿润的气候，等等，推动中华民族进入了农业社会，产生了

---

* 本文写于 2019 年。

古代文明发展的辉煌期和高峰期。习近平总书记指出:"我国农耕文明源远流长、博大精深,是中华优秀传统文化的根。我国很多村庄有几百年甚至上千年的历史,至今保持完整。很多风俗习惯、村规民约等具有深厚的优秀传统文化基因,至今仍然发挥着重要作用。""从中国特色的农事节气,到大道自然、天人合一的生态伦理;从各具特色的宅院村落,到巧夺天工的农业景观;从乡土气息的节庆活动,到丰富多彩的民间艺术;从耕读传家、父慈子孝的祖传家训,到邻里守望、诚信重礼的乡风民俗,等等,都是中华文化的鲜明标签,都承载着华夏文明生生不息的基因密码,彰显着中华民族的思想智慧和精神追求。"① 这些乡风文明,散发着浓郁的泥土气味,是农耕文明的孕育果实。

只要有农业和农村,就会有农耕文明和乡风文明,农耕文明和乡风文明可以与不同的社会形态、产业形态、技术形态相共存,可以与不同的历史时代相兼容。也就是说,即使从农业社会进入工业社会和信息社会,从古代进入近代和现代,农耕文明和乡风文明仍然存在,仍然成为社会文明谱系中的一条"血脉"、一条"宽带",有其独特的地位和价值。但要看到,文化和文明如同奔流不息的江河,在一往无前的同时,不断地将新的溪流源泉注入其中,使之在不同的流程流段,有着不同的水质成分、不同的流量流向,不可同日而语。

自鸦片战争以来170多年的中华民族历史,是一部为实现民族复兴走向现代化的历史,历经艰难曲折。新中国成立后,中国共产党带领人民开始了在社会主义道路上实现现代化的奋斗历程。农业现代化从新中国成立初期就纳入了现代化的目标体系,用现代农业改造传统

---

① 《习近平关于"三农"工作论述摘编》,中央文献出版社2019年版,第124、137页。

农业,不可避免地带来了传统农耕文明和传统乡风文明的逐步嬗变。改革开放后,我们党一心一意搞现代化,农村改革、乡镇企业、农民进城、城乡一体,对传统农业和传统农村的影响冲击是深刻而巨大的。全面建设社会主义现代化国家,我国社会主义现代化建设进入新的发展阶段,这是我国未来30年发展的大趋势大环境,这也规定了新时代乡风文明建设的时代坐标和历史方位。

二、农业农村现代化赋予了新时代乡风文明建设的时代内涵

建设社会主义现代化,不能没有农业和农村的现代化。农业农村现代化既是全面建设社会主义现代化国家的重要组成,又是未来几十年农业农村发展的总体方略,决定了新时代乡风文明建设的鲜明特色和时代内涵。一方面,乡土文化的根不能断,农耕文化不仅不能丢,而且要不断发扬光大。要深入挖掘、继承、创新优秀传统乡土文化,让有形的乡村文化留得住,让活态的乡土文化传下去。另一方面,要在传承的基础上发展提升农耕文明,结合时代要求进行创新。要以中国特色社会主义文化作为乡风文明建设的统领,以社会主义核心价值观作为乡风文明建设的准则,以社会主义现代化作为乡风文明建设的依据。

就拿"善行象山"主题实践活动来说,自2013年启动以来,就紧密地与培育和践行社会主义核心价值观相吻合,与农民群众现代新观念相契合,与现代传播体系和工作方式相配合,取得了显著成效。比如,浙江省象山县志愿服务制度化,打造独具象山特色的志愿服务品牌,就是乡风文明建设的现代内涵和发展方向。志愿精神超越了以血

缘关系、熟人关系为纽带的互助行为，超越了以市场交换、利益交换为纽带的互利行为，是以关爱、无私为基准的奉献行为，是社会主义现代化精神的重要体现。在推进农业农村现代化进程中，在乡村大力倡导和培育志愿文化，是乡风文明建设的现代导向。

农业农村现代化进程中乡风文明建设的时代内涵，一是找准传统与现代的结合点。比如，以社会主义核心价值观为引领，深入挖掘优秀传统农耕文化蕴含的思想观念、人文精神、道德规范，培育文明乡风、良好家风、淳朴民风，提高乡村社会文明程度，焕发乡村文明新气象。二是拓展本土与世界的共同点。地方特色要保持，同时也要向全国和世界传播，让更多的地区和人们所认同和接受。既是象山的，又是中华民族的，还是人类文明的。三是增强田园诗与现代化的融合点。习近平总书记指出，随着时代发展，乡村价值要重新审视。现如今，乡村不再是单一从事农业的地方，还有重要的生态涵养功能，令人向往的休闲观光功能，独具魅力的文化体验功能。乡村越来越成为人们养生养老、创新创业、生活居住的新空间。人们向往田园风光、诗意山水、乡土文化、民俗风情、农家美食，追求与自然和谐相处的乡村慢生活成为一种时尚。田园变公园，农房变客房，劳作变体验，乡村优美环境、绿水青山、良好生态成为稀缺资源，乡村的经济价值、生态价值、社会价值、文化价值日益凸显。

三、农业农村现代化立起了新时代乡风文明建设的现代水准

我们参观考察了象山县墩岙村、溪里方村、高泥村，感受到的是社

会主义新农村的新面貌，是从传统农业农村向现代农业农村转变的新景象。无论是高速通村镇、宽带进农户、农民住新居，还是乡村治理有规有序、农村环境清洁整齐、村民说事基层民主，都反映了农业农村现代化建设带来的深刻变化。这种变化不仅外化于表，而且内化于人，反映了在改革开放 40 多年后的今天，在信息技术、交通技术高度发达的今天，在城乡一体化的今天，乡风建设的农民主体也在发生深刻的变化，再也不是高晓声笔下《陈奂生上城》里的农民形象了。因此，新时代乡风文明建设，必须立足于培育现代化农民、推进农民的现代化。

习近平总书记在中央城镇化工作会议上指出，现代化的本质是人的现代化，真正使农民变为市民并不断提高素质，需要长期努力，不可能一蹴而就。这就告诉我们，现代化成功与否依靠人的现代化，现代化的本质是人的现代化。现阶段，我国人民的能力素质、思想观念、价值准则、行为方式等，与全面建设社会主义现代化国家的要求相比，都还需要重新学习、不断提高，都需要实现自身的现代化转变。农民是我国社会的重要构成，人的现代化不能没有农民的现代化，农民的现代化任务最重。农业农村现代化，要从农民的现代化做起；建设乡风文明，要以农民的现代化为牵引。让农业成为有奔头的产业，让农村成为安居乐业的美丽家园，首先就要让农民成为有吸引力的职业，让农民成为受人尊重的群体，让农民成为现代化程度较高的生产劳动者。

四、农业农村现代化塑造了新时代乡风文明建设的推进机制

新时代乡风文明建设，需要相应有力的推进机制。农业农村现代

化，既是发展目标，也是发展机制，推动着农业农村的整体转变，包括推动新时代乡风文明建设的现代转变。

农业农村现代化，是新中国成立后农业发展和农村建设的一次伟大革命，不仅是农业生产方式的现代化，而且是农村思想观念的现代化。农业农村现代化，包含着一整套评价准则和评价机制。新时代乡风文明建设，要有利于农业农村现代化的发展方向，要按照社会主义新农村的价值内涵对标对表。

社会主义现代化是全面的现代化，一个都不能少；农业农村现代化包含方方面面、上上下下、里里外外，一项都不能缺。任何领域、任何环节都不能滞后。全面的现代化本身就是乡风文明建设的动力机制，要求乡风文明建设要与农业农村现代化的建设步伐相一致，与农业农村现代化的布局部署相协调。不仅不能拖后腿，而且要走在前面，发挥精神引领作用。

象山县创立的"开渔节"，是运用现代化理念，利用现代传播体系，推进乡风文明建设的一个杰作。开渔节保留了渔民某些习俗仪式，但绝非祈求上天、龙王保佑的慰藉，也不是促进渔业丰收的制度创新，而是展现区域发展、提升区域形象、塑造区域文化的成功实践，是传统融入现代、服务现代的文化创新。

结束语

以习近平文化思想为指导 聚焦建设社会主义文化强国

文化兴国运兴，文化强民族强。以中国式现代化全面推进强国建设、民族复兴伟业，必须推动文化繁荣，建设社会主义文化强国。习近平文化思想，是新时代党领导文化建设实践经验的理论总结，标志着我们党对中国特色社会主义文化建设规律的认识达到了新高度，为做好新时代新征程宣传思想文化工作、担负起新时代的文化使命提供了强大思想武器和科学行动指南。党的二十届三中全会就进一步全面深化改革、推进中国式现代化作出系统部署，强调聚焦建设社会主义文化强国，提升国家文化软实力和中华文化影响力，这是在新征程上贯彻习近平文化思想的战略布局和战略举措。进一步全面深化改革，深化文化体制机制改革，必然要求充分发挥习近平文化思想的科学指导功能，保证文化建设改革的正确方向和实践成效。

一、建设社会主义文化强国的重大理论成果和强大思想武器

习近平文化思想是新时代党的理论创新的重要组成部分，构成了习近平新时代中国特色社会主义思想的文化篇。这一思想形成于习近平探索文化建设的实践特别是新时代全方位建设文化强国的进程中，并展现出了强大伟力。新征程上担负起新时代的文化使命，任务重大而艰巨，更加彰显出习近平文化思想的时代价值和历史意义。

实践是思想之源，党的十八大以来建设社会主义文化强国的崭新

实践，迫切要求党的文化思想创新发展，以文化创新推动文化思想的与时俱进。世界百年大变局的风云激荡，国际意识形态领域的尖锐斗争，提出了坚定中国特色社会主义文化自信的重大课题，要坚守我们的根脉和魂脉，在把马克思主义基本原理同中华优秀传统文化相结合的过程中，夯实强国建设、民族复兴的文化根基。实现"两个一百年"奋斗目标的进程，面对着纷繁复杂的舆论动向、多种多样的价值观念，提出了坚持党的文化领导权、坚持马克思主义在意识形态领域的指导地位的根本制度、培育和践行社会主义核心价值观的重大课题，要统一思想、凝聚人心、共同奋斗。全面深化改革，促使思想上层建筑要和政治上层建筑以及基本经济制度更相适应、文化生产关系要和文化生产力更相适应，提出了深化文化体制改革、健全现代文化产业体系和市场体系的重大课题，要促进文化资源在全国范围内流动，提高文化产业规模化、集约化、专业化水平。满足人民日益增长的美好生活需要，提出了满足人民日益增长的精神文化需要的重大课题，要解决文化发展不平衡不充分问题，激发文化创造活力，创作生产更多更好的精神文化产品。习近平文化思想深入思考新时代文化建设的重大问题，提出一系列新思想新观点新论断，内涵十分丰富、论述极为深刻，是新时代党的文化建设实践的思想结晶。

思想是实践之舵，新时代文化建设的历史性成就，是在习近平文化思想指导下取得的。习近平文化思想明体达用、体用贯通，既有文化理论观点上的创新和突破，又有文化工作布局上的部署要求，明确了新时代文化建设的路线图和任务书。这一思想系统回答建设什么样的社会主义文化强国、怎样建设社会主义文化强国的根本性问题，准确把握新时代文化建设的特点规律，明确指出新时代文化建设的方向和原则、任务和重点、方法和要求等，为新时代建设社会主义文化强国提供了基本遵循，在新的历史条件下丰富和发展了马克思主义文化理论。党的十八大以来，确立和坚持马克思主义在意识形态领域指导地位的根本制度，新时代党的创新理论深入人心，社会主义核心价值观广泛传播，中华优秀传统文化得到创造性转化、创新性发展，文化事业日益繁荣，网络生态持续向好，意识形态领域形势发生全局性、根本性转变，青年一代更加积极向上，全党全国各族人民文化自信明显增强、精神面貌更加奋发昂扬。这一切历史性成就和进展，充分证明了习近平文化思想的科学真理性和强大引领力。

当前和今后一个时期是以中国式现代化全面推进强国建设、民族复兴伟业的关键时期。党的二十届三中全会总结运用改革开放以来特别是新时代全面深化改革的经验，深入分析了推进中国式现代化面临的新形势新要求，紧紧围绕推进中国式现代化这个主题进一步全面深化改革，科学谋划了总体部署。新征程上建设社会主义文化强国，是全面推进中国式现代化的重要领域，是为推进中国式现代化提供先进理论引导、强大精神动力、牢固文化支撑。实现新时代新征程党的中心任务，必须凝聚人心、汇聚力量，培育和践行社会主义核心价值观是凝魂聚气、强基固本的基础工程，掌握信息化条件下舆论主导权、广泛凝聚社会共识是巩固壮大主流思想文化的必然要求。完善和发展中国特色社会主义制度、推进国家治理体系和治理能力现代化，必须坚持把马克思主义基本原理同中华优秀传统文化相结合，厚植和拓展中国制度和国家治理的中华文化资源。推动高质量发展、更好适应我国社会主要矛盾变化，必须坚持以人民为中心的工作导向，让人民不仅物质富足，而且精神富有。应对重大风险挑战、推动党和国家事业行稳致远，必须大力巩固国家文化安全，有效防范意识形态风险，提高国家文化软实力，构建中国话语和中国叙事体系，增强我国国际话语权。这些都要求更加注重学习好贯彻好习近平文化思想，为聚焦建设社会主义文化强国推进中国式现代化打牢理论根基。

二、深化文化体制机制改革是贯彻习近平文化思想的创新实践

进一步全面深化改革是全方位、深层次的，必然包括深化文化体制机制改革。党的二十届三中全会立足强国建设、民族复兴的战略高度，着眼赓续中华文脉、推动文化繁荣的重大使命，聚焦建设社会主义文化强国，提出深化文化体制机制改革重大任务。党的二十届三中全会《决定》围绕深化文化体制机制改革提出一系列重大改革举措，是习近平文化思想的实践化，是贯彻习近平文化思想的"改革篇"。

深化文化体制机制改革，是聚焦建设社会主义文化强国、担负新时代的文化使命的必然要求，表明了不断培育和创造新时代中国特色社会主义文化的高度自觉。新征程上，文化越来越成为综合国力竞争的重要力量，越来越成为强国建设、民族复兴的强大支撑。新时代的文化使命彰显了我们党促进中华文化繁荣、创造人类文明新形态的历史担当。在新的历史起点上深化文化体制机制改革，推动文化繁荣兴盛，事关中国式现代化建设全局，事关国家长治久安、民族永续发展。完成新时代的文化使命，关键在改革，通过改革进一步破解深层次体制机制，为推动文化繁荣、建设文化强国提供强大动力和制度保障。《决定》提出发展社会主义先进文化，弘扬革命文化，传承中华优

秀传统文化，体现了守正创新，既坚持中国特色社会主义文化建设的全部成果，又推进文化创新，创新文化的内容和形式、动力和机制。

深化文化体制机制改革，从完善意识形态工作责任制、优化文化服务和文化产品供给机制、健全网络综合治理体系、构建更有效力的国际传播体系等方面指明了重点任务，指明了聚焦建设社会主义文化强国的着力点，反映了新时代文化建设的新特点新要求。党的十九届四中全会明确提出坚持马克思主义在意识形态领域指导地位的根本制度，党的二十届三中全会《决定》进一步从健全用党的创新理论武装全党、教育人民、指导实践工作体系，推动理想信念教育常态化制度化，完善培育和践行社会主义核心价值观制度机制等方面，强化社会主义文化强国的思想和价值根基。习近平总书记提出把创作生产优秀作品作为文艺工作的中心环节，推出更多同新时代相匹配的文化精品，《决定》制定了完善公共文化服务体系、健全文化产业体系和市场体系等举措，从而推动文化事业全面繁荣、文化产业快速发展。习近平总书记提出健全网络综合治理体系，推动形成良好网络生态，营造风清气正的网络空间，《决定》要求深化网络管理体制改革，加强网络空间法治建设，健全网络生态治理长效机制。习近平总书记提出加强国际传播能力建设，构建具有鲜明中国特色的战略传播体系，全面提升国际传播效能，《决定》要求推进国际传播格局重构，加快构建多渠道、立体式对外传播格局，扩大国际人文交流合作。

深化文化体制机制改革，要落实到丰富人民精神文化生活上，人民共享文化改革成果，体现了进一步全面深化改革坚持以人民为中心的重大原则。社会主义文化是源于人民、为了人民、属于人民的文化，要把坚持以人民为中心的发展思想体现在文化建设中，把不断满足人民日益增长的精神文化需要作为出发点和落脚点。习近平总书记对党的宣传思想文化工作坚持以人民为中心的工作导向，作出许多重要论述，体现了我们党领导和推动文化建设的鲜明立场。新时代以来宣传思想文化改革发展历程，贯穿着以人民为中心的鲜明主线。正如习近平总书记对文艺工作者的要求，要把人民作为文艺表现的主体，把人民作为文艺审美的鉴赏家和评判者，把为人民服务作为文艺工作者的天职。《决定》强调人民有所呼、改革有所应，文化发展要坚持以人民为中心的创作导向。

深化文化体制机制改革，要着眼于提升国家文化软实力和中华文化影响力，凸显了"第二个结合"的战略考量。中华文化的繁荣兴盛，离不开中华优秀传统文化深厚肥沃的土壤。"第二个结合"揭示了党推动文化繁荣的必由之路，让我们能够在更广阔的文化空间中，充分运用中华优秀传统文化的宝贵资源，拓展中国特色社会主义道路的文化根基，表明我们党在传承中华优秀传统文化中推进文化创新的自觉性达到了新高度。习近平总书记提出加强对中华优秀传统文化的挖掘和阐发，让中华文化展现出永久魅力和时代风采，指出"'第二个结合'让马克思主义成为中国的，中华优秀传统文化成为现代的，让经由'结合'而形成的新文化成为中国式现代化的文化形态"[①]。坚持"第二个结合"，塑造中国式现代化的文化形态，是提升国家文化软实力和中华文化影响力的基本途径。《决定》提出建立文化遗产保护传承工作协调机构，构建中华传统美德传承体系，构建中华文明标识体系等，都是加快构建中国话语和中国叙事体系的重要举措。

---

① 习近平：《在文化传承发展座谈会上的讲话》，《求是》2023年第17期。

三、在习近平文化思想指导下建设社会主义文化强国、激发全民族文化创新创造活力

中国式现代化是物质文明和精神文明相协调的现代化，没有社会主义文化繁荣发展，就没有社会主义现代化。在人类发展的每一个重大历史关头，文化都能成为时代变迁、社会变革的先导。党的二十届三中全会《决定》，充分体现了党自觉运用中国特色社会主义文化建设规律的历史主动。聚焦建设社会主义文化强国，既是"七个聚焦"之一，又是完善和发展中国特色社会主义制度、推进国家治理体系和治理能力现代化，推动全面深化改革向广度和深度进军的文化先导。新征程上，推动中国式现代化全面发展、全面进步，造就实现第二个百年奋斗目标的思想导航、精神动力、文化环境，探索性强、任务复杂而艰巨，必须发挥科学理论的指导作用。习近平文化思想是一个不断展开的、开放式的思想体系，必将随着建设社会主义现代化强国的创新实践而不断丰富发展。

文化的发展需要借助技术的支持，新质生产力的发展为文化繁荣发展提供了现代信息技术的平台和载体。《决定》强调，聚焦建设社会主义文化强国，必须加快适应信息技术迅猛发展新形势。伴随着信息社会不断发展，新兴媒体影响越来越大，特别是出现了全程媒体、全息媒体、全员媒体、全效媒体，舆论生态、媒体格局、传播方式发生深刻变化。习近平总书记敏锐观察到全媒体时代对宣传思想文化工作带来的挑战和机遇，要求推动媒体融合发展，加快构建全媒体传播格局。要坚持一体化发展方向，通过流程优化、平台再造，实现各种媒

介资源、生产要素有效整合，实现信息内容、技术应用、平台终端、管理手段共融互通，催化融合质变，放大一体效能，打造一批具有强大影响力、竞争力的新型主流媒体。深化文化体制机制改革，要推进工作理念、内容、形式、方法、手段全方位创新，把互联网思维和信息技术应用系统贯穿到宣传思想文化工作中，实现数字化赋能、信息化转型。

进一步全面深化改革、推进中国式现代化，要求进一步解放和发展社会生产力、激发和增强社会活力，体现在文化建设领域就是要激发全民族文化创新创造活力。创新创造是文化的生命力，是文化繁荣兴盛的活力源泉。只有激发出全民族文化创新创造活力，造就文化发展生机勃勃、昂扬向上的繁荣景象，文化强国才能建成。习近平总书记指出，要保持对文化理想、文化价值的高度信心，保持对文化生命力、创造力的高度信心，在实践创造中进行文化创造，在历史进步中实现文化进步。深化文化体制机制改革，要把激发全民族文化创新创造活力作为中心环节，加快完善遵循文化发展规律、有利于激发活力的文化管理体制和生产经营机制，积极营造健康的文化生态、活跃的文化环境，从而让一切文化创新源泉充分涌流，让一切文化创造活力持续迸发。

后记

在新的起点上继续推动文化繁荣、建设文化强国，是党在新时代的文化使命。实现这一新时代的文化使命，要求以习近平文化思想为指导，弘扬新时代的文化精神，坚定文化自信，秉持开放包容，坚持守正创新，培育和创造新时代中国特色社会主义文化。

党的十八大以来，以习近平同志为核心的党中央领导和推进文化建设，取得历史性成就和进展。确立和坚持马克思主义在意识形态领域指导地位的根本制度，新时代党的创新理论深入人心，社会主义核心价值观广泛传播，中华优秀传统文化得到创造性转化、创新性发展，文化事业日益繁荣，网络生态持续向好，意识形态领域形势发生全局性、根本性转变。本书收集了作者写作的关于学习习近平文化思想、研究新时代中国特色社会主义文化建设的部分相关文章，以《新时代文化精神和文化使命》为书名，按照一定的逻辑顺序编辑成书，供读者参考。书中的大多数内容，都已分别在报刊上公开发表。

本书各篇文章的写作过程中，一些数据有所变化，比如党员人数、历史事件迄今的时间，文献的一些重要表述也有所调整。本书的编辑，基本上保留了写作时的数据和表述，每篇文章注明了写作时间。

本书的出版，得到了学习出版社的大力支持帮助，彭绍骏主任对本书的策划提出了很好的建议，责任编辑路小普精心修改和编辑，天津大学马克思主义学院提供了很多帮助，在此一并表示衷心的感谢！

本书的不足之处，恳请各位读者批评指正。

颜晓峰

2025 年 3 月于天津大学马克思主义学院